Silvia Sarcletti · Elisabeth Zienitzer

Oststeiermark

Von den Fischbacher Alpen bis in die Thermenregion

50 ausgewählte Touren

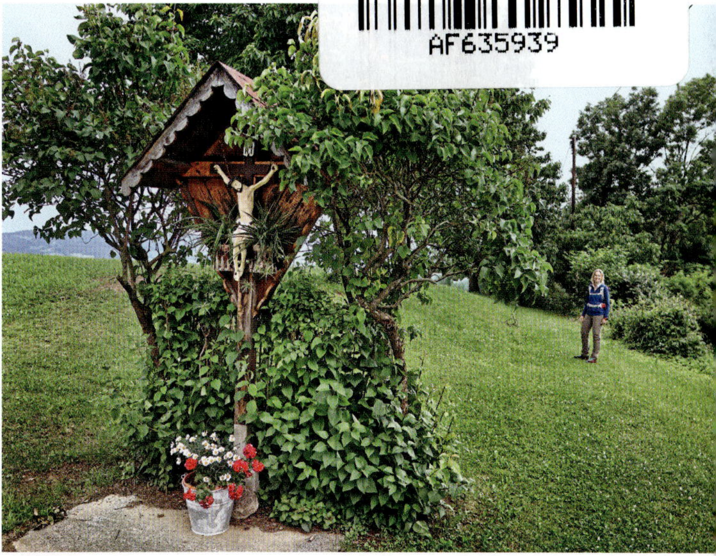

ROTHER
BERGVERLAG

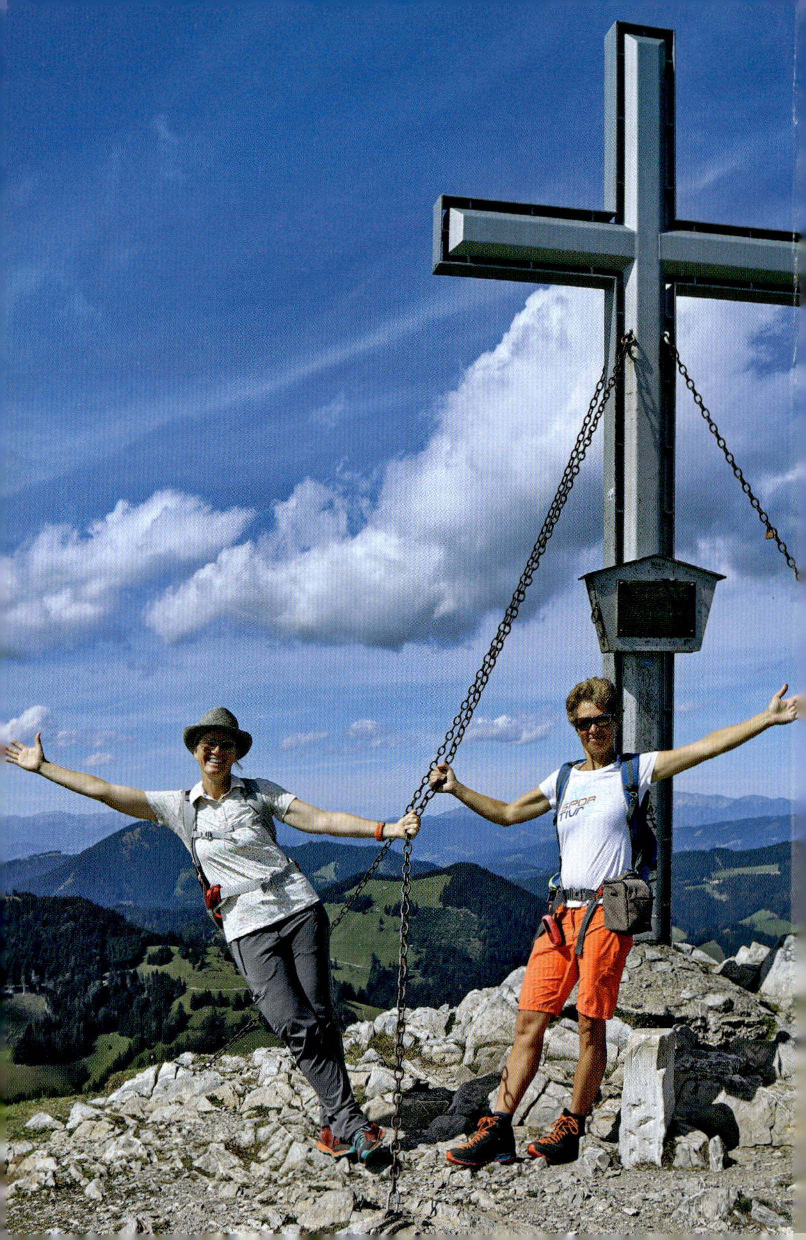

VORWORT

Aller guten Dinge sind DREI! In unserem Fall drei »Steiermark-Bücher«, denn nach dem Rother Schneeschuhführer Steiermark im Jahr 2017 und dem Wanderführer »Vom Gletscher zum Wein« im Jahr 2019 erscheint jetzt unser neuer Wanderführer Oststeiermark. In diesem Buch widmen wir uns ganz und gar der Region Oststeiermark, die in die Naturlandschaften Östliches Grazer Bergland, Fischbacher Alpen, Joglland, Wechselgebiet, Bucklige Welt und Oststeirisches Riedelland gegliedert ist und die politischen Bezirke Weiz und Hartberg-Fürstenfeld umfasst.

Im Zuge der Recherchen für die hier vorgestellten 50 Touren haben wir Land und Leute kennen und schätzen gelernt. Das Spektrum der Wanderungen reicht von sehr leicht bis anspruchsvoll, wobei der Großteil als leicht bis mittelschwer einzustufen ist. Die wanderbare Oststeiermark überzeugt aber nicht nur durch ihre landschaftlichen Reize, sondern ebenso durch die kulinarischen Köstlichkeiten und die zahlreichen Sehenswürdigkeiten.

Für die gute Zusammenarbeit bedanken wir uns bei den Tourismusverantwortlichen der einzelnen Verbände und bei Melanie Koch, Geschäftsführerin Oststeiermark Tourismus, mit ihrem Team.

Wandern ist Genuss, Wandern ist Leidenschaft, Wandern ist gesund, Wandern tut einfach gut – Wandern in der Oststeiermark: Mit diesem Buch wollen wir dazu beitragen, dass viele Wanderer die Schönheit der Landschaft, die Gastfreundlichkeit der Menschen und die köstlichen regionalen Produkte der Oststeiermark kennenlernen – dann haben wir unser persönliches Ziel erreicht.

Knittelfeld, im Frühling 2023 — Silvia Sarcletti und Elisabeth Zienitzer
weg-es.at

Elisabeth und Silvia (rechts im Bild) am Gipfel des Plankogels im Naturpark Almenland.

INHALTSVERZEICHNIS

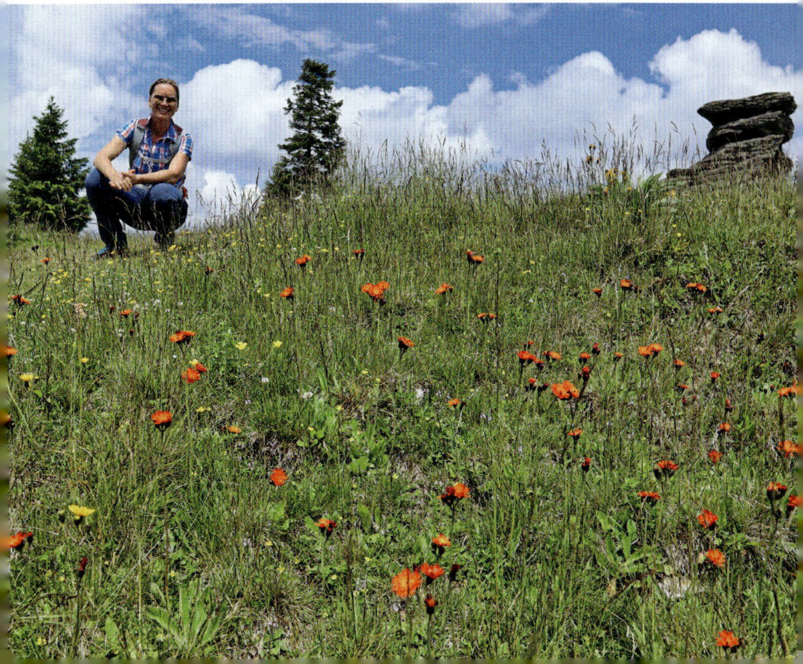

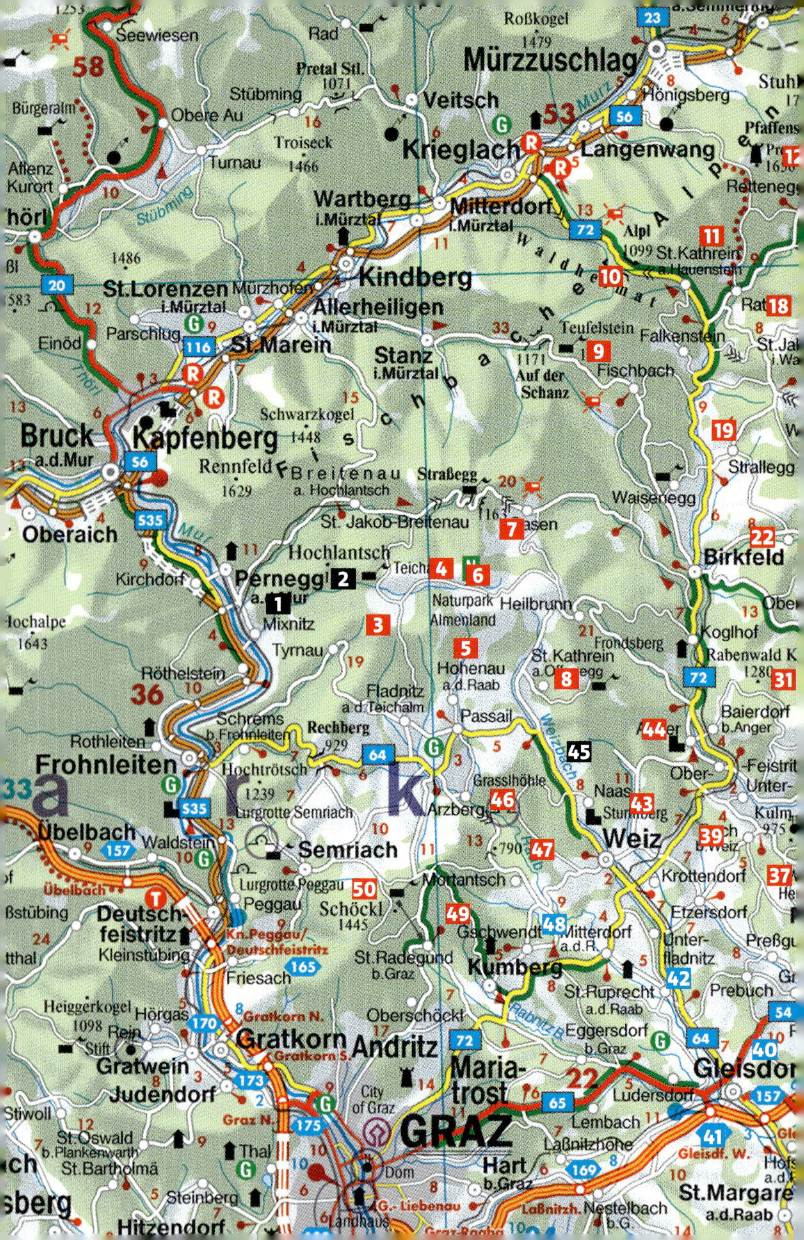

Seewiesen
Rad
Roßkogel
1479
Mürzzuschlag
Pretal Stl.
1071
Stübming
Veitsch
Hönigsberg
Bürgeralm
Obere Au
Troiseck
1466
Krieglach
Langenwang
Pfaffens
Aflenz Kurort
Turnau
Stübming
Retteneg
Wartberg i.Mürztal
Mitterdorf i.Mürztal
Alpl
1099
St.Kathrein a.Hauenstein
1486
Kindberg
St.Lorenzen i.Mürztal
Mürzhofen
Allerheiligen i.Mürztal
Waldheimat
Parschlug
St.Marein
Stanz i.Mürztal
Teufelstein
Falkenstein
Einöd
Fischbach
1171
Auf der Schanz
Fischbacher Alpen
Schwarzkogel
1448
Bruck a.d.Mur
Kapfenberg
Rennfeld
1629
Breitenau a. Hochlantsch
Straßegg
Strallegg
Waisenegg
Oberaich
St. Jakob-Breitenau
Hochlantsch
Birkfeld
Kirchdorf
Pernegg a.d.Mur
Teichalm
Mixnitz
Naturpark Almenland
Heilbrunn
Hochalpe
1643
Tyrnau
Hohenau a.d.Raab
Frondsberg
Koglhof
St.Kathrein a.Offenegg
Rabenwald
1280
Röthelstein
Fladnitz a.d.Teichalm
Baierdorf b.Anger
Schrems b.Frohnleiten
Rechberg
929
Passail
Weizbach
Rothleiten
Frohnleiten
Hochtrötsch
Grasslhöhle
Naas
Ober-Feistritz
Unter-
Kulm
975
1239
Lurgrotte Semriach
Arzberg
Sturmberg
Übelbach
Waldstein
Semriach
Weiz
Krottendorf
Übelbach
Mortantsch
Lurgrotte Peggau
Peggau
Schöckl
1445
Etzersdorf
Deutsch-feistritz
Kleinstübing
Kn.Peggau/ Deutschfeistritz
Gschwendt
Mitterdorf a.d.R.
Unter-fladnitz
Preßgu
Friesach
St.Radegund b.Graz
Kumberg
St.Ruprecht a.d.Raab
Prebuch
Heiggerkogel
1098
Hörgas
Rein
Stift
Oberschöckl
Rabnitzb.
Eggersdorf b.Graz
Gratwein
Gratkorn N.
Gratkorn
Gratkorn S.
Andritz
Maria-trost
Gleisdorf
Judendorf
Ludersdorf
City of Graz
Graz N.
GRAZ
Lembach
Stiwoll
St.Oswald b.Plankenwarth
Thal
Laßnitzhöhe
St.Bartholmä
Dom
Hart b.Graz
Gleisdf. W.
St.Margare a.d.Raab
Steinberg
AG.-Liebenau
Laßnitzh.
Nestelbach b.G.
Hitzendorf
Landhaus
Graz-Raaba

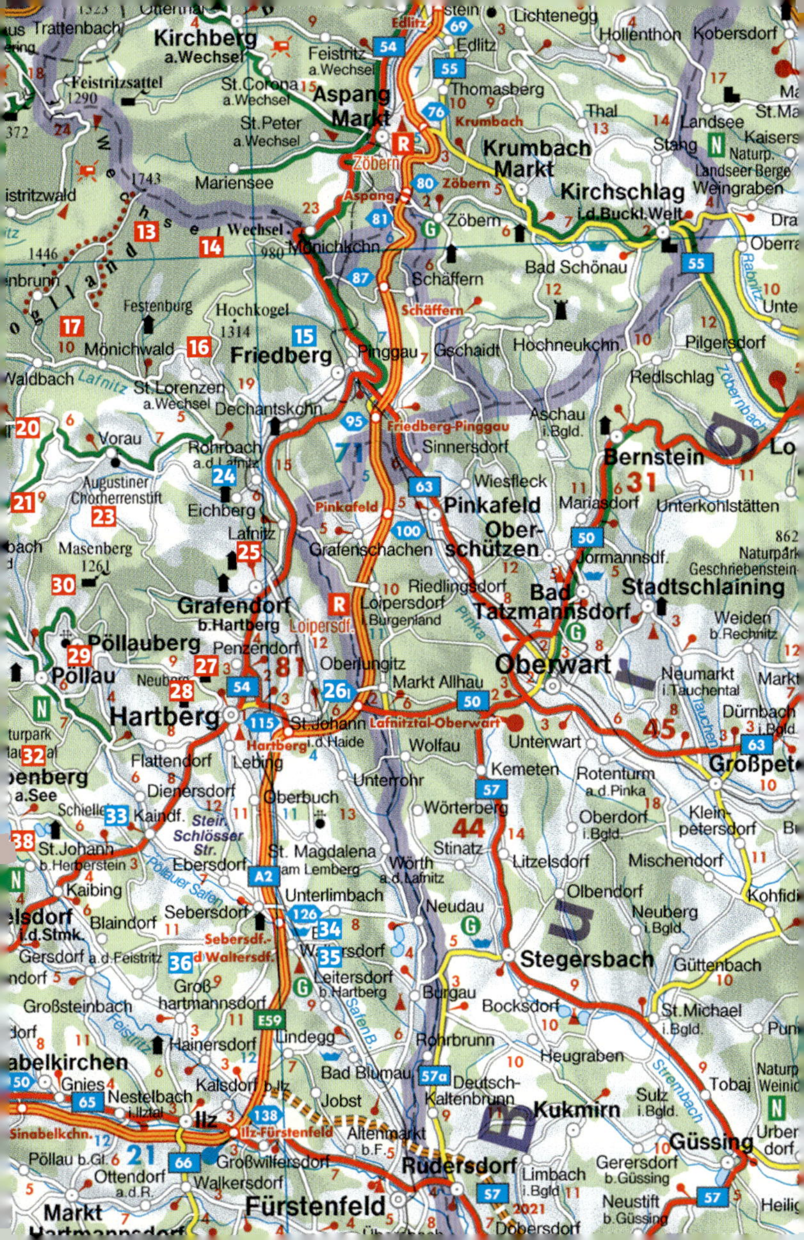
Kirchberg a.Wechsel
Trattenbach
Feistritzsattel
1290
Feistritz a.Wechsel
St.Corona a.Wechsel
Aspang Markt
St.Peter a.Wechsel
Mariensee
Edlitz
Lichtenegg
Hollenthon
Kobersdorf
Thomasberg
Krumbach
Krumbach Markt
Thal
Landsee
Stang
Naturp. Landseer Berge
Weingraben
Kaisersdorf
Kirchschlag i.d.Buckl.Welt
Zöbern
Aspang
Wechsel
Mönichkchn.
980
1743
1446
Schäffern
Bad Schönau
Oberrabnitz
Unterrabnitz
Pilgersdorf
Redlschlag
Zöbernbach
Festenburg
Hochkogel
1314
Mönichwald
Friedberg
Pinggau
Gschaidt
Hochneukchn.
Waldbach
Lafnitz
St.Lorenzen a.Wechsel
Dechantskchn.
Friedberg-Pinggau
Aschau i.Bgld.
Bernstein
Vorau
Augustiner Chorherrenstift
Rohrbach a.d.Lafnitz
Sinnersdorf
Wiesfleck
Pinkafeld
Mariasdorf
Unterkohlstätten
Eichberg
Lafnitz
Grafenschachen
Ober-schützen
Jormannsdf.
Naturpark Geschriebenstein-
862
Masenberg
1261
Grafendorf b.Hartberg
Loipersdf.
Riedlingsdorf
Loipersdorf i.Burgenland
Bad Tatzmannsdorf
Stadtschlaining
Weiden b.Rechnitz
Pinka
Pöllauberg
Penzendorf
Oberlungitz
Pöllau
Neuberg
Hartberg
Markt Allhau
Oberwart
Neumarkt i.Tauchental
Dürnbach
Tauchenbach
St.Johann i.d.Haide
Lafnitztal-Oberwart
Unterwart
Großpetersdorf
Flattendorf
Lebing
Wolfau
Kemeten
Rotenturm a.d.Pinka
Dienersdorf
Unterrohr
Oberbuch
Wörterberg
Oberdorf i.Bgld.
Klein-petersdorf
Schielleiten
Kaindf.
Steir. Schlösser Str.
St.Johann b.Herberstein
St. Magdalena am Lemberg
Stinatz
Wörth a.d.Lafnitz
Litzelsdorf
Mischendorf
Ebersdorf
Kaibing
Unterlimbach
Olbendorf
Kohfidisch
Blaindorf
Sebersdorf
Neudau
Neuberg i.Bgld.
Sebersdf.-Waltersdf.
Waltersdorf
Stegersbach
Güttenbach
Gersdorf a.d.Feistritz
Groß hartmannsdorf
Leitersdorf b.Hartberg
Burgau
Großsteinbach
Bocksdorf
St.Michael i.Bgld.
Safenb.
Lindegg
Rohrbrunn
Hainersdorf
Heugraben
Stremba ch
Feistritz
Bad Blumau
Deutsch-Kaltenbrunn
Tobaj
Naturp. Weinidylle
Gnies
Nestelbach i.Ilztal
Kalsdorf b.Ilz
Jobst
Kukmirn
Sulz i.Bgld.
Ilz
Ilz-Fürstenfeld
Altenmarkt b.F.
Güssing
Urbersdorf
Sinabelkchn.
Pöllau b.Gl.
Großwilfersdorf
Rudersdorf
Limbach i.Bgld.
Gerersdorf b.Güssing
Ottendorf a.d.R.
Walkersdorf
Fürstenfeld
Neustift b.Güssing
Markt Hartmannsdorf
Dobersdorf
Heiligenkreuz
2021
Burgenland
Wechselland
A2
E59

TOP-TOUREN

Hochlantsch-Rundwanderung
Vom Teichalmsee auf den aussichtsreichen Gipfel mit 1720 m Höhe. Neben dem Hochlantsch sind der Steirische Jockl und die Holzkirche Schüsserlbrunn weit über die Grenzen bekannt *(Tour 2, 4.15 Std.)*.

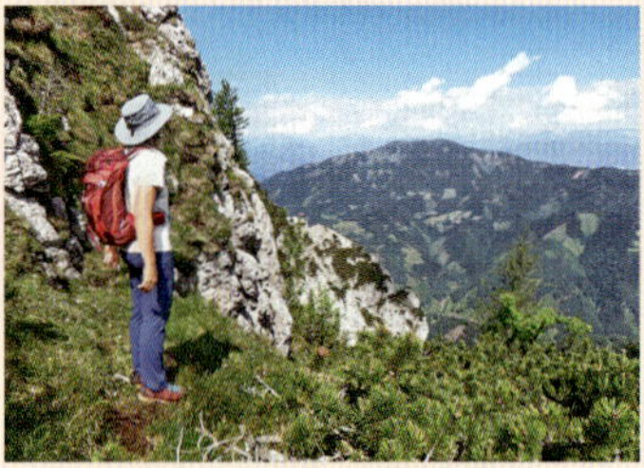

Stoakogler Heimatwanderweg
Der Weg ist in die abwechslungsreiche Landschaft rund um Gasen harmonisch integriert. Ob Stoani-Fan oder nicht, der Weg »is very good« *(Tour 7, 3.30 Std.)*.

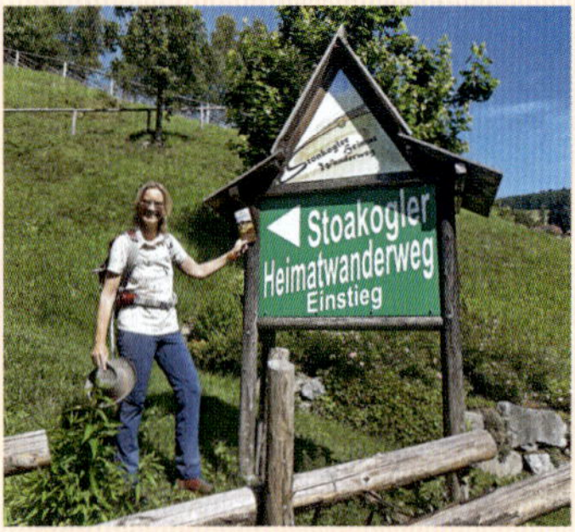

Christmetten-Rundwanderweg
Eine Wanderung in Peter Roseggers Waldheimat. Mit dem Geburtshaus und der Waldschule lernt man das Leben und Schaffen des bekannten Autors kennen *(Tour 10, 4.30 Std.)*.

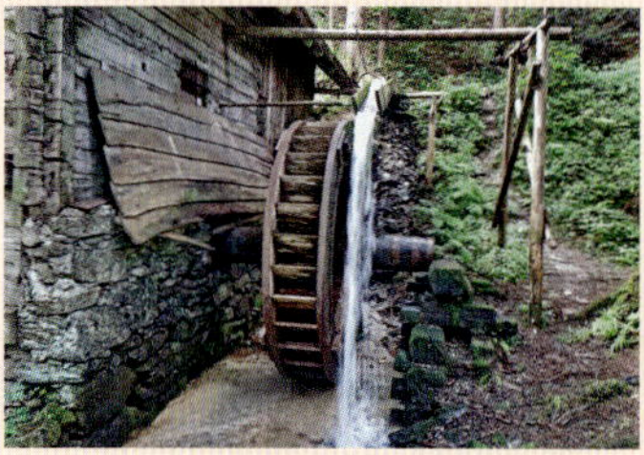

Hoch- und Niederwechselrunde
Eine eindrucksvolle Wanderung über die weitläufigen Bergrücken des Wechsels, eines Bergmassivs an der steirisch-niederösterreichischen Grenze *(Tour 13, 5.00 Std.)*.

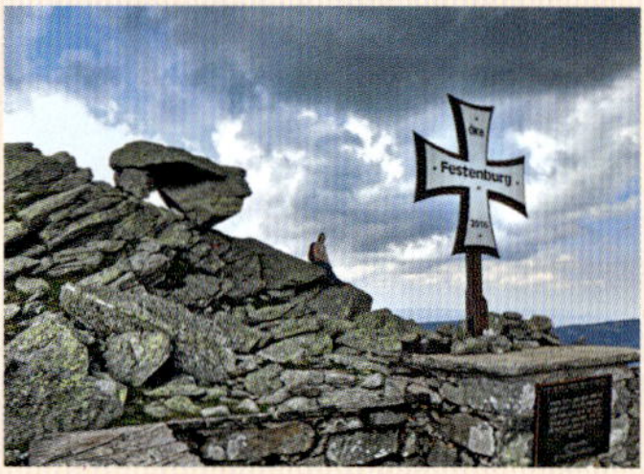

Wildwiesenwarte
Ein Gipfelbereich der besonderen Art – alles auf einem Platz: die Warte mit 147 Stufen, die Wildwiesenhütte als kulinarisches Highlight und eine Kapelle *(Tour 21, 3.30 Std.)*.

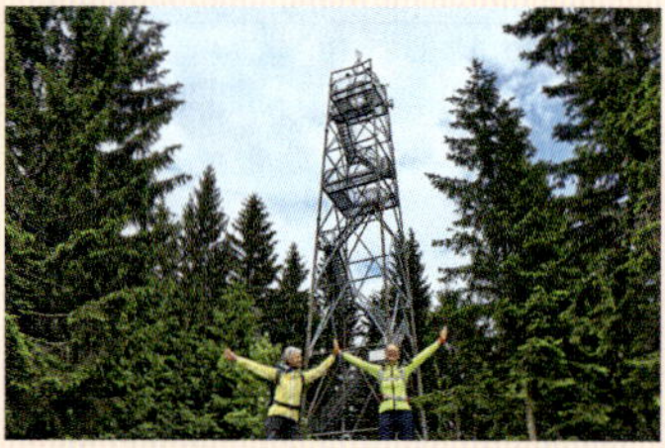

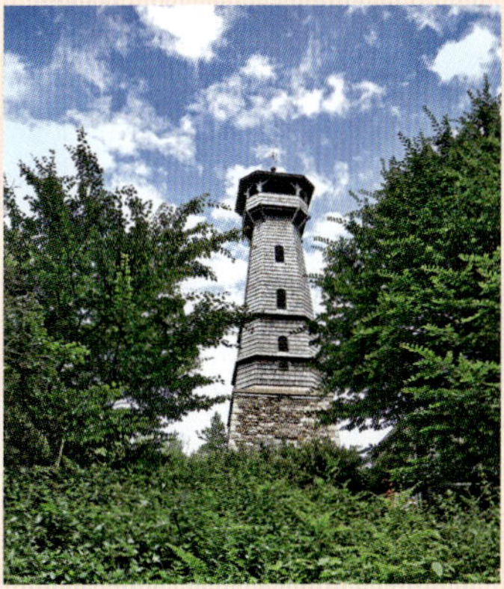

Hartberger Ringwarte
Hoch über der Stadt auf dem Wahrzeichen von Hartberg. Die Wanderung vom Zentrum ausgehend ist ein mehrfacher Genuss, inklusive Buschenschank Postl *(Tour 28, 2.30 Std.)*.

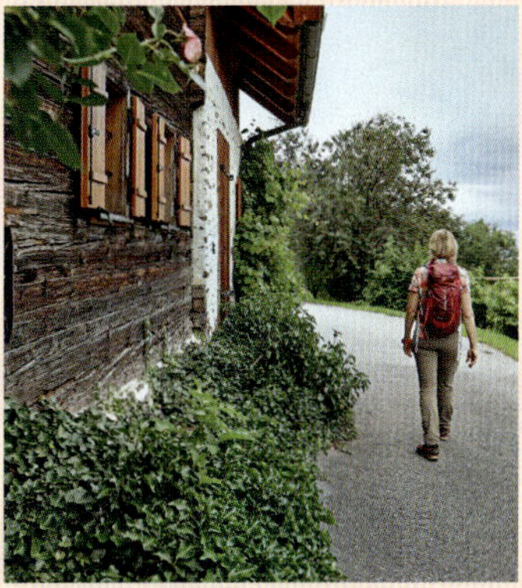

Hirschbirn-Wanderweg
Der Naturpark Pöllauer Tal ist mehr als eine Wanderung wert. Pöllau und Pöllauberg sind jene Orte, die man in der Oststeiermark erwandert haben muss *(Tour 29, 4.00 Std.)*.

Geierwand-Rundwanderung
Mit dem Stubenbergsee und der Geierwand erwandert man zwei Sehenswürdigkeiten im Apfelland. Schroffer Fels, schöne Wälder und der Blick auf das Schloss Herberstein inklusive *(Tour 38, 3.30 Std.)*.

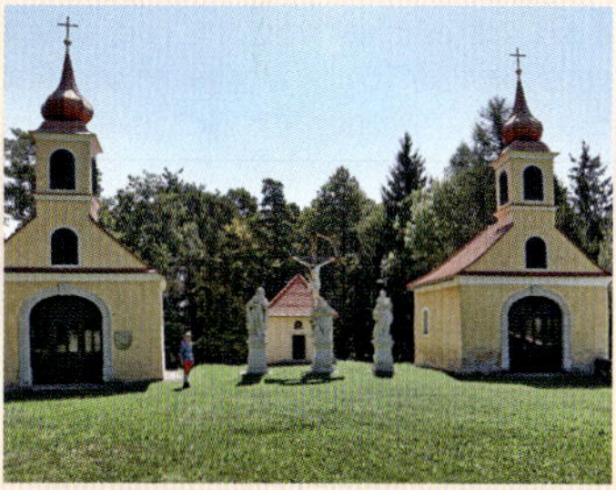

Hoher Zetz
Ein kleiner Gipfel mit großer Aussicht. Bekannt und beliebt ist der Hausberg von Weiz und Anger, somit nicht lange über den Zetz sprechen, sondern raufwandern *(Tour 44, 4.30 Std.)*.

Schöckl
Vom Almenland auf den Hausberg der Grazer. Wer den Schöckl kennt, weiß um das rege Treiben am Kalkplateau Bescheid. Ruhig hingegen ist der Aufstieg über die Nordseite *(Tour 50, 4.00 Std.)*.

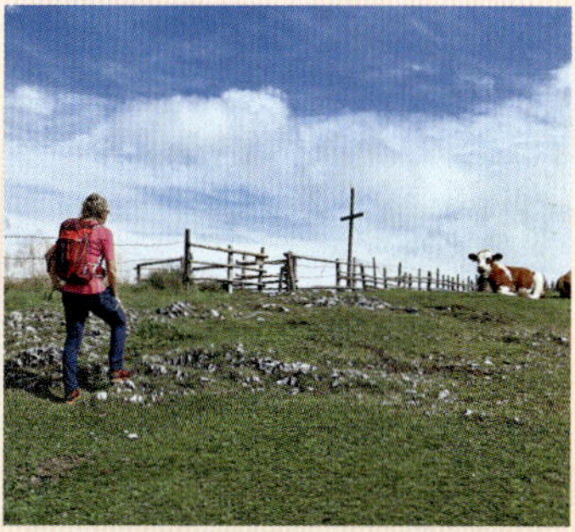

ALLGEMEINE HINWEISE

Tourenplanung

Grundsätzlich ist Wandern eine Ausdauersportart mit hohem gesundheitlichem Wert. Die körperliche Beanspruchung kann von mäßiger Belastung von Kreislauf und Muskeln bis hin zur Maximalbelastung in anspruchsvollem und steilem Gelände variieren. Das Spektrum der Wanderungen in der Oststeiermark reicht von sehr leicht bis anspruchsvoll, und eine entsprechende Tourenvorbereitung ist mehr oder weniger immer notwendig. Grundsätzlich ist auf gutes Schuhwerk zu achten, und auch wenn die Touren auf den ersten Blick eher einfach erscheinen, so sollte auch eine Standardausrüstung (Rucksack, Trinkflaschen, Snack bzw. Jause, Regenschutz, Erste-Hilfe-Ausrüstung ...) immer mit dabei sein.

Anforderungen

Der Großteil der Wanderungen verläuft auf markierten Pfaden und Wegen, im einfachen bis mittelschweren Gelände. Zahlreiche Routen starten direkt in den Ortschaften und führen somit auch über längere Asphaltabschnitte. Vereinzelt ist man auf der gesamten Wanderung auf befestigten Wegen unterwegs, wobei es sich hier meist um Themenwege im südlicheren Teil der Oststeiermark handelt. Die Anforderungen sind aufgrund der landschaftlichen Vielfalt sehr unterschiedlich. Für Bergwanderungen benötigt man gute Kondition sowie Trittsicherheit und einen guten Orientierungssinn. Zu beachten ist auch, dass sich die Schwierigkeit bei ungünstiger Witterung erheblich erhöhen kann. Zur besseren Einschätzung der jeweiligen Anforderungen wurden die Etappen mit verschiedenen Farben markiert. Diese erklären sich wie im Kasten rechts beschrieben.

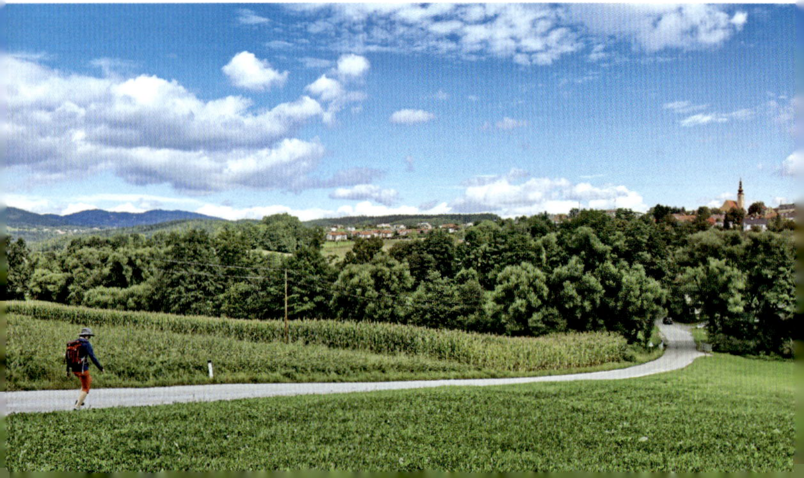

SCHWIERIGKEITSKATEGORIEN

■ = Leicht

Diese Wege sind meist gut markiert, oft auch als Themenwege ersichtlich, ausreichend breit und führen über befestigte Straßen. Sie erfordern keine Bergerfahrung, haben geringe Auf- und Abstiege und können auch bei schlechteren Wetterverhältnissen relativ gefahrlos begangen werden. Mit dieser Kategorie können sich all jene Wanderer angesprochen fühlen, die einfaches Gelände und meist gut markierte Wege bevorzugen, wobei sich die Definition »leicht« nicht auf die Länge der Wanderung bezieht. Ein plakatives Beispiel dafür ist Tour 48, die hauptsächlich auf befestigten Wegen verläuft, aber mit gut 24 km Länge eine beachtliche Tagestour darstellt.

■ = Mittel

Mittelschwere Wege stellen etwas größere Herausforderungen dar, sind aber unter normalen Bedingungen gut begehbar. Auch viele dieser Touren verlaufen zum Großteil auf einfachen Wegen, jedoch werden sie nach den jeweils schwierigsten Passagen eingestuft, auch wenn diese nur kurz sind. Es gibt steile Abschnitte mit schmalen Steigen, die bei Nässe sehr rutschig sein können. Allgemein ist man in anspruchsvollerem Gelände unterwegs; Trittsicherheit und gutes Schuhwerk sind Voraussetzung. Im alpinen Bereich erhöht sich die Schwierigkeit bei ungünstiger Witterung deutlich, sodass man über die entsprechende Bergerfahrung verfügen muss.

■ = Schwierig

Auch wenn eine Minderheit in der Oststeiermark, verlangen doch einige Wanderungen ein hohes Maß an Trittsicherheit und die entsprechende Gehtechnik, da man über längere Abschnitte auf schmalen, steinigen oder rutschigen Pfaden im steilen Gelände unterwegs ist. Vor allem bei Nässe ist besondere Vorsicht geboten.

Gehzeiten

Die Gehzeiten wurden mit einem Berechnungsschlüssel von Weglänge zu Höhendifferenz ermittelt (siehe unten) und sind Richtwerte. Mit dieser Zeitangabe ist ein Vergleich der Tourlängen möglich. Die Gehzeiten sind vom Gelände, der individuellen Kondition, dem Gepäck und den Wetterbedingungen abhängig. Bitte beachten Sie, dass Rast- und Fotopausen hinzugerechnet werden müssen. Die Gehzeit ergibt sich aus der Wegstrecke und den Höhenmetern im Auf- und Abstieg. In der Regel werden für 300 Höhenmeter im Aufstieg, 500 Höhenmeter im Abstieg und 4 km in der Ebene jeweils 1 Std. Gehzeit angesetzt. Auch die Geländebeschaffenheit wurde bei der Berechnung der Gehzeit berücksichtigt.

Kurz vor Kumberg entlang des Papst-Franziskus-Pilgerweges (Tour 48).

SYMBOLE

Symbole im Tourenkopf

- Mit Bahn/Bus erreichbar
- Einkehrmöglichkeit unterwegs
- für Kinder geeignet

Symbole im Höhenprofil

- Ort mit Einkehrmöglichkeit
- Gasthaus, bewirtschaftete Hütte
- unbewirtschaftete Hütte
- Bushaltestelle
- Bahnhof
- eingerichteter Parkplatz
- Gipfel
- Pass, Sattel
- Brücke
- Kirche, Kapelle
- Wegkreuz, Marterl
- Burg, Schloss, Ruine
- Aussichtsturm
- Aussichtsplatz
- Picknickplatz
- archäologische Stätte
- Höhle
- Quelle
- Wasserfall
- Bad, Therme

Höhenangaben

Alle Höhenangaben wurden den Freytag & Berndt-Wanderkarten entnommen, auch wenn sie teilweise von ortsüblichen Höhenangaben abweichen.

Gefahren

Im Sommer muss man mit plötzlich auftretenden Gewittern rechnen, wobei Hagel während einer Wanderung sehr unangenehm bis bedrohlich sein kann. Bei aufkommenden Gewittern sollte man rechtzeitig einen Unterstand aufsuchen oder ggf. die Wanderung abbrechen. Wenn das Gewitter einen überrascht: Kauerstellung einnehmen und auf isolierende Unterlage (Rucksack) setzen. Wichtig ist, eine möglichst kleine Bodenfläche zu berühren (Füße eng geschlossen halten). Bei Starkregen ist auch auf stark anschwellende Bäche zu achten. Abgesehen von Gewittern ist schlechte Sicht grundsätzlich entlang der weitläufigen Bergrücken eine potenzielle Gefahr. Auf den Almflächen sind nur wenige Bodenmarkierungen vorhanden und die Steige oft nicht eindeutig erkennbar, was gerade bei Nebel dazu führen kann, dass man die Orientierung verliert. Wählen Sie grundsätzlich die Wanderung so, dass sie dem Wetter und Ihrer Kondition angepasst ist.

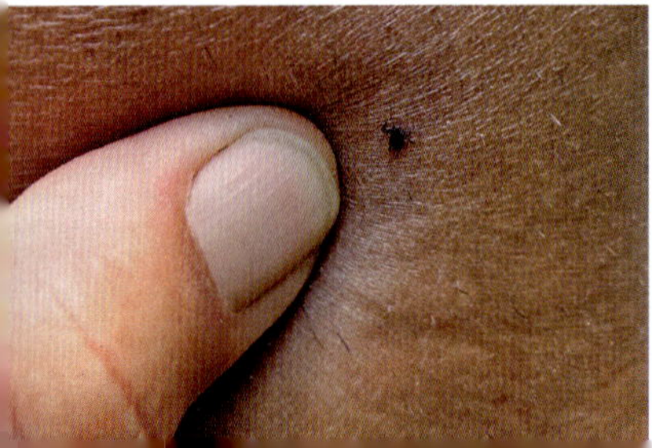

Zecken stellen auch in der Oststeiermark eine Gefahr dar. Auf Prävention und Ganzkörper-Kontrolle nach einer Wanderung muss großen Wert gelegt werden.

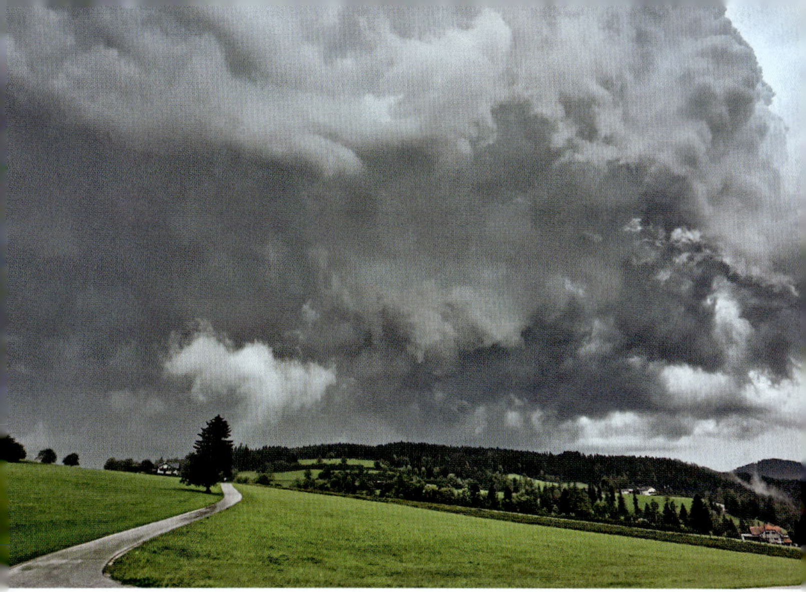

Gewitter können sehr überraschend kommen und teils mit Hagel auftreten.

Abgesehen vom Wetter und der persönlichen Fehleinschätzung von Kondition und Bergerfahrung stellen Zecken eine potenzielle Gefahr dar. Man findet sie vornehmlich auf Sträuchern, hohen Gräsern, Farnen oder im Unterholz. Wichtig ist, dass man nach Wanderungen den gesamten Körper, insbesondere Körperfalten, Achselhöhlen und Bauchnabel auf Zecken absucht. Eine Zeckenzange oder Pinzette sollten in einem Erste-Hilfe-Bag dabei sein. Informieren Sie sich beim Arzt oder Apotheker, wie Zecken richtig entfernt werden. Grundsätzlich ist eine Zeckenimpfung (FSME) empfehlenswert.

Umgang mit Weidevieh

Viele Wege führen auch über Weideflächen, auf denen Kühe, Ochsen, Pferde und Schafe weiden. Von Natur aus ist Weidevieh neugierig, jedoch nicht aggressiv. Für ein konfliktfreies Miteinander auf Almen und Weiden gilt es ein paar Regeln zu beachten, speziell wenn man mit Hunden unterwegs ist. Die wichtigsten sind: Verlassen Sie die Wanderwege und -pfade nicht und respektieren Sie Zäune und Absperrungen. Tore sind stets wieder gut zu schließen. Gehen Sie zügig, aber ruhig und in sicherem Abstand an den Tieren – insbesondere an Mutterkühen mit Kälbern – vorbei und versuchen Sie nicht, diese zu füttern. Nehmen Sie Ihren Hund an die kurze Leine. ■ Weitere Informationen finden Sie auf sichere-almen.at.

Der Umwelt zuliebe ...

Auch beim Wandern hinterlassen wir einen ökologischen Fußabdruck, aber im Einklang mit der Natur unterwegs zu sein, ist gar nicht so schwer!

VORBEREITUNG UND ANFAHRT

- Sich vorab informieren, worauf in Bezug auf Natur und Umwelt in der jeweiligen Wanderregion besonders zu achten ist.
- Soweit möglich mit Bahn und Bus anreisen, Wander- und Rufbusse nutzen.
- Ist eine Anfahrt mit dem Auto nötig, Fahrgemeinschaften bilden.
- Bei weiten Anfahrten Mehrtagestouren planen oder von einem Quartier vor Ort aus mehrere Touren absolvieren.
- Flugreisen möglichst reduzieren und durch Beiträge zu Klimaschutzprojekten kompensieren.

KLEIDUNG UND AUSRÜSTUNG

- Beim Kauf von Outdoor-Kleidung auf umweltfreundliche und faire Herstellung achten und Kleidungsstücke möglichst viele Jahre nutzen.
- Ausrüstung kann man eventuell auch gebraucht kaufen oder ausleihen.
- Reparieren statt neu kaufen.

VERPFLEGUNG

- Beim Einkauf Bio-Ware, regionale und saisonale Erzeugnisse bevorzugen.
- Hütten und Gasthäuser auswählen, die regionale Produkte verwenden.
- Auf Einwegflaschen und Plastikverpackungen verzichten, stattdessen wiederverwendbare Trinkflaschen und Brotzeitboxen benutzen.

ÜBERNACHTUNG

- Bei lokalen Anbietern buchen, damit Menschen vor Ort profitieren.
- Auf Hütten und in anderen Unterkünften Strom und Wasser sparen.

UNTERWEGS

- Wege benutzen und Abkürzer vermeiden.
- Sperrungen von Wegen und Schutzgebieten respektieren.
- Keine Blumen pflücken und keine Pflanzen entnehmen.
- Waldbrandgefahr beachten.
- Müll wieder mit nach Hause nehmen und dort entsorgen.
- Toilettengänge in freier Natur möglichst vermeiden.
- Lärm vermeiden.
- Hunde an die Leine nehmen.

ROTHER
BERGVERLAG

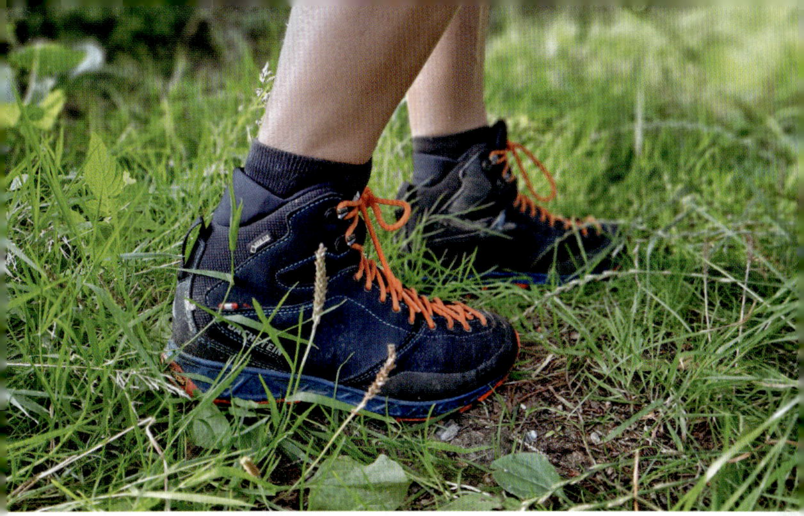

Bequeme, knöchelhohe Wanderschuhe sind das A und O für eine gelungene Tour.

Ausrüstung

- Rucksack mit Regenhülle (ca. 25 Liter Fassungsvermögen, was einem kleinen Tagesrucksack entspricht)
- Teleskopstöcke, gerade bei längeren Wanderungen empfehlenswert
- Regenschirm und/oder Regenponcho
- Berg-/Wanderschuhe, bei leichten Wanderungen genügen auch Trekking- oder Turnschuhe
- Handschuhe und Kopfbedeckung (Kappe, Haube), auch im Sommer im alpinen Gelände
- Wanderhosen sind für alle Wetter- und Wegbedingungen praktisch
- Oberbekleidung: Zwiebelschichtsystem, T-Shirt, Pullover, Jacke mit Kapuze
- Sonnenbrille
- Cremen: sowohl gegen Sonne als auch gegen Wind und Kälte
- Stirnlampe (sollte grundsätzlich immer im Rucksack sein)
- Trinkflaschen, Snack bzw. Jause
- Erste-Hilfe-Set mit Blasenpflaster, Zeckenzange bzw. Pinzette
- Handy mit eingespeicherter Alpin-Notruf Nummer 140
- Karten: Zur Übersicht eine Karte im Maßstab 1:50.000 der jeweiligen Region; Freytag & Berndt bietet flächendeckend für die gesamte Steiermark Wanderkarten an.
- GPS-Gerät: Alle Touren in diesem Buch können als GPS-Track heruntergeladen werden.
- Mitgliedsausweis von alpinen Vereinen

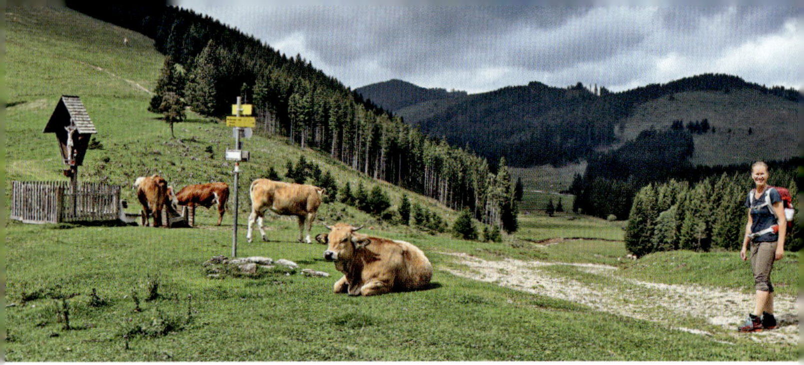

Einkehrmöglichkeiten

Bei allen Touren sind Einkehrmöglichkeiten angeführt, und zwar sowohl beim Ausgangs- und gegebenenfalls Endpunkt als auch unterwegs. Das Symbol im Tourenkopf verweist aber nur darauf, ob sich unterwegs eine Einkehrmöglichkeit findet. Grundsätzlich sollte man sich bei der Tourenplanung über die Ruhetage und Öffnungszeiten informieren, vor allem wenn man in einer Buschenschank einkehren will. Grundsätzlich sehen es die Betriebe auch sehr gerne, wenn man sich vorankündigt und einen Platz reserviert. Wichtig ist in diesem Fall: Wenn man nicht kommt oder sich deutlich verspätet, muss man den Betrieb davon in Kenntnis setzen.

Foto oben: Auf den richtigen Umgang mit Weidevieh ist zu achten!
Unten: Kulinarik und Gastfreundlichkeit werden in der Oststeiermark großgeschrieben, wie hier beim Postl (Tour 28).

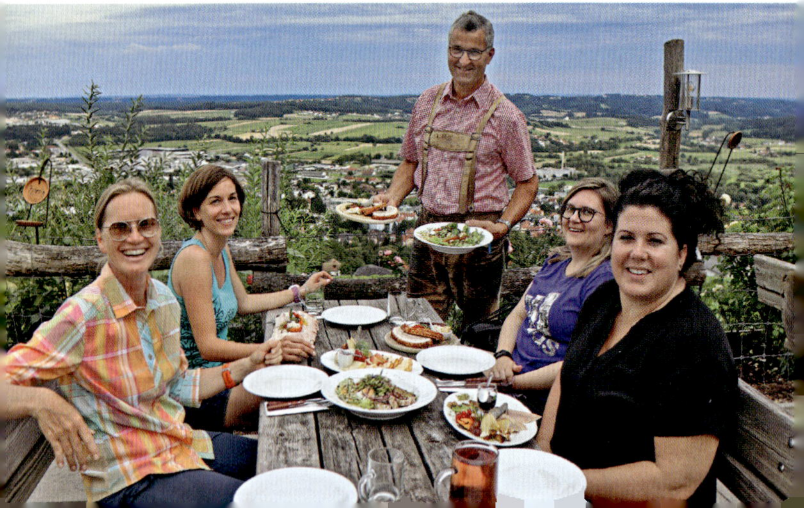

GPS-TRACKS UND KOORDINATEN DER AUSGANGSPUNKTE

Auf **gps.rother.de** stehen zu diesem Wanderführer GPS-Tracks und die Koordinaten der Ausgangspunkte zum kostenlosen Download bereit. Dieser QR-Code führt direkt zum Download. 3. Auflage, Passwort: **457703fpa**
Die GPS-Tracks können in die **Rother App** importiert werden. In der App kann man unterwegs stets sehen, wo man gerade ist und wo es langgeht. **Anleitungen dazu: rother.de/gps**
Trotz sorgfältiger Prüfung können wir Fehler und zwischenzeitliche Veränderungen nicht ausschließen. Verlassen Sie sich für die Orientierung niemals einzig und allein auf die GPS-Daten, sondern beurteilen Sie die Verhältnisse vor Ort.

Wegenetz und Markierungen

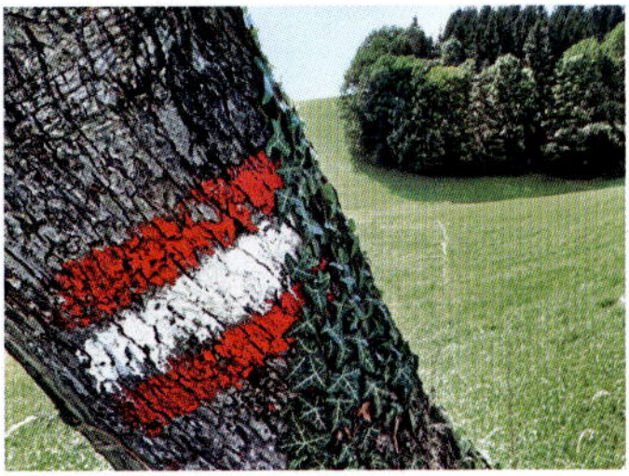

Zahlreiche Wanderwege sind einheitlich mit Rot-Weiß-Rot markiert.

Alle in diesem Buch beschriebenen Wanderungen verlaufen grundsätzlich auf markierten Wegen. Die Bandbreite reicht von sehr spärlich bis sehr gut markiert. In der Detailbeschreibung wird auf die Markierung explizit eingegangen, wobei es sich hier um Momentaufnahmen zum Zeitpunkt der Aufzeichnung handelt. Meist sind die Wege im alpinen Bereich einfacher zu finden, da sich Wegerhalter (z. B. alpine Vereine) um die Markierung und Wartung des Weges kümmern. Die einheitliche und standardmäßige Beschilderung mit gelben Wegweisern und rot-weiß-roten Markierung erleichtert die Orientierung und erspart oft eine unnötige Wegsuche. In einigen Gebieten sind auch regionale, identitätsweisende Markierungen vorhanden, wie z. B. Wegweiser aus Holz und diverse Farbmarkierungen. Der dritte Bereich umfasst Themenwege, die meist eine spezifische Markierung haben.

Wanderkarten von Freytag & Berndt

- WK 021 Fischbacher Alpen – Roseggers Waldheimat – Mürzzuschlag
- WK 131 Grazer Bergland – Schöckl – Almenland-Teichalm – Stubenbergsee
- WK 133 Graz und Umgebung – Region Hügelland-Schöcklland – Gleisdorf – Weiz – Raabklamm
- WK 422 Wechsel – Bucklige Welt – Bernstein
- WK 423 Steirisches Thermenland – Südliches Burgenland – Steirisches Vulkanland

INFORMATIONEN UND ADRESSEN

Anreise mit dem Auto

Die Region Oststeiermark ist im Wesentlichen über drei Hauptverkehrslinien erreichbar. Im Norden über die S 36 Murtal Schnellstraße, im Osten und Süden über die A 2 Südautobahn und im Westen über die S 35 Brucker Schnellstraße. Für eine Groborientierung sind in jeder Tourenbeschreibung die Autobahn- oder Schnellstraßenabfahrt und die wesentlichsten Orte für das Erreichen des Ausgangspunktes angeführt. Grundsätzlich gilt im nördlichen Teil der Oststeiermark, dass man häufig auf kurvenreichen Straßen im ständigen Auf und Ab unterwegs ist und dadurch für wenige Straßenkilometer deutlich mehr Fahrzeit einplanen muss.

Die Ausgangspunkte der Wanderungen sind bewusst so gewählt, dass sie so weit wie möglich mit öffentlichen Verkehrsmitteln bzw. dem SAM Sammeltaxi Oststeiermark erreichbar sind. Speziell in peripheren Regionen ist das aber oft nur sehr schwer möglich. Für diese Fälle haben wir mit einem Elektroauto von E-Steiermark eine gute Alternative gefunden.

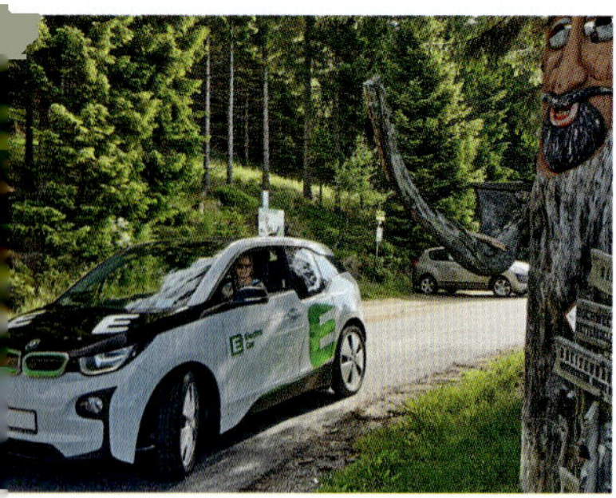

Mit dem E-Auto zum Ausgangspunkt, hier bei der Rabl-Kreuz-Hütte (Tour 13).

Anreise mit öffentlichen Verkehrsmitteln

Mit dem Zug erreichbar sind die Orte Pinggau/Friedberg, Rohrbach an der Lafnitz, Grafendorf, Hartberg, Bad Waltersdorf, Gleisdorf und Weiz. Ein wichtiger Knotenpunkt für die Anreise mit öffentlichen Verkehrsmitteln ist Weiz, da man von hier aus den Großteil der Wander-Ausgangspunkte mit dem Bus erreichen kann. Auskünfte für Zug und Bus:

- ÖBB: oebb.at; Verbundlinie Steiermark: busbahnbim.at

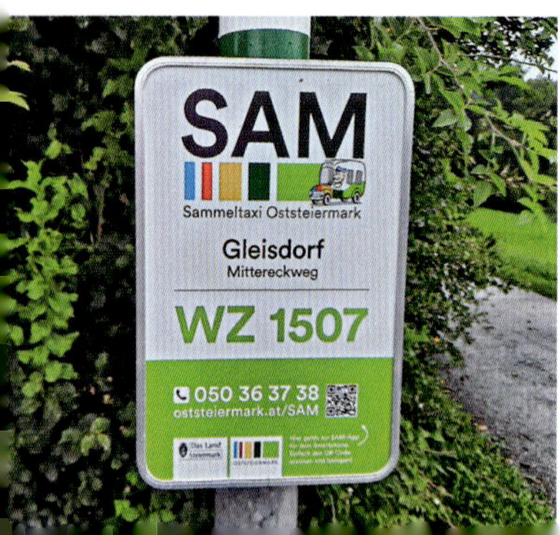

SAM Sammeltaxi Oststeiermark

Eine gute Öffi-Alternative für Wanderungen ist das seit Jänner 2020 verfügbare Mikro-ÖV-System »SAM Sammeltaxi Oststeiermark«, das man täglich von 6.00 bis 20.00 Uhr in Anspruch nehmen kann. In der gesamten Oststeiermark gibt es

Diese Standorttafeln sind mit der Bezeichnung und Nummer eindeutig zuzuordnen.

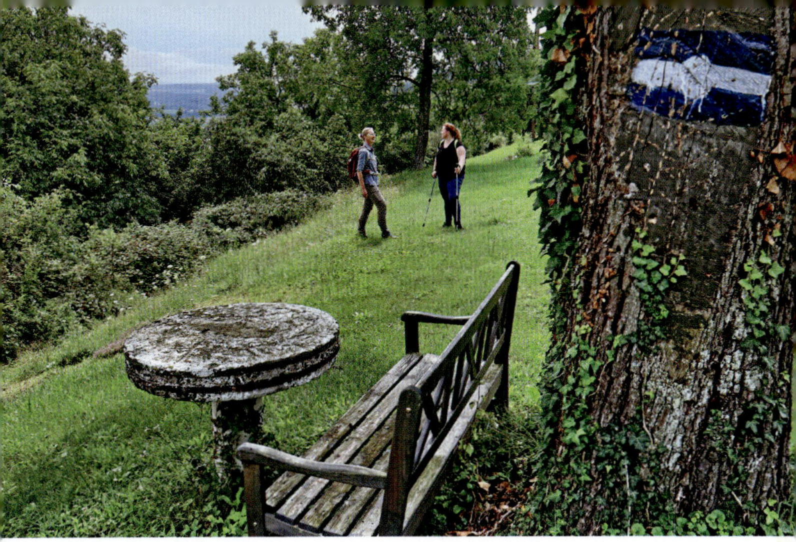

Die Wegmarkierungen sind unterschiedlich und weichen oftmals von der Standardmarkierung (rot-weiß-rot) ab.

zahlreiche Haltepunkte, die mit einer Standorttafel und Standortnummer genau definiert sind. Gerade bei Streckenwanderungen ist das eine einfache und kostengünstige Alternative, um zum Ausgangspunkt zurückzukommen. Für jede Tour sind unter »ÖPNV« die SAM-Haltepunkte aufgelistet. Das SAM-Sammeltaxi-System ist einfach: Fahrt spätestens 60 Min. vor Abfahrt unter Tel. +43 50363738, SAM App oder auf der Homepage oststeiermark.at/sam buchen. Bei der Anmeldung sind die Haltepunkte für Start und Ziel, Anzahl der Fahrgäste und der gewünschte Zeitpunkt bekannt zu geben. Alle Infos unter:

■ istmobil.at/istmobil-regionen/sam, Tel. +43 50363738

Die Naturparke Almenland und Pöllauer Tal

In der Steiermark gibt es insgesamt sieben Naturparke, zwei davon sind in der Oststeiermark. Der **Naturpark Almenland** wurde im Jahr 2006 gegründet und ist somit der jüngste Naturpark in der Steiermark. Das weitläufige Almengebiet rund um Teichalm und Sommeralm gilt als das flächenmäßig größte zusammenhängende Almweidegebiet ohne Berührungspunkte mit einem Hochgebirge, das ist einzigartig in Europa. Auf einer Größe von 25.300 ha findet man neben subalpinen Almen und grünlandgeprägten Kulturlandschaften ausgedehnte Wälder, Feuchtwiesen, Moore, schroffe Felswände und beeindruckende Schluchten. Informationen unter:

■ almenland.at, Tel. +43 3179 23000

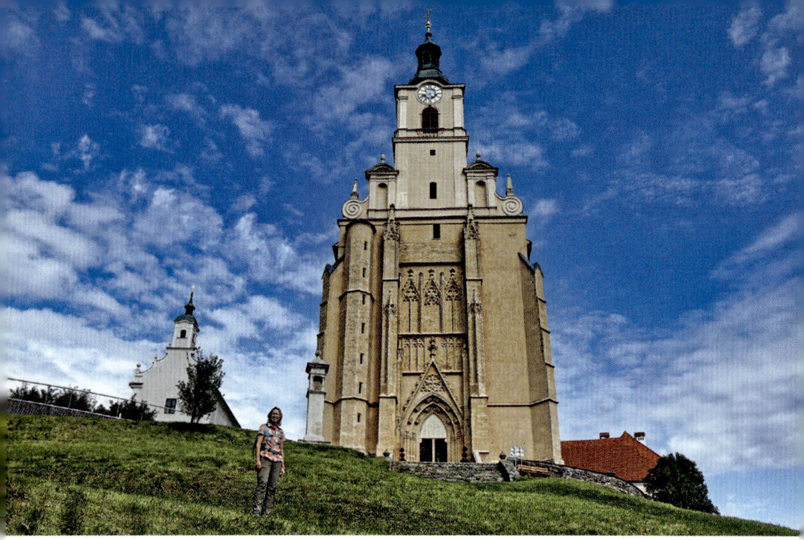

Die Pfarr- und Wallfahrtskirche am Pöllauberg zählt zu den Highlights in der Oststeiermark (Tour 29 und 30).

Mit 12.500 ha ist der **Naturpark Pöllauer Tal**, der bereits im Jahr 1983 gegründet wurde, in etwa halb so groß wie der Naturpark Almenland. In den Naturparkgemeinden Pöllau und Pöllauberg stellen Streuobstwiesen und Wälder die wichtigsten Naturräume dar. Die typische und landschaftsprägende Pöllauer Hirschbirne ist eine regionale Besonderheit und als Ursprungsbezeichnung geschützt. Das Pöllauer Tal ist von einer Hügelkette umgeben, deren höchster Punkt der Rabenwaldkogel mit 1280 m ist, und öffnet sich nur gegen Süden hin, mit dem tiefsten Punkt auf 380 m Seehöhe. Eine abwechslungsreiche Landschaft gepaart mit kulturellen Sehenswürdigkeiten macht diese Region aus. Informationen unter:

- naturpark-poellauertal.at, Tel. +43 3335 4210

Vorteilskarten

Wer in der Oststeiermark Urlaub macht, sollte sich über die Möglichkeiten der GenussCard informieren. Diese erstreckt sich über die Regionen Oststeiermark, Thermen- und Vulkanland und Süd- & Weststeiermark, wobei Nächtigungsgäste von Gratiseintritten und Vergünstigungen profitieren. Wanderungen werden durchaus reizvoller – auch für Kinder –, wenn man das eine oder andere Ausflugsziel oder einen GenussCard-Betrieb integriert.

- Alle Ausflugsziele und Gastgeber auf einen Blick unter genusscard.at.
- Die zweite Vorteilskarte für das gesamte Bundesland ist die Steiermark-Card, die Infos dazu findet man auf steiermark-card.net.

Wetter

Vor jeder Tour ist es wichtig, Informationen zur Wetterprognose einzuholen, damit man sich auf die Bedingungen einstellen kann. Abgesehen von Online-Diensten sollte man Gebietskenner, z. B. in den Beherbergungsbetrieben, befragen, die oft gute Auskünfte zur regionalen Wettersituation geben können. Für die Steiermark ist die Homepage der ZAMG eine verlässliche Quelle:

- Zentralanstalt für Meteorologie und Geodynamik (ZAMG): zamg.ac.at. Persönliche Beratung für die Steiermark (kostenpflichtig): Tel. 0900 566566 8.

Beste Jahreszeit

Wenn man von der besten Wanderzeit in der Oststeiermark spricht, muss man grob zwischen dem Norden und dem Süden unterscheiden. Mit den Fischbacher Alpen, dem Wechsel und dem Grazer Bergland ist man sozusagen in der Bergregion unterwegs und dementsprechend später als im wärmebegünstigten Süden beginnt hier die Wandersaison. Wenn es hingegen im Sommer sehr heiß ist, wird man die höher liegenden Wälder und Almen bevorzugen. Zusammenfassend bietet die Region für das ganze Jahr Wandermöglichkeiten, ganz nach dem Motto von Bad Waltersdorf: Sommer, Winter, IMMER.

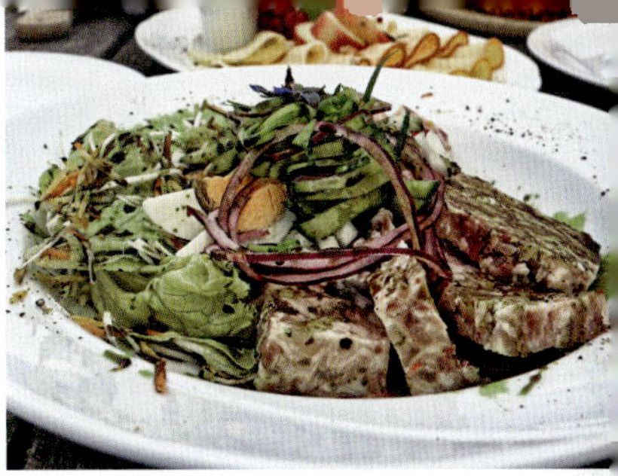

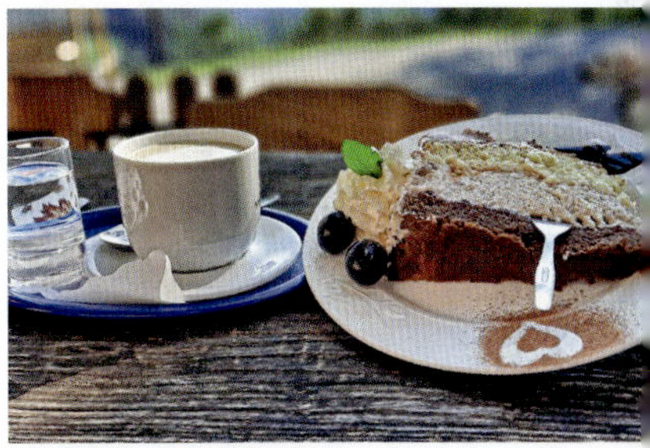

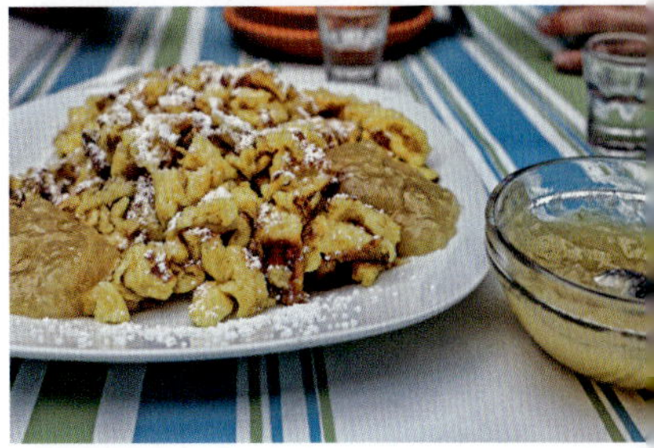

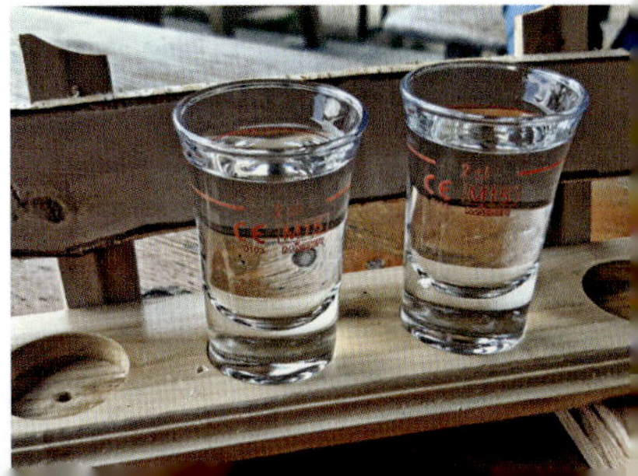

Essen und Trinken hält Leib und Seele zusammen. Gerade in der Oststeiermark sorgt der Genuss von regionalen Speisen und Getränken dafür, dass es einem körperlich und seelisch gut geht.

Weitwanderwege in der Oststeiermark

Durch das Wandergebiet der Oststeiermark führen mehrere Weitwander- und Pilgerwege. Gerade im Norden der Region trifft man bei Tageswanderungen immer wieder auf zwei auffallende Markierungen: das geschwungene Logo in Rot oder Gelb des Alpannonia oder das grün-graue Bildlogo »Vom Gletscher zum Wein«. Diese zwei Wege sind wandertouristisch von großer Bedeutung und werden daher hier in Kurzform dargestellt:

Der **Alpannonia-Weitwanderweg** ist ein bekannter grenzübergreifender Weg, der die Naturräume der Ostalpen mit der Pannonischen Tiefebene verbindet. Das Wegenetz, das man bei verschiedenen Tageswanderungen immer wieder tangiert, besteht aus einem Hauptweg und verschiedenen Zubringerwegen, die mit dem Markierungssystem farblich unterschieden werden. Der Hauptweg ist rot gekennzeichnet und über zwei Einstiegsmöglichkeiten zu erreichen. In der Oststeiermark beginnt der 124 km lange Höhen- und Panoramaweg, der insgesamt rund 3800 m im Aufstieg und 4500 m im Abstieg überwindet, in der Ortschaft Fischbach und führt über sieben Tagesetappen

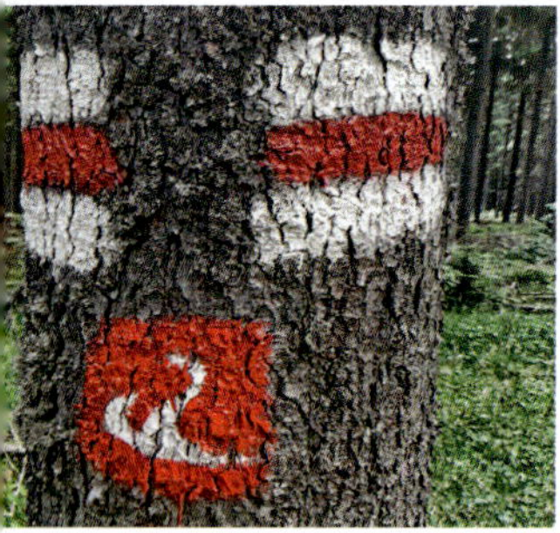

Foto oben: Das Logo des Alpannonia-Weitwanderweges.
Unten: Die Etappen 21 bis 28 der Nordroute »Vom Gletscher zum Wein« führen durch die Oststeiermark; hier die Etappe 25 (Tour 44).

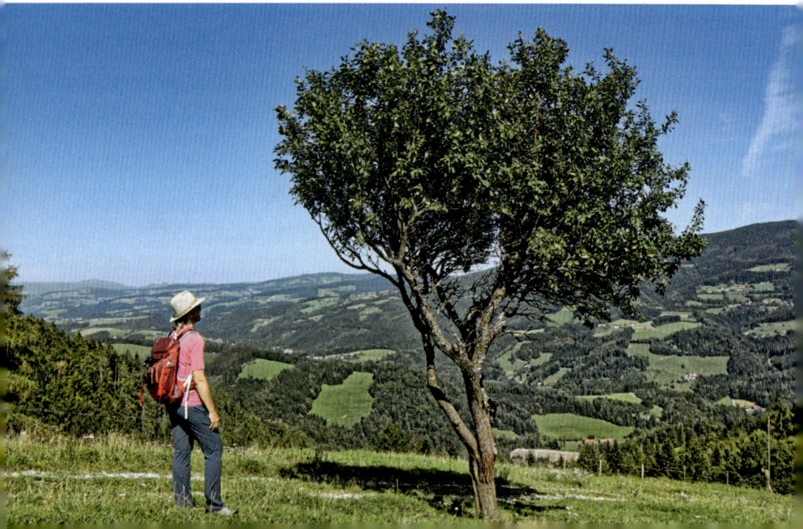

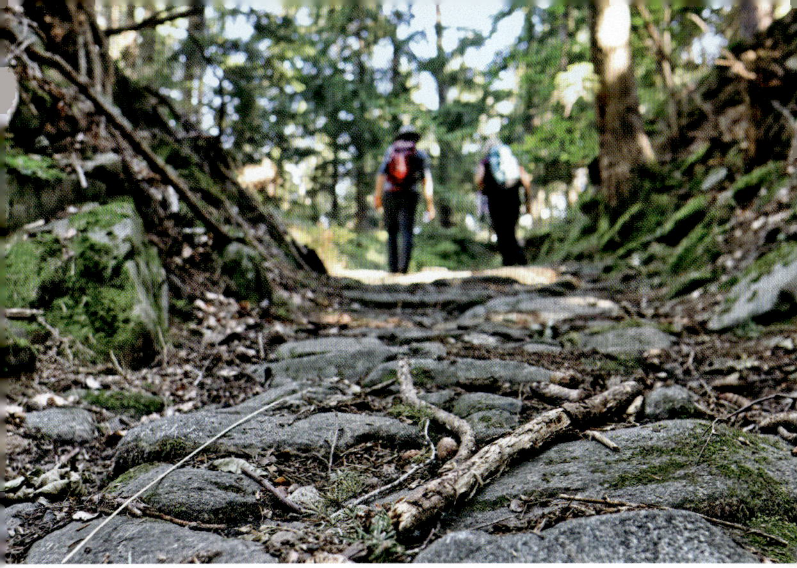

Der Weg ist das Ziel.

bis nach Köszeg in Ungarn. Wichtige touristische Orte sind durch Zubringerwege in dieses Wegenetz integriert und führen immer wieder auf die Hauptroute, die wie folgt verläuft: Fischbach – Teufelstein – Alpl – Pretul – Stuhleck – Pfaffensattel – Feistritzsattel – Hochwechsel – Mönichkirchen – Hochneukirchen – Redlschlag – Bernstein – Goberling – Unterkohlstätten – Geschriebenstein – Köszeg. Auf der Homepage alpannonia.at findet man alle wichtigen Informationen, detaillierte Wegbeschreibungen mit Onlinekarten, sowie Einkehr- und Nächtigungstipps.

Der Weg **»Vom Gletscher zum Wein«** wurde 2015 von der Steiermark Tourismus GmbH initiiert und besteht aus einer Nord- und einer Südroute, die sich in Wegstrecke, Dauer und Endziel unterscheiden. Beide Routen starten auf 2700 m Höhe in der atemberaubenden Gletscherlandschaft des Dachsteinplateaus und trennen sich nach der ersten Etappe. Die 560 km lange Nordroute führt in 35 Etappen mit ca. 21.200 m im Aufstieg und ca. 23.600 m im Abstieg bis Bad Radkersburg. Die Oststeiermark betreffen die Etappen 21 bis 28, beginnend am Stuhleck (1782 m) in den Fischbacher Alpen, weiter durch die Waldheimat des berühmten Dichters und Schriftstellers Peter Rosegger (1843–1918) zum Luftkurort Fischbach und durch den Naturpark Almenland. Über die fruchtbaren Flächen des Apfellandes und des Naturparks Pöllauer Tal kommt man in die Stadt Hartberg und weiter in die Thermenregion bis nach Bad Waltersdorf. Alle 60 Etappen sind detailliert im Rother Wanderführer »Vom Gletscher zum Wein« beschrieben.

OSTSTEIERMARK – DER GARTEN ÖSTERREICHS

Naturräumliche Gliederung

Die Steiermark wird in drei große, naturräumlich abgegrenzte Landschaftseinheiten – sogenannte Großlandschaften – gegliedert: die Nordalpen, die Zentralalpen und das Alpenvorland. Die Oststeiermark hat Anteil an den Zentralalpen und am Alpenvorland und erfüllt schon aufgrund dieser zwei unterschiedlichen Landschaften vielfältige Wanderbedürfnisse. Im Westen und Norden dominiert das Steirische Randgebirge, das den Zentralalpen zuzuordnen ist. Die hierzu gehörigen Landschaften sind von Osten nach Westen: Bucklige Welt, Wechsel, Joglland, Fischbacher Alpen und das östliche Grazer Bergland. Der höchste Gipfel in der Oststeiermark ist das Stuhleck mit 1782 m Höhe in den Fischbacher Alpen. Landschaftlich hervorzuheben ist auch das Passailer Becken, das im Grazer Bergland eingebettet liegt und trotz seiner bescheidenen Größe alle Merkmale eines typischen inneralpinen Beckens besitzt. Südlich des Steirischen Randgebirges schließt das oststeirische, aus tertiären Lockergesteinen aufgebaute Riedelland an, das wiederum ein Teil des Alpenvorlandes ist und im Wesentlichen vom Raabtal, vom Feistritztal und vom Lafnitztal unterbrochen wird. Die Lafnitz entwässert in Richtung Osten und bildet zudem über weite Strecken den

Der Natur ihren Platz – den Menschen der Genuss: ein Leitsatz im Naturpark Almenland (Tour 4).

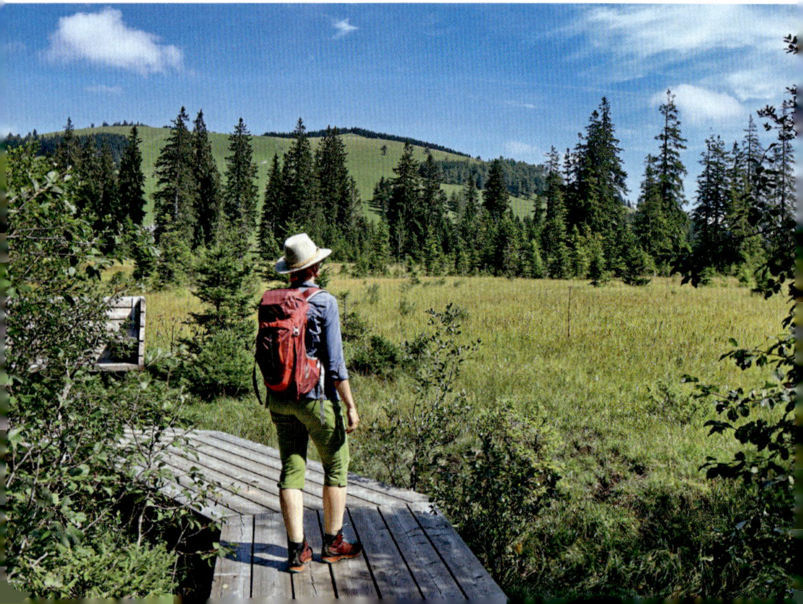

Grenzfluss zum Burgenland. Die Raab und die Feistritz entwässern mit ihren Nebenflüssen in Richtung Süden. Stehende Gewässer sind in der Oststeiermark eher die Ausnahme; abgesehen von kleinen Teichen sind der Teichalmsee im Naturpark Almenland und der Stubenbergsee im Apfelland zu nennen. Letzterer ist ein attraktiver Badesee, der sich als Ergänzung zu den umliegenden Wanderungen anbietet.

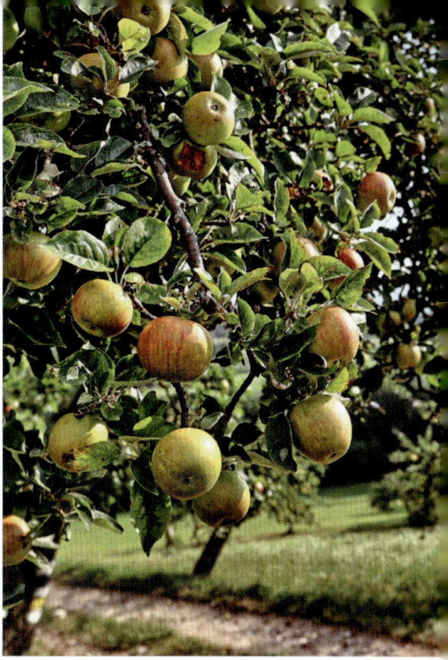

Wandern im größten Obstbaugebiet Österreichs – das Apfelland.

Politische Gliederung

Zwei Bezirke betreffen die Oststeiermark, wobei die politischen Grenzen über die touristische Region der Oststeiermark hinausgehen. So haben die Bezirke Weiz und Hartberg-Fürstenfeld auch Anteil an der touristischen Region Thermen- und Vulkanland. Vereinfacht dargestellt liegt der Bezirk Weiz im Westen und der Bezirk Hartberg-Fürstenfeld im Osten der Region Oststeiermark. Der Bezirk Weiz hat neben der gleichnamigen Bezirkshauptstadt noch eine weitere Stadt, nämlich Gleisdorf, und die Märkte Birkfeld, Passail, Anger, Pischelsdorf und St. Ruprecht an der Raab. Im Bezirk Hartberg-Fürstenfeld liegen zwei Städte in der Region Oststeiermark, die Bezirkshauptstadt Hartberg sowie Friedberg, zudem sind die Märkte Pinggau, Vorau, Grafendorf, Pöllau, Kaindorf und Bad Waltersdorf für die Region Oststeiermark relevant.

Touristische Gliederung

Mit 1.10.2021 wird sich die touristische Struktur in der gesamten Steiermark verändern. In der Wanderregion Oststeiermark gab es zur Zeit der Recherche im Frühjahr 2021 folgende touristische Regionen, die als Regionsbezeichnung auch in den Tourenbeschreibungen immer wieder verwendet werden: ApfelLand-Stubenbergsee, Hartbergerland, Joglland-Waldheimat, Naturpark Almenland, Naturpark Pöllauer Tal, Solarstadt Gleisdorf, Kräuterregion Wechselland, Weiz & St. Ruprecht und die 2-Thermenregion Bad Waltersdorf.

- Alle touristischen Kontaktdaten findet man auf der Homepage des Tourismusregionalverbandes Oststeiermark: oststeiermark.com.

Tipps für wanderfreie Tage

- **Almerlebnispark auf der Teichalm**
  Neben dem Hochseilpark gibt es einen Wald- und Erlebnisgarten mit Motorik- und Bewegungselementen. Geöffnet täglich von Juli bis Mitte September, restliche Zeit Mai, Juni, Mitte September bis Oktober nur von Donnerstag bis Sonntag. Teichalm, 8163 Fladnitz an der Teichalm, almpark.at, Tel. +43 664 88248202.
- **Augustiner-Chorherrenstift Vorau**
  Die Stiftsbibliothek gilt als Besonderheit des Vorauer Stiftes. Bei einer Führung erfährt man vieles über die Geschichte der Kirche, der Sakristei und der bekannten Bibliothek. 8250 Vorau 1, stift-vorau.at, Tel. +43 3337 2351.
- **Feistritztalbahn**
  »Reisen wie anno dazumal« ist der Slogan der Feistritztalbahn. Die über 100 Jahre alte Bahn verbindet Weiz mit Birkfeld und schlängelt sich dabei spektakulär durch das Tal. Hauptplatz 13, 8190 Birkfeld, feistritztalbahn.at, Tel. +43 664 88291066.
- **Felber Schokoladen**
  Bei der Produktion der Schokolade wird auf regionale Produkte sowie schonenden Umgang mit Ressourcen großen Wert gelegt. Führungen gegen Voranmeldung für Gruppen von Montag bis Samstag. Gasener-Straße 4, 8190 Birkfeld, felber-schokoladen.at, Tel. +43 3174 4546.
- **Heiltherme Bad Waltersdorf**
  »Kraft tanken und entspannen mit der positiven Wirkung des Thermalwassers« ist der Slogan der Heiltherme. Ganzjährig geöffnet. Thermenstraße 111, 8271 Bad Waltersdorf, heiltherme.at, Tel. +43 3333 500.
- **H_2O Kindertherme**
  Das Kinder-Thermen-Paradies bietet Bade- und Rutschenspaß für die ganze Familie. Ganzjährig geöffnet. Sebersdorf 300, 8271 Bad Waltersdorf, hoteltherme.at, Tel. +43 3333 22144.
- **Kräftereich St. Jakob im Walde**
  Auf der über 1600 km^2 großen Erlebnisausstellung und im hauseigenen Kräutergarten kann man die Quellen der inneren Kraft erkunden. Kirchenviertel 70, 8255 St. Jakob im Walde, kraeftereich.at, Tel. +43 3336 20257.
- **Ölmühle Fandler**
  Neben heimischen Saaten werden auch mediterrane Ölfrüchte zu wertvollen Pflanzenölen verarbeitet. Hier erfährt man Interessantes zur Herstellung und Verwendung der sortenreinen Öle. Geöffnet von Montag bis Samstag. Prätis 1, 8225 Pöllau, fandler.at, Tel. +43 3335 2263.
- **Pfarrkirche und Schloss Pöllau**
  Der »Steirische Petersdom« hat diesen Titel aufgrund des Grundrisses der Kirche erhalten. Mit ihrer Gesamtgröße gilt die Pfarrkirche von Pöllau als größte barocke Kirche in der Oststeiermark. Schloss 1, 8225 Pöllau, poellau.graz-seckau.at, Tel. +43 3335 2253.

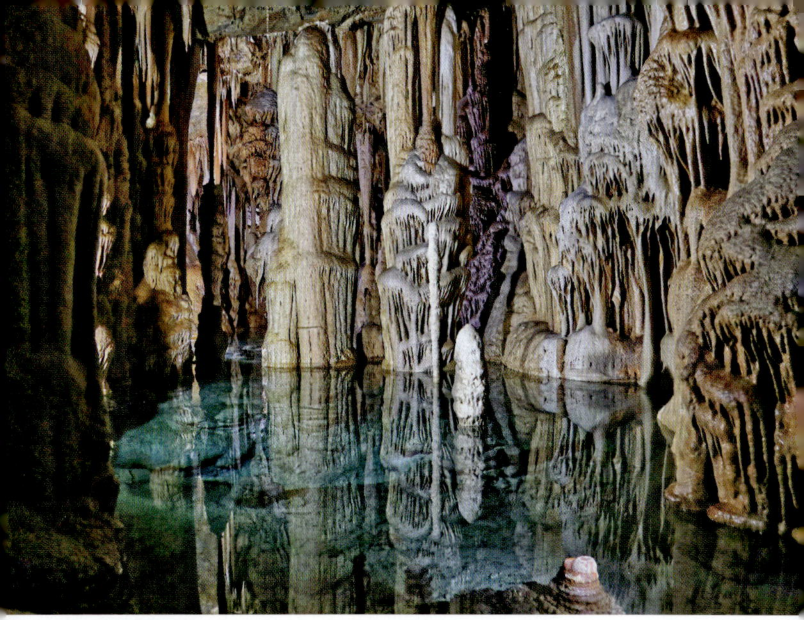

Die Tropfsteinhöhe Katerloch ist ein Naturjuwel in der Steiermark.

■ **Ringwarte**
Panoramablick vom Aussichtsturm: Auf einer Seehöhe von 789 m genießt man die Aussicht auf das Hartbergerland. Geöffnet April bis Oktober von Mittwoch bis Sonntag 10.00–18.00 Uhr, Tel. +43 664 75115248.

■ **Steirerkraft Kernothek**
In der Ölmühle lernt man von der Rohmasse bis hin zum frisch gezapften Öl die Herstellung des Kürbiskernöles kennen. Führungstermine jeweils mittwochs und freitags um 15.00 Uhr und samstags (März–Dezember) um 10.30 Uhr. Wollsdorf 75, 8181 St. Ruprecht an der Raab, steirerkraft.com, Tel. +43 3178 2525-270.

■ **Tierwelt Herberstein**
In dem 46 ha großen Areal kann man nicht nur 85 Tierarten beobachten, sondern auch die Gartenanlage und das Gironcoli Museum besuchen. Geöffnet täglich von Mitte März bis Anfang November, in den Wintermonaten von Donnerstag bis Sonntag. Buchberg 50, 8223 Stubenberg am See, tierwelt-herberstein.at, Tel. +43 3176 80777.

■ **Weizer Schafbauern**
In der Erlebnis- und Schaukäserei erfährt man alles rund um das Thema Schaf. Führung mit Verkostung von Montag bis Samstag möglich. Obergreith 70, 8160 Weiz, mähh.at, Tel. +43 3172 30370.

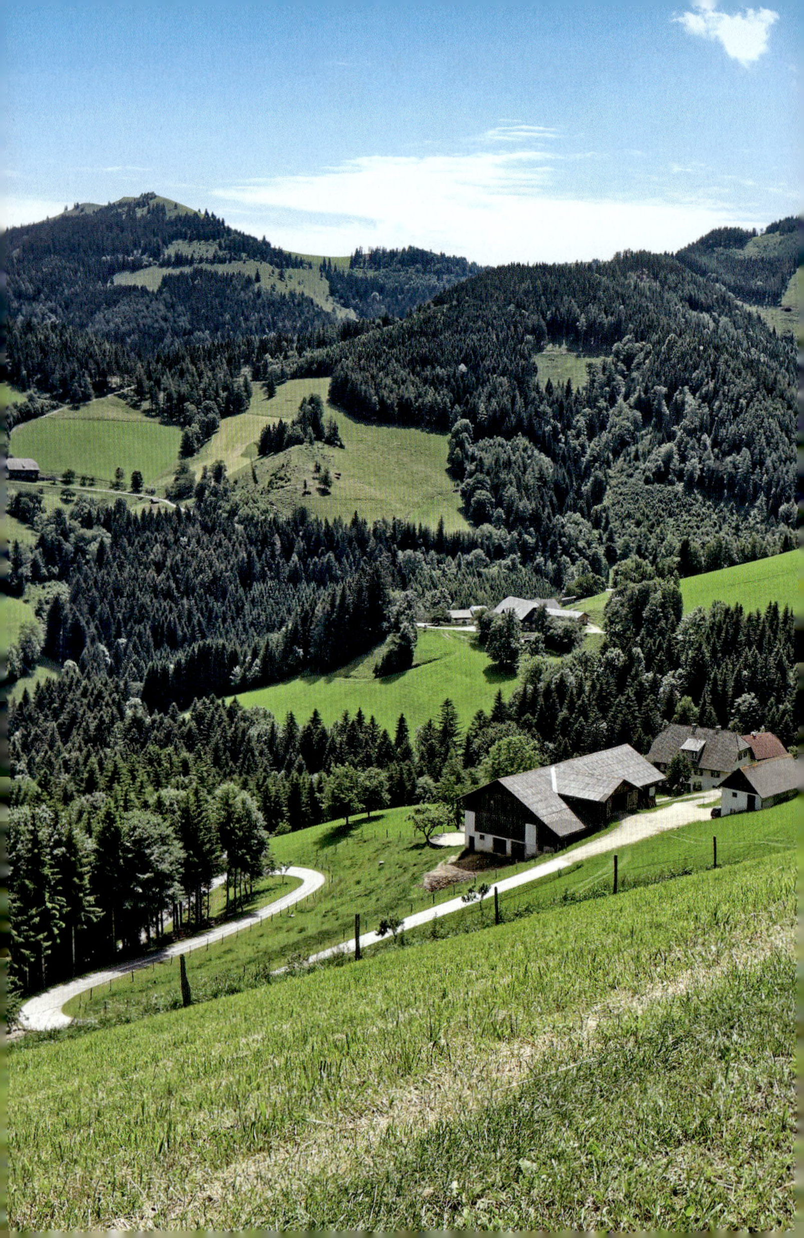

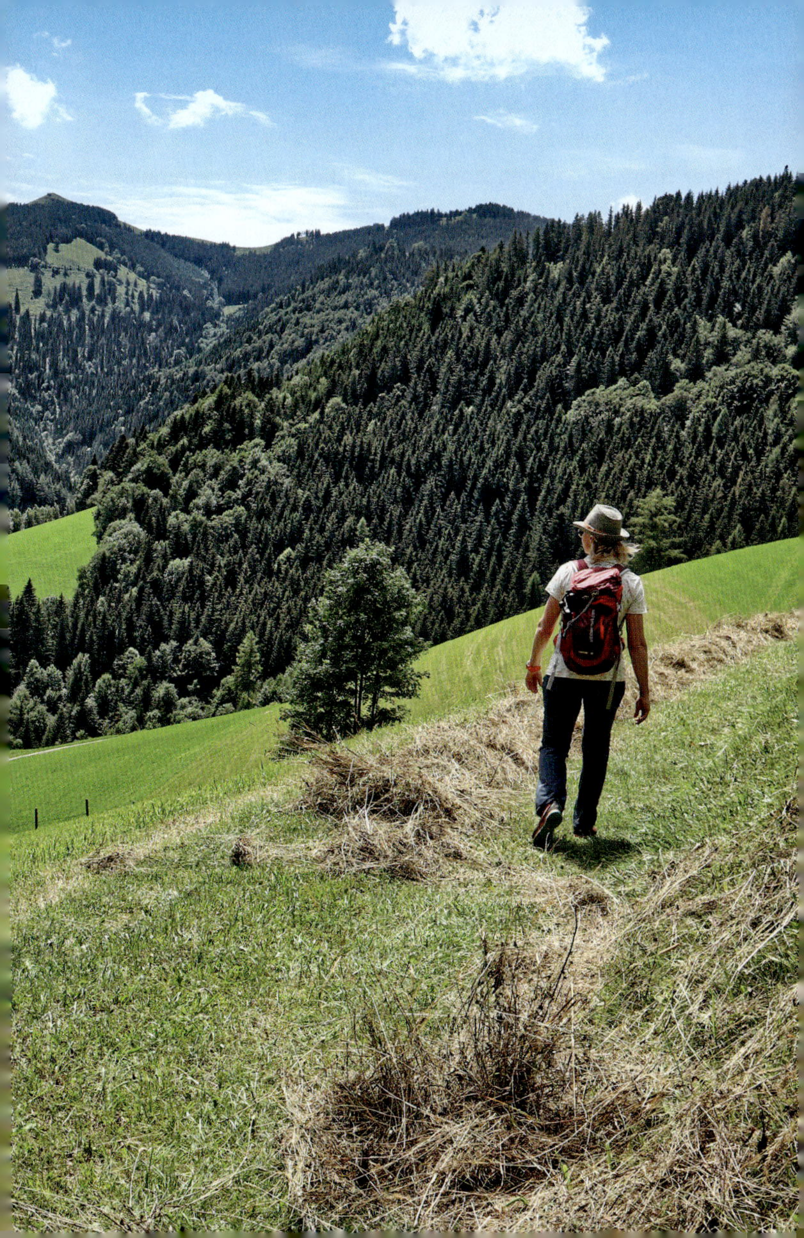

↗ 760 m | ↘ 760 m | 9.7 km

1 Bärenschützklamm

4.15 h

Steter Tropfen höhlt den Stein – die Kraft des Wasser erkennen

Die Bärenschützklamm zählt zu den bekanntesten und schönsten wasserführenden Klammen in ganz Österreich. Die Kraft und Arbeit des Wassers erlebt man hier auf eindrucksvolle Art und Weise, unter anderem, wenn man an 200 bis 300 m hohen Kalkwänden vorbeigeht und die zahlreichen fluviatilen Erosionsformen im Gestein sieht. Vor mehr als 100 Jahren übte die Klamm bereits eine Faszination auf die Menschen aus, und so wurde sie damals vom Grazer Alpenclub mit Steigleitern zugänglich gemacht. Im Jahr 1978 wurde die Klamm zudem als Naturdenkmal ausgewiesen. Heute wird die Bärenschützklamm jedes Jahr von zahlreichen Besuchern erwandert, wobei die Steiganlage über mehr als 100 Brücken und Holzleitern führt und dabei eine Höhendifferenz von 350 Höhenmetern und eine Weglänge von 1,4 Kilometern überwindet. Das Herzstück der Klamm, welches übrigens mit Hunden nicht begehbar ist, kann auch über einen Normalweg (»Prügelweg«, Wegnummer 746) umgangen werden. Dieser Umgehungsweg ist das ganze Jahr zugänglich, die Klamm ab der Kassierhütte hingegen nur von Anfang Mai bis Ende Oktober.

Über die Schwaigeralm kann das Herzstück der Klamm umgangen werden.

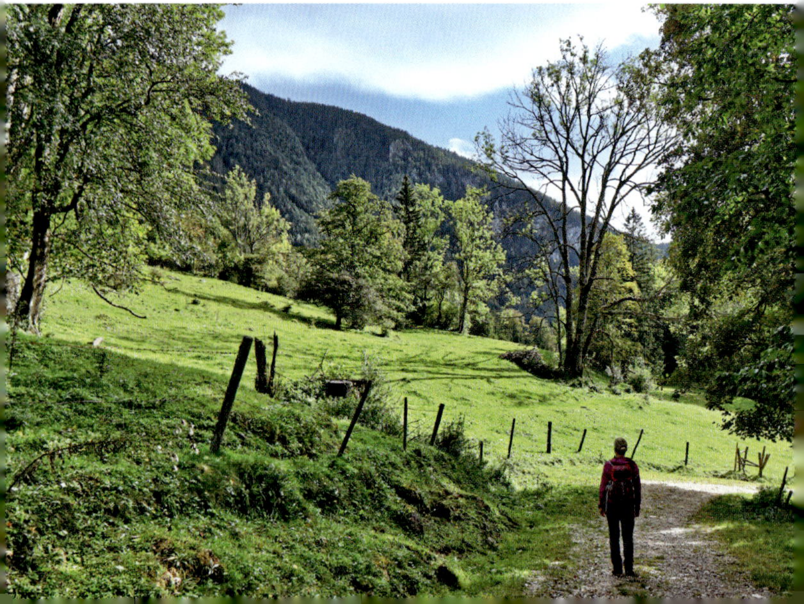

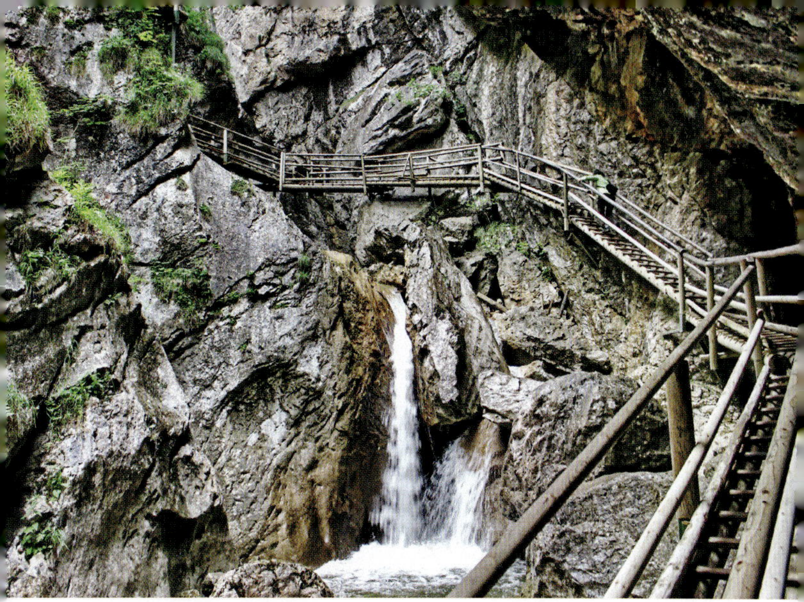

Vor mehr als 100 Jahren wurde die Klamm bereits mit Steigleitern begehbar gemacht. Im Juli 2020 ereignete sich ein folgenreicher Felssturz, worauf die Klamm über mehrere Monate hinweg gesperrt war (voraussichtliche Wiedereröffnung im Herbst 2023).

Ausgangspunkt: Parkplatz der Bärenschützklamm bei Mixnitz, 480 m. Anfahrt: Auf der S 35 bis Abfahrt Mixnitz. Nach Ortsmitte entlang des Mixnitzbaches zum Parkplatz.
ÖPNV: Zug nach Mixnitz; weiter zu Fuß (ca. 1,6 km) oder mit SAM-Taxi von BM 3514 Mixnitz-Bahnhof nach BM 3516 Mixnitz-Bärenschützklamm.
Anforderungen: Trittsicherheit und Schwindelfreiheit erforderlich. Bei Nässe kann es auf den zahlreichen Brücken und Holzleitern sehr rutschig sein. Bis zur Kassierhütte (Klammeingang) breiter, einfach zu begehender Forstweg. Mit dem Normalweg kann man das Herzstück der Klamm umgehen. Aufstieg dann hauptsächlich auf Forststraßen und einfachen Wanderwegen, die teils mit Holzleitern befestigt sind.
Einkehr: Jausenstation Grassauer, Tel. +43 3867 8668, grassauer@aon.at. Unterwegs: Jausenstation Zum Guten Hirten, Tel. +43 664 1636046.
Hinweis: Eintritt für Erwachsene 5,00 Euro, Kinder und Jugendliche von 6 bis 16 Jahren 3,50 Euro. Die Klamm ist von 1. Mai bis 31. Oktober täglich von 7.30 bis 16.00 Uhr geöffnet.
Varianten: Die Wanderung kann ab der Jausenstation Zum Guten Hirten verlängert werden, indem man zum Teichalmsee weiterwandert und sich dort von einem Taxi (SAM-Station WZ 3424 Teichalm-Teichwirt) abholen lässt. Für den einfachen, gemütlichen Weg sollte man ca. 1.15 Std. Gehzeit (ca. 5 km, 100 Hm) einrechnen. Die sportliche Variante führt über das Gasthaus Steirischer Jockl auf den Hochlantsch und weiter zum See, wobei hier ca. 2.30 Std. Gehzeit (ca. 6 km, 500 Hm) einzuplanen sind.

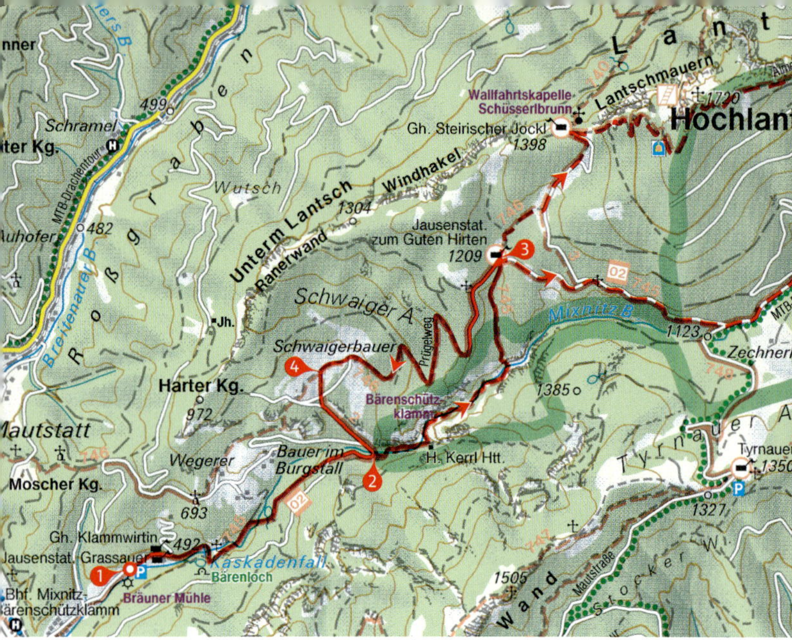

Wir starten beim **Parkplatz 1**, 480 m, der **Bärenschützklamm**, wo sich eine Übersichtstafel, eine Steiermarkherz-Bank und Informationsmaterial zur Klamm befinden. Hier sind auch die entsprechenden Infos angeschlagen, wenn die Klamm gesperrt ist und »nur« der Umgehungsweg begehbar ist. Gleich zu Beginn kommen wir beim Gasthaus Die Klammwirtin (geschlossen) und der Jausenstation Grassauer vorbei und orientieren uns entlang des Wanderweges 745.
Wir sind hier auf einer Forststraße unterwegs, überqueren mehrmals den Mixnitzbach und bekommen schon einen Eindruck von der Mächtigkeit der

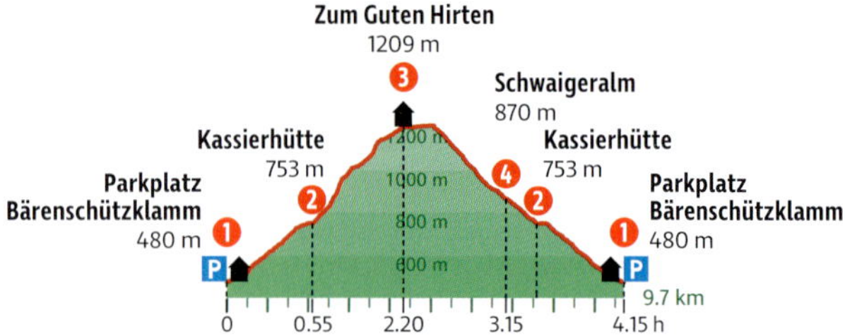

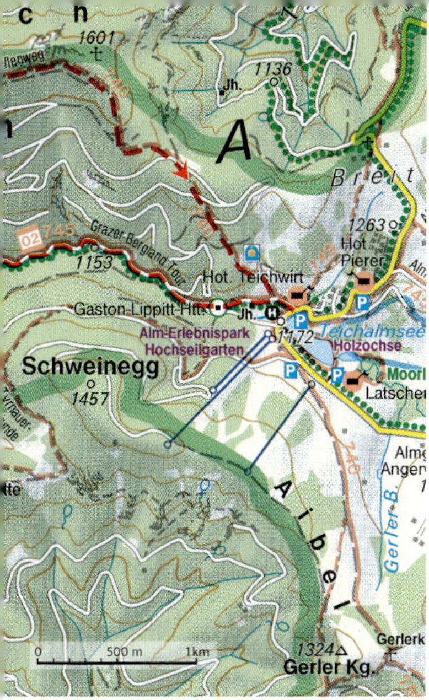

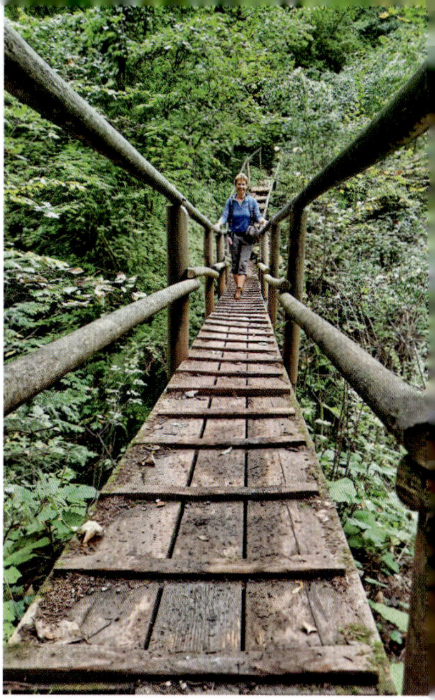

Bis zur Kassierhütte ist der Weg einfach und ohne Eintrittsgebühr zu begehen.

Klamm, bis wir den Einstieg bzw. die **Kassierhütte** ❷, 753 m, erreichen. Hier gehen die Wanderwege auseinander: Geradeaus setzt sich der Klammweg (Weg 745) fort und links der Prügelweg (Normalweg, Weg 746), jeweils mit dem Ziel der Jausenstation Zum Guten Hirten. Der Aufstieg durch die Klamm führt über Brücken und Leitern und ist als Weg an sich ein besonderes Erlebnis, wobei gute Ausrüstung, Trittsicherheit und Schwindelfreiheit vorauszusetzen sind. Vom Klammausstieg sind wir noch ca. 20 Min. bis zur **Jausenstation Zum Guten Hirten** ❸, 1209 m, unterwegs.
Nach einer gemütlichen Pause orientieren wir uns an den gelben Wegweisern in unmittelbarer Nähe der Jausenstation und wandern in Richtung Prügelweg – Schwaigeralm (Weg 746). Das erste Teilstück gehen wir entlang einer Forststraße fast eben dahin, bis der Wanderweg leicht bergab über einen Steig – zwischendurch auf Holzstegen – weiterführt. Ab der **Schwaigeralm** ❹, 870 m, einer großen Lichtung, sind wir größtenteils auf Forststraßen unterwegs. Kurz bevor wir wieder die **Kassierhütte** ❷, 753 m, erreichen, kommen wir an einem Kletterfelsen vorbei und können vielleicht Kletterer in der Wand sehen.
Der restliche Abstieg führt über die uns bereits bekannte Aufstiegsroute zurück zum **Ausgangspunkt** ❶.

TOP

2

↗ 620 m | ↘ 620 m | 11.5 km

Hochlantsch-Rundwanderung von der Teichalm

4.15 h

Ein Klassiker im Naturpark Almenland

Der Aufstieg auf den aussichtsreichen Gipfel ist einfach, umso mehr überraschen die nach Norden abfallenden Felswände, die Lantschmauern. Über diese Mauern führt auch der Franz-Scheikl-Klettersteig (Klettersteig-Schwierigkeit C) auf den 1720 m hohen Hochlantsch, einen Berg mit mehreren Gesichtern. Mit der Runde ab der Teichalm lernt man die Charakteristik eines Kalkberges kennen, und einen der beliebtesten und meistbegangenen Wanderwege in der Region. Während der Tour hat man die Wahl zwischen zwei urigen Einkehrmöglichkeiten, dem »Steirischen Jockl« und dem »Guten Hirten«. Die Holzkirche Schüsserlbrunn liegt zwar nicht direkt am Weg, jedoch sollte man sich die Zeit für den kurzen Abstecher unbedingt nehmen. Die Wallfahrtskirche liegt auf 1363 m inmitten der Lantschmauer und ist nur zu Fuß erreichbar. Der Name »Schüsserlbrunn« leitet sich von der Quelle ab, die hinter der Kirche in der Felswand entspringt und erosionsbedingt eine schüsserlartige Form aufweist. Die heilsame Wirkung des Wassers sowie viele Sagen und Legenden werden mit diesem besonderen Platzerl in Verbindung gebracht.

Ausgangspunkt: Teichalmsee, 1172 m, mehrere Parkplätze am See. Anfahrt: Auf der S 35 bis Abfahrt Mixnitz, dann über Breitenau a. Hochlantsch auf die Teichalm. Auf der A 9 bis Abfahrt Peggau, dann auf der S 35 Richtung Bruck a. d. Mur bis Abfahrt Frohnleiten Süd; auf der B 64 Richtung Weiz/Rechberg über Fladnitz a. d. Teichalm zur Teichalm.

ÖPNV: Zug/Bus bis Frohnleiten oder Weiz; mit Bus bis Fladnitz a. d. Teichalm; weiter mit SAM-Taxi von WZ 3404 Fladnitz/Teichalm-Kirche bis WZ 3424 Teichalm-Teichwirt.

Anforderungen: Der Aufstieg auf den Hochlantsch ist einfach, der Abstieg zum Gasthaus Steirischer Jockl deutlich steiler und kann bei Nässe sehr rutschig sein.

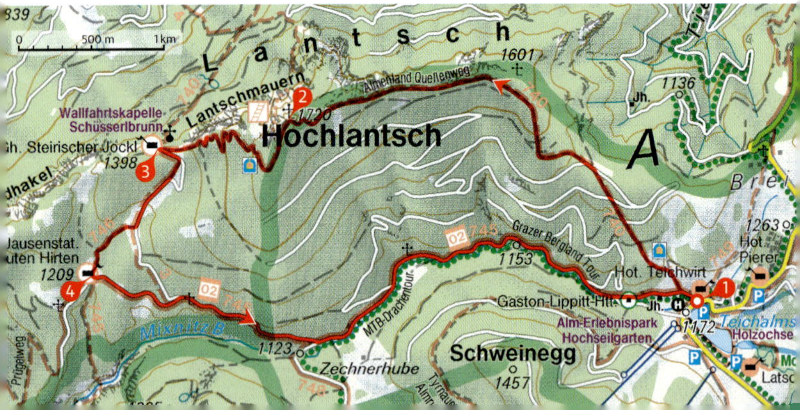

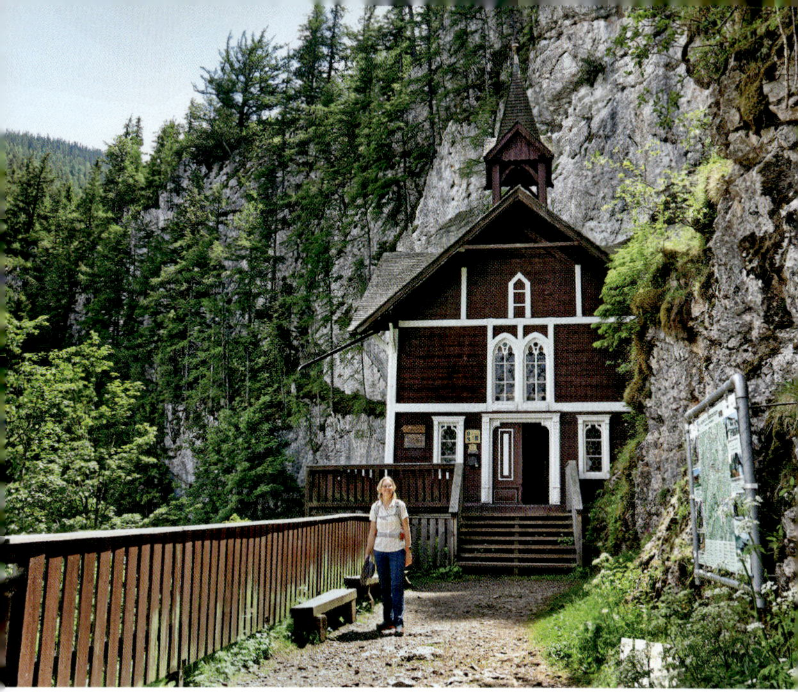

Der Abstecher zur Kirche Schüsserlbrunn ist sehr zu empfehlen.

Danach hauptsächlich Forststraßen. **Einkehr:** Almgasthof Hotel Teichwirt, Tel. +43 3179 7169, teichwirt.at; Latschenhütte, Tel. +43 3179 7127, latschenhuette.at; Angerwirt, Almgasthof-Pension, Tel. +43 3179 7121, almenland.at. Unterwegs: Jausenstation Zum Guten Hirten, Tel. +43 664 1636046; Gasthaus Steirischer Jockl, Tel. +43 664 1526845, steirischer.jockl75@gmx.at.
Tipp: An schönen Sommertagen herrscht hier reger Wanderbetrieb, da diese Tour zu den beliebtesten im Naturpark Almenland zählt. Wenn es die Zeit zulässt, sollte man die Wanderung daher unter der Woche machen.

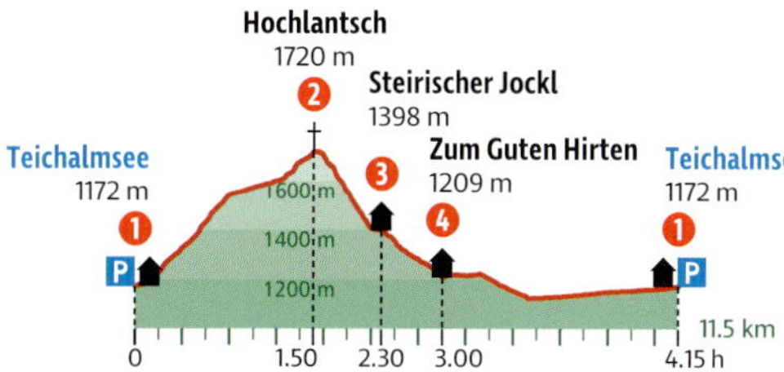

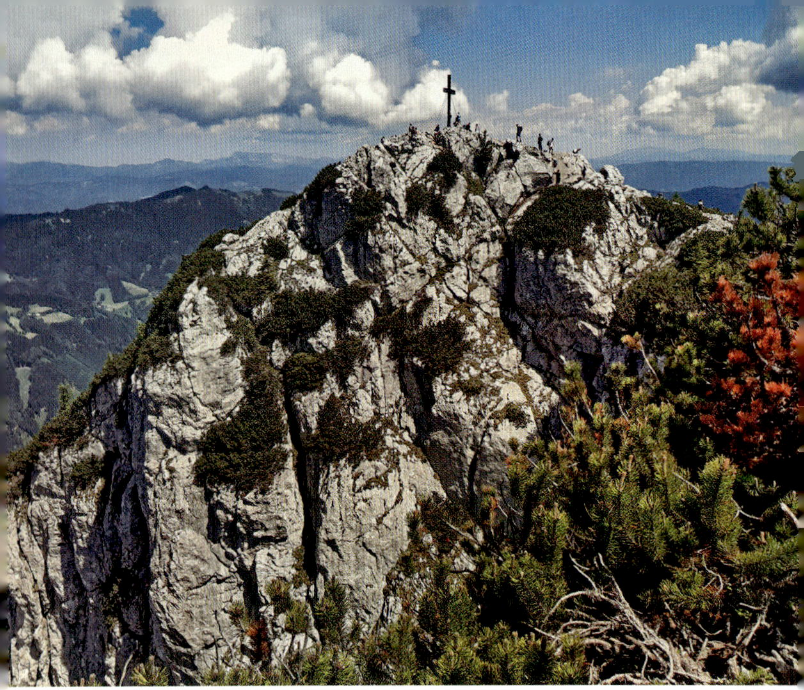

Der Berg mit mehreren Gesichtern – Hochlantsch, 1720 m.

Vom **Parkplatz Teichalmsee** ❶, 1172 m, gehen wir entlang des nördlichen Ufers zum Almgasthof Hotel Teichwirt. Zwischen den Gebäuden hindurch führt der Wanderweg 740 in Richtung Hochlantsch. Bei der nächsten Gabelung halten wir uns rechts und wandern leicht bergauf, zuerst über Wiesenflächen und dann durch den Wald. Der gut markierte und eindeutig verlaufende Wanderweg kreuzt mehrmals Forststraßen. Der erste Teil der Wanderung steigt kontinuierlich an, bis es nach ca. 2 km, ab einer Seehöhe von ca. 1500 m, gemütlicher dahingeht. Der Weg führt entlang des Bergrückens in Richtung Westen, bis zum aussichtsreichen Gipfel des **Hochlantsch** ❷, 1720 m.

Der Abstieg erfolgt weiterhin über den Weg 740 in Richtung Steirischer Jockl bzw. Schüsserlbrunn. Nach Norden fallen die Felswände hier steil ab, und der Blick zurück zum Gipfel ist beeindruckend. Der Abstieg ist deutlich steiler als der Aufstieg, somit ist gerade bei Nässe Vorsicht geboten. Wir orientieren uns immer in Richtung Schüsserlbrunn und kommen direkt zum **Gasthaus Steirischer Jockl** ❸, 1398 m. Hier kann man den Abstecher über knapp 200 Stufen zur hölzernen Kirche Schüsselbrunn machen.

Ab dem Steirischen Jockl verläuft der Weg hauptsächlich auf Forststraßen. Bei einer Wegkreuzung (auf gelbe Wegweiser achten) verlassen wir die Straße und zweigen rechts in Richtung Guter Hirte – Bärenschützklamm ab. Es geht einen Steig gemütlich bergab, bis wir die Almwirtschaft bzw. **Jausenstation Zum Guten Hirten** 4, 1209 m, erreichen. Damit haben wir den westlichsten Punkt unserer Wanderung erreicht und sind nun auch auf dem Weitwanderweg 02 unterwegs. Zurück zur Teichalm wandern wir auf einer Schotterstraße, die zum Großteil neben dem Mixnitzbach verläuft und direkt zum **Parkplatz** 1 und unserem Ausgangspunkt zurückführt.

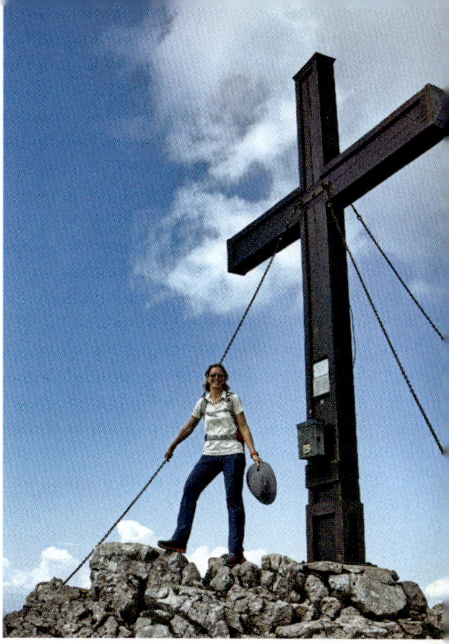

Foto rechts oben: Das mächtige Gipfelkreuz am Hochlantsch.
Unten: Breite und einfach zu begehende Steige führen vom See auf den Gipfel.

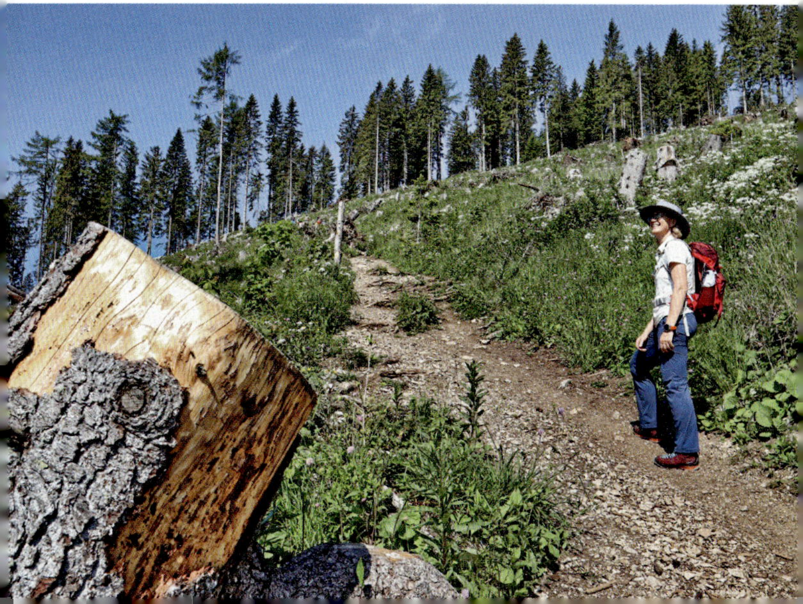

↗ 630 m | ↘ 630 m | 14.8 km

3 Gerler-Rundwanderung von Nechnitz

5.00 h

Über den Holzskulpturenweg auf die Alm

Das Hochplateau von Nechnitz liegt zwischen den Orten Tyrnau im Norden und Fladnitz im Südosten auf einer Höhe von 960 m. Die Rundwanderung startet am Hochplateau und führt über die gepflegten und aussichtsreichen Almen des Naturparkes Almenland. Eine Besonderheit gleich zu Beginn ist der Holzskulpturenweg. Der Gastwirt Erich Haider-Harrer gestaltet schon seit vielen Jahren mit der Motorsäge Figuren, die entlang dieses Themenweges mit ca. 1,5 km Länge und knapp 300 m Höhendifferenz aufgestellt sind. Über den Holzskulpturenweg erreicht man den Gschaidberg, einen Gipfel mit herrlichem Rundumblick: Im Süden liegt der Hausberg der Grazer, der Schöckl, und im Norden ist ein auffallend rot gefärbter Kalk-Felsabbruch zu sehen, die Rote Wand. Bis zum Gerlerkreuz geht es im leichten Auf und Ab über Almflächen, am Rückweg hauptsächlich durch bewaldetes Gebiet. Die im Jahr 2018 neu errichtete Gerlerkogelhütte eignet sich perfekt als Rast- und Jausenplatz, da man sie in der Mitte der Wanderung erreicht.

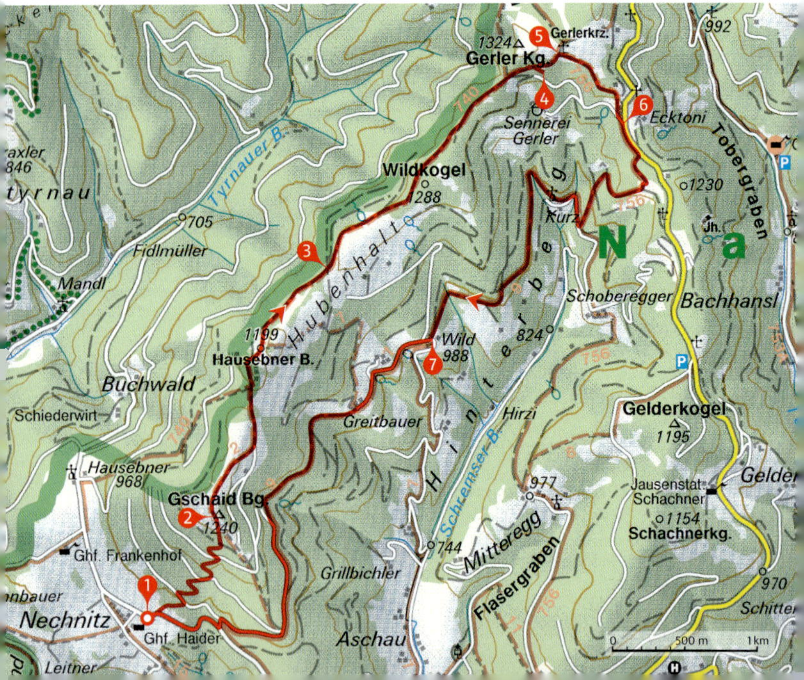

Ausgangspunkt: Nechnitz, 945 m, Parkplatz beim Almenlandwirt Haider. Anfahrt: S 35 bis Abfahrt Frohnleiten Süd, dann der B 64 in Richtung Weiz/Rechberg folgend über Gschwendt und Tyrnau nach Nechnitz. Auf der A 9 bis Ausfahrt Peggau; dann auf der S 35 nach Frohnleiten Süd; weiter wie oben.
ÖPNV: Zug/Bus nach Frohnleiten oder Weiz; mit Bus bis Fladnitz a. d. Teichalm; weiter mit SAM-Taxi von WZ 3404 Fladnitz/Teichalm-Kirche nach WZ 3413 Nechnitz-GH Haider-Harrer.
Anforderungen: Die meisten Höhenmeter sind zu Beginn zu bewältigen, danach gemütliches Auf und Ab über Almflächen und Forststraßen im Wald. Gut markiert, lediglich auf den Almflächen kann die Orientierung bei schlechter Sicht schwieriger sein.
Einkehr: Almenlandwirt Haider, Tel. +43 3179 6119, almenlandwirt-haider.at; Gasthof Frankenhof, Tel. +43 3179 6111, frankenhof.at. Unterwegs: Gerlerkogelhütte, Tel. +43 681 20673100.
Tipp: Der Rückweg ab dem Rastplatz Ecktoni 6 führt großteils durch den Wald, was vor allem im Sommer sehr angenehm ist. Wer aber den Almencharakter bevorzugt, sollte nur bis zum Gerlerkreuz wandern und denselben Weg zurückgehen oder sich bei der SAM-Station WZ 3422 Angerwirt (ca. 1,5 km vom Gerlerkreuz entfernt) abholen lassen.

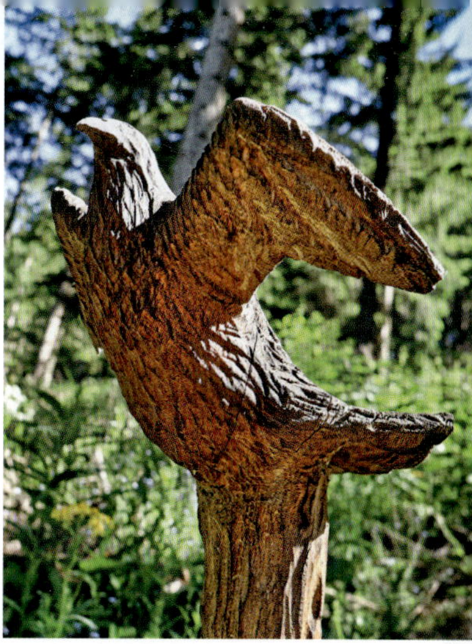

Zahlreiche Holzskulpturen sind während des Aufstieges zu sehen.

Wir starten beim **Almenlandwirt Haider** 1, 945 m, und gehen die Zufahrtsstraße leicht bergauf, bis wir den Einstieg in den Holzskulpturenweg sehen. Die nächsten 1,5 km und knapp 300 Hm geht es entlang einer mit zahlreichen Holzskulpturen und Infotafeln arrangierten Forststraße bergauf. Das Ende des Themenweges ist der Energiebrunnen mit Rastmöglichkeit und Selbstbedienungsgetränken. Es folgt ein kurzer und etwas steilerer Aufstieg, bis wir den **Gschaidberg** 2, 1240 m, mit Gipfelkreuz und einer übersichtlichen Panoramatafel erreichen.

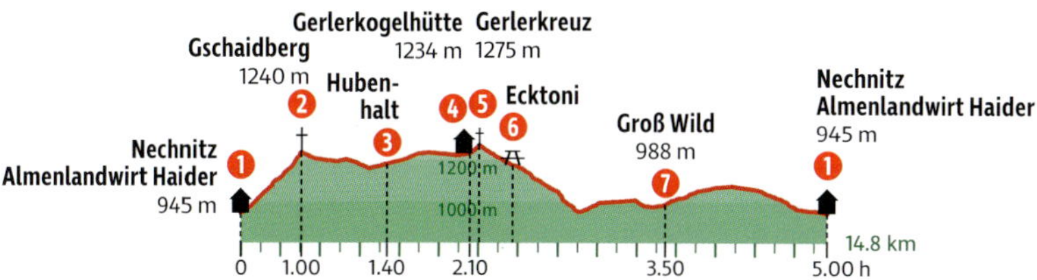

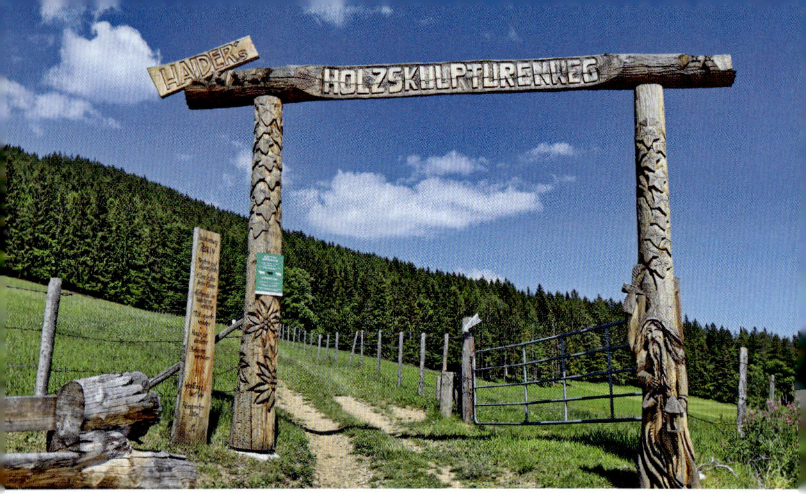

Der Einstieg des Holzskulpturenweges.

Wir halten uns in Richtung Nordosten und wandern über die aussichtsreichen Almflächen weiter, bis wir auf eine Schotterstraße treffen und dieser nun in Richtung Teichalm/Hubenhalt folgen. Der Wanderweg 740 führt über Alm- und Waldflächen, im leichten Auf und Ab, bis wir den Wegpunkt **Hubenhalt** ❸, 1184 m, erreichen. Geleitet von der guten Markierung kommen wir nach ca. 1,9 km zur Abzweigung in Richtung Tyrnauer Alm. Wir bleiben geradeaus und gelangen nach wenigen Minuten zur **Gerlerkogelhütte** ❹, 1234 m. Von der Hütte geht es noch ein Stück bergauf, und wir sehen auch schon das **Gerlerkreuz** ❺, 1275 m, vor uns.
Nun verlassen wir den Weg 740 und halten uns rechts in Richtung Ecktoni. Der Weg 756 führt über eine Schotterstraße leicht bergab, bis wir die stark befahrene Teichalmstraße (L 320) erreichen. Wir halten uns wieder rechts und gehen am Straßenrand weiter, beim **Rastplatz Ecktoni** ❻, 1177 m, vorbei, bis wir rechts den Einstieg in den Wanderweg sehen. Ab nun geht es über Forststraßen im Wald kontinuierlich bergab bis zu einer Kreuzung mit einer Trafo-Station.
Hier verlassen wir den Weg 756 und halten uns rechts auf Weg 9 in Richtung Nechnitz. Die Route verläuft entlang von Forststraßen, bis wir links abzweigen (auf die rot-weiß-roten Markierungen achten) und weiter bis zu einem Bauernhof mit einer Standorttafel **Groß Wild** ❼, 988 m, wandern. Beim Hof geht es rechts entlang der Asphaltstraße bergauf. In einer Rechtskurve zweigen wir links in Richtung Nechnitz ab und bleiben weiterhin auf Forststraßen im Wald. Es geht gemütlich bergab, und wir kommen direkt zur Tyrnauerstraße, wo wir nun rechts gehen und nach ca. 0,7 km unseren **Ausgangspunkt** ❶ erreichen.

↗ 580 m | ↘ 580 m | 14.0 km

4.30 h

Heulantschrunde 4

Vom Moorlehrpfad über die Almen auf den Heulantsch

Die beliebte Naturpark-Almregion aus zwei unterschiedlichen Perspektiven betrachten: einerseits die stark frequentierte Seite rund um den See und andererseits den einsamen, ruhigen Teil entlang der Bergrücken zwischen Haberlstall und Heulantsch. Der 5 ha große Teichalmsee ist vom Mixnitzbach gespeist und wurde Anfang der 70er-Jahre angelegt. Rund um den See herrscht an schönen Tagen reges Treiben, da die Gaststätten, der Moorlehrpfad und der hölzerne Ochse, der für das Leitprodukt der Region (ALMO-Almochsen) steht, zahlreiche Besucher anziehen. Das »Almenland« ist der jüngste der sieben Naturparke in der Steiermark und das größte zusammenhängende Niedrig-Almweidegebiet in Europa. Man sollte sich für diese Wanderung Zeit nehmen, um die naturnahen Rast- und Aussichtsplätze, die Schönheit des mäandrierenden Mixnitzbaches und die Einkehrmöglichkeiten zwischendurch genießen zu können. Den Abschluss bildet der 1473 m hohe Heulantsch, mit einer wunderbaren Aussicht auf die Teichalm und die umliegenden Gipfel.

Ausgangspunkt: Teichalmsee, 1172 m, mehrere Parkplätze rund um den See. Anfahrt: Auf der S 35 bis Abfahrt Mixnitz, weiter über Breitenau am Hochlantsch auf die Teichalm. Auf der A 9 bis Abfahrt Peggau, dann auf der S 35 Richtung Bruck a.d. Mur bis Abfahrt Frohnleiten Süd; der B 64 folgend Richtung Weiz/ Rechberg über Fladnitz a. d. Teichalm zur Teichalm.
ÖPNV: Zug/Bus bis Frohnleiten oder Weiz; mit Bus bis Fladnitz a. d. Teichalm; weiter mit SAM-Taxi von WZ 3404 Fladnitz/Teichalm-Kirche bis WZ 3424 Teichalm-Teichwirt.
Anforderungen: Großteils einfach und bis auf wenige Abschnitte zum Heulantsch auch ohne nennenswerte Steigungen. Grundsätzlich sind Markierungen und Tafeln vorhanden und auch die Steige eindeutig ausgetreten, jedoch muss man an einigen Stellen genau auf die Wegführung achten.

Einkehr: Almgasthof Hotel Teichwirt, Tel. +43 3179 7169, teichwirt.at; Latschenhütte, Tel. +43 3179 7127, latschenhuette.at; Angerwirt, Almgasthof-Pension, Tel. +43 3179 7121, almenland.at. Unterwegs: Stoahandhütte, Tel. +43 664 1244978.

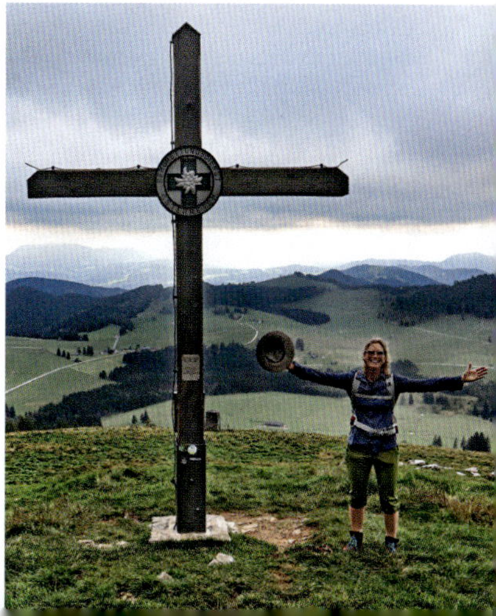

Erst gegen Ende der Wanderung erreicht man den Heulantsch mit 1473 m Höhe.

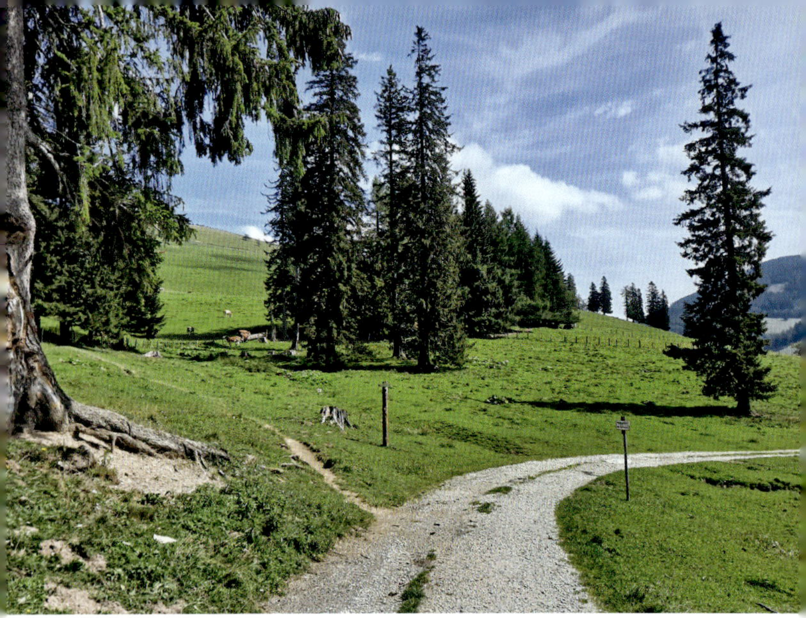

Wandern im Naturpark Almenland bedeutet Erholung und Genuss.

In unmittelbarer Nähe der **Latschenhütte** ①, 1172 m, am **Teichalmsee**, beginnt der Moorlehrpfad. Der Weg mit den Infotafeln und der Steganlage ist sehr zu empfehlen, da man einen schönen Einblick in das Teichalmmoor bekommt. Am Ende des Themenweges zweigen wir bei der nächsten Gelegenheit rechts ab und wandern in Richtung Heulantsch bergauf durch den lichten Wald und entlang eines Zaunes, bis wir eine Schotterstraße kreuzen. Hier zweigen wir rechts ab und folgen nach kurzer Zeit dem Wanderweg nach links in Richtung Sommeralm.

Ab nun ist der Weg eindeutig und gut markiert. Auf Schotterstraßen und Wanderwegen gehen wir durch die weich geformte Almlandschaft in Richtung Sennerei Harrerhütte. Unmittelbar nach einer Hütte halten wir uns rechts. Die Abzweigung ist nicht markiert, doch kann man von hier aus schon die Straße und die Harrerhütte sehen. Wir wandern über eine Holzbrücke, überqueren die Asphaltstraße und kommen an der **Harrerhütte** ②, 1200 m, vorbei. Ab nun geht es entlang einer Forststraße mit Blick auf den mäandrierenden Mixnitzbach, bis wir im Wald zu einer Abzweigung kommen. Hier links leicht bergab und in der Folge über die Holzbrücke; so erreichen wir den **Gasthof Holzmeister** ③, 1222 m.

Nach einer gemütlichen Pause setzt sich der Weg direkt hinter dem Haus fort, wobei wir uns nun am Wegweiser »Sommeralm über Kerschbaum-

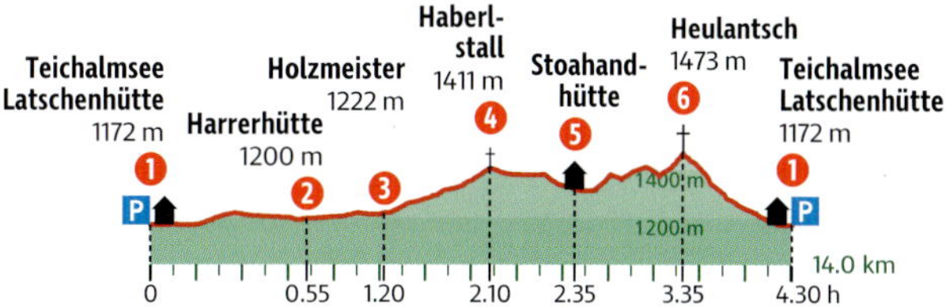

gatterl« orientieren. Es geht über die Straße und leicht bergauf über die Almflächen bis zum Kerschbaumgatterl. Wir halten unsere Richtung bei und wandern bergauf in Richtung Strasseggwirt, bis wir das abgezäunte Wegkreuz **Haberlstall** ❹, 1411 m, auf dem höchsten Punkt des Bergrückens erreichen. Hier gleich nach links, weiter entlang des Zaunes. Die rot-weiß-roten Markierungen auf den Zaunlatten führen uns zu einem Überstieg, nach dem wir nun rechts vom Zaun in Richtung Stoahandhütte weiterwandern. Es geht mit einem ständigen Auf und Ab über den Bergrücken, wobei der Ausblick sehr einladend ist. Der markierte Weg ist im Gelände zwischendurch nicht gut erkennbar, daher haben sich Steige entwickelt, die jedoch parallel zum eigentlichen Weg verlaufen. Am Skilift und am Speicherteich vorbei geht es in der Folge bergab und wir erreichen die **Stoahandhütte** ❺, 1320 m.

Weiter wandern wir entlang des Bergrückens, teils gemütlich und teils etwas steiler, im ständigen Auf und Ab. Noch ein Stück durch den Wald, bis wie aus dem Nichts das Gipfelkreuz des **Heulantsch** ❻, 1473 m, auftaucht. Der Abstieg erfolgt entlang des Zaunes und mündet beim Parkplatz Heulantsch direkt in die Asphaltstraße. Nun geht es ein Stück an der Straße bergab und bei der nächsten Kreuzung nach links. Wir kommen zu dem uns bereits bekannten Weg und wandern gemütlich noch wenige Minuten bergab zum **Teichalmsee** und zu unserem **Ausgangspunkt** ❶.

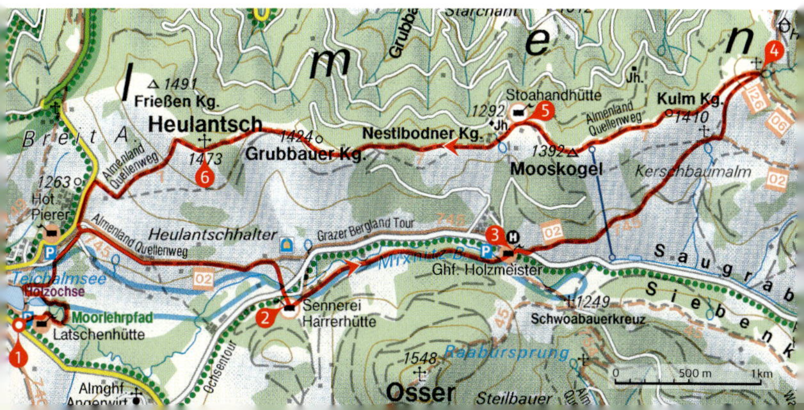

↗ 870 m | ↘ 870 m | 21.6 km

5 Almrunde über die Ochsenhalt

6.30 h

Vom Passailer Becken auf die Sommeralm

Der Ort Passail ist das Wirtschafts- und Naherholungszentrum im Naturpark Almenland und liegt im nördlichen Teil des Passailer Beckens, das sich wiederum zwischen dem Schöckl im Süden und der Sommeralm im Norden befindet. Die Wanderung führt direkt zum Raabursprung mitten im Wald, am Fuße des Osser. Wenn man beim Raabursprung war, sollte man sich auch die Raabklamm (Tour 47), Österreichs längste Klamm, vornehmen. Die Raab fließt Richtung Südosten durch die Steiermark, weiter durch das Burgenland und mündet nach 250 km in Győr (Ungarn) in die Donau. Nach dem Raabursprung folgt ein weiterer beeindruckender Teil dieser Wanderung: der Weg über die weichen Bergrücken und Almböden der Sommeralm. Mit dem Abstieg über die Hohenauer Ochsenhalt, speziell zur Blütezeit der Orchideen, erwandert man das dritte Highlight dieser Wanderung, bevor man sich bei der Knödelwirtin in Passail kulinarisch verwöhnen lassen kann.

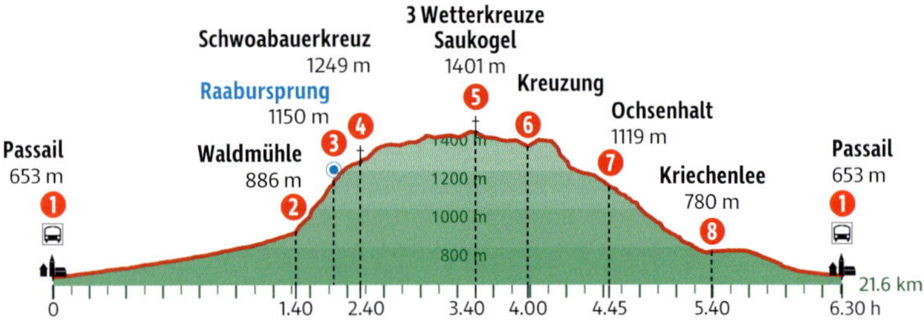

Ausgangspunkt: Passail, 653 m, Parkplatz nahe Feuerwehr. Anfahrt: Auf der S 35 bis Frohnleiten Süd, dann B 64 in Richtung Weiz/Rechberg über den Rechberg und Tulwitz nach Passail. Auf der A 9 bis Peggau, dann S 35 nach Frohnleiten Süd; weiter wie oben.
ÖPNV: Zug/Bus bis Frohnleiten oder Weiz; mit Bus bis Passail.
Anforderungen: Mix an Asphalt-/Schotterstraßen und breiten Wanderwegen bis hin zu schmalen Pfaden, zwischendurch steilere Abschnitte. Grundsätzlich ist der Weg durchgehend markiert, wobei einige Stellen bzw. Kreuzungen nicht eindeutig beschildert sind.
Einkehr: Gasthof Schrenk »Knödelzeit«, Tel. +43 3179 23209, knoedelzeit.at; Pizzeria Hexenstubn, Tel. +43 3179 27780; Lindenberg-Stub'n, Tel. +43 664 4618010, lindenbergstubn.at. Unterwegs (alle etwas abseits): Almwirtshaus Holdahütt'n, Tel. +43 3179 8164, sommeralm.at; Almgasthof Weizerhütte, Tel. +43 3179 20220, weizerhuette.at.
Tipps: Mit SAM-Taxi bis Station WZ 3309 Hohenau-Raabursprung, spart ca. 7 km entlang der Asphaltstraße.
Die legendären Knödel beim Gasthof Schrenk »Knödelzeit« probieren!

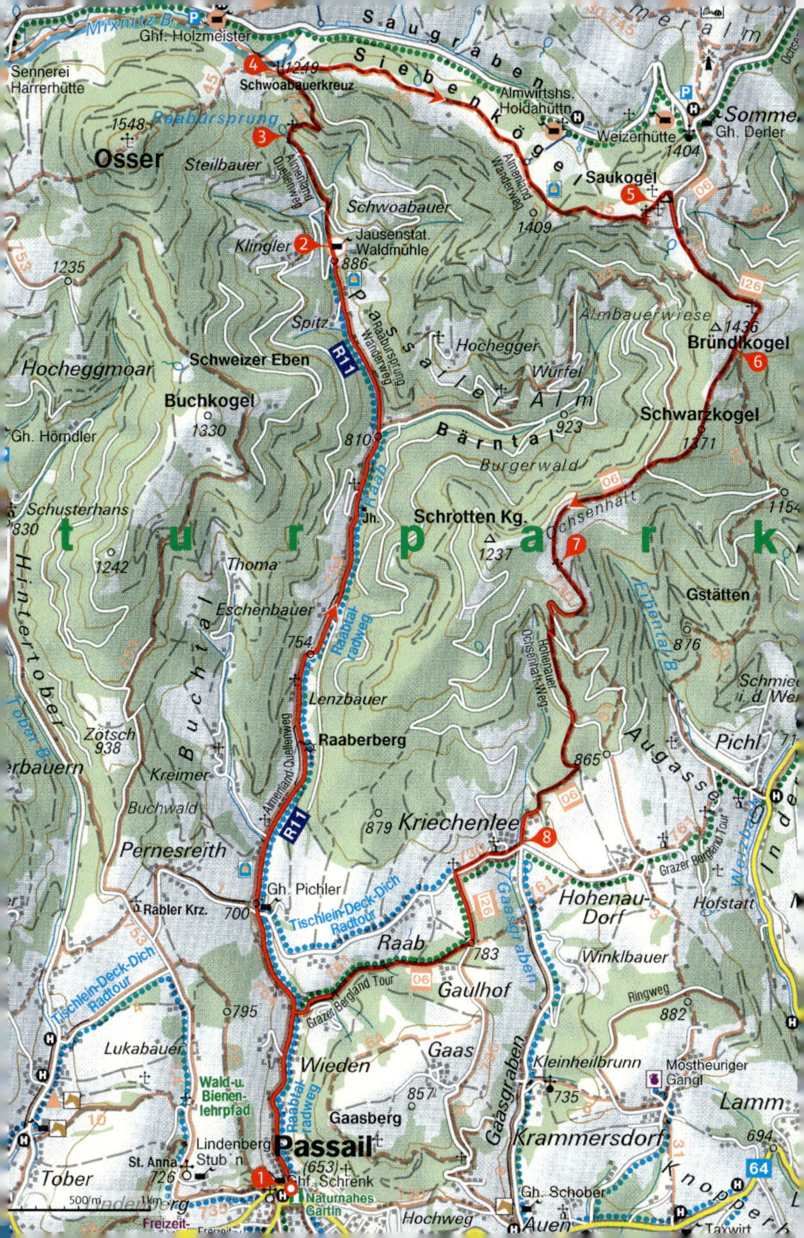

Mixnitz B.
Ghf. Holzmeister
Saugraben
Sennerei Harrerhütte
Schwoabauerkreuz
1249
Siebenkögel
Almwirtshs. Holdahüttn
Sommeralm
Gh. Derler
Weizerhütte
1404
Raabursprung
1548
Osser
Steilbauer
Almenland Quellenweg
Almenland Wanderweg
Saukogel
Schwoabauer
1409
Klingler
Jausenstat. Waldmühle
886
1235
Passailer Alm
Raabursprung Wanderweg
Almbauerwiese
1436
Bründlkogel
Spitz
Hochegger
Würfel
Hocheggmoar
Schweizer Eben
R11
Buchkogel
1330
Gh. Hörndler
810
923
Bärntal
Schwarzkogel
1371
Burgerwald
Raab
Ochsenhalt
1154
Schusterhans
830
Schrotten Kg.
1237
Naturpark
1242
Thoma
Gstätten
Hintertober
Eschenbauer
Raabtal-radweg
Hohenauer Ochsenhalt-Weg
Elbental B.
876
754
Buchtal
Lenzbauer
Schmied i. d. Wer
Zötsch
938
Raaberberg
Augasse
Pichl
865
Kreimer
Buchwald
879
Kriechenlee
Pernesreith
Grazer Bergland Tour
Gh. Pichler
Tischlein-Deck-Dich Radtour
Hohenau-Dorf
Hofstatt
Rabler Krz.
700
Gaasgraben
Raab
783
Winklbauer
Gaulhof
Ringweg
795
882
Lukabauer
Gaas
Wieden
Kleinheilbrunn
Mostheuriger Gangl
Wald-u. Bienen-lehrpfad
857
735
Gaasberg
Lamm
Krammersdorf
694
Passail
(653)
Lindenberg Stub´n
St. Anna
726
Tober
Ghf. Schrenk
Naturnahes Gartl'n
Gh. Schober
Knopperhof
Hochweg
Auen
Taxwirt
500 m
1 km
Freizeit-

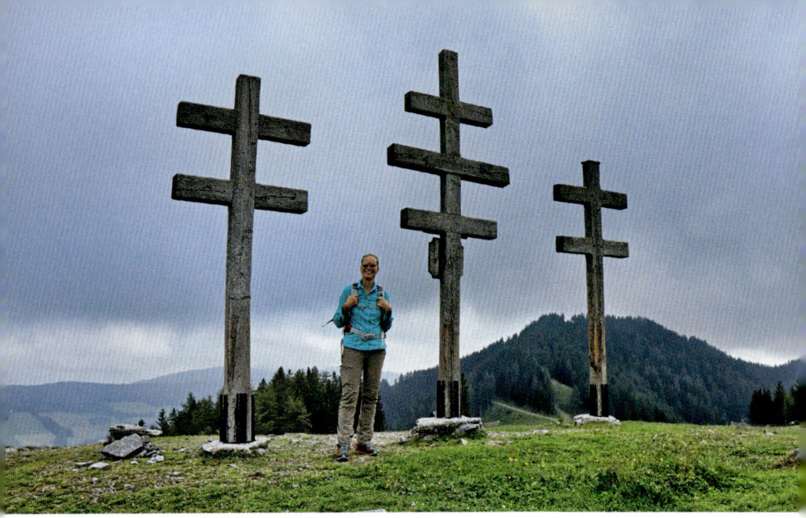

Die drei Wetterkreuze am Saukogel.

Wir starten beim Hauptplatz in **Passail** ❶, 653 m. Gegenüber dem Gasthof Schrenk befindet sich eine E-Auto-Ladestation, wo auch mehrere Wegweiser zu sehen ist. Wir folgen dem Wegweiser in Richtung Holzmeister über Raabursprung (Weg 754) und wandern entlang der Asphaltstraße, die einige Kilometer ganz gering ansteigt. Bei der Wegkreuzung Bründlkogel und Raabursprung – mit auffallend schön bemaltem Bildstock – bleiben wir entlang der Raab, wobei die Steigung nun kontinuierlich zunimmt. Nach insgesamt ca. 6,6 km kommen wir zur **Waldmühle** ❷, 886 m, bzw. zur SAM-Station WZ 3309 Hohenau-Raabursprung. Nun geht es rechts über eine Brücke und entlang eines gut markierten Wanderweges immer bergauf, zwischendurch auch steiler, bis zum **Raabursprung** ❸, 1150 m.
Weiter steil bergauf durch den Wald bis zu den freien Almflächen rund um das **Schwoabauerkreuz** ❹, 1249 m. Hier halten wir uns rechts bergauf in Richtung Sommeralm über den Siebenkögel-Weg (Nr. 45). Weiter geht es über die Almflächen entlang von Fahrwegen und breiten Wanderwegen, die an den rot-weiß-roten Markierungen zu erkennen sind. Wir wandern tendenziell bergauf mit flachen Passagen, größtenteils über Almflächen mit Waldabschnitten. Auf den Almflächen sind die Wege weniger markiert, somit orientieren wir uns an den erkennbaren Wiesenwegen. Ein kurzer Umweg zu den **3 Wetterkreuzen** ❺, 1401 m, am **Saukogel** lohnt sich, da wir hier nicht nur den höchsten Punkt der Wanderung erreichen, sondern auch ein schönes Fotomotiv haben.
Nach dem Abstecher kommen wir gleich zu einer Schotterstraße, in die wir rechts (Richtung Passail, Weg 730) einbiegen. In der Folge wandern wir

rechts bei einer Hütte vorbei – es ist kein eindeutiger Weg erkennbar –, um kurz darauf wieder auf einen Fahrweg zu kommen. Bei der nächsten Kreuzung ist wieder ein gelber Wegweiser zu sehen. Wir orientieren uns in Richtung Passail über Ochsenhalt und bleiben auf dem Fahrweg. Es geht bergab und nach einem leichten Gegenanstieg gleicht der Fahrweg bald einem Wiesenweg. Die Aussicht auf St. Kathrein am Offenegg, die Weizklamm und auch den Schöckl ist beeindruckend. Leicht bergab kommen wir zu einer **Kreuzung** 6, 1329 m (»Schmied in der Weiz und Hohenauer Ochsenhalt – Passail«). Nun geht es ein Stück bergauf durch den Wald, dann geradeaus über eine Almfläche, bis wir wieder den Einstieg in den Wald sehen. Der folgende Abstieg ist ein Mix aus Waldabschnitten und Almflächen, bis wir die einzeln stehende Hütte auf der **Ochsenhalt** 7, 1119 m, erreichen. Nach einer gemütlichen Pause wandern wir über die Almfläche bergab, vor dem Holzgatter links und in der Folge entlang des markierten Wanderweges (Nr. 730) bergab durch den Wald, bis wir zu einer kleinen Lichtung mit einem Haus kommen. Nun geht es nach rechts weiter entlang eines Forstweges, an Bienenstöcken vorbei, durch den Wald, bis wir zu einer Asphaltstraße kommen und dieser bergab bis zu einer Kreuzung folgen. Hier rechts bergauf, durch die Ortschaft **Kriechenlee** 8, 780 m, bis zu einem Wegkreuz an einer Straßenkreuzung. Nun nach links entlang der Asphaltstraße, von der alsbald der Wanderweg rechts in den Wald abzweigt. Wir wandern auf bewachsenen Fahrwegen und Schotterstraßen kontinuierlich bergab, im unteren Teil entlang eines Bacherls bis zu einer Asphaltstraße. Bei ein paar Häusern vorbei erreichen wir den Talboden und den uns bereits bekannten Weg bzw. die Asphaltstraße nach **Passail** 1.

Der umzäunte Raabursprung lädt zu einer Pause ein.

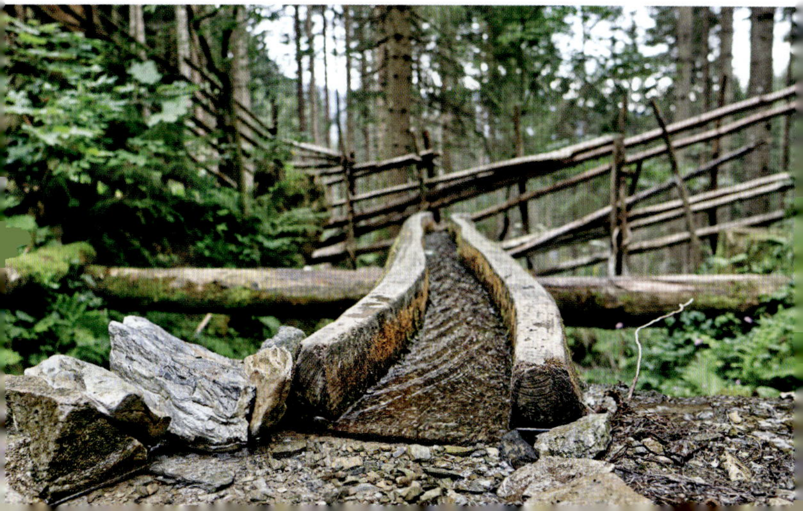

↗ 450 m | ↘ 450 m | 12.6 km

6 Siebenkögel-Rundweg

3.45 h

Eine Wanderung mit Weitblick auf der Sommeralm

Die sanften, rundlichen Landschaftsformen auf einer mittleren Höhenlage von 1200 bis 1500 m machen das Teichalm-Sommeralm-Gebiet zu einem perfekten Familien-Wanderareal. Mit dem Siebenkögel-Rundweg lernt man die Sommeralm mit ihrem höchsten Punkt, dem Plankogel, kennen. Die Aussicht vom Plankogel spricht für sich, da der Blick auf zahlreiche Gipfel und Berge der Steiermark fällt, wie z. B. Gesäuseberge, Hochschwab, Veitsch, Rax, Koralpe, Seetaler Alpen und Schöckl. Bei dieser Tour wird das Leitthema des Naturparks auf den Punkt gebracht: »Der Natur ihren Platz – für die Menschen den Genuss.« Neben der landschaftlichen Attraktivität gibt es noch zahlreiche kulinarische Spezialitäten, die mit dem Almenland in Verbindung gebracht werden. Bekannt ist das ALMO Almochsen-Qualitätsfleisch, das ein Aushängeschild der ansässigen Gastronomiebetriebe ist. Ein Getränk der besonderen Art und sozusagen das »Nationalgetränk« der Region ist das Dipperl, ein Mixgetränk aus Wein und Himbeerkracherl. Dieses Getränk sollte man aber vorsichtshalber erst nach der Wanderung genießen, da sonst das Weiterwandern durchaus schwerer fallen kann.

Ausgangspunkt: Stoakoglhütte, 1372 m, großer Parkplatz bei der Hütte. Anfahrt: Auf der S 6 bis Abfahrt Langenwang, dann der B 72 folgend über St. Kathrein am Hauenstein bis Birkfeld; weiter über Haslau bei Birkfeld, Heilbrunn, Brandlucken zum Ziel. Auf der A 9 bis Ausfahrt Peggau, dann auf der S 35 bis Abfahrt Frohnleiten Süd, dann der B 64 in Richtung Rechberg bis Fladnitz an der Teichalm. Weiter auf die Sommeralm bis zum Ziel.

ÖPNV: Zug/Bus bis Weiz; mit Bus bis Brandlucken-Abzw. Sommeralm; weiter

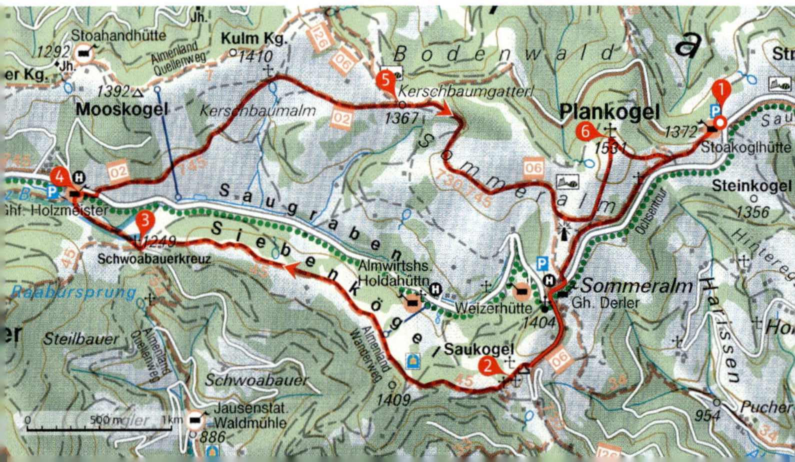

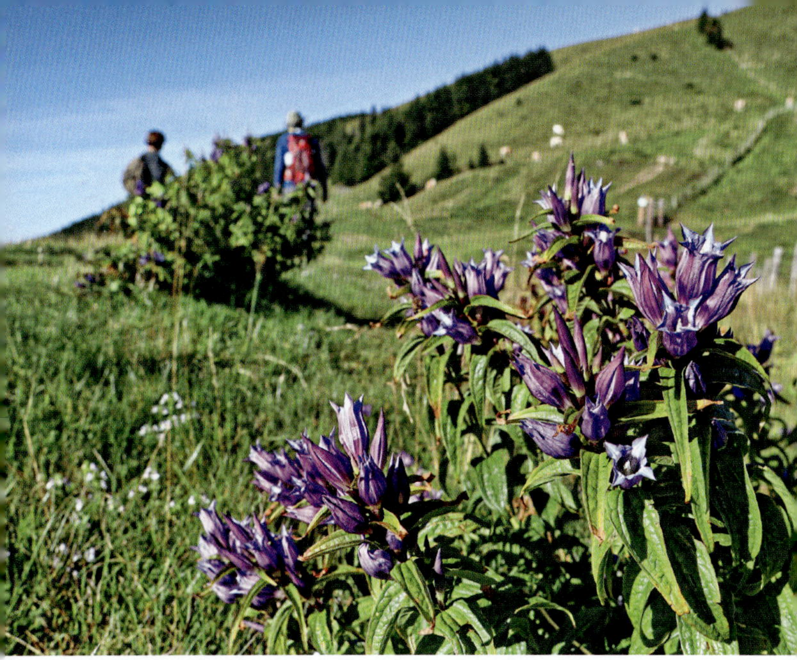

Zahlreiche Schwalbenwurzenenziane säumen den Weg.

mit SAM-Taxi von WZ 3201 Brandlucken-Abzweigung nach WZ 3229 Sommeralm-Stoakoglhütte.
Anforderungen: Großteils einfache Wanderung im gemütlichen Auf und Ab über Almflächen. Bis auf wenige Abschnitte sehr gut markiert.
Einkehr: Stoakoglhütte, Tel. +43 676 6834724, stoakoglhuette.at. Unterwegs: Almwirtshaus Holdahütt'n, Tel. +43 3179 8164, sommeralm.at; Almgasthof Weizerhütte, Tel. +43 3179 20220, weizerhuette.at.
Tipp: Diese Wanderung ist auch für Winterwanderungen bestens geeignet; je nachdem, wie es die Schneesituation zulässt, mit oder ohne Schneeschuhen. Im Rother Schneeschuhführer Steiermark sind im Naturpark Almenland zwei Touren beschrieben.

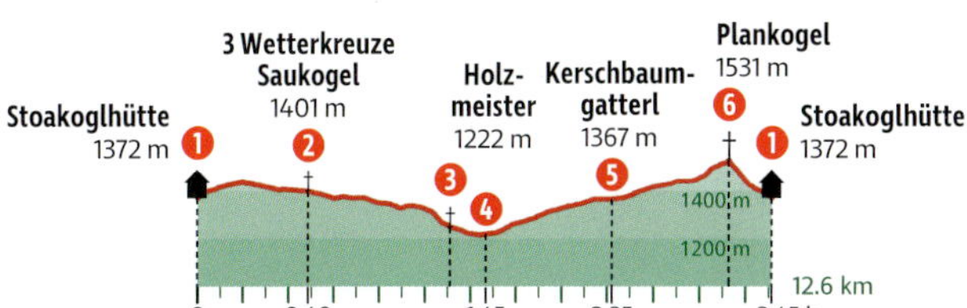

Wir starten beim Parkplatz der **Stoakoglhütte** ❶, 1372 m, und folgen dem Wegweiser »Sommeralm – 7 Kögel Weg«. Bei der Stoakoglhütte vorbei geht es leicht bergauf bis zur Abzweigung Sommeralm. Wir halten uns leicht links und wandern parallel zur Straße über Alm- und Waldwege, bis wir die Asphaltstraße kreuzen. Kurz entlang der Straße, dann geht es vor der Ortstafel »Sommeralm« links in eine Schotterstraße. Weiter bei ein paar Häusern vorbei bis zur Wegkreuzung, wo wir uns rechts in Richtung Teichalm halten. Ab nun geht es über Almflächen, bei den **3 Wetterkreuzen** ❷, 1401 m, vorbei, in Richtung Westen.
Die Wanderroute wird über mehrere Weideflächen geführt und ist durch Fahr- bzw. Güterwege gut erkennbar. Zwischendurch wandern wir immer wieder durch den Wald, wobei wir uns hier an den rot-weiß-roten Markierungen orientieren. Bei der Abzweigung zur Holdahütt'n vorbei, spazieren wir entlang des Almenland-Wanderweges über die weich geformten Rücken mit herrlichen Ausblicken, bis wir nach einem sanften Abstieg das **Schwoabauerkreuz** ❸, 1249 m, und in der Folge den Talboden mit dem Mixnitzbach und der **Pension Holzmeister** ❹, 1222 m, erreichen.
Nach einer gemütlichen Pause beim Gasthof Holzmeister setzt sich der Weg direkt hinter dem Haus fort, wobei wir uns nun an den Wegweisern Sommeralm bzw. Stoakoglhütte orientieren. Wir überqueren die Straße

Bitte auf den richtigen Umgang mit Weidevieh achten!

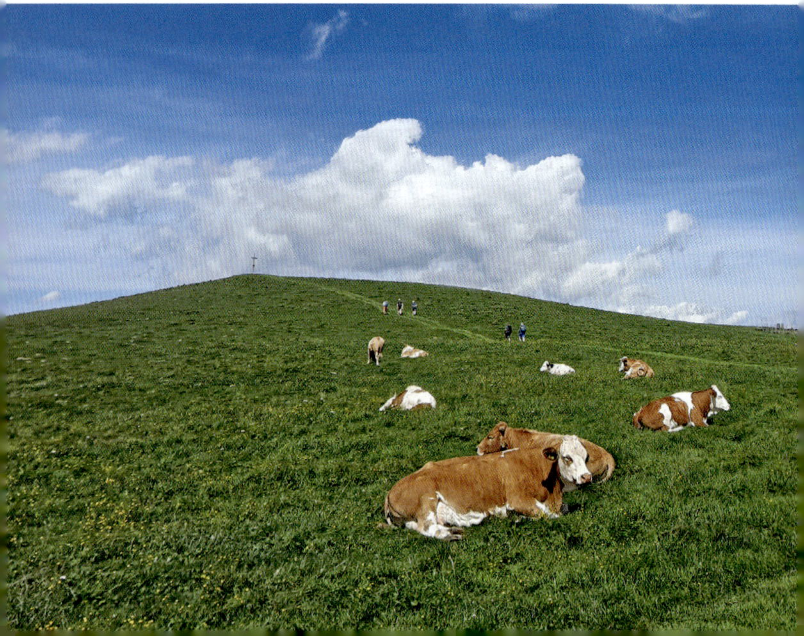

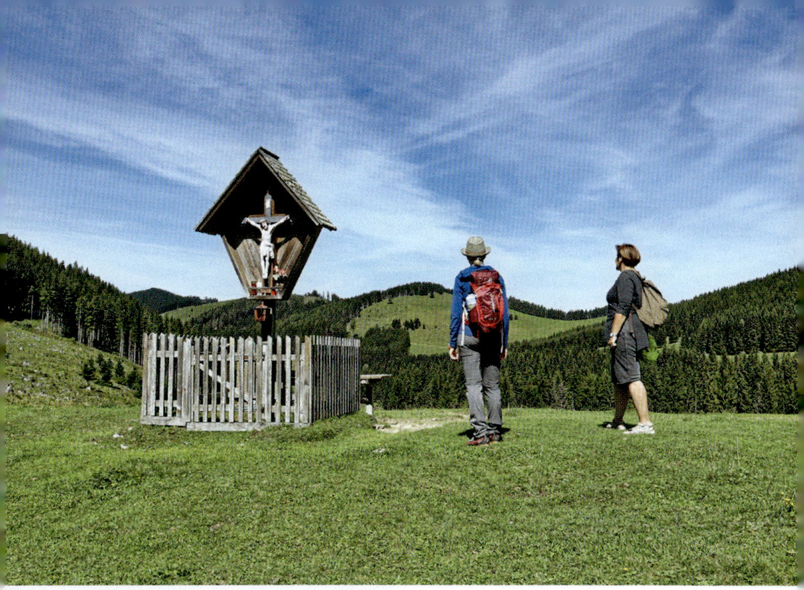

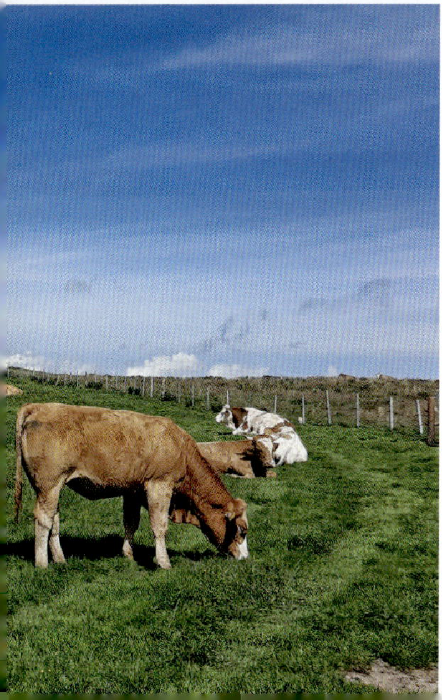

Das Schwoabauerkreuz. Diese Kreuze sind charakteristisch für die Almregion.

und wandern leicht bergauf über die Almflächen bis zum **Kerschbaumgatterl** 5, 1367 m. Der aussichtsreiche und gut beschilderte Weg (Stoakoglhütte über Plankogel) verläuft ganz gemütlich bergauf, bis wir beim Windrad abzweigen. Nun geht es noch ein paar Höhenmeter bergauf und wir erreichen den höchsten Punkt unserer Wanderung, den **Plankogel** 6, 1531 m, mit Gipfelkreuz und einer sensationellen Aussicht.

Der Abstieg führt nun direkt und zwischendurch etwas steiler entlang eines Weidezaunes und in der Folge entlang des uns bereits bekannten Weges zurück zum Parkplatz bei der **Stoakoglhütte** 1, dem Ausgangspunkt unserer Wanderung.

↗ 520 m | ↘ 520 m | 9.7 km

7 Stoakogler Heimatwanderweg

3.30 h

Eine Wanderung für Fans von schöner Landschaft

Mit dem Namen »Stoakogler Heimatweg« ist der thematische Inhalt dieser Tour auch schon erklärt. Der Wanderweg führt an den Bauernhöfen der Stoakogler-Brüder vorbei, erklärt und beschreibt durch Informationstafeln und den »Stoani Weltturm« Persönliches und Interessantes zu dem international erfolgreichen Volksmusiktrio aus Gasen. Die Wanderung an sich ist unabhängig von den thematischen Inhalten äußerst eindrucksvoll. Mit dem malerischen Ort Gasen hat man einen schönen Ausgangspunkt mit gutbürgerlichen Wirtshäusern. Die Rundwanderung ist sehr gut markiert und beschildert, und zahlreiche Rastmöglichkeiten laden zum Verweilen und Genießen ein. An warmen Sommertagen ist die schön gestaltete Kneipp-Anlage eine willkommene Gelegenheit, um sich abzukühlen. Die gesamte Wanderung führt im abwechslungsreichen Auf und Ab über Wiesen- und durch Waldflächen, wobei man zahlreiche Ausblicke auf die gepflegte Kulturlandschaft rund um Gasen hat.

Interessantes und Aussichtsreiches findet man auf dem Stoani Weltturm.

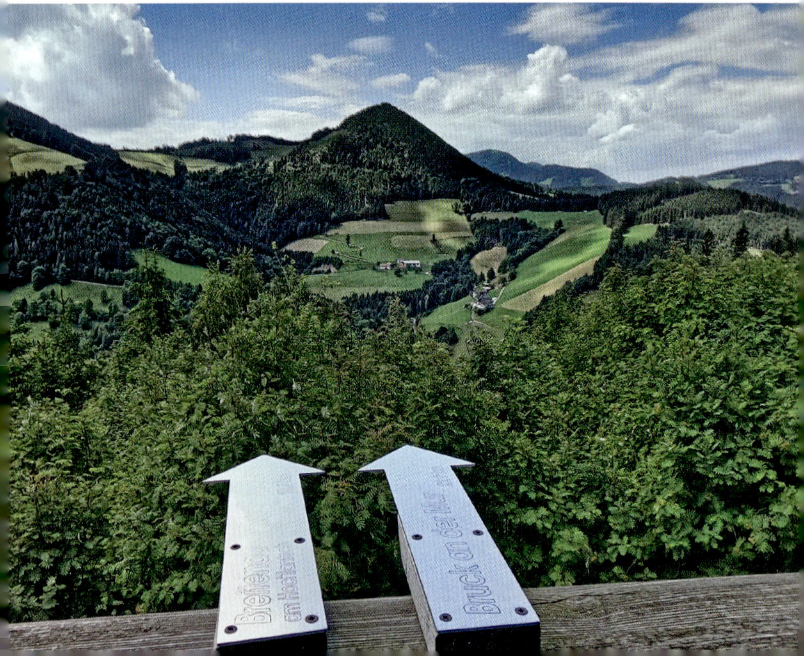

Ausgangspunkt: Gasen, 837 m, mehrere Parkmöglichkeiten im Ort. Anfahrt: Auf der S 35 bis Abfahrt Mixnitz, dann der L 104 folgend über Roßgraben und Breitenau am Hochlantsch nach Gasen. Auf der A 9 bis Ausfahrt Peggau, dann auf der S 35 bis Abfahrt Mixnitz; weiter wie oben.
ÖPNV: Zug/Bus bis Weiz; mit Bus bis Gasen.
Anforderungen: Sehr gut markierter und gewarteter Wanderweg, der hauptsächlich auf Forststraßen und Pfaden geführt wird. Zwischendurch steilere An- und Abstiege durch den Wald.
Einkehr: Landgasthof Willingshofer, Tel. +43 3171 203, willingshofer.at; Gasthof Grabenbauer »Zur Brücke«, Tel. +43 3171 245, gasthof-grabenbauer.at; Gasthof Jagawirt, Tel. +43 3171 219, gasthof-jagawirt.at. Unterwegs: Selbstbedienungsbrunnen bei der Eisenkogelhütte.
Tipp: Das »Stoani Haus der Musik« befindet sich in unmittelbarer Nähe des Ausgangspunktes der Wanderung und beinhaltet eine Erlebnisausstellung, einen Souvenirshop und ein Kaffeehaus. Eintrittspreise und Öffnungszeiten: gasen.at/stoanihaus.

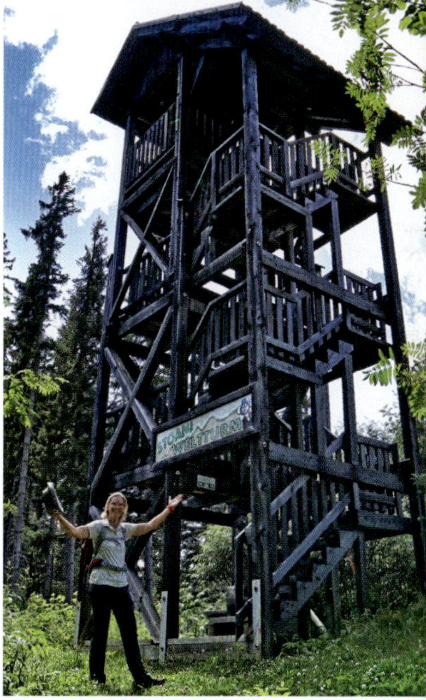

Angekommen am höchsten Punkt der Wanderung, vor dem Stoani Weltturm.

Der deutlich erkennbare Einstieg in den Wanderweg in **Gasen** ①, 837 m, befindet sich in unmittelbarer Nähe des Gasthofes Grabenbauer bzw. nur wenige Meter vom »Stoani Haus der Musik« entfernt. Der Steig geht gleich steiler bergauf, sodass wir die Aussicht auf Gasen bereits nach wenigen Metern genießen können. Zahlreiche Infotafeln säumen den ersten Teil des Weges. Gleich erreichen wir den Wald, wo es auf Forststraßen und schmalen Wanderwegen etwas gemütlicher weitergeht. Nach ca. 1,5 km kommen wir zu einer Holzbrücke und gleich danach zu einer Wiese, wo wir schräg

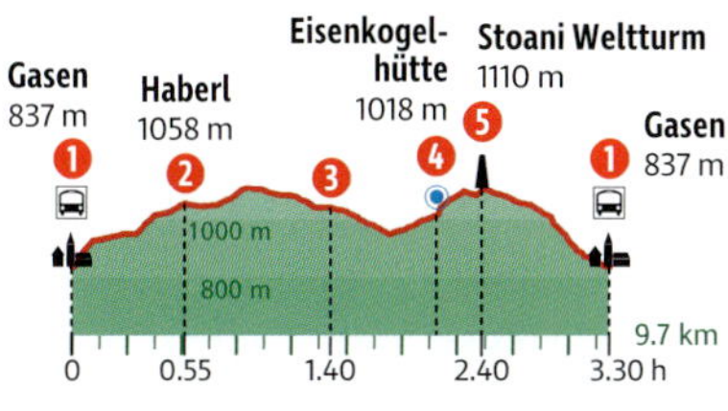

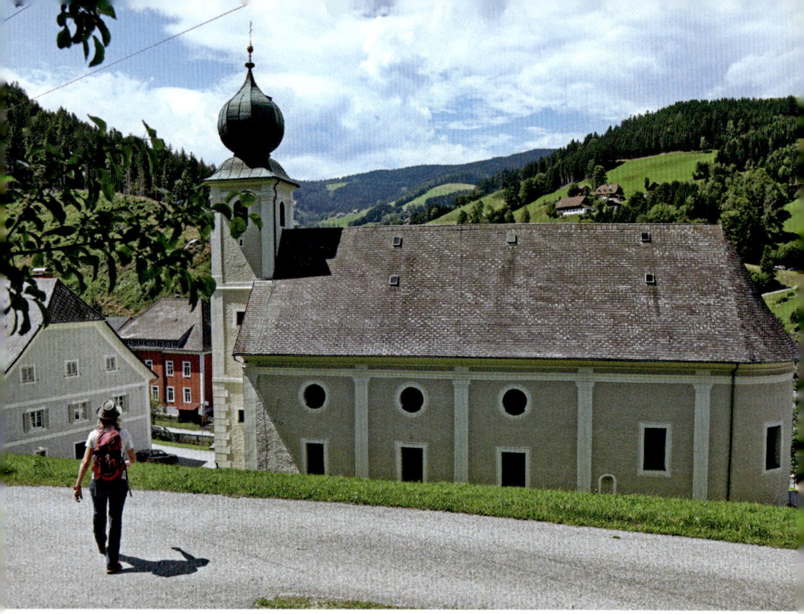

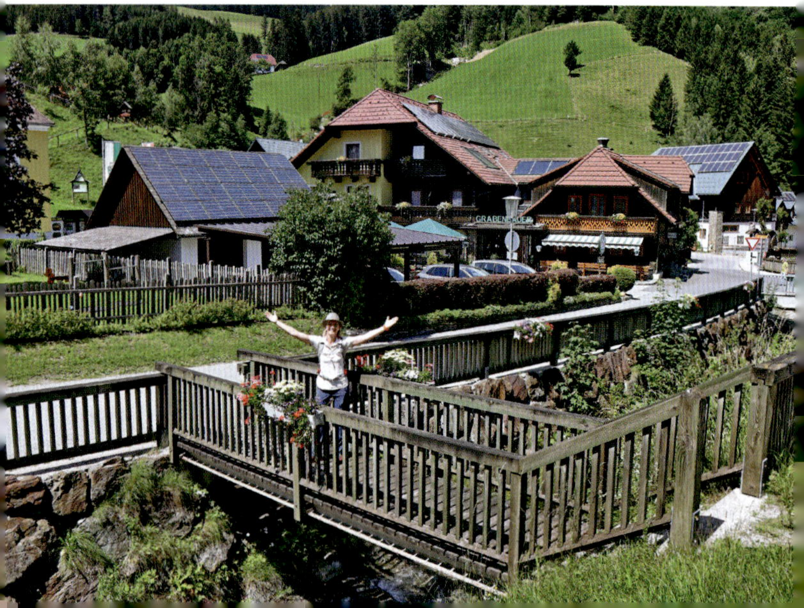

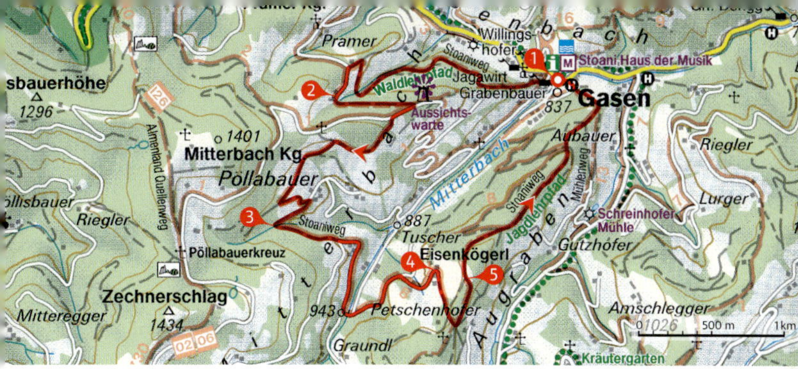

bergauf wandern und uns dabei an einem Hochsitz orientieren. Dort angekommen, halten wir uns links, stoßen auf eine Straße und folgen dieser wiederum links bis zum Bauernhof mit dem Vulgonamen **Haberl** ❷, 1058 m.

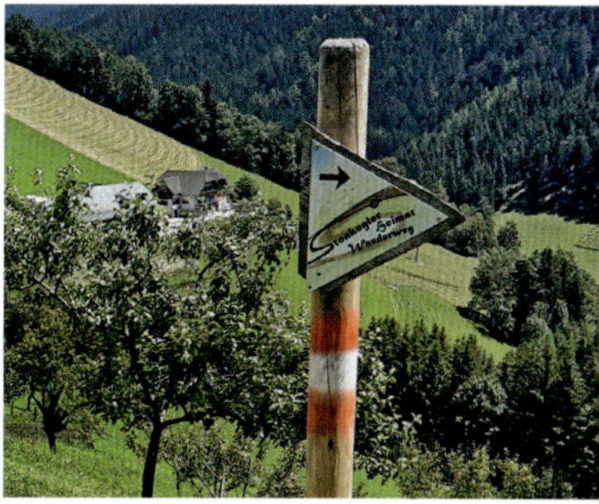

Nach diesem schönen alten Bauernhof wandern wir die Straße entlang leicht bergauf, vorbei bei der Infotafel »Blick zum vulgo Grobnbauer« bis zur Kreuzung »Dorf Gasen – Haberlstall – Straßegg Wirt«. Wir folgen hier den Wegweisern vom Stoakogler Heimatweg, kommen an einem einladenden Rastplatz mit Bankerl vorbei und wandern über Wiesenflächen mit schöner Aussicht gemütlich bergab weiter, bis wir die **Kneipp-Station** ❸, 1043 m, erreichen.

Ein Stück noch am Wanderweg entlang, dann kommen wir zu einer Straße und passieren in der Folge diverse Info- und Rastmöglichkeiten. Auf der Straße erreichen wir den Talboden, überqueren die Straße und wandern auf der anderen Talseite entlang der Asphaltstraße bergauf bis zur unbewirtschafteten **Eisenkogelhütte** ❹, 1018 m. Gleich hinter dem Haus geht es nun rechts, etwas steiler, bergauf. Wir kommen zu einem Rastplatz und folgen dem gut markierten Wanderweg, wieder an zahlreichen Infotafeln vorbei, bis wir den Aussichtsturm **»Stoani Weltturm«** ❺, 1110 m, erreichen. Der Abstieg führt nun durch den Wald und über Wiesenflächen direkt zurück nach **Gasen** ❶.

Beide Fotos links: Klein, aber fein ist das Ortszentrum von Gasen. Die Kirche und gutbürgerliche Gasthöfe prägen das Ortsbild.
Rechts oben: Der Weg ist perfekt markiert und beschildert.

↗ 440 m | ↘ 440 m | 15.4 km

8 Große Vogelbeer-Panoramarunde

4.30 h

Ein mehrfacher Genuss über Brandlucken und Eibisberg

Die Runde verbindet zwei sehenswerte Orte im Almenland: St. Kathrein am Offenegg und Brandlucken. Der etwa 1000 Einwohner große Ort St. Kathrein am Offenegg ist durch zahlreiche Besonderheiten weit über die Grenzen der Steiermark bekannt. Mehrmals wurde St. Kathrein zum schönsten Blumendorf der Steiermark und einmal zum Europablumendorf gewählt. In unmittelbarer Nähe der Kirche befindet sich das Hotel »Der WILDe Eder«, wo man sich den Tag durch Köstlichkeiten der Konditorweltmeisterin und Patissière Eveline Wild versüßen kann. Am Vogelbeer-Wanderweg erfährt man Wissenswertes zur erbsengroßen, leuchtend orangeroten Frucht, und mit der weitläufigen Passlandschaft um Brandlucken auf 1132 m erreicht man einen touristischen Geheimtipp, da sich hier auf kleinstem Raum gemütliche Einkehr- und Nächtigungsmöglichkeiten, ein bekanntes Freilufttheater und der kleine steirische Supermarkt »Die Greißlerei« befinden.

Ausgangspunkt: St. Kathrein am Offenegg, 970 m, Parkplatz in der Nähe der Volksschule. Anfahrt: S 35 bis Abfahrt Frohnleiten Süd, dann auf der B 64 in Richtung Weiz/Rechberg über Tulwitz, Passail nach St. Kathrein. Auf der A 9 bis Ausfahrt Peggau, dann auf der S 35 nach Frohnleiten Süd; weiter wie oben.

ÖPNV: Zug/Bus bis Weiz; mit Bus bis St. Kathrein am Offenegg.

Anforderungen: Der Großteil der Wanderung verläuft auf einfachen Wegen und Forststraßen mit unterschiedlichen Wander- und Themenweg-Markierungen, daher muss man auf die Beschilderung genau achten.

Ein echter Hingucker ist die aus Hufeisen geschmiedete Riesenschnecke, die sich beim Abstieg vor der Edelbrennerei Graf befindet.

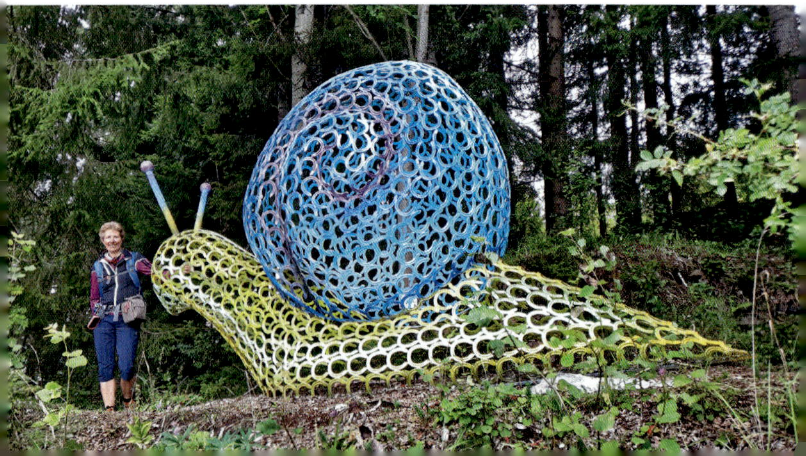

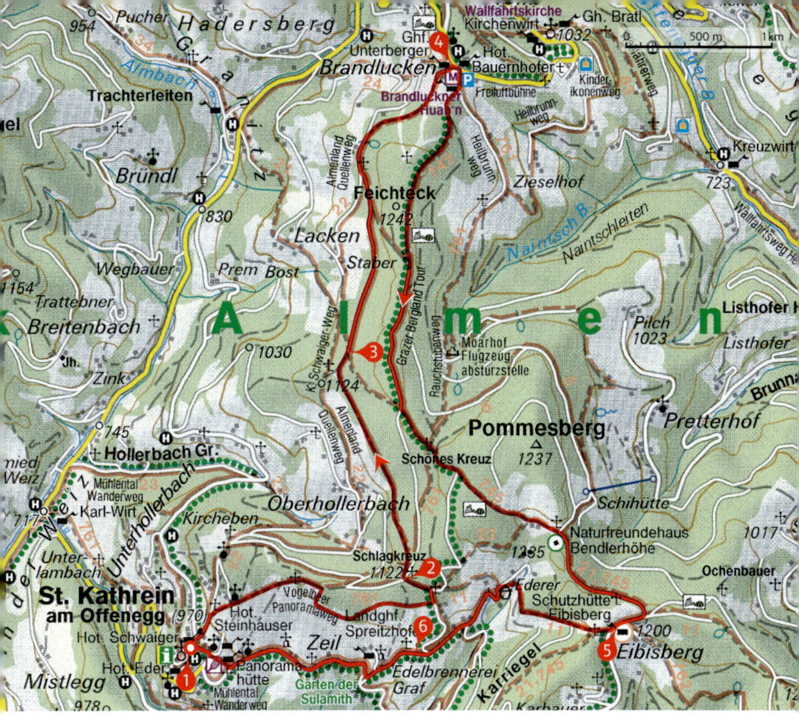

Einkehr: Der WILDe Eder, Tel. +43 3179 8235, der-wilde-eder.at; Landhotel Schwaiger, Tel. +43 3179 8234, landhotel-schwaiger.at. Unterwegs: Gasthof Unterberger, Tel. +43 3179 8250, gasthof-unterberger.at; Naturhotel Bauernhofer, Tel. +43 3179 8202, bauernhofer.at; Kornreitherhaus, Tel. +43 3179 8615, kornreitherhaus.at; Landhotel Spreitzhofer, Tel. +43 3179 8243, landhotel-spreitzhofer.at; Schutzhütte Eibisberg, Tel. +43 3179 8332; Lindenstüberl, Tel. +43 664 2845289.

Tipp: Bei der Edelbrennerei Graf, Tel. +43 664 2133243, almschnaps.at, kann man zahlreiche Edelbrände verkosten, wobei der Vogelbeerbrand speziell für diese Wanderung zu empfehlen ist.

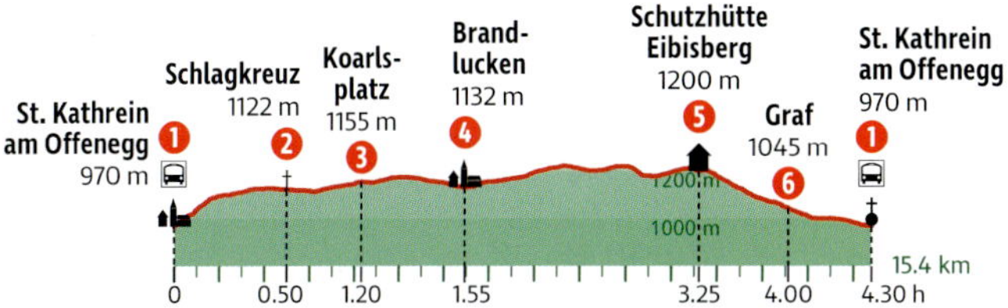

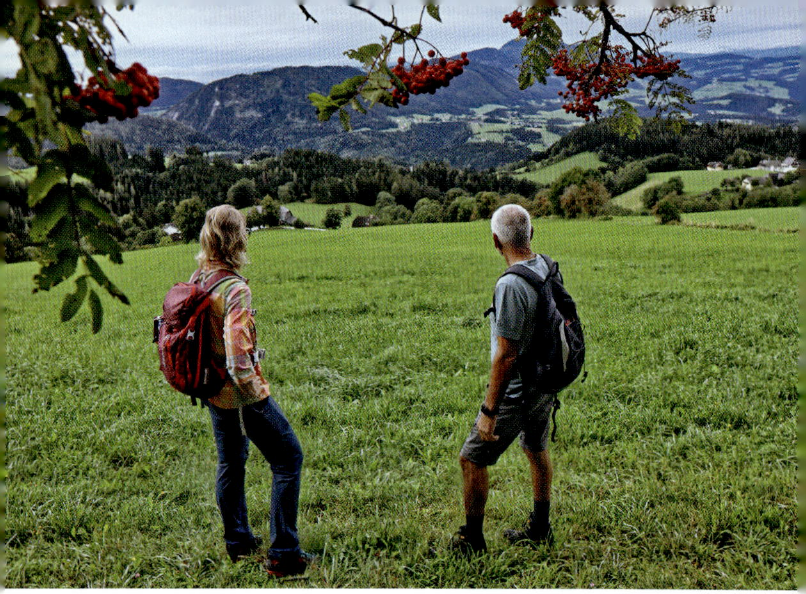

Am Vogelbeer-Wanderweg wird Kunst- und Naturgenuss miteinander verbunden.

Los geht's beim Parkplatz oberhalb der Volksschule von **St. Kathrein am Offenegg** ❶, 970 m. In unmittelbarer Nähe sehen wir die Wegweiser mit der Aufschrift »Vogelbeer-Panoramaweg«. Wir orientieren uns vorerst an diesem Themenweg, wandern leicht bergauf und zweigen nach den Häusern rechts ab, um am Waldrand weiter bergauf zu gehen. Je höher wir kommen, desto schöner wird der Ausblick auf das Passailer Becken. Der Weg ist mit Infotafeln, Rastplätzen, einem Hufeisen-Landschaftsbilderrahmen, dem Waldklang-Sofa sowie der Wald-Klang-Oase gestaltet und führt zum Abschluss auch beim Schwoaghofer Teich mit einem Selbstbedienungsbrunnen vorbei. Kurz danach, bei der Schwoaghofer Höhe, verlassen wir den Vogelbeer-Panoramaweg, auf den wir erst wieder gegen Ende der Wanderung treffen werden. Wir wandern nach links und bei der nächsten Kreuzung wiederum nach links bis zum **Schlagkreuz** ❷, 1122 m.

Bei der Kreuzung gehen wir rechts unterhalb der Forststraße in den Wald hinein. Als Orientierungshilfe dient uns die Tafel der Bärenrunde. Der Weg führt leicht bergab, bis wir wieder zu einer Forststraße kommen und diese nach rechts einschlagen. Es folgt ein aussichtsreiches Wegstück entlang eines Waldrandes, bis wir wieder in den Wald eintreten und nun dem Wegweiser »Brandlucken über Koarlsplatz« folgen. Es geht leicht bergauf bzw. eben dahin, beim **Koarlsplatz** ❸, 1155 m, vorbei in Richtung Brandlucken. Kurz nach dem »3 Wetter Kreuz« verlassen wir die Forststraße und zweigen rechts in den Wald ab. Hauptsächlich im Wald und zwischendurch auf Wiesenflächen wandern wir weiter bis nach **Brandlucken** ❹, 1132 m.

Wir gehen rechts, kommen bei der Freilufttheater-Tribüne vorbei und halten uns in Richtung »Eibisberg / Schönes Kreuz«. Ein Stück geht es hier entlang der Asphaltstraße, dann auf einer Forststraße bis zum Rosenplatz. Auf einer mittleren Höhe von 1200 m wandern wir gemütlich dahin, an der Wegkreuzung Schönes Kreuz vorbei, immer entlang des Weges 745. Wir passieren eine kleine Lichtung mit Haus- und Hofstelle und erreichen bald die Bendlerhöhe, wo eine Diensthütte der Bergrettung steht. Bei der nächsten Kreuzung halten wir uns rechts und gelangen gleich zur **Schutzhütte Eibisberg** ❺, 1200 m, die sich unterhalb des Wanderweges bei einem Bauernhof befindet.

Der Wanderweg führt auf der Straße knapp oberhalb des Bauernhofes weiter; gleich darauf sehen wir die gelben Wegweiser in Richtung St. Kathrein am Offenegg (Weg Nr. 11). Der Weg verläuft über Wiesen, an Waldrändern und über Weideflächen leicht bergab und steigt nach dem Graben wieder bergauf zu einer Asphaltstraße. Ab nun bleiben wir auf der Straße, bis wir wieder zum Vogelbeer-Panoramaweg und zu der aus Hufeisen gefertigten Schnecke kommen. Weiter bergab passieren wir noch ein Highlight der Region, die **Edelbrennerei Graf** ❻, 1045 m. Der restliche Weg verläuft immer gemütlich bergab, bis er kurz vor der Ortstafel St. Kathrein am Offenegg rechts an der Panoramahütte und Jausenstation Pieber vorbeiführt und knapp unterhalb der Ortsmitte auf die Asphaltstraße trifft. Nun trennen uns nur noch wenige Höhenmeter vom **Ausgangspunkt** ❶.

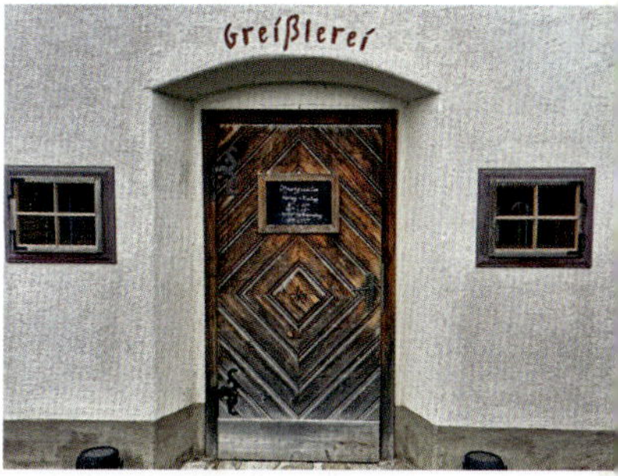

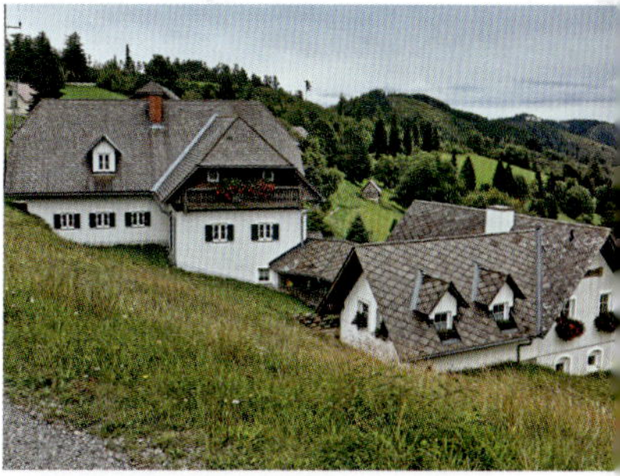

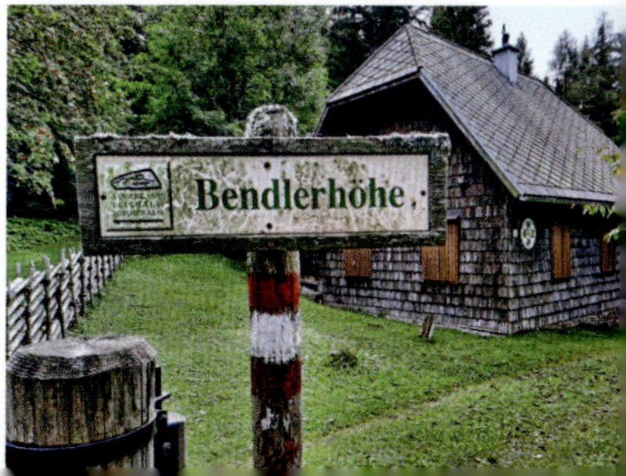

Ursprüngliche Haus- und Hofformen schmiegen sich harmonisch in die Landschaft.

↗ 780 m | ↘ 780 m | 16.5 km

9 Die große Teufelsteinrunde

5.30 h

Auf den Hausberg von Fischbach

Der Teufelstein ist ein beliebter Gipfel auf knapp 1500 m Seehöhe, mit einer markanten Felsformation, Gipfelkreuz und Aussicht auf Teile der nördlichen Kalkalpen, wie Hochschwab, Veitsch, Rax, bis zu dem im Süden liegenden Hausberg der Grazer, dem Schöckl. Mit Fischbach hat man einen wunderbaren Ausgangspunkt für Wanderungen und eine gute Infrastruktur, die das Herz eines Wanderers höherschlagen lässt: eine Bäckerei, eine Konditorei mit Schokoladenmanufaktur, ein Lebensmittelgeschäft, zahlreiche Gastronomiebetriebe und einen gepflegten Badeteich. Der Teufelstein, jene bizarre Verwitterungsform, stellt einen ganz besonderen Kraftplatz dar, um den sich auch etliche Sagen und Geschichten ranken. So heißt es, dass der Teufel Luzifer versucht haben soll, einen Turm in den Himmel zu bauen, um in das Reich der Seligen zu kommen. Geschafft hat er es nicht, aber so kam der Stein zu seinem Namen. Ein ganz besonderes Erlebnis ist die Wintersonnenwende, da zahlreiche Wanderer diesen Platz in aller Früh erwandern, um gemeinsam den Sonnenaufgang zu erleben.

Immer wieder aussichtsreiche Wegabschnitte zwischendurch.

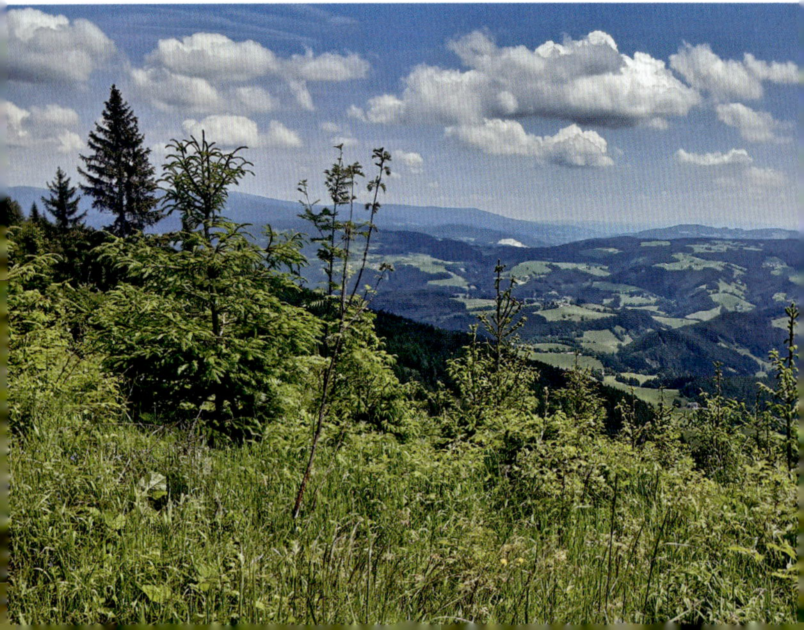

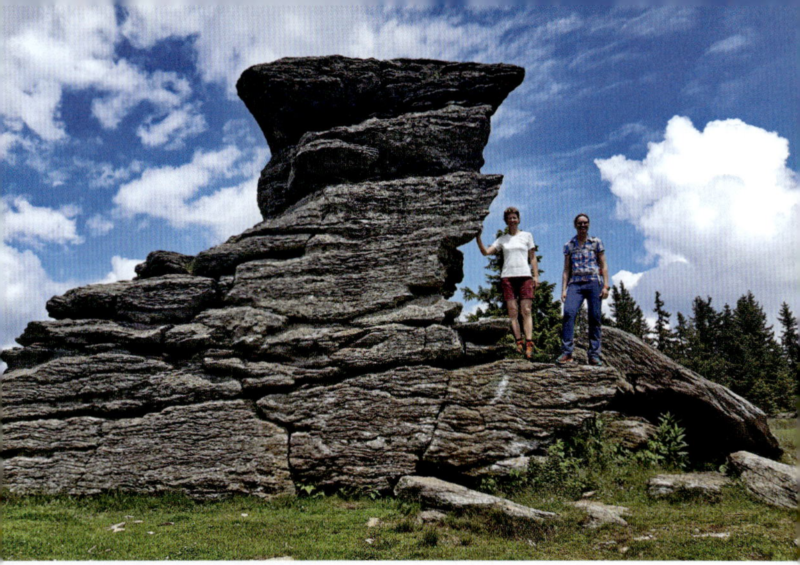

Am Teufelstein ist diese bizarre, sagenumwobene Verwitterungsform zu finden.

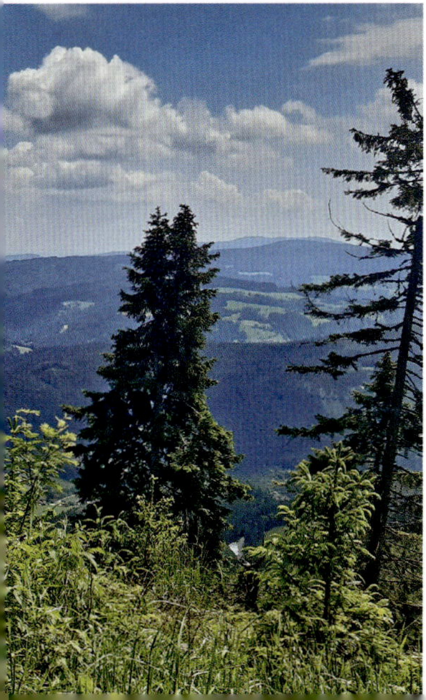

Ausgangspunkt: Fischbach, 1000 m, Parkmöglichkeiten im Ort. Anfahrt: Auf der S 6 bis Abfahrt Langenwang, dann der B 72 folgend über Alpl nach Fischbach. Auf der A 2 bis Abfahrt Gleisdorf West, dann der B 64 folgend Richtung Weiz; weiter auf der B 72 über Nöstl nach Birkfeld; von dort nach Fischbach.
ÖPNV: Zug/Bus bis Weiz; mit Bus bis Fischbach.
Anforderungen: Bis auf wenige steilere Auf- und Abstiege einfach zu begehen, sehr gut markiert und beschildert.
Einkehr: Restaurant Zum Forsthaus, Tel. +43 3170 201, forsthaus.co.at; Kirchenwirt, Tel. +43 3170 70028, kirchenwirt-fischbach.at. Unterwegs: Alpengasthof Schanz, Tel. +43 3865 8244, info@alpengasthof-schanz.at.
Tipp: Wer nur bis zum Alpengasthof Schanz wandern will, kann das SAM-Taxi oder aber auch den Bankerlexpress – eine alternative Mitfahrgelegenheit, an den gelb-grünen Bankerln erkennbar – in Anspruch nehmen.

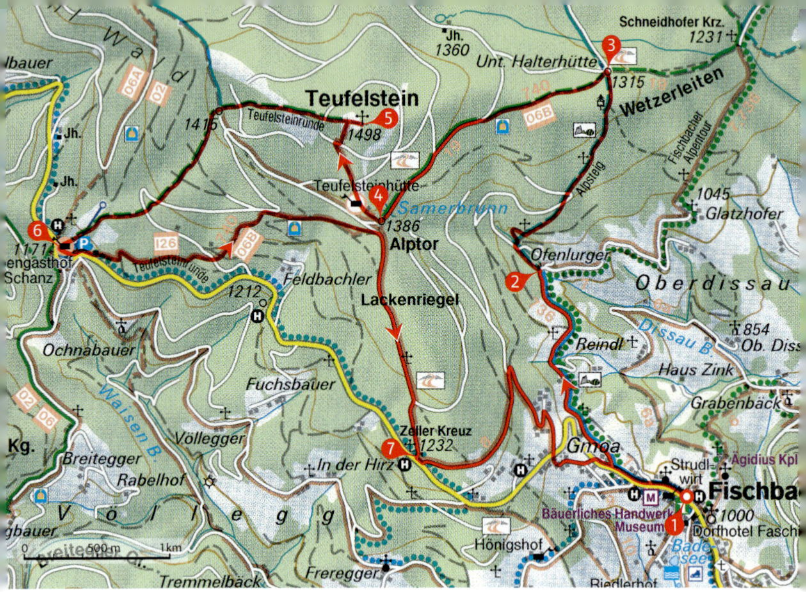

Vom Ortszentrum in **Fischbach** ❶, 1000 m, geht es leicht bergauf entlang der Straße bis zur Abzweigung rechts in Richtung Alpsteig – Lentkreuz. Wir wandern entlang der Asphaltstraße im leichten Auf und Ab entlang durch ein dünn besiedeltes Gebiet. Nach ca. 2,2 km kommen wir zur Abzweigung links in den Wald. Der **Einstieg** ❷, 1041 m, ist mit einem gelben Wegweiser gekennzeichnet und ist kurz vor dem Bacherl zu sehen. Der Steig führt bergauf, kreuzt Forststraßen und ist durch weiß-blau-weiße Markierungen gut zu finden. An einem Kreuz vorbei und weiter durch den Wald bergauf bis zu einem Durchgang und einer Lichtung. Nun noch ein Stück und wir kommen zu einer Wanderwegkreuzung und der **Unteren Holdahütte** (Halterhütte) ❸, 1316 m.

Wir halten uns nun links leicht bergauf und wandern auf Pfaden und Schotterstraßen weiter. Zwischendurch haben wir einen schönen Ausblick auf Fischbach und Umgebung. Beim Weg- und Kreuzungspunkt **Alptor** ❹, 1386 m, angekommen, gehen wir rechts. Der Wanderweg führt bei der Teufelsteinhütte vorbei, am Waldrand bzw. im Wald entlang, bis wir den höchsten Punkt unserer Wanderung, den **Teufelstein** ❺, 1498 m, erreichen. Der Abstieg führt in Richtung Westen, wobei wir vom Gipfel zunächst ein Stück zurückgehen und dann rechts in Richtung Auf der Schanz weitergehen. Der Steig führt beim Wegpunkt »Höhe-Kote« vorbei und kontinuierlich bergab durch den Wald, bis wir zu einer Wiese und in der Folge zum **Alpengasthof Schanz** ❻, 1171 m, kommen. In unmittelbarer Nähe des

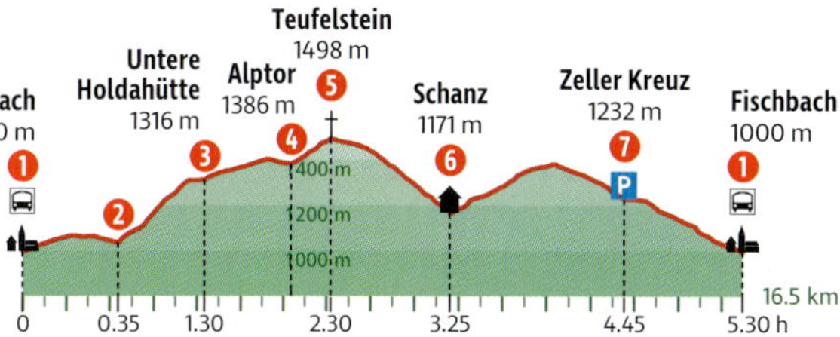

Gasthofes befindet sich auch die SAM-Station WZ 4118 Fischbach-Gasthof auf der Schanz.

Ein Stück entlang der Asphaltstraße, dann geht es links im Wald zurück in Richtung Teufelstein bzw. Alptor über Pfade und Forststraßen, bis wir zur Abzweigung Alptor (3 Min.) kommen. Hier bleiben wir auf der Forststraße und orientieren uns ab nun an den Markierungen des Weitwanderweges Alpannonia (geschwungene rot-weiße Linien) bis nach Fischbach.

Wir passieren den Parkplatz **Zeller Kreuz** 7, 1232 m, und wandern in Richtung Gmoaweg auf Forststraßen weiter. Kurz nach einem Rastplatz zweigen wir rechts ab und gehen bergab weiter, bis wir zu einer Asphaltstraße kommen und dieser rechts durch ein dünn besiedeltes Gebiet folgen. Wir überqueren die Landesstraße L 114 und wandern gemütlich über asphaltierte Gehwege oder Straßen direkt auf **Fischbach** zu und erreichen in Kürze unseren **Ausgangspunkt** 1.

Ab der Unteren Holdahütte wird es deutlich flacher.

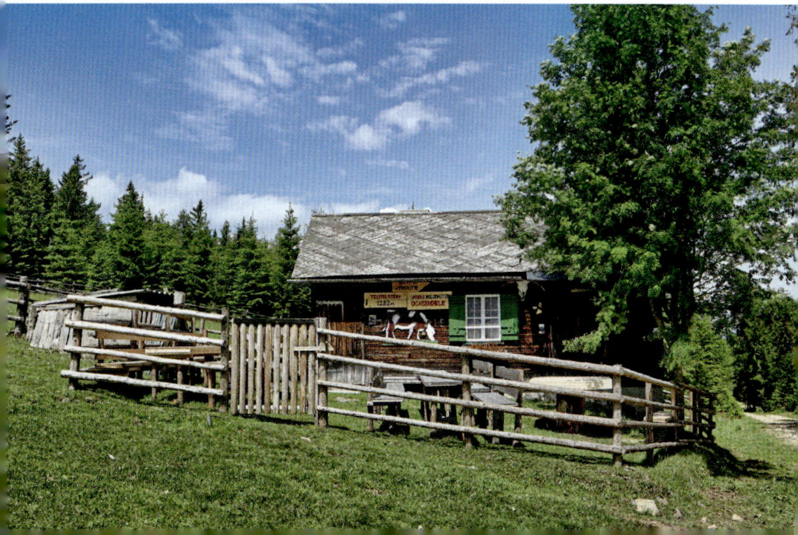

TOP

↗ 660 m | ↘ 660 m | 14.5 km

10 Christmetten-Rundwanderweg

4.30 h

Durch Peter Roseggers Waldheimat

Vieles hat sich verändert, seit Peter Rosegger hier im Jahr 1843 als ältestes von sieben Kindern auf die Welt gekommen ist, aber eines nicht: das Wohlempfinden für Körper, Geist und Seele, wenn man mit offenen Augen und Ohren durch diese wunderbare Landschaft wandert. Während der Rundtour begleitet uns die Geschichte von Peter Rosegger, dem bekannten Erzähler, Lyriker, Publizisten und Volksschriftsteller, der zahlreiche Auszeichnungen und Ehrungen für seine Werke erhielt. Mit dem Besuch in seinem Geburtshaus, der Waldschule und der Ausstellung in St. Kathrein am Hauenstein bekommt man entlang des Weges viele Einblicke in das Leben und Schaffen des Schriftstellers. Der Name »Christmetten-Rundwanderweg« erinnert daran, dass Peter Rosegger jedes Jahr in der Christnacht vom Geburtshaus zu seiner Lieblingskirche in St. Kathrein am Hauenstein gegangen ist, um dort die Christmette zu besuchen. Aus diesem Grund findet auch jetzt noch jedes Jahr am 24. Dezember in Gedenken an den großen Dichter eine geführte Wanderung entlang des Christmettenweges statt.

Das Geburtshaus von Peter Rosegger ist äußerst sehenswert.

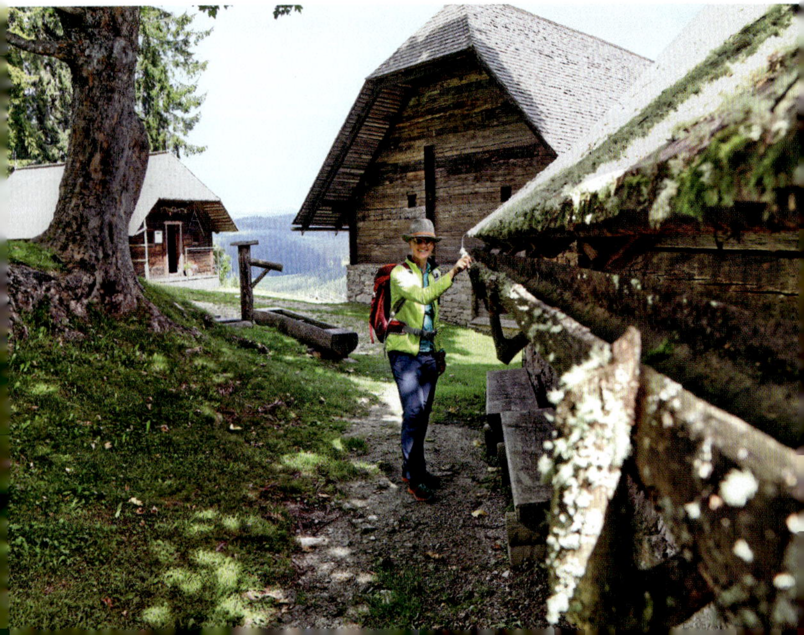

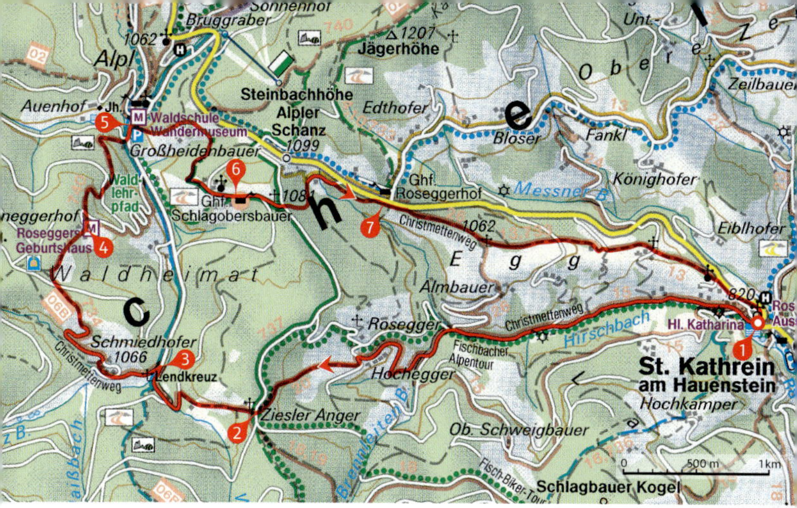

Ausgangspunkt: St. Kathrein am Hauenstein, 820 m, Parkmöglichkeiten im Ort. Anfahrt: Auf der S 6 bis Abfahrt Langenwang, dann der B 72 folgend über Alpl nach St. Kathrein am Hauenstein. Auf der A 2 bis Abfahrt Gleisdorf West; dann der B 64 folgend Richtung Weiz; weiter auf der B 72 über Nöstl und Birkfeld nach St. Kathrein am Hauenstein.
ÖPNV: Zug/Bus bis Weiz; mit Bus bis St. Kathrein am Hauenstein.
Anforderungen: Bis auf wenige steilere Auf- und Abstiege ist der Weg eher einfach zu begehen und auch sehr gut markiert und beschildert.
Einkehr: Gasthof zur Post, Tel. +43 3173 2371, zur-post.at; Kaffeehaus s'Dorfplatzl, Tel. +43 676 9312930. Unterwegs: Jausenstation beim Geburtshaus, Tel. +43 664 1061939; Gästehaus Zur Waldschule, Tel. +43 3855 45531, gästehauszurwaldschule.at; Gasthof Schlagobersbauer, Tel. +43 3855 8223, schlagobersbauer.at; Gasthof Roseggerhof, Tel. +43 3173 2711, roseggerhof.at.
Tipps: Rosegger-Waldschule, Tel. +43 3855 8238, waldheimat-semmering-veitsch.at; Rosegger-Geburtshaus, Tel. +43 699 13308911, rosegger-geburtshaus.at.
Ausstellung in St. Kathrein am Hauenstein, Tel. +43 3173 4030 (Gemeindeamt), st-kathrein-hauenstein.at/tourismus/peter-rosegger/ausstellung-in-st-kathrein.

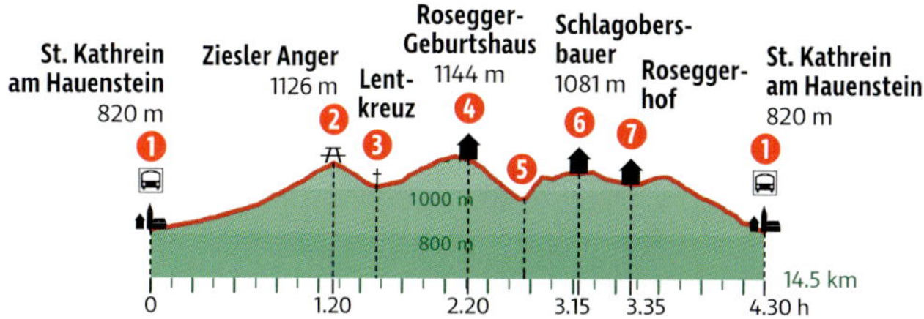

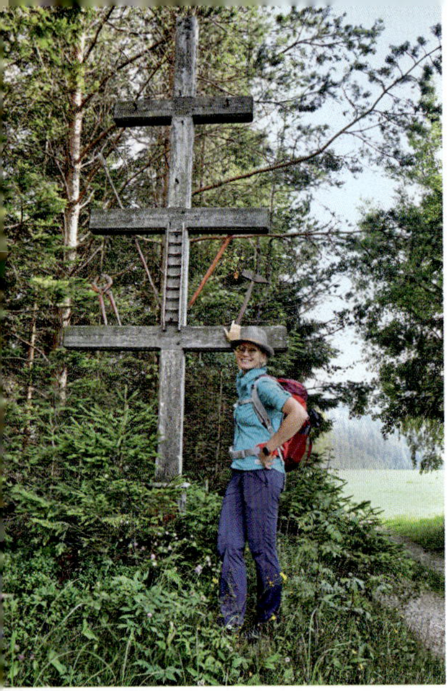

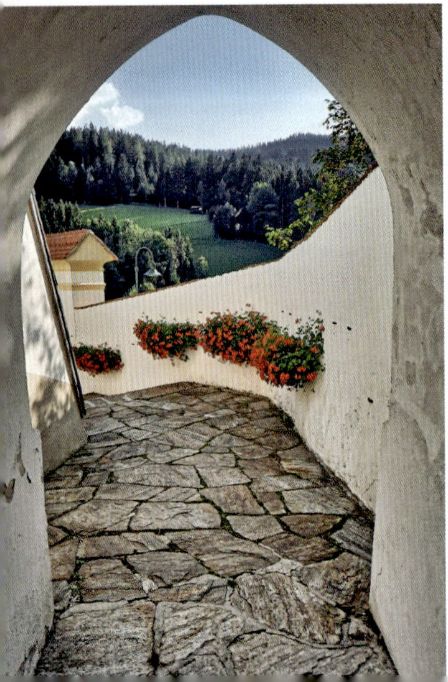

Im kleinen Ortszentrum von **St. Kathrein am Hauenstein** ❶, 820 m, befindet sich eine Wanderübersichtstafel, ab der wir uns an den gelben Wegweisern mit der Aufschrift »Christmettenweg« orientieren. Bei einer Kreuzung mit Bildstock zweigt der Wanderweg links ab. Wir folgen der Straße, die parallel zum Hirschbach verläuft und die Hinterleitner-Mühle passiert. Vorbei an der SAM-Station WZ 4204 Egg-Rosegger Mühle wandern wir auf der Straße bis zur nächsten Kreuzung, wo es rechts über eine Brücke geht und weiter bergauf am Bauernhof vlg. Hochegger vorbei, entlang von Wiesen- und Waldflächen, bis zum Rastplatz und Kreuzungspunkt **Ziesler Anger** ❷, 1126 m.

Ab nun geht es bergab, über Wiesen- und Weideflächen, bis wir den Talboden beim **Lentkreuz** (oder »Lendkreuz«) ❸, 1016 m, erreichen. Kurz darauf wandern wir bei einer Kreuzung links bergauf auf einer Asphaltstraße und in der Folge auf Schotterwegen weiter. Wir orientieren uns an den gelben Wegweisern mit der Aufschrift »Peter Roseggers Geburtshaus« und kommen an verschiedenen Wald-Infotafeln vorbei. Das **Geburtshaus Roseggers** ❹, 1144 m, und die Jausenstation in unmittelbarer Nähe laden zu einer Pause ein, bevor es nun etwas steiler bergab bis zum Talboden und der **Waldschule** ❺, 967 m, geht.

Im Kreuzungsbereich in der Nähe der Schule sehen wir zahlreiche gel-

Oben: Ein einzelnes Wetterkreuz am Weg. Unten: Durchgang bei der Kirche in St. Kathrein am Hauenstein.

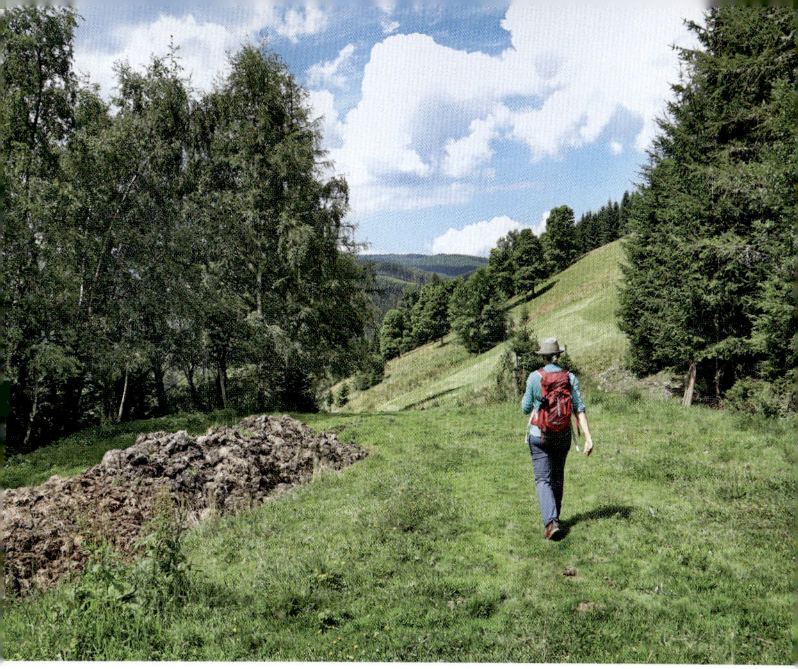

Im leichten Auf und Ab führt der Wanderweg durch Peter Roseggers Waldheimat.

be Wegweiser, wir halten uns hier in Richtung St. Kathrein am Hauenstein. Nun folgt das steilste Teilstück des gesamten Wanderweges. Es geht rechts bei einem Haus vorbei, bei der nächsten Kreuzung nach links und dann auf einem Wanderweg in einer Linie am Waldrand steil bergauf, bis wir zu einem Haus kommen. Gleich nach den Gebäuden geht es nach rechts und gemütlich mit geringem Anstieg bis zum **Gasthof Schlagobersbauer** 6, 1081 m.

Beim Parkplatz des Gasthofes setzen wir unsere Tour entlang einer Forststraße fort bis zu einer Kreuzung. Hier verlassen wir die Straße und wandern leicht bergab entlang des Wanderweges, wobei wir uns an den Holztafeln mit der Aufschrift »St. Kathrein / H und Gh Roseggerhof« halten. Beim **Gasthof Roseggerhof** 7, 1030 m, erreichen wir eine stark befahrene Straße. Wir bleiben auf der rechten Seite und sehen alsbald einen gelben Wegweiser, bei dem wir die Straße verlassen, um nun auf einer Forststraße weiterzugehen. Beim Wetterkreuz vorbei, wandern wir den Weg 13 bergab, der uns zum Ortsbeginn bzw. der Kirche von St. Kathrein am Hauenstein bringt. Direkt bei der Kirche vorbei führt der Weg bergab, bei der Peter-Rosegger-Ausstellung vorbei, wieder zurück zum **Ausgangspunkt** 1.

↗ 960 m | ↘ 960 m | 21.3 km

11 Auf den Steinriegel, 1577 m

7.00 h

Vom Tal über den Montanlehrpfad auf die Alm

Der Ortsname Ratten geht auf die mittelhochdeutsche Bezeichnung »Roten« zurück und bedeutete ursprünglich Neuland bzw. neu besiedeltes Gebiet. Das Gebiet an der oberen Feistritz wurde um 1200 besiedelt und war jahrhundertelang landwirtschaftlich geprägt. 1920 wurde mit dem Abbau von Braunkohle, vorwiegend im Tagbaubetrieb, in großem Stil begonnen. Mit den Schautafeln des Montanlehrpfades bekommt man einen kleinen Eindruck von der industriellen Entwicklung im Raum Ratten. Für weitere Informationen lohnt sich ein Besuch des im Jahr 1960 geschlossenen »Friedensstollens«, der als Schaustollen umgebaut wurde und das Bergbaumuseum beheimatet. Während der Wanderung treffen wir beim Dirndlhof auf einen weiteren Themenweg, den Mondwanderweg, der vom Rattener Künstler Alois Tösch gestaltet wurde. Abgesehen von den thematischen Inhalten entlang des Weges ist die Route an sich schon sehr abwechslungsreich, da man vom Tal auf die Alm wandert und dadurch verschiedene natur- und kulturräumliche Abschnitte kennenlernt.

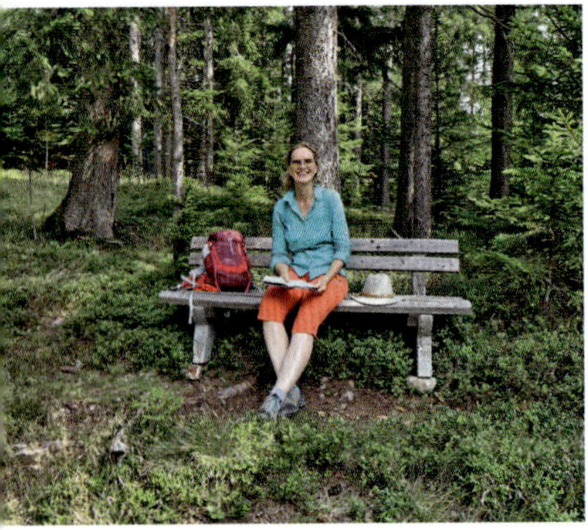

Gemütliches Platzerl im Wald.

Ausgangspunkt: Ratten, 765 m, Parkmöglichkeiten im Ort. Anfahrt: Auf der S 6 bis Abfahrt Langenwang, dann der B 72 folgend über Alpl nach Ratten. Auf der A 2 bis Abfahrt Gleisdorf West, dann B 64 Richtung Weiz; weiter auf der B 72 über Nöstl und Birkfeld nach Ratten.
ÖPNV: Zug/Bus bis Weiz; mit Bus bis Ratten.
Anforderungen: Technisch einfaches Gelände, Mix aus Straßen und Pfaden. Die zahlreichen Wegnummern und die blau-weißen Markierungen sind etwas irreführend, wobei an wichtigen Kreuzungen immer gelbe Wegweiser mit der Aufschrift »Montanweg« zu finden sind. Ab dem Hauereck gut markiert.
Einkehr: Gasthof zur Post, Tel. +43 3173 2205, gasthof-albert.at; Fleischerei Sommersguter, Tel. +43 3173 2141, fleischerei-sommersguter.at; Dorfcafé, Tel. +43 676 7340603. Unterwegs: Dirndlhof, Tel. +43 3173 2290, dirndlhof.at; Der Ponyhof, Tel. +43 3173 2300, ponyhof-familienhotel.at; Gasthof Willenshofer, Tel. +43 3173 2335, liftgasthof.at.
Tipps: Bergbaumuseum Ratten, Tel. +43 664 2732015, ratten-steiermark.at, und das mit dem Österreichischen Museumsgütesiegel ausgezeichnete Blasmusikmuseum, Tel. +43 3173 20170, blasmusikmuseum.at.

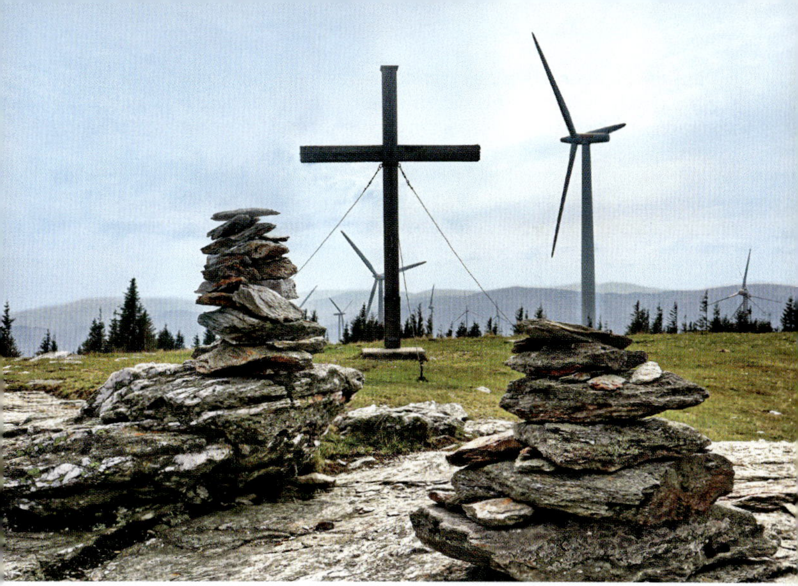

Das Gipfelkreuz und die Windräder auf dem Steinriegel.

Wir starten bei der Übersichtstafel in der Ortsmitte von **Ratten** ❶, 765 m, und gehen zur ersten Station des Montanlehrpfades. Auf der Rückseite des Schulgebäudes sehen wir die gelben Wegweiser mit der Aufschrift »Montanweg – Bergbau – Ratten«. Es geht durch das besiedelte Gebiet, und nach kurzer Zeit zweigen wir direkt bei einem Haus links ab. Während des Aufstieges haben wir einen schönen Blick ins Tal und auf Ratten. Nach der zweiten Schautafel des Montanlehrpfades wird der Aufstieg flacher, und die Forststraße führt bei ein paar Häusern vorbei. Wir kommen zu einer Asphaltstraße, gehen rechts bergauf und kurz darauf nach links, wobei

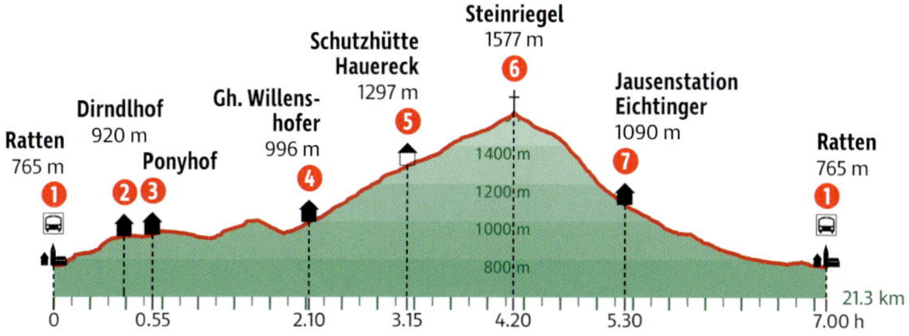

wir auf die Markierungen des Wanderweges 9 achten. Es folgt ein Wegabschnitt durch den Wald, bis wir zu einem Haus kommen; hier rechts weitergehen und der Straße, vorbei am **Dirndlhof** ❷, 920 m, bis zur Kreuzung folgen.

Bei der Kreuzung nach links immer auf der Asphaltstraße gemütlich dahin bis zum **Gasthof Ponyhof** ❸, 929 m, wo wir nun den Weg 9 verlassen und geradeaus direkt bei den Gebäuden des Ponyhofes vorbeigehen. Der

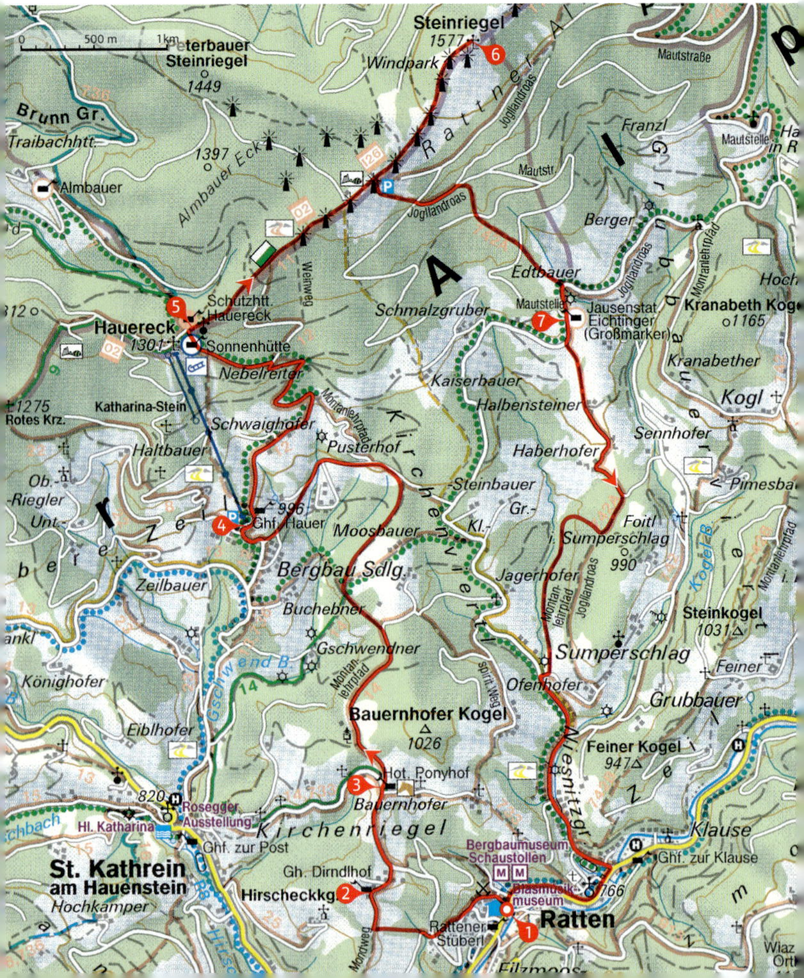

Wanderweg verläuft nun auf einer Schotterstraße, bis wir zur Kreuzung mit den gelben Wegweisern in Richtung »Montanweg – Bergbau – Ratten – St. Kathrein – Hauereck« kommen. Hier zweigen wir links ab und wandern in der Folge leicht bergauf durch den Wald, wobei wir uns an die blau-weißen Markierungen halten. Der Wanderweg führt zu einer Asphaltstraße, der wir ca. 1,4 km – in der Folge auch bergab – bis zur Kreuzung, kurz vor dem Ort Bergbausiedlung, folgen. Bei dieser Kreuzung nach rechts, bis zum **Gasthof Willenshofer** 4, 996 m, wo sich auch die Talstation der Hauereckbahn befindet. Der Wanderweg setzt sich gleich hinter dem Gasthof fort, wobei wir nun der Schotterstraße ca. 2,6 km bergauf bis zu der unbewirtschafteten **Schutzhütte Hauereck** 5, 1297 m, folgen.

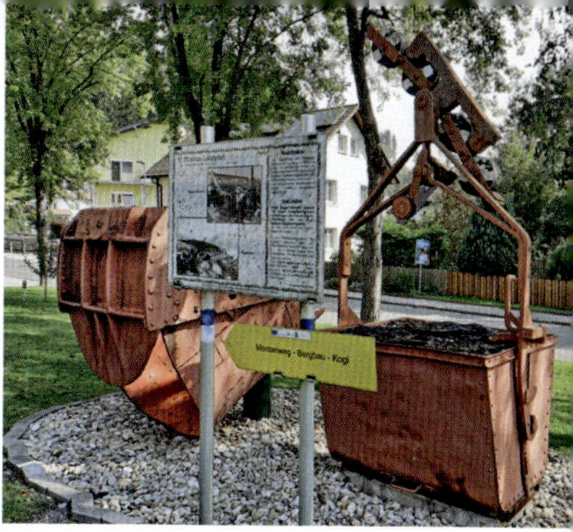

Eine Station des Montanlehrpfades in Ratten.

Ab nun sind wir auf dem Hauptwanderweg über die Fischbacher Alpen unterwegs, zahlreiche Weitwanderwege führen hier entlang. Wir gehen nach rechts und wandern gemütlich bergauf entlang des breiten, bewaldeten Bergrückens in Richtung Steinriegel (740/02). Bald sehen wir die ersten Windräder, die hier das Landschaftsbild prägen. Im Laufe des Aufstieges verlassen wir den Wald, kommen auf Almflächen und erreichen den Parkplatz auf der Rattner Alm. Von hier aus machen wir noch einen Abstecher zum **Steinriegel** 6, 1577 m.

Der Abstieg führt beim Parkplatz vorbei, dann gleich nach rechts auf eine Almhütte zu, kurz vorher zweigt der Wanderweg links in den Wald ab. Wir folgen dem eindeutigen Wegverlauf und kommen zur Schranke bei der Mautstraße und zur **Jausenstation Eichtinger** 7, 1090 m (SAM-Station Alm Großmarker WZ 4300). Ein kurzes Stück geht es nun entlang der Asphaltstraße, bis links der Wanderweg (742a) auf einer Schotterstraße weiterführt. Es geht kontinuierlich bergab, an wenigen Häusern bzw. Bauernhöfen vorbei, bis wir wieder in den Wald und zu einem großen Umkehr- bzw. Lagerplatz kommen. Die gelben Wegweiser geben die Richtung vor, weiterhin durch den Wald. Während der Weidezeit wird der Wanderweg umgeleitet und wir folgen den gelben Markierungen, bis wir wieder auf den Originalweg treffen.

Bergab entlang der Asphaltstraße kommen wir bei der Ortstafel Ratten vorbei und halten uns bei der nächsten Kreuzung rechts, immer talauswärts, bis wir kurz vor dem Sportplatz nach rechts abzweigen, über den Bach und nach einem kurzen Aufstieg zur Kirche kommen. Jetzt noch wenige Höhenmeter bergab und wir erreichen das Zentrum von **Ratten** 1.

↗ 1020 m | ↘ 1020 m | 18.2 km

12 Stuhleck, 1782 m

6.15 h

Auf den höchsten Punkt der Oststeiermark

Der Themenweg »Himmel auf Erden« wurde bereits im Jahr 2000 errichtet. Wenn auch schon etwas in die Jahre gekommen, sind die Schautafeln und Modelle am Weg nach wie vor sehr informativ. Durch den 7 km langen Weg von Rettenegg bis zum Stuhleck werden die Himmelskörper unseres Sonnensystems in Größe und Entfernung im Maßstab von 1:1 Milliarde dargestellt. Am Stuhleck angekommen, hat man das Ende des Planetenweges und gleichzeitig auch den höchsten Punkt der Oststeiermark erreicht. Das Stuhleck ist im Sommer wie im Winter ein beliebtes Ausflugsziel, und die sanften Bergrücken der Fischbacher Alpen laden förmlich zum Weiterwandern ein. Die Tour führt uns auch durch den Windpark Pretul, der zahlreiche Windkraftanlagen und eine schöne Steganlage durch das Schwarzriegelmoor umfasst. Größe und Dimension sind während der Wanderung durch den Planetenweg und den Windpark allgegenwärtig, und zum Abschluss kann man noch das i-Tüpfelchen draufgeben und sich bei der Ortseinfahrt von Rettenegg den »Größten Stempel der Welt« anschauen.

Symbole entlang des Planetenweges in Ratten.

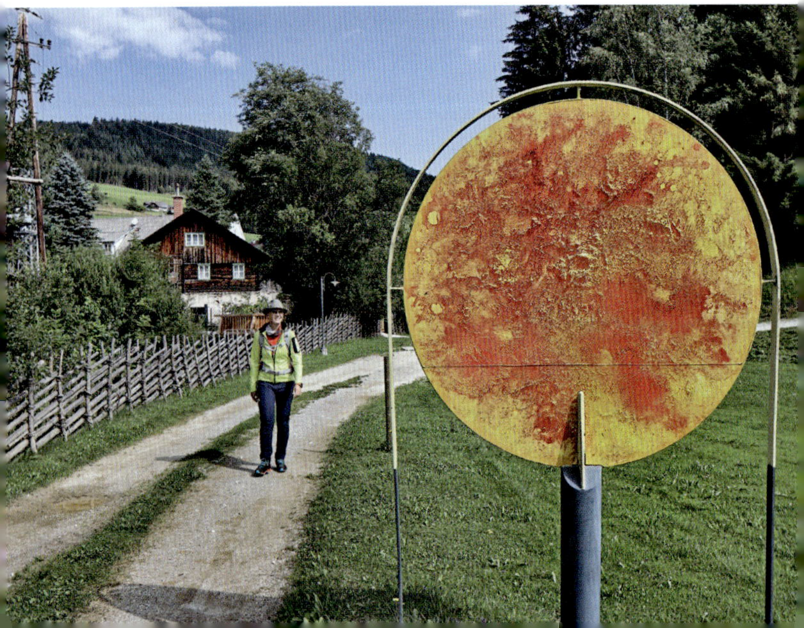

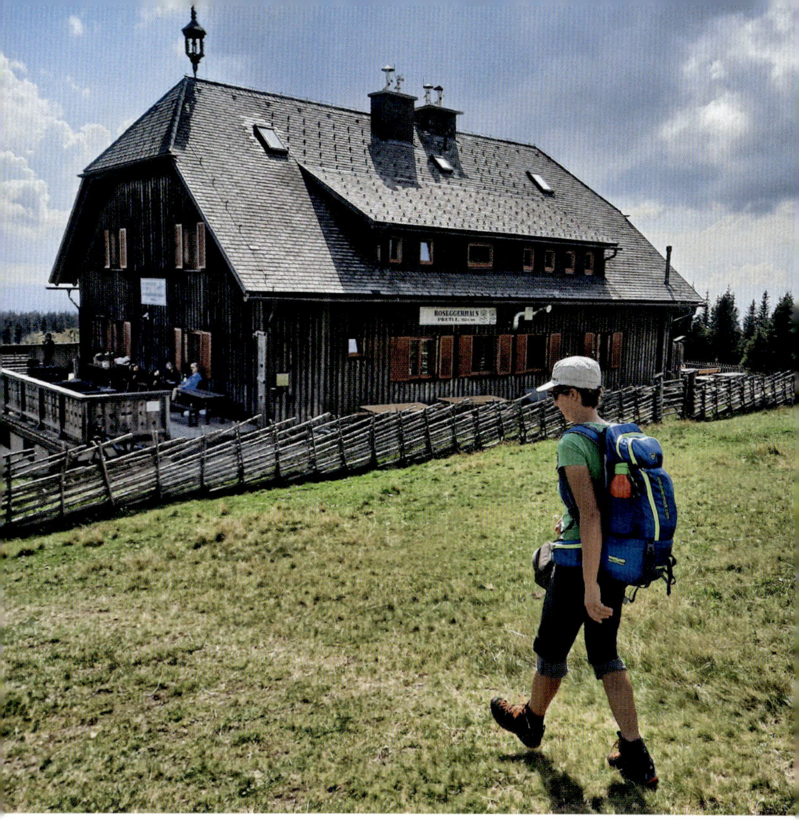

Beim Roseggerhaus auf 1588 m Höhe angekommen.

Ausgangspunkt: Rettenegg, 862 m, Parkmöglichkeiten im Ort. Anfahrt: Auf der S 6 bis Abfahrt Langenwang, dann der B 72 folgend über Alpl nach Ratten und Rettenegg. Auf der A 2 bis Abfahrt Gleisdorf West, dann der B 64 folgend Richtung Weiz; weiter auf der B 72 über Nöstl und Birkfeld nach Ratten und Rettenegg.
ÖPNV: Zug/Bus bis Weiz; mit Bus bis Rettenegg.
Anforderungen: Der Weg ist gut markiert, lediglich bei Schlechtwetter ist die Orientierung entlang der Bergrücken schwierig.
Einkehr: Forellengasthof Joglland, Tel. +43 3173 8270, forellengasthof.at; Gasthof zur Post, Tel. +43 3173 8282, simml.at. Unterwegs: Alois-Günther-Haus am Stuhleck, Tel. +43 3853 300, aloisguentherhaus.at; Roseggerhaus auf der Pretul, Tel. +43 664 4618593, roseggerschutzhaus.com.
Tipp: Über die Fischbacher Alpen führen auch zwei bekannte Weitwanderwege, der Alpannonia (Fischbach – Kőszeg in 7 Etappen) und die 35 Etappen lange Nordroute »Vom Gletscher zum Wein«.

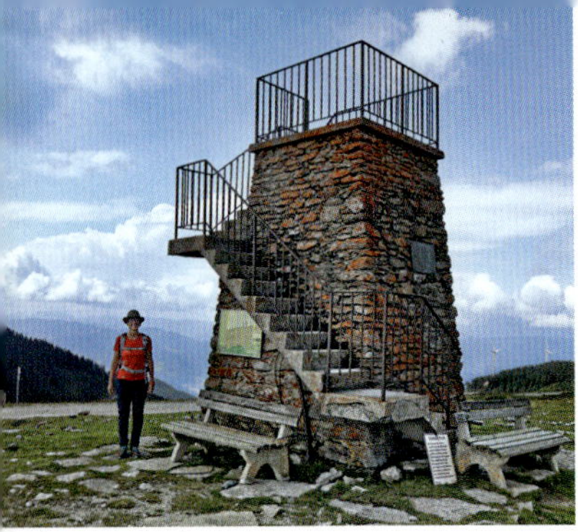

Die Peter-Bergner-Warte.

Mit der Übersichtstafel in **Rettenegg** ❶, 862 m, verschaffen wir uns einen guten Eindruck von der umliegenden Wanderregion. Der Startpunkt des Planetenweges ist unterhalb des Zentrums, somit gehen wir leicht bergab zum Sternenpavillon. Ab nun können wir uns an den blauen Wegweisern mit dem Logo des Planetenweges orientieren. Es geht am Bacherl entlang, über die Brücke und dann wenige Meter in Richtung Ortsmitte. Bei der Ortstafel überqueren wir die Straße und wandern nun bergauf entlang der Asphaltstraße, bei der Wasserversorgungsanlage der Gemeinde Rettenegg vorbei, bis zu einer **Kreuzung** ❷, 1014 m, mit gelben Wegweisern und dem Hinweisschild »Planetenweg«.

An den Häusern vorbei wandern wir entlang einer Schotterstraße leicht bergauf, wobei wir hier einen schönen Ausblick haben. Im Wald führen uns Forststraßen und Pfade bergauf zu den Almflächen beim **Schwarzriegel** ❸, 1593 m. Die Infotafel zum Planeten Neptun und die gelben Wegweiser dienen zur Orientierung. Nun geht es nach rechts, den Bergrücken entlang, bis zum Alois-Günther-Haus. Beim Aufstieg sehen wir die Liftanlagen auf dem Stuhleck, und bald erreichen wir den Gipfel des **Stuhleck** ❹, 1782 m, mit dem Gipfelkreuz und dem nahe gelegenen **Alois-Günther-Haus**.

Bis zum **Schwarzriegel** ❸ wandern wir auf demselben Weg zurück, dann bleiben wir am Rücken und orientieren uns in Richtung Windräder. Der Weg führt über Holzstege durch das Schwarzriegelmoos, wobei uns hier Infotafeln einen guten Einblick in diesen besonderen Lebensraum geben. Weiter geht es über Schotterstraßen und an zahlreichen Windrädern vorbei bis zur **Peter-Bergner-Warte** ❺, 1653 m. Ab jetzt geht es kontinuierlich bergab, am **Roseggerhaus** ❻, 1588 m, vorbei und weiter ein kurzes Stück

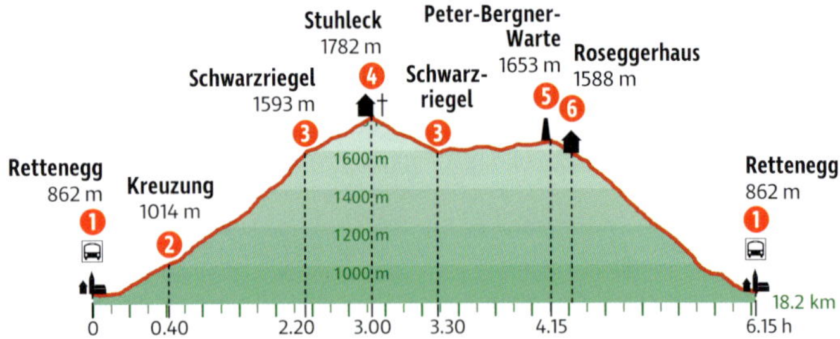

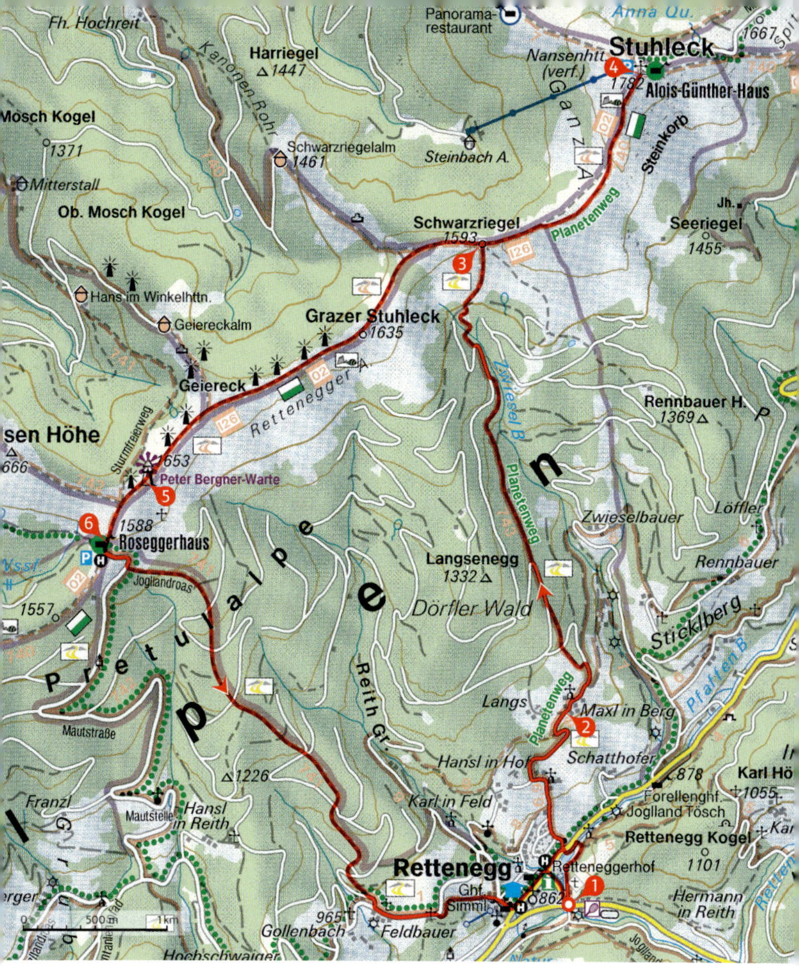

entlang der Zufahrtsstraße, bis links der Wanderweg abzweigt. Wir können uns beim Abstieg an den Wegweisern mit der Aufschrift »Joglland Roas« orientieren, die uns die Wegführung eindeutig vorgeben. Auf ca. 956 m Seehöhe kommen wir zu einer Straße, der wir links – an ein paar Häusern vorbei – folgen. Ein Stück entlang der Asphaltstraße, bis wir in einer Kurve nach rechts abzweigen. Nun immer bergab und bald erreichen wir wieder **Rettenegg ❶**.

TOP

13

↗ 550 m | ↘ 550 m | 18.1 km

Hoch- und Niederwechselrunde

5.00 h

Über die aussichtsreichen Gipfel des Wechsels

Die Bezeichnung »Wechsel« steht für das Bergmassiv Hoch- und Niederwechsel, wurde erstmals schriftlich 1409/10 verwendet und leitet sich vermutlich von der Bedeutung für »Übergang« oder »Wetterwechsel« ab. Gut nachvollziehbar ist der Begriff »Wechsel« auch heute noch: Das Holzkreuz bzw. Gipfelkreuz am Hochwechsel symbolisiert die steirisch-niederösterreichische Landesgrenze und verdeutlicht somit den Übergang von einem Bundesland in das andere. Der rasche Wetterwechsel in diesem Gebiet ist auch für Wanderer offenkundig, da die breiten Bergrücken bei schönem Wetter einen wahren Genuss darstellen und bei schlechter Sicht auch leicht Orientierungsschwierigkeiten mit sich bringen können. Während der Wanderung wird man auf zwei markante Gedenkstätten aufmerksam, die auf die schweren Kämpfe im Jahr 1945 hinweisen – einerseits die Gedenkkapelle am Hochwechsel und andererseits das Gedenkkreuz am Niederwechsel; beide erinnern an die sechswöchigen Kämpfe, bei denen Tausende von Soldaten ihr Leben ließen. Heute ist der Wechsel als Wandergebiet beliebt und bekannt, so führen die Weitwanderwege 02, 07 und der Alpannonia über diese weichen Bergrücken.

Beim Abstieg vom Niederwechsel kommt man direkt zur Vorauer Schwaig.

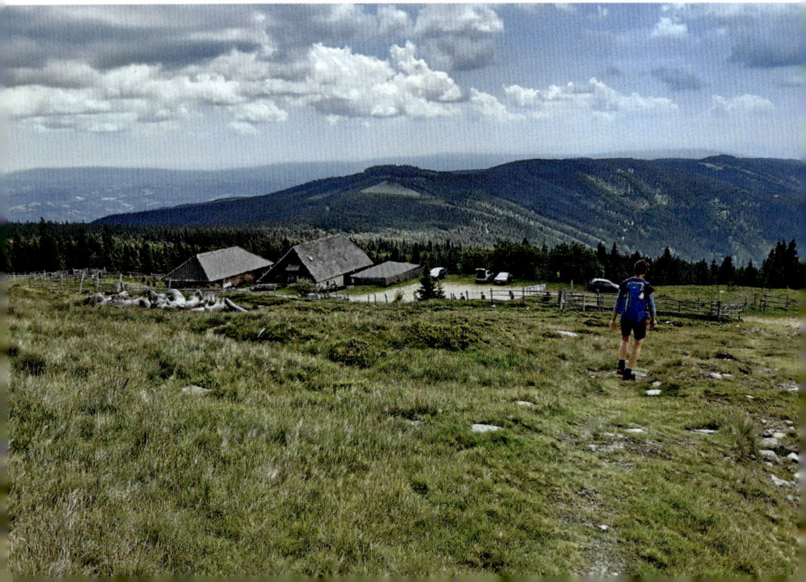

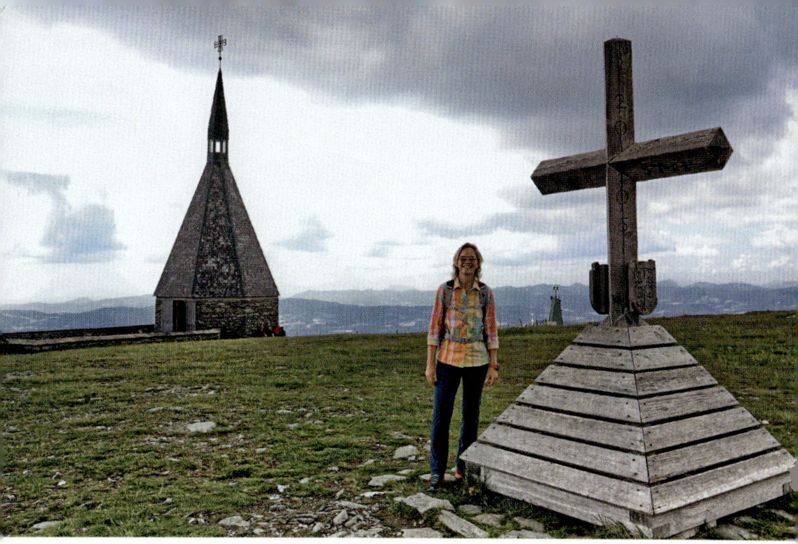

Am Gipfel des Hochwechsels stehen das Gipfelkreuz, die Gedenkkapelle und das Wetterkogelhaus (links außerhalb des Bildausschnitts) in unmittelbarer Nähe zueinander.

Ausgangspunkt: Rabl-Kreuz-Hütte, 1350 m, Parkmöglichkeiten bei der Hütte. Anfahrt: Von Wien auf der A 2 bis Abfahrt Pinggau, dann auf der B 54 nach Rohrbach a. d. Lafnitz; weiter über Mönichwald und Waldbach zur Rabl-Kreuz-Hütte. Von Graz auf der A 2 bis Abfahrt Hartberg, dann über Hartberg nach Rohrbach; weiter wie oben.
ÖPNV: Zug/Bus bis Hartberg; mit Bus bis Waldbach; weiter mit SAM-Taxi von HF 5026 Waldbach-Schule nach HF 5003 Breitenbrunn Rabl-Kreuz-Hütte.
Anforderungen: Die Wanderung ist technisch einfach und durch gleichmäßige Steigungen gekennzeichnet. Markierungen und Wegweiser vorhanden, wobei die unterschiedlichen Markierungsarten zwischendurch etwas irreführend sind. Entlang der breiten Rücken und freien Almflächen sind oft mehrere Steige ausgetreten. Bei schlechter Sicht ist die Orientierung schwierig.
Einkehr: Rabl-Kreuz-Hütte, Tel. +43 3336 31288, rablkreuz-hochwechsel.at; Kaltwiesenhütte, Tel. +43 664 1107440; Wetterkoglerhaus, Tel. +43 3336 4224, wetterkoglerhaus@gebirgsverein.at; Vorauer Schwaig, Tel. +43 676 9481022.

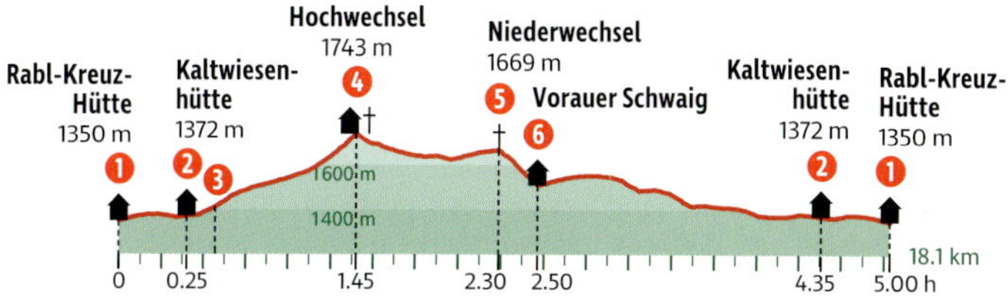

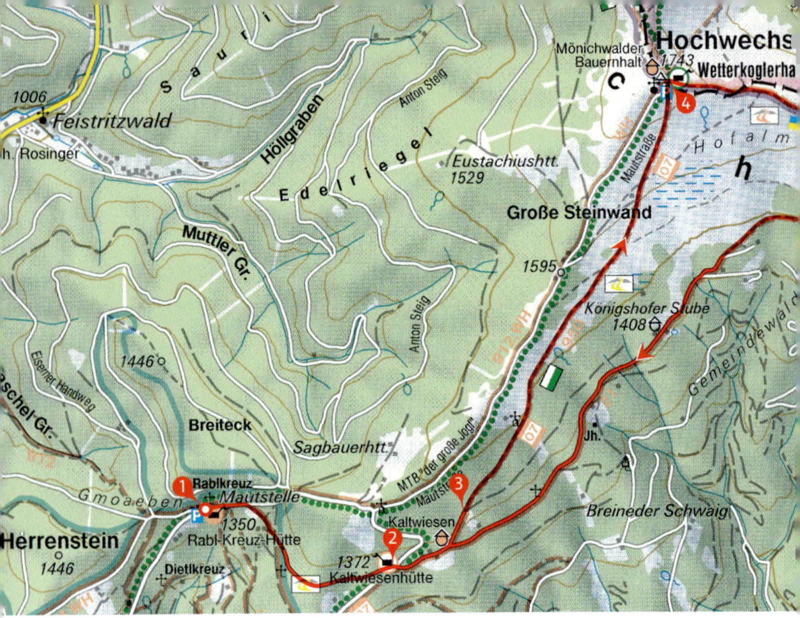

Wir starten bei der **Rabl-Kreuz-Hütte** ❶, 1350 m. Der Wanderweg verläuft ein Stück entlang der Asphaltstraße, dann zweigen wir rechts in Richtung Kaltwiesenhütte ab. Wir wandern durch den Wald, teilweise leicht abwärts, über Forststraßen und Wanderwege, bis wir die **Kaltwiesenhütte** ❷, 1372 m, erreichen und ab hier auf dem Weitwanderweg 07 unterwegs sind, der uns nun bis auf den Niederwechsel begleitet. Bei der Hütte vorbei queren wir eine Asphaltstraße und achten auf die gelben Wegweiser im Kreuzungsbereich mit der Aufschrift »Hochwechsel/907«. Ab nun geht es entlang einer Forststraße, bei privaten Hütten vorbei, bis zur nächsten Kreuzung, wo wir uns links bergauf halten.

Der **Einstieg** ❸, 1415 m, in den Steig ist durch eine rot-weiß-rote Markierung erkennbar. Der Weg führt durch wohltuenden Wald. Je höher wir kommen, umso lichter wird der Wald und die freien Almflächen gewähren uns allmählich einen schönen Ausblick. Es geht kontinuierlich entlang des Wanderweges bergauf, an Stallgebäuden vorbei, bis wir die Zufahrtsstraße zum Wetterkoglerhaus erreichen und gleich danach den höchsten Punkt der Wanderung, den **Hochwechsel** ❹, 1743 m. In unmittelbarer Nähe befinden sich das **Wetterkoglerhaus** und die Gedenkkapelle.

Nach dem Wetterkoglerhaus wendet sich unser Weg in Richtung Osten, entlang des breiten Rückens, bis wir nach ca. 3,4 km zu der Soldatengedenkstätte am **Niederwechsel** ❺, 1669 m, kommen. Anschließend steigen

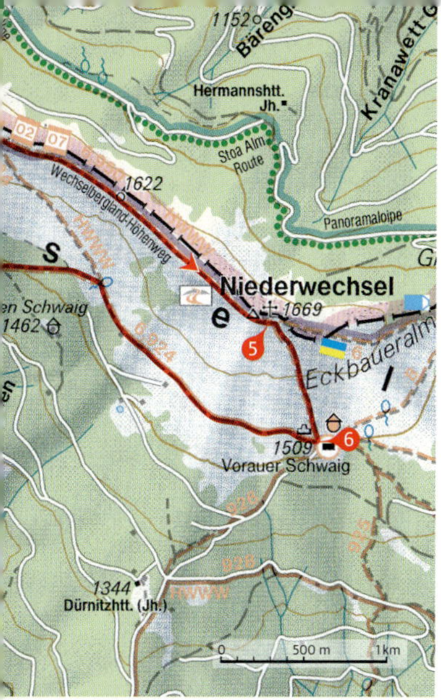

wir rechts zur **Vorauer Schwaig 6**, 1509 m, ab.

Kurz vor der Schwaig zweigt unser Weg nach rechts ab, in Richtung Kaltwiesenhütte. Es geht über die freien Almflächen, bei einem Gedenkstein vorbei, gemütlich bergab, bis wir wieder in den Wald kommen. Bei nicht gekennzeichneten Kreuzungen halten wir uns immer rechts, bis wir in der Folge die gelben Wegweiser sehen und weiter in Richtung Kaltwiesenhütte wandern. Entlang des Weges kommen wir auch an einem Bienenlehrpfad vorbei. Wir folgen der breiten Forststraße und erreichen die uns bereits bekannte **Kaltwiesenhütte 2**, 1372 m.

Ab nun geht es den gleichen Weg zurück zum Ausgangspunkt bei der **Rabl-Kreuz-Hütte 1**.

Eine gute und gemütliche Einkehrmöglichkeit ist die Kaltwiesenhütte.

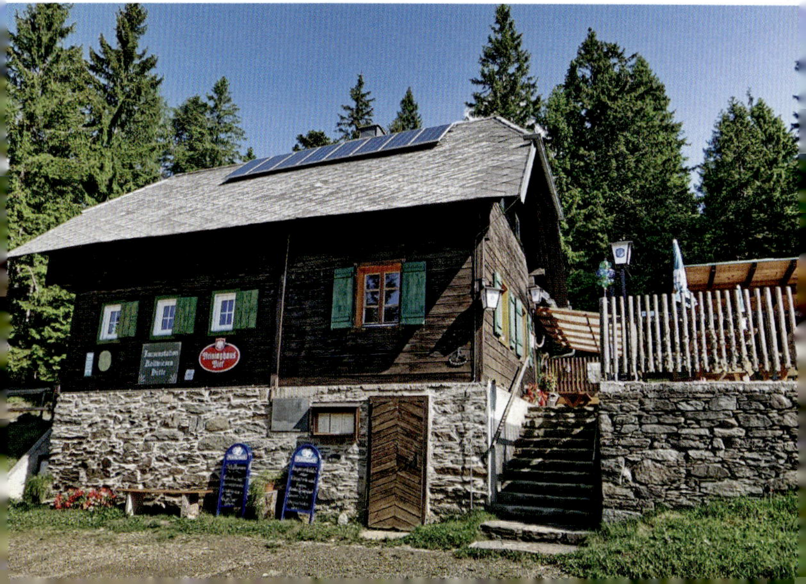

↗ 720 m | ↘ 720 m | 14.7 km

14 Niederwechselrunde

4.45 h

Geschichtsträchtiges Wandern am Wechsel

Mit dieser Wanderung lernt man nicht nur einen eindrucksvollen Naturraum im Nordosten der Steiermark kennen, sondern erfährt auch Interessantes zur Geschichte des Wechselgebietes. Vom Mittelalter bis zur Industrialisierung waren sogenannte Waldglashütten ein wichtiger Bestandteil bei der Glaserzeugung. Diese Hütten wurden in dicht bewaldeten, wenig besiedelten Regionen errichtet. Die sogenannte »Alte Glashütte«, die sich in der Nähe des Weges befand, stellte den Betrieb um 1745 ein, da es im Gebiet kaum noch Quarzsand gab und der Holzbedarf für die Glaserzeugung enorm war. Genaueres kann man der Infotafel am Weg entnehmen, der Teil des Historischen Weitwanderweges Wechselland ist. Mit der jüngeren Geschichte wird man beim Gedenkkreuz am Niederwechsel konfrontiert, das daran erinnert, dass hier Tausende von Soldaten im Jahr 1945 ihr Leben ließen.

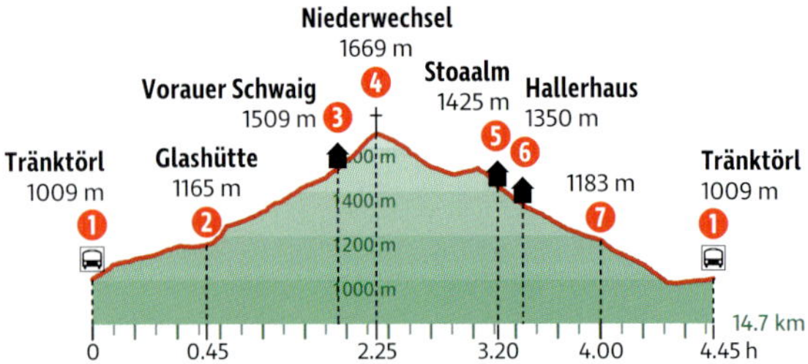

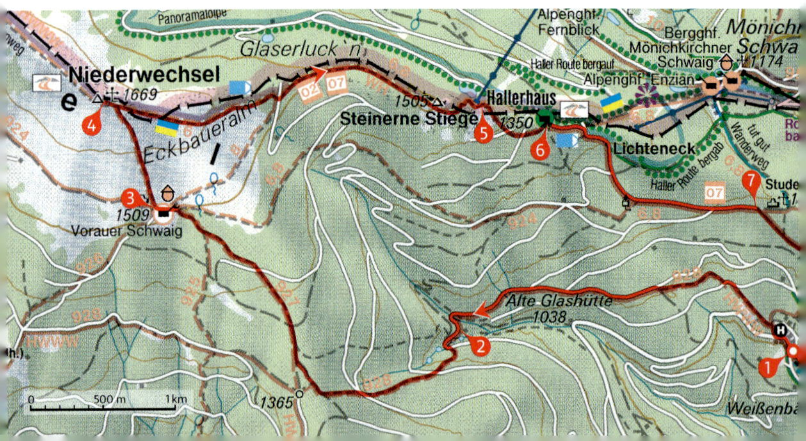

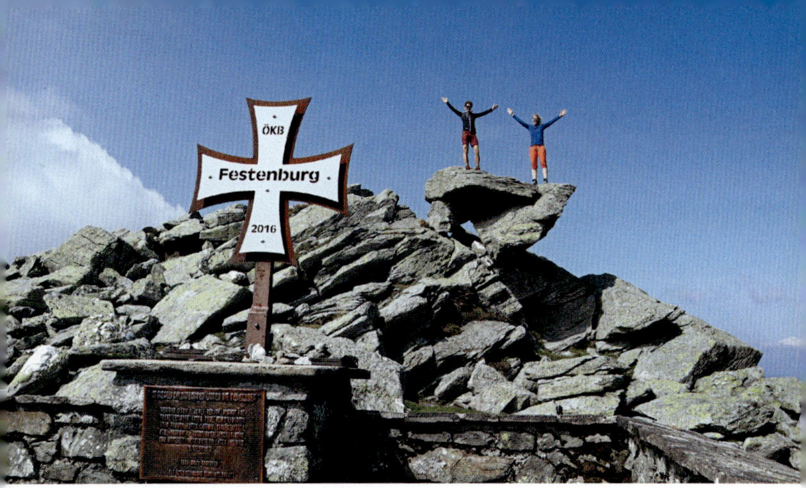

Das Gedenkkreuz am Gipfel des Niederwechsels.

Ausgangspunkt: Schaueregg-Tränktörl, 1009 m, wenige Parkmöglichkeiten. Anfahrt: Von Wien auf der A 2 bis Abfahrt Edlitz-Aspang, dann B 54 über Aspang Markt und Mönichkirchen bis Schaueregg, Ortsteil Tränktörl. Von Graz auf der A 2 bis Abfahrt Pinggau, dann B 54 über Dirnegg und Wiesenhöf bis Tränktörl.
ÖPNV: Zug/Bus bis Pinggau; mit Bus bis Tränktörl.
Anforderungen: Technisch einfach, gleichmäßige Steigungen. Entlang der breiten Rücken und der freien Almflächen sind oft mehrere Steige ausgetreten. Bei schlechter Sicht ist die Orientierung schwierig.
Einkehr: Unterwegs: Vorauer Schwaig, Tel. +43 676 9481022; Stoaalm, Tel. +43 676 9657895, kulinarik-stoaalm.at; Hallerhaus, Tel. +43 2649 230, hallerhaus.at.
Tipp: Weitere Wandertipps und geschichtliche Informationen zur Region: wechsel-wandern.at.

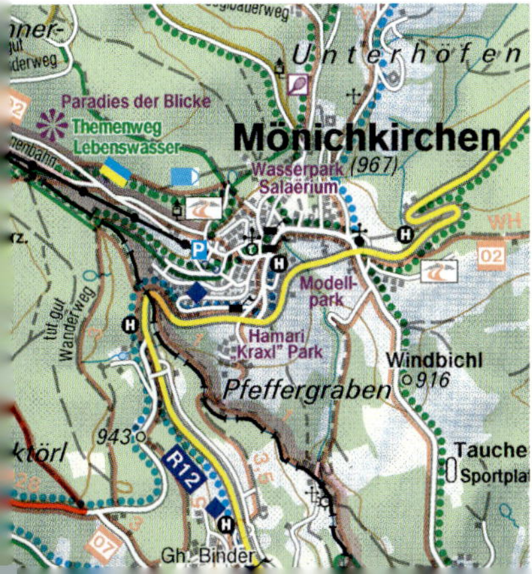

Kurz vor dem Ortsende von **Tränktörl** ❶, 1009 m, gehen wir rechts zwischen Garagen und Häusern bergauf und sehen am Waldrand einen gelben Wegweiser und die Standorttafel »Tränktörl«. Wir halten uns links und wandern durch den Wald entlang des Weges 928 gemütlich bergauf, zu Beginn auf einem Pfad und in der Folge entlang einer Forststraße, bis wir die Infotafel »Die Glashütte im Wechselland« und das Gebiet **Glashütte** ❷, 1165 m, erreichen.

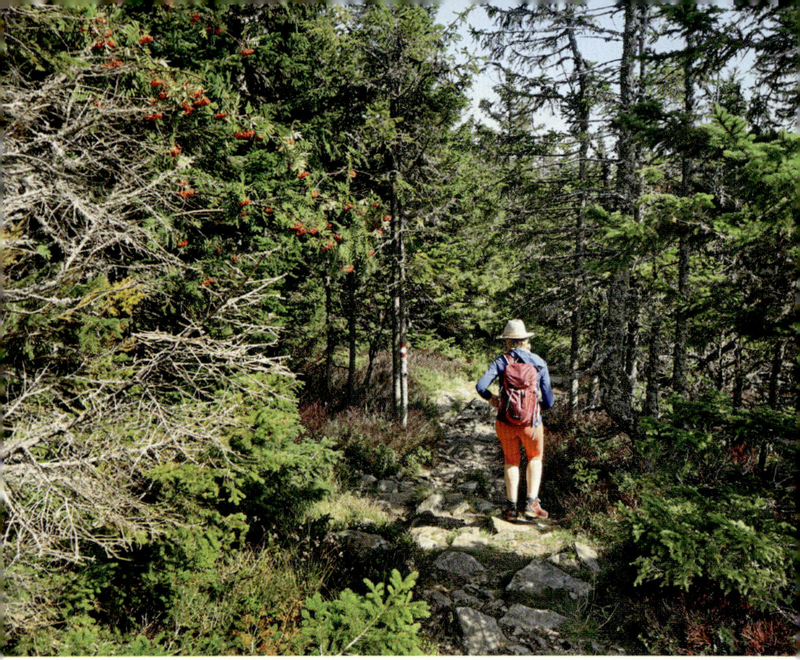

Ein schöner Steig führt bergab in Richtung Hallerhaus.

Wir wandern bei einem Holzgebäude und treppenförmig angelegten Teichen vorbei, weiter bergauf dem Weg 928 folgend, bis wir zu einer Forststraße kommen und nun nach rechts in Richtung Vorauer Schwaig (Weg 927) weitergehen. Es folgt ein gemütlicher Aufstieg, wobei wir zwischendurch schon das Gebäude der Schwaig sehen.
Nach einer Pause bei der **Vorauer Schwaig** 3, 1509 m, geht es gleich beim Gebäude in einer Linie über die Alm bergauf zum **Niederwechsel** 4, 1669 m. Nun folgt ein aussichtsreiches Wegstück über den Rücken in Richtung Osten. Wir wandern kontinuierlich bergab, weiter durch den Wald. Kurz vor der Bergstation der Panoramabahn ist ein steilerer Abschnitt zu bewältigen, die »Steinerne Stiege«. Bei einem auffallend großen Holzblockhaus, der **Stoaalm** 5, 1425 m, vorbei geht es gemütlich bergab, bis wir das **Hallerhaus** 6, 1350 m, erreichen. Wir wandern über die Wiese bergab und sehen auf der rechten Seite zahlreiche gelbe Wegweiser. Hier geht es rechts in Richtung Fichtenhof (Nr. 907) entlang einer Forststraße bis zu einer **Wegkreuzung** 7, 1183 m. Weiterhin auf der Forststraße nach rechts unten in Richtung Fichtenhof, bis wir die Asphaltstraße erreichen und dann rechts zu unserem **Ausgangspunkt** 1 zurückwandern.

↗ 450 m | ↘ 450 m | 12.2 km

3.30 h

Von Friedberg zum Hilmtor

Diese historische Stadt ist eine Wanderung wert

Die ca. 2600 Einwohner zählende Stadtgemeinde Friedberg liegt nahe dem Dreiländereck Steiermark-Niederösterreich-Burgenland und überrascht mit einem der schönsten geschlossenen mittelalterlichen Hauptplätze der Steiermark. Vom historischen Stadtkern zu der im Jahr 2020 errichteten Aussichtsplattform BERG:FRIED:BERG geht es nur wenige Höhenmeter bergauf, wobei der Turm im neu gestalteten Areal alleine schon einen Besuch wert ist. Der Erlebnisberg ist ein aussichtsreicher Spiel- und Naherholungsplatz, wo Hochzeiten und verschiedene andere Veranstaltungen möglich sind. Ursprünglich stand hier die im Jahr 1194 errichtete Burg Friedberg, die bis ins späte 17. Jh. das Stadtbild prägte. Der Erlebnisberg ist der krönende Abschluss der Wanderung. Der Start ist ebenso ein Erlebnis, da man durch den Bärengraben wandert, der auf breiten Wegen und Holzbrücken am Bach entlang in einen wohltuenden Laubwald führt. Mit dem Hilmtor erreicht man auf knapp 1000 Meter einen liebevoll gestalteten Rastplatz mit einer Selbstbedienungs-Schnapsbar. Hier war einst der Sammelplatz für das Vieh, das im Sommer auf die Weiden des Wechselgebietes getrieben wurde.

Ausgangspunkt: Friedberg, 600 m, mehrere Parkplätze außerhalb der Kurzparkzone. Anfahrt: Auf der A 2 bis Abfahrt Pinggau, dann nach Pinggau und ins benachbarte Friedberg.
ÖPNV: Zug/Bus bis Pinggau; zu Fuß 10 Min. nach Friedberg.
Anforderungen: Die Wanderung ist technisch einfach und erfolgt hauptsächlich auf Asphalt- und Schotterstraßen, mit Wiesen- und Waldwegen zwischendurch. An wenigen Kreuzungen im Gelände sind unzureichende Markierungen, ansonsten durchgehend markiert.
Einkehr: Hotel-Restaurant Schwarzer Adler, Tel. +43 3339 225100, hotel-schwarzeradler.at; Stadtcafé Wetzelberger, Tel. +43 3339 23111, cafe-wetzelberger.at. Unterwegs: Gasthaus Panoramastüberl, Tel. +43 3339 22177.
Tipp: Weitere Wandertipps und geschichtliche Informationen zur Region unter wechsel-wandern.at.

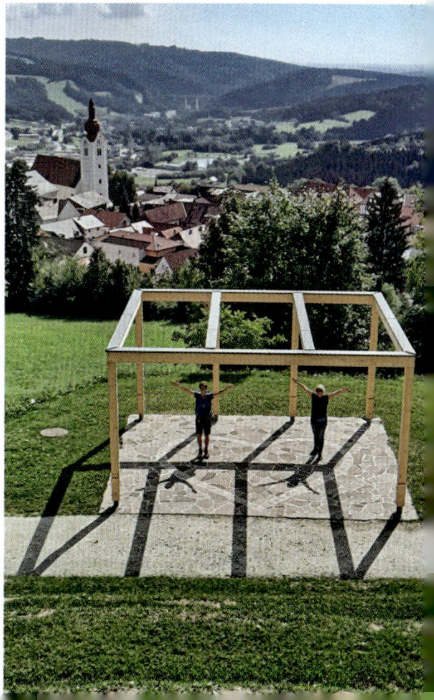

Wohlfühlen am Erlebnisberg.

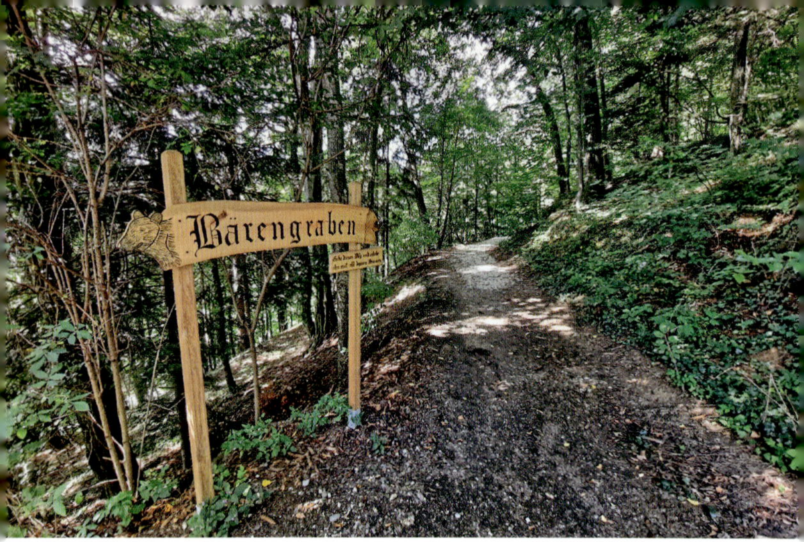

Der Eingang zum Naherholungsgebiet Bärengraben.

Wir starten am Hauptplatz von **Friedberg** ❶, 600 m, und folgen den Erlebnisberg-Friedberg-Tafeln in eine schmale Gasse. Links weiter, beim Stadtbeisel vorbei, kommen wir zu einem kleinen Platz mit einem Brunnen. Nun geht es leicht bergab und wir erreichen die Zufahrtsstraße ins Zentrum. Am Eck sehen wir zahlreiche grüne Hinweisschilder und auch gelbe Wegweiser, denen wir nun in Richtung Bärengraben (Weg Nr. 927) folgen. Ein kurzes Stück entlang der Straße leicht bergauf und dann direkt an der Rückseite eines ehemaligen Hotels (jetzt Caritas) vorbei. Gleich hinter dem Haus beginnt der attraktive Gehweg durch den Bärengraben, dem wir bachaufwärts bis zum Rastplatz **Bärenwiese** ❷, 695 m, folgen.
Ein Stück etwas steiler bergauf, bis es dann am Wiesenrand gemütlich weitergeht. Bei einer Baumgruppe sehen wir die rot-weiß-rote Markierung und wandern nun links über die Wiese bis nach **Schwaighof** ❸, 760 m. Durch die Ortschaft leicht bergauf, bei der Kirche nach links und weiter eben dahin bis zur Kreuzung bei der SAM-Station HF 4716. Hier biegen wir rechts ab und gehen die Straße bergauf, bis wir, noch im besiedelten Gebiet, zu einer Wanderwegkreuzung kommen. Geradeaus weiter (Weg 927) am **Panoramastüberl** vorbei, bis zum Ortende von Schwaighof. Ein Stück noch die Straße bergauf, bis links der Wanderweg auf einem Feldweg weitergeführt wird. Vorerst eben dahin, dann zweigen wir rechts ab und folgen Pfaden und Forstwegen kontinuierlich bergauf, bis wir einen Bauernhof erreichen. Gemütlich geht es auf der Asphaltstraße zunächst bergauf und in der Folge eben dahin bis zum **Hilmtor** ❹, 982 m.

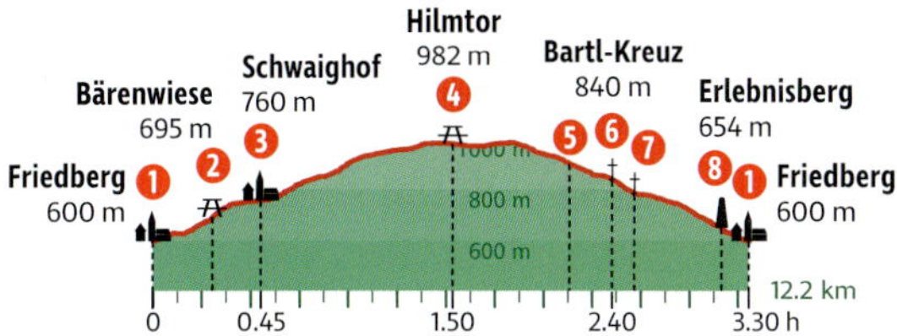

Nach rechts in Richtung Wagnerkreuz durch den Wald bis zu einem Haus. Ab nun sind wir auf einer Asphaltstraße unterwegs, die über Wiesenflächen und Wälder leicht bergab bis zu einer **Kreuzung** 5, 904 m, führt (Wagnerkreuz/Schwaighof). Nun verlassen wir die Asphaltstraße und wandern links in Richtung Wagnerkreuz weiter, bis wir ein paar Häuser erreichen. Bei der Straßenkreuzung geht es nun nach rechts unten, und nach ca. 200 m wandern wir links über die Wiese; in der Ferne sehen wir die rot-weiß-roten Markierungen an den Bäumen. Der Abstieg führt über die Wiese am Rücken entlang, vorbei am **Bartl-Kreuz** 6, 840 m, bis wir auf die Straßenkreuzung mit dem **Wagnerkreuz** 7, 785 m, treffen.

Wir wandern geradeaus auf der Straße weiter, bei wenigen Häusern und einem Wildgehege vorbei, bis wir rechts am Waldrand die Abzweigung in Richtung Friedberg sehen. Der Weg führt leicht bergab bis zu einem Bauernhof, wo wir uns links halten und gleich darauf den **Erlebnisberg** 8, 654 m, mit Kinderspielplatz und Aussichtswarte, erreichen. Von hier ist es nur noch ein kurzes Stück am Wiesenrand bergab bis in das Stadtgebiet von **Friedberg** 1.

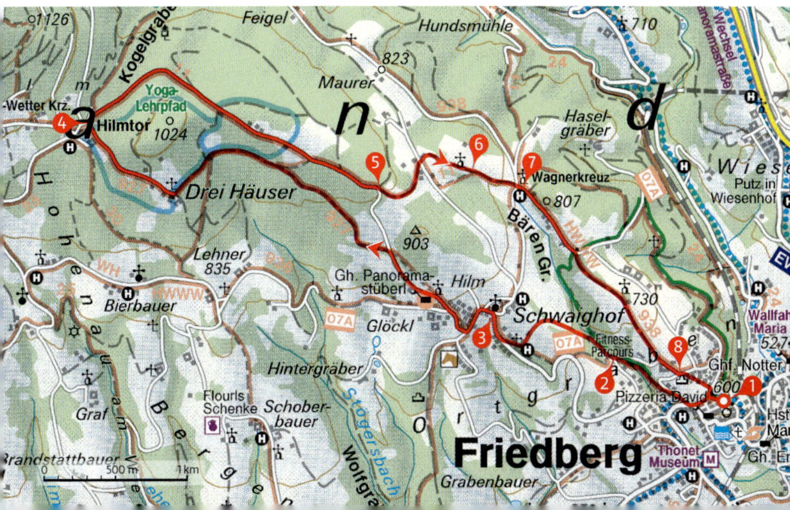

↗ 760 m | ↘ 760 m | 15.4 km

16 Glatzl Trahütten-Alm

5.30 h

Eine Wanderung wie damals – mit Luftgütegarantie

Mit St. Lorenzen am Wechsel ist man in einer traditionellen Sommerfrische-Region unterwegs. Die sonnige Lage, das milde Klima, zahlreiche Wanderwege, ein kleines Ortszentrum mit der wichtigsten Infrastruktur und einem frei zugänglichen Aerosolium (Freiluftinhalatorium) laden zum Verweilen ein. In dieser Meeresluftstation tropft Sole über Tannenreisig hinab und nimmt dabei aromatische Harze und ätherische Öle auf. Die Salztropfen fallen von Zweig zu Zweig und werden dabei geteilt und zerstäubt. Diese feinsten Aerosole gelangen durch das Einatmen bis in die Lungenbläschen und bewirken dadurch zahlreiche positive Effekte. Abgesehen davon spürt man bereits während der Wanderung die wohltuende Luft der Wälder auf einer Seehöhe von knapp 1300 Metern. Am Ziel, der Glatzl Trahütten-Alm, kommt noch die traumhafte Aussicht auf die Bergregionen Almenland und Joglland-Waldheimat als weiterer Wohlfühlaspekt hinzu. Der Name »Trahütte« hat seinen Ursprung möglicherweise in »Trag-Hütte«, was wiederum auf die Glaserzeugung in dieser Region zurückzuführen ist: Die Holzkohle musste über den Kohlweg bis zur Glashütte getragen werden. Wenn die Glatzl Trahütte geöffnet hat, braucht man heutzutage nicht einmal mehr die Jause auf den Berg tragen, da die Hütte zahlreiche Köstlichkeiten anbietet.

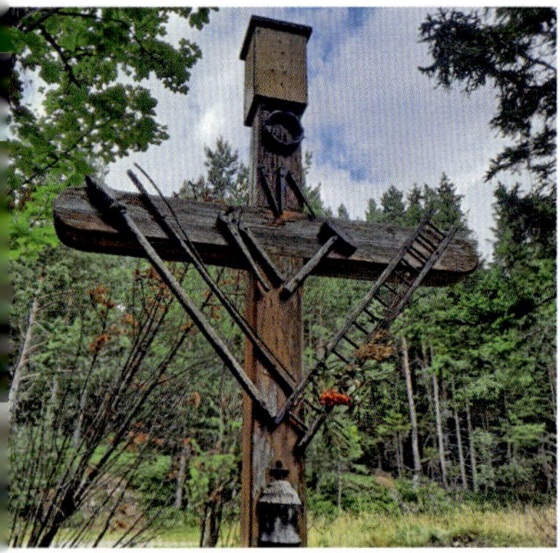

Ein Arma-Christi-Kreuz am Wegesrand.

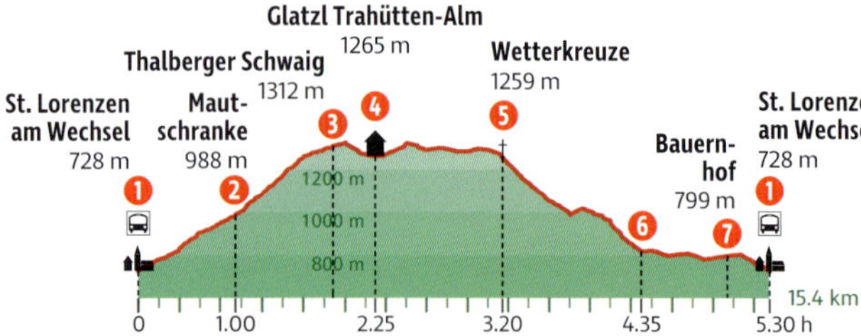

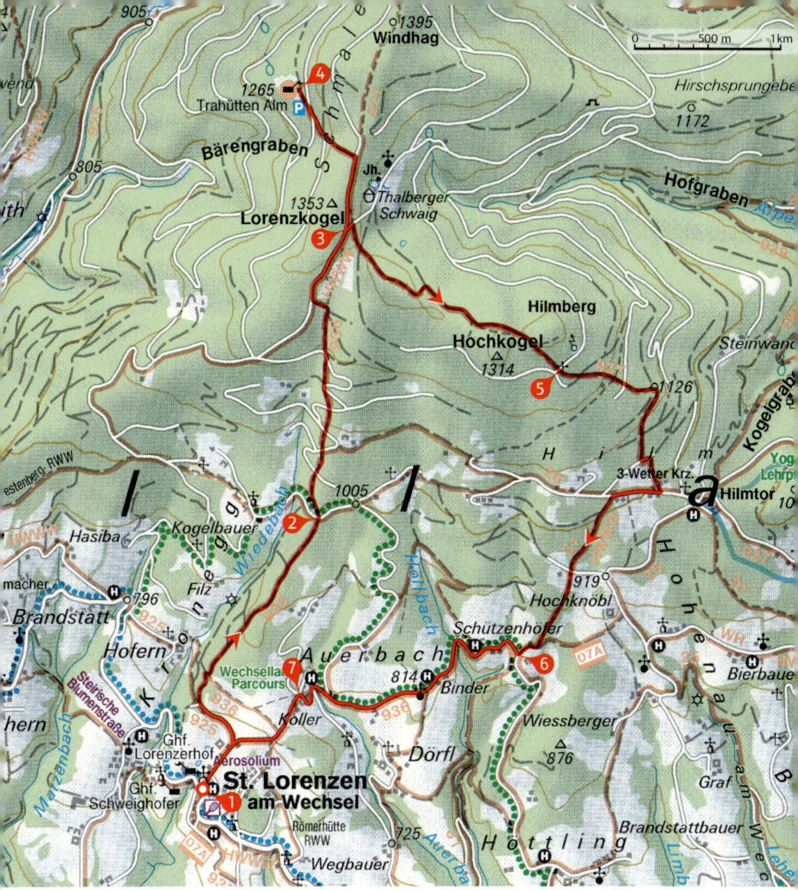

Ausgangspunkt: St. Lorenzen am Wechsel, 728 m, Parkmöglichkeiten im Ort bzw. beim Kulturhaus. Anfahrt: Auf der A 2 bis Abfahrt Pinggau, dann der B 54 Richtung Hartberg folgend nach Schlag bei Thalberg; weiter über Burgfeld nach St. Lorenzen am Wechsel.
ÖPNV: Zug/Bus bis Rohrbach-Vorau; weiter mit Bus bis St. Lorenzen am Wechsel.
Anforderungen: Die Wanderung verläuft hauptsächlich über Forstwege und Pfade. Zwischendurch ist genau auf die Markierung zu achten, da die Wegführung nicht eindeutig ist.
Einkehr: Lorenzerhof, Tel. +43 3331 2202, lorenzerhof.at. Unterwegs: Glatzl Trahütten-Alm, Tel. +43 680 2311263, urlaub-am-glatzl-bauernhof.at.
Tipp: Im Ortszentrum von St. Lorenzen befindet sich ein Freiluftinhalatorium, ein Aerosolium.

Vom Dorfplatz in **St. Lorenzen am Wechsel** ❶, 728 m, gehen wir an der Kirche vorbei, der Straße bergauf folgend, bis zum Sportplatz. Hier halten wir uns geradeaus und wandern in Richtung Vorauer Schwaig bzw. Glatzl Trahütten-Alm auf dem Weg 936. Nach kurzer Zeit zweigen wir rechts in den Wald ab und kommen zu einigen Stationen des »Wechselland-Parcours«. Der Wanderweg führt auf Pfaden und alten steingepflasterten Wegen kontinuierlich bergauf, bis wir auf eine Straße mit einer **Mautschranke** ❷, 988 m, treffen.

Weiter auf dem Wanderweg durch den Wald bleiben wir immer in Richtung Vorauer Schwaig bis zu einer Forststraße, der wir rechts folgen, wodurch wir in Kürze zu einer Wegkreuzung und dem Wegpunkt **Thalberger Schwaig** ❸, 1312 m, kommen. Von diesem Wegpunkt machen wir einen Abstecher zur Glatzl Trahütte. Es geht nun fast eben dahin, an einer überlangen hölzernen Rastbank vorbei, bis wir auf der linken Seite den Einstieg in den Weg zur Glatzl Trahütten-Alm sehen. Wir wandern bergab bis zur Zufahrtsstraße der Hütte und erreichen alsbald die **Glatzl Trahütten-Alm** ❹, 1265 m.

Nach einer gemütlichen Pause geht es zurück zum Wegpunkt **Thalberger Schwaig** ❸, wo wir dann links auf den Weg 927 in Richtung Friedberg ab-

Zeit nehmen, Aussicht genießen – eine Wanderung wie damals.

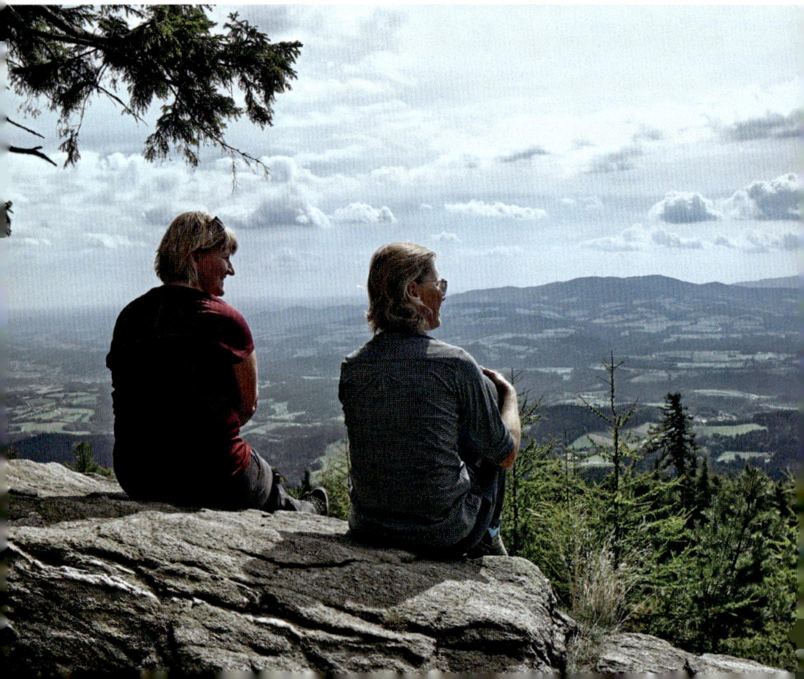

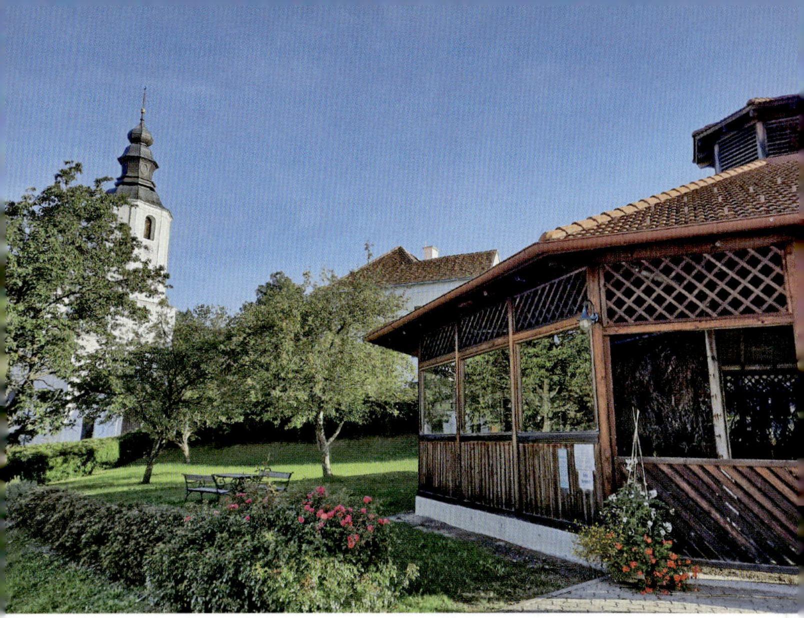

Im Zentrum von St. Lorenzen am Wechsel befindet sich das Aerosolium.

zweigen. Bei einer eingezäunten Fütterungsstelle geht rechts ein Steig weg, der zu einem wunderschönen Aussichtsplatz führt. Ein Abstecher, der sich lohnt! Weiter am Weg wandern wir gemütlich bergab, vorbei an den **Wetterkreuzen** 5, 1259 m, und ein paar Häusern, bis zu einer Asphaltstraße. Hier zweigen wir rechts ab und wandern leicht bergauf entlang der Asphaltstraße, bis wir auf der linken Seite eine Abzweigung in Richtung Burgfeld bzw. St. Lorenzen sehen. Bergab durch den Wald, bei einem Wegkreuz vorbei, ein kurzes Stück über eine Wiese, und dann findet man den neuerlichen Einstieg in den Wald. Weiter geht es bergab durch den Wald und rechts am Waldrand entlang, bis wir eine Asphaltstraße bzw. die **Kreuzung** 6, 821 m, SAM-Station HF 4810, erreichen. Wir folgen der Beschilderung in Richtung St. Lorenzen mit der Nr. 936 und 07A. Entlang der Asphaltstraße wandern wir an gepflegten Wiesenflächen vorbei und kommen nach dem Höllerhof zu einem Bildstock, wo sich eine Infotafel zur Steinzeit, Kupfersteinzeit und Bronzezeit im Wechselland befindet.
Weiterhin auf der Asphaltstraße geht es durch das besiedelte Gebiet von **Auerbach** hindurch, bis zum letzten **Bauernhof** 7, 799 m, dann links auf einer Schotterstraße weiter. Wir folgen dieser Straße und kommen direkt zum Sportplatz und schließlich ins Zentrum von **St. Lorenzen am Wechsel** 1.

↗ 560 m | ↘ 560 m | 16.7 km

17 Waldbach-Mönichwalder Almwanderung

5.00 h

Vom Lafnitztal auf »Unter der Alm«

Die zwei Orte Mönichwald und Waldbach liegen an der Lafnitz, jenem 114 km langen Fluss, der die Grenze zwischen der Steiermark und dem Burgenland bildet und in der Nähe der ungarischen Grenzstadt Szentgotthárd in die Raab mündet. In der Gemeinde Waldbach-Mönichwald ist man in einer klein strukturierten, abwechslungsreichen Kulturlandschaft unterwegs, die charakteristisch für die Region ist. Entlang des Talbodens wandert man an einem Amphibien-Teich und einem etwas in die Jahre gekommenen Fitnessparcours vorbei. Abwechslungsreich geht es im ständigen Auf und Ab durch Wälder, über Wiesen und an kleinen Siedlungen bis nach Waldbach. Der kilometerlange, gleichmäßige Aufstieg auf einer verkehrsarmen Asphaltstraße ermöglicht ein angenehmes und gleichmäßiges Gehtempo. Auf der Höhe von ca. 1000 m erreichen wir das Gebiet »Unter der Alm«, das mit einem wohltuenden Naturraum, schönen Ausblicken und einladenden Gaststätten punktet. Im Sommer ist der Sprung ins kühle Nass im Freizeitsee Mönichwald oder beim Bioschwimmbad Waldbach ein wahrer Genuss und ein schöner Abschluss für die Wanderung.

Gut markierte Wege sind die Freude eines jeden Wanderers.

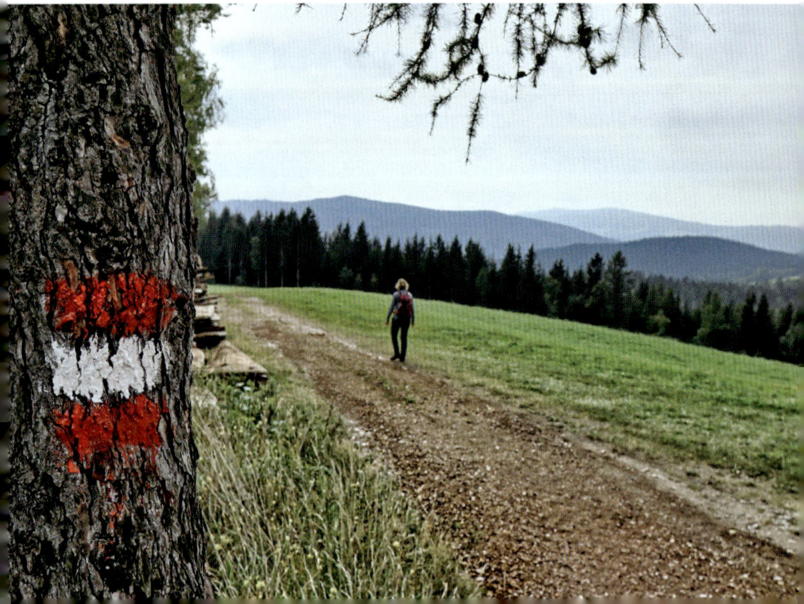

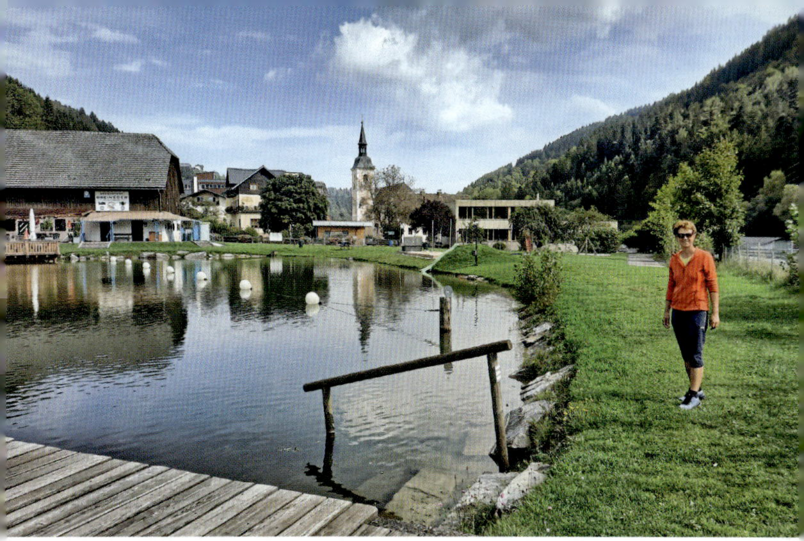

Nach der Wanderung ein schöner Abschluss – der Freizeitsee in Mönichwald.

Ausgangspunkt: Mönichwald, 574 m, Parkmöglichkeiten im Ort. Anfahrt: Von Wien auf der A 2 bis Abfahrt Pinggau, dann auf der B 54 Richtung Hartberg nach Rohrbach a. d. Lafnitz; weiter über Koglerau und Bruck nach Mönichwald. Von Graz auf der A 2 bis Abfahrt Hartberg, dann B 50 und B 54 über Grafendorf nach Rohrbach; weiter wie oben.
ÖPNV: Zug/Bus bis Rohrbach-Vorau; mit Bus bis Mönichwald.
Anforderungen: Ein guter Mix aus Straßen und Pfaden in einfachem Gelände. Beim Abstieg kurz vor Mönichwald zwischendurch steilere Abschnitte. Wegmarkierung vorhanden, jedoch zwischendurch wartungsbedürftig.
Einkehr: Seegasthof Breineder, Tel. +43 3336 4483, breineder.at; Gastwirtschaft Hold, Tel. +43 3336 4487, hold-gastwirtschaft.at; Gasthof zur Post Hold, Tel. +43 664 5175346, gasthofzurpostholdwaldbach.at; Mönichwalderhof, Tel. +43 3336 4481, moenichwalderhof.at. Unterwegs: Alpengasthof Spitzbauer, Tel. +43 3336 4477, spitzbauer.at; Hotel Schwengerer, Tel. +43 3336 4211, schwengerer.at.

In der Ortsmitte von **Mönichwald** ❶, 574 m, orientieren wir uns an der Wander-Übersichtstafel, bevor wir an der Kirche und am Friedhof vorbeigehen. Wir überqueren die Straße, halten uns rechts und wandern an der Florianihalle vorbei weiter flussaufwärts. Über die Holzbrücke und weiter auf der linken Uferseite, bis wir bei der nächsten Brücke (gesperrt) nach links abzweigen und leicht bergauf wandern. Wir folgen dem Waldweg, der als Laufstrecke gekennzeichnet ist und in eine Asphaltstraße mündet.
Leicht bergab bei ein paar Häusern vorbei sehen wir die gelben Wegweiser in Richtung Waldbach. Wir folgen der Asphaltstraße, bis auf der rechten Seite ein schön restauriertes Haus zu sehen ist, an dem zwei gelbe Wegwei-

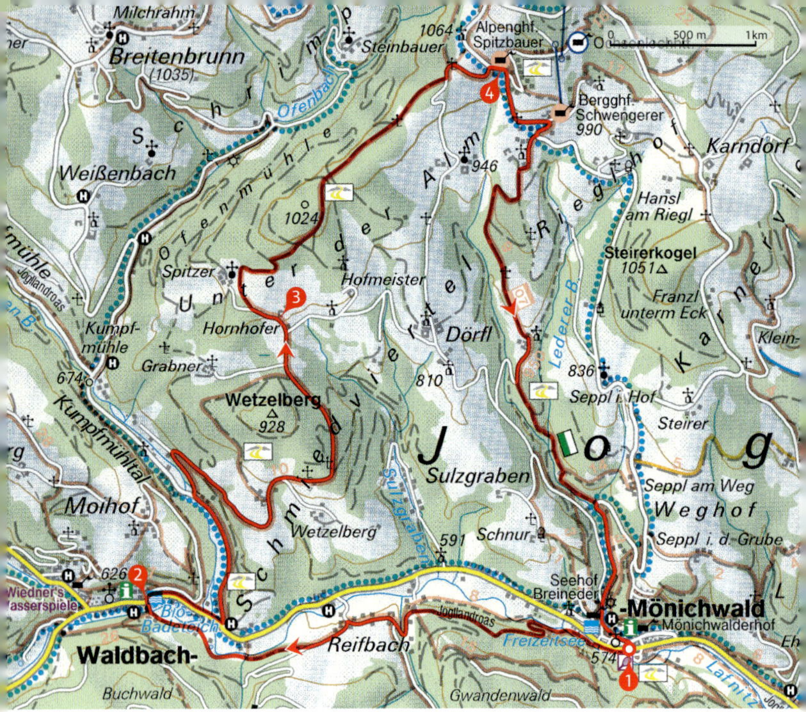

ser montiert sind. Hier gehen wir nun links durch den Bauernhof hindurch und auf der Schotterstraße weiter; kurz vor der Weide geht es ein kleines Stück bergab. Entlang des Waldrandes und weiter auf Forstwegen, bis wir über die Lafnitz überqueren und flussaufwärts dem beschilderten Fußweg nach Waldbach folgen.

In **Waldbach** ❷, 626 m, halten wir uns rechts und gehen entlang der Straße ca. 600 m, bis links die Straße in Richtung Hochwechsel/Breitenbrunn abzweigt. Wir folgen dieser Straße und halten uns bei der nächsten Kreuzung nach rechts bergauf. Der Weg führt nun ca. 4 km entlang der Asphaltstraße bis zum **Bauernhof Hornhofer** ❸, 910 m. Beim Hornhofer geht es nach links ein kurzes Stück leicht bergauf, bis rechts (auf gelbe Wegweiser achten) ein Feldweg abzweigt. Auf gut erkennbaren Wegen wandern wir weiterhin leicht bergauf und in der Folge durch den Wald auf Forststraßen bis zu einer Straßenkreuzung. Wir halten uns links bergauf und zweigen bei der nächsten Kreuzung rechts in Richtung Spitzbauer ab. Bereits nach kurzer Zeit gehen wir bei einem Bauernhof durch und erreichen unseren höchsten Punkt der Wanderung und den **Alpengasthof Spitzbauer** ❹, 1033 m.

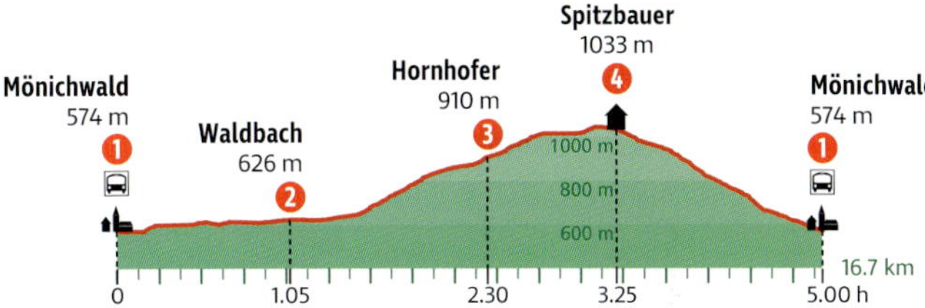

Ab nun sind wir auf dem gut markierten Wanderweg 07 unterwegs. Die Straße bergab, beim Hotel Schwengerer vorbei und weiter in eine als Sackgasse beschilderte Straße. Bei einem Bildstock zweigen wir links ab, gehen entlang von Feldwegen und wandern in der Folge bergab durch den Wald, beim Naturfreundehaus »Wimpassinger Haus« vorbei, bis zu einem Bauernhof. Weiter auf der Asphaltstraße bergab, bis links eine Abzweigung in Richtung Dreimühlenweg und Mönichwald zu sehen ist. Vorerst gemütlich und in der Folge etwas steiler bergab folgen wir den Markierungen bis zu einer Holzbrücke. Weiter bergab bei einem verfallenen Haus vorbei, geht es auf der linken Uferseite der Baches weiter, bis wir zu einer Asphaltstraße kommen. Diese bringt uns bis Zentrum von **Mönichwald** 1.

Das blumengeschmückte Ortsbild von Mönichwald.

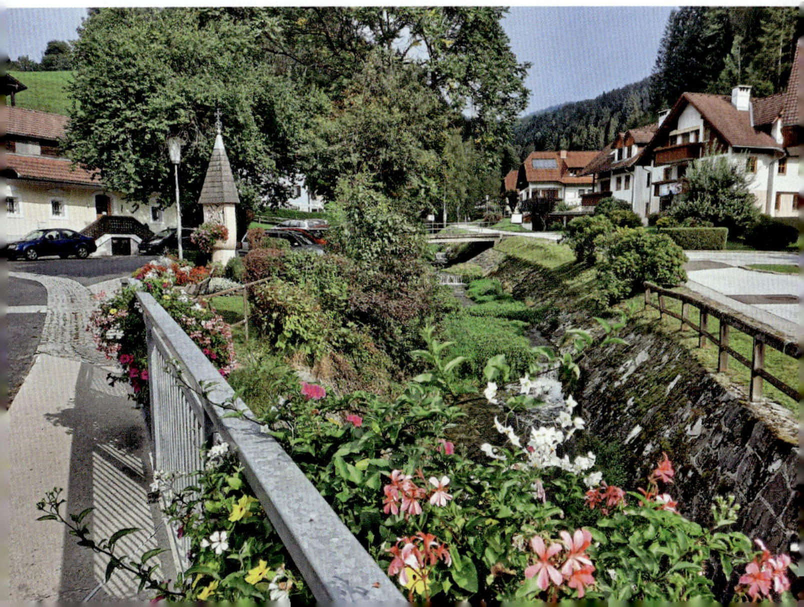

↗ 490 m | ↘ 490 m | 11.3 km

18 Arzberg-Rundwanderung

3.30 h

Von St. Jakob im Walde zum Romai-Wasserfall

»Kräftereich« ist der Name der Erlebnisausstellung in St. Jakob im Walde, die sich in der Nähe des Ausgangspunktes der Wanderung befindet. Das Kräftereich stellt auf 1600 m² ungeklärte Phänomene und wissenschaftliche Ansichten gegenüber und befasst sich mit verschiedenen Themen wie Wahrnehmung, Energie des Wassers, Inspiration durch die Natur und die Kraft der Erde und Gestirne. Als ein »Kräftereich« kann man auch die Wanderung von St. Jakob im Walde über die Romaischlucht auf den Gipfel des Arzberges verstehen, denn entlang des Weges sind zahlreiche Themen der Natur allgegenwärtig. Die weich geformte Landschaft mit schönen Aussichtsplätzen, der kleine Wasserfall Romai im Wald, die moosbedeckten Felsen und Wege, das Gipfelerlebnis auf 1111 m und der genussvolle Kaiserschmarrn auf der Arzberghütte geben reichlich Kraft.

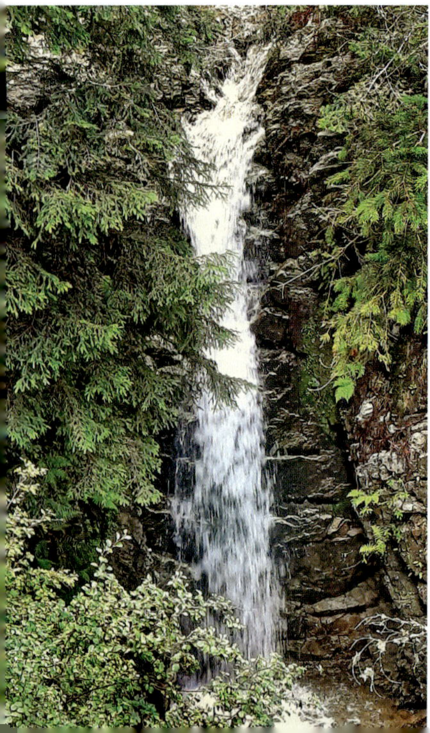

Ausgangspunkt: St. Jakob im Walde, 913 m, Parkmöglichkeiten im Ort. Anfahrt: Von Wien kommend auf der A 2 bis Abfahrt Pinggau, dann der B 54 Richtung Hartberg folgend nach Rohrbach a. d. Lafnitz; weiter über Bruck und Mönichwald nach St. Jakob im Walde. Von Graz kommend auf der A 2 bis Abfahrt Hartberg, dann der B 50 und B 54 folgend über Grafendorf nach Rohrbach; weiter wie oben.
ÖPNV: Zug/Bus bis Rohrbach-Vorau; mit Bus bis St. Jakob im Walde.
Anforderungen: Teilweise Asphaltstraßen, der Großteil der Wanderung verläuft auf Forststraßen und Pfaden. Der Weg ist gut markiert und beschildert, was die Orientierung leicht macht.
Einkehr: Landgasthof Pink, Tel. +43 3336 8206, landgasthof-pink.at. Unterwegs: Arzberghütte, Tel. +43 664 4546861, c.spandl@gmx.net.
Tipp: Kräftereich St. Jakob im Walde, Tel. +43 3336 20257, kraeftereich.at.

Der Romai-Wasserfall in unmittelbarer Nähe des Rast- und Erholungsplatzes.

Wir starten in der Nähe der Kirche von **St. Jakob im Walde** ❶, 913 m, beim Landgasthof Pink. Auf der gegenüberliegenden Straßenseite sind zahlreiche Wegweiser zu sehen. Wir folgen den Wegweisern mit der Aufschrift »Romai-Wasserfall« (914/R) durch den Ort. Es geht leicht bergab und nach wenigen Metern nach links, oberhalb des Minigolfplatzes vorbei.

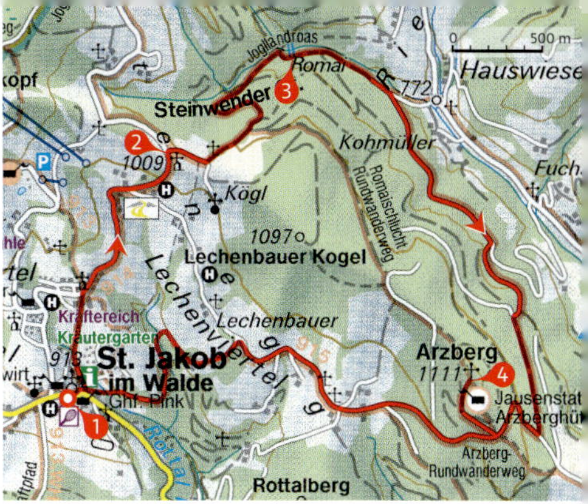

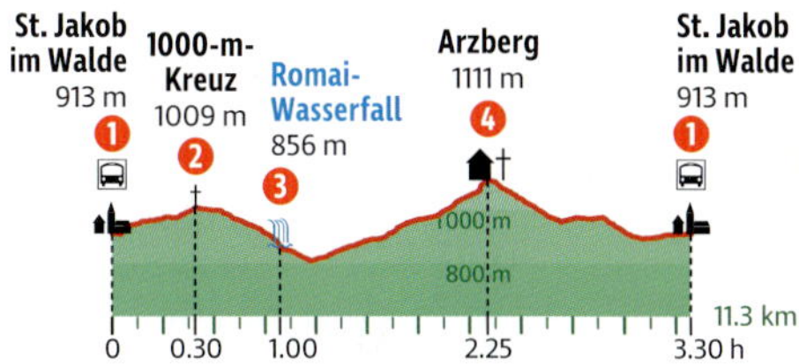

Gleich verlassen wir die Asphaltstraße, um einem Wiesenweg zu folgen (Hinweistafel »Kraftgolf« am Einstieg). Am Wiesenrand geht es gemütlich bergauf bis zur Straße, in die wir rechts einbiegen, um in der Folge den aussichtsreichen Rastplatz mit dem Bildstock **»1000-m-Kreuz«** ❷, 1009 m, zu erreichen. Bei der nächsten Abzweigung halten wir uns rechts und gehen die Birkenallee weiter. Wir wandern auf Forststraßen und Pfaden kontinuierlich bergab zum **Rastplatz** beim **Romai-Wasserfall** ❸, 856 m, mit schönem Blick auf den kleinen Wasserfall. Von dort gehen wir wenige Meter zurück, um dann links den Weg, am Klementi-Kreuz vorbei, bergauf zu wandern. Die rot-weiß-rote Markierung mit einem »R« in der Mitte und die grünen Hinweisschilder »Arzberghütte« dienen zur Orientierung. Gleich haben wir einen schönen Blick zurück auf den Wasserfall. Es geht gemütlich entlang von Forstwegen bergauf, bis rechts eine Straße zur Arzberghütte abzweigt. Nur wenige Meter danach sehen wir rechts den Einstieg in den Wanderweg, der direkt zur Arzberghütte führt. Von der Hütte, die auf 1102 m liegt, bringt uns ein kurzer Abstecher auf den **Arzberg** ❹, 1111 m, mit Gipfelkreuz und schöner Aussicht.

Der Abstieg führt vorerst über die Hütten-Zufahrtsstraße bzw. entlang des Arzberger Rundwanderweges, der mit einem sehr originellen Wegweiser beschildert ist, einem Holzschuh mit einer gelben Sohle. Wir wandern bergab durch den Wald entlang von Schotter- und Asphaltstraßen und Pfaden, wobei wir zwischendurch immer wieder einen schönen Blick auf die kleine Ortschaft St. Jakob im Walde haben. Zum Schluss noch durch das besiedelte Gebiet, dann erreichen wir unseren **Ausgangspunkt** ❶.

↗ 360 m | ↘ 360 m | 10.5 km

19 Strallegg-Rundwanderung

3.00 h

Kraft schöpfen für das alltägliche Leben

Wenn man als Wanderer das erste Mal in das Blumen- und Kraftspendedorf Strallegg kommt, ist man von der guten Wanderinfrastruktur überrascht. Im Ortszentrum auf 849 m Seehöhe findet man eine Übersichtstafel der Wege, wobei der Großteil der Touren direkt von hier aus startet; zahlreiche gelbe Wegweiser erleichtern die Orientierung. Mit diesem Wandertipp tangieren wir drei Wege, somit bekommt man einen guten Einblick in die Wanderregion und hat zudem die Möglichkeit, sich bei der Jausenstation Posch oder dem im Jahr 2020 neu renovierten Hotel Restaurant Almblick kulinarisch verwöhnen zu lassen. Die Bezeichnung »Kraftspendedorf« passt auf die ca. 2000 Einwohner zählende Gemeinde Strallegg auf jeden Fall, da die Schwerpunkte für dieses Gütesiegel im Wesentlichen aus folgenden Teilen bestehen: Bewegung in der Natur, regionale Küche mit saisonalen Produkten, beste Luftqualität und Natur pur.

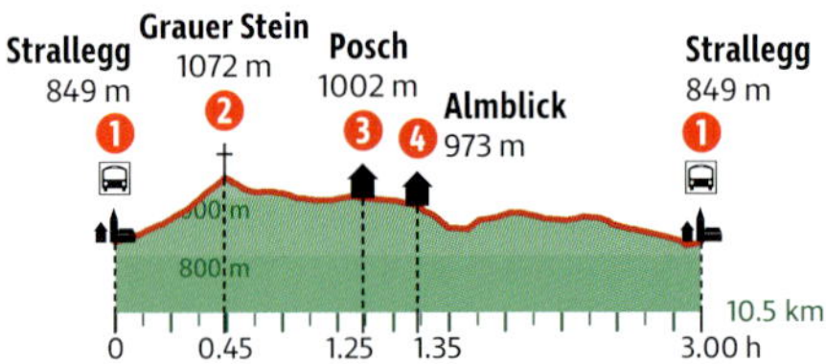

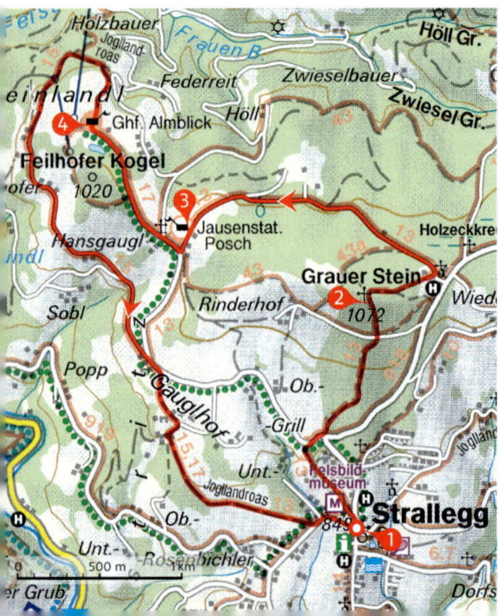

Ausgangspunkt: Strallegg, 849 m, Parkmöglichkeiten im Ort. Anfahrt: Auf der S 6 bis Abfahrt Langenwang, dann auf der B 72 über Alpl nach Gießhübl; weiter nach Strallegg. Auf der A 2 bis Gleisdorf West; dann auf der B 64 Richtung Weiz; weiter auf der B 72 über Nöstl nach Feistritz; von dort nach Strallegg.
ÖPNV: Zug/Bus bis Weiz; mit Bus bis Strallegg.
Anforderungen: Die Tour ist eine Kombination aus drei örtlichen Wanderwegen (13, 15 und 17); sehr gute Markierungen und Beschilderungen. Nebenstraßen, Waldwege und gut erkennbare Steige, bis auf wenige Stellen eindeutig.
Einkehr: Gasthof Mosbacher, Tel. +43 3174 2212, gasthof-mosbacher.at; Dorfcafé Strallegg, Tel. +43 3174 2206. Unterwegs: Jausenstation Posch, Tel. +43 3174 2282, jausenstation.posch@aon.at; Hotel Restaurant Almblick, Tel. +43 3174 2223, almblick.at.

In **Strallegg** ❶, 849 m, orientieren wir uns an der Übersichtstafel und folgen Weg 13 (Grauer-Stein-Weg), der beim Gasthof Mosbacher vorbei leicht bergauf führt. Nach kurzer Zeit zweigen wir links in eine Seitenstraße ab und wandern durch das besiedelte Gebiet, bis wir bei einem Bauernhof rechts am Waldrand weitergehen. Bei der Asphaltstraße geht es nach rechts und bei der nächsten Kreuzung verlassen wir die Straße, um links bergauf durch den Wald weiterzuwandern. Der Weg ist gut markiert, wir orientieren uns immer am Weg 13 bis zum Gipfel **Grauer Stein** ❷, 1072 m, wo sich auch eine Infotafel zur Sage um den Grauen Stein befindet.

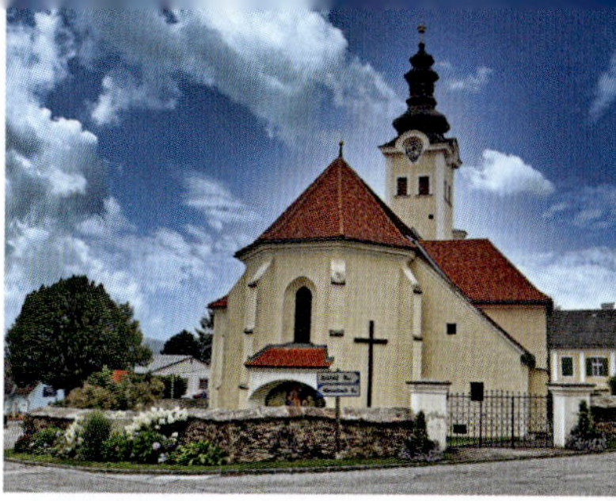

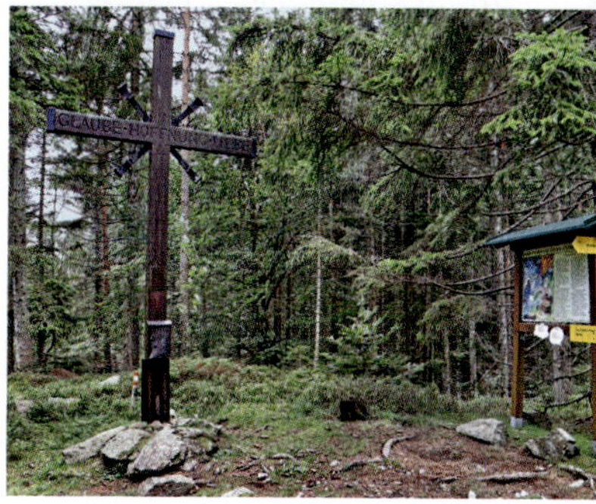

Foto oben: Die Kirche im Blumen- und Kraftspendedorf Strallegg.
Unten: Mitten im Wald steht das Gipfelkreuz des Grauen Steins.

Nun geht es dem Weg 13 folgend wieder bergab, zuerst durch den Wald, dann links weiter entlang des Waldrandes. Leicht bergab über eine Wiese bis zu einer Kreuzung, wo wir die gelben Wegweiser in Richtung Jausenstation Posch sehen. Wir wandern entlang einer Forststraße fast eben dahin, wobei hier auch der Radweg »Der große Jogl« verläuft. Beim Posch-Bründl (Trinkwasser) vorbei kommen wir alsbald aus dem Wald heraus und wandern entlang von Wiesenflächen bis zur **Jausenstation Posch** ❸, 1002 m. Bei der Kreuzung halten wir uns nun rechts entlang der Asphaltstraße weiter auf dem Weg Nr. 17, bis wir die Skiliftanlage Strallegg und das **Hotel Restaurant Almblick** ❹, 973 m, erreichen. Gleich nach dem Hotel geht es links über die Wiese bzw. Skipiste bergab. An der Schneidi-Hütte vorbei kommen wir im Wald zur Kreuzung der Wanderwege 17 und 15. Hier geht es nach links bergauf Richtung Strallegg Dorf. Nach einigen Höhenmetern wandern wir auf einer Schotterstraße rechts weiter, mit schönem Blick nach Birkfeld und zu den umliegenden Almflächen. Der Weg führt an einigen Häusern bzw. Bauernhöfen vorbei, wobei immer wieder die gelbe Wegmarkierung mit der Zahl 15 zu sehen ist. Wir wandern eine Asphaltstraße gemütlich bergauf bis zu einer neuerlichen Kreuzung der Wege 17 und 15. Hier rechts bergab und in der Folge über Wiesen- und Waldwege und an Ackerflächen vorbei bis nach **Strallegg** ❶.

↗ 400 m | ↘ 540 m | 15.9 km

20 Barbara-Sicharter-Weg

4.30 h

Auf Pilgerspuren von Wenigzell nach Vorau

Die Pilgerroute auf den Spuren von Barbara Sicharter ist eine wunderbare Möglichkeit, zwei sehenswerte Orte im Joglland miteinander zu verbinden und dabei auch noch Wissenswertes über die Ordensgründerin zu erfahren. Barbara Sicharter wurde als drittes von sieben Kindern einer Bauernfamilie am 4. Dezember 1829 auf dem Kroneggerhof geboren, der inzwischen neu errichtet wurde und nicht mehr im Familienbesitz ist. Im Alter von 32 Jahren erkrankte sie schwer und war mehrere Monate ans Bett gefesselt. In dieser Zeit erwachte in ihr die Sehnsucht zu Gott und einem Leben mit Gleichgesinnten, was dazu führte, dass Barbara mit einer Freundin nach Vorau ging. Als Freund und geistlicher Begleiter stand ihr der Kaplan von Wenigzell, Karl Engelhofer, zur Seite. Eine Gemeinschaft von mehreren Frauen – die Marienschwestern – entstand, die sich unter anderem die Spitals- und Hauskrankenpflege in Vorau zur Aufgabe gemacht hat. Ab dem Jahr 1897 bildeten die Schwestern einen staatlich anerkannten Verein und trugen eine einheitliche Tracht. Im Alter von 76 Jahren starb die Gründerin der Vorauer Marienschwestern an einer Lungenentzündung. Noch heute ist das Leben der Schwestern geprägt von Gebet und Arbeit, besonders in der Krankenpflege und in der Hilfestellung für Arme.

Im leichten Auf und Ab lernt man durch den Barbara-Sicharter-Weg das Umland von Wenigzell und Vorau kennen.

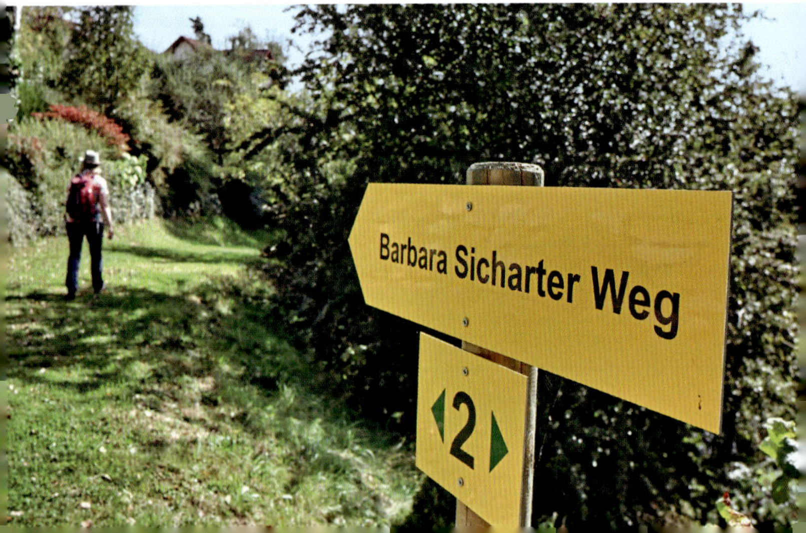

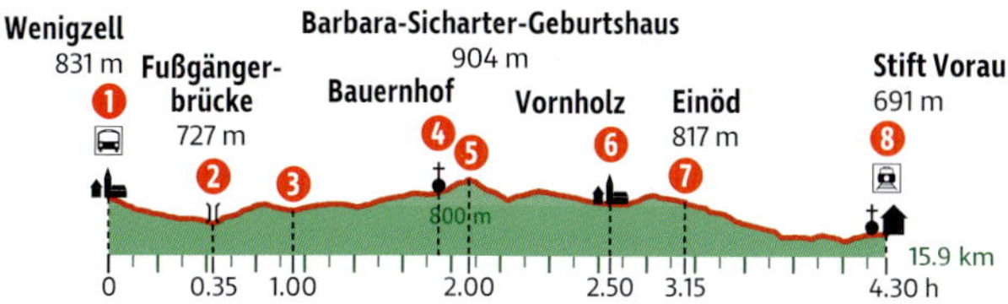

Ausgangspunkt: Wenigzell, 831 m, Parkmöglichkeiten im Ort. Anfahrt: Von Wien kommend auf der A 2 bis Abfahrt Pinggau, dann der B 54 Richtung Hartberg folgend bis Rohrbach a. d. Lafnitz; weiter über Mönichwald und Waldbach nach Wenigzell. Von Graz auf der A 2 bis Abfahrt Gleisdorf West, dann der B 54 Richtung Hartberg folgend nach Kaindorf bei Hartberg; weiter über Dienersdorf und Pöllau bei Hartberg nach Wenigzell. Auf der S 6 bis Abfahrt Mitterdorf, dann der B 72 folgend über Krieglach nach Ratten und Wenigzell.
Endpunkt: Stift Vorau, 691 m.
ÖPNV: Zug/Bus bis Rohrbach-Vorau; mit Bus bis Wenigzell.
Anforderungen: Grundsätzlich gut markiert und beschildert, wobei an ein paar Schlüsselstellen die Orientierung schwierig ist. Die Wegführung wechselt ständig zwischen Asphaltstraßen, Forst- und Wiesenwegen bis hin zu Pfaden ab.
Einkehr: Wenigzell: Joglland Hotel, Tel. +43 3336 2206, jogllandhotel.at; Hotel Fast, Tel. +43 3336 2202, hotelfast.at; Gasthof Buchtelbar, Tel. +43 3336 2223, buchtelbar.at. Unterwegs: Mostschank Seppl auf der Eben, Tel. +43 3336 2260; Gasthaus Reithofer, Tel. +43 3336 2570. Vorau: Hotel Restaurant Kutscherwirt, Tel. +43 3337 2211, kutscherwirt.at; Vorauerhof Schützenhöfer, Tel. +43 3337 2329, vorauerhof.at; Kirchenwirt Weghofer, Tel. +43 3337 2205, dorfwirt.at.
Variante: Kürzere Version des Sicharter-Weges (insg. 11 km, 3.15 Std. Gehzeit.)
Tipps: Drei mögliche Routen mit insgesamt 30 Stationen beim Barfußpark Wenigzell. Stift Vorau, Tel. +43 3337 2351, stift-vorau.at.

Wir starten bei der **Kirche** in **Wenigzell** ❶, 831 m, und orientieren uns an den gelben Wegweisern mit der Aufschrift »Barbara Sicharter Weg«. Durch die Ortschaft bergab, dann queren wir eine Straße und verlassen das besiedelte Gebiet. Vorbei an der Infotafel »Die Frau am Jakobsbrunnen« geht es über gepflegte Wiesenflächen bis zum Abfallsammelzentrum. Weiter über Wiesen- und Waldrandwege und an der Infotafel »Ich bin der Weinstock« vorbei wandern wir leicht bergab bis zum Bach. Über die **Fußgängerbrücke** ❷, 727 m, und anschließend durch den Wald in Serpentinen bergauf, bis wir zu einer großen Wiesenfläche kommen.
Es geht am Waldrand entlang, bis wir alsbald eine Asphaltstraße erreichen und rechts weitergehen. Vorbei an der SAM-Station HF 5212 leicht bergab, bis wir links die Abzweigung sehen. Wir verlassen die Asphaltstraße, passieren ein Betriebsgelände (Tischlerei) und einige Häuser und kommen nach kurzer Zeit zur **Abzweigung** ❸ zum Barbara-Sicharter-Geburtshaus, 780 m. Hier könnte der Weg deutlich abgekürzt werden, indem man die Hauptroute des Barbara-Sicharter-Weges nach Vorau nimmt.

Unser Weg führt hingegen rechts in den Wald und in der Folge bei der Infotafel »Ordensauftrag« und einem Marterl vorbei. Wir bleiben im Wald und wandern auf Forststraßen gemütlich dahin bis zu einer Asphaltstraße. Nun nach rechts immer der Straße folgend leicht bergauf bis zur nächsten Kreuzung (Postkasten mit der Aufschrift »Sichart 50«). Wir gehen nach links, bleiben auf der Straße und sehen bei der nächsten Kreuzung die Infotafel »Berufung«. Die Asphaltstraße führt uns direkt zu einem Bauernhof mit **Kapelle** ❹, 850 m, und der Tafel »Bekehrung«. Über die Weide gehen wir zum Bacherl, dem wir auf der linken Seite bergauf folgen, bis zum Einstieg in den Wald. Nach dem Waldstück erreichen wir das **Barbara-Sicharter-Geburtshaus** ❺, 904 m, den Kroneggerhof. Gleich nach dem Haus befindet sich die SAM-Station HF 5215.

Wir folgen der Asphaltstraße bergab bis zum Talboden und sehen auf der rechten Seite den gelben Wegweiser. Entlang der linken Bachseite, dann leicht bergauf bis zu einer Asphaltstraße. Ab hier weist die Beschilderung

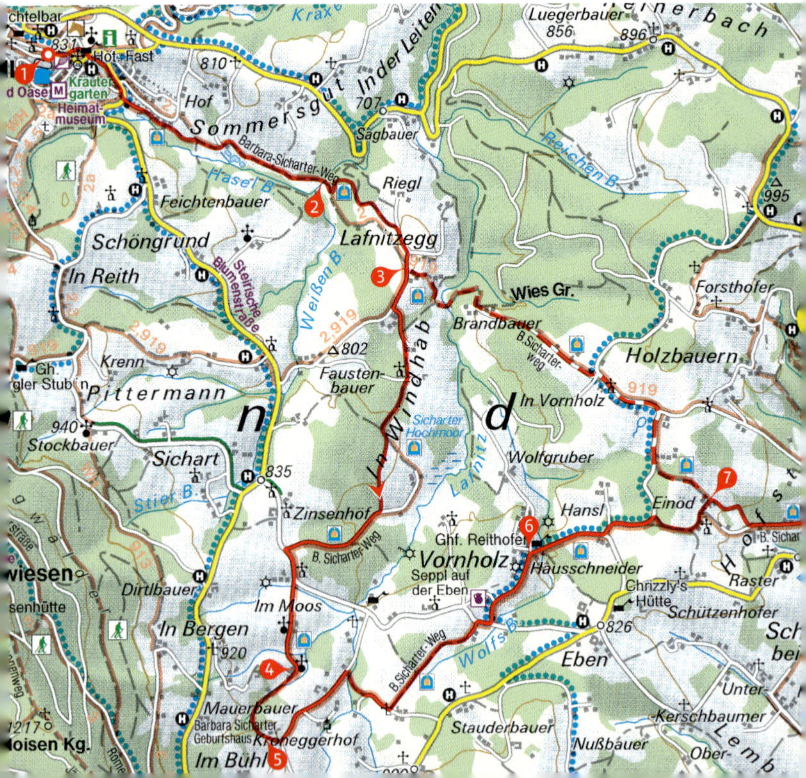

des Barbara-Sicharter-Weges in Richtung Wenigzell, was etwas verwirrend ist. Wir gehen entlang der Straße und sehen an der nächsten Kreuzung die Infotafel »Marienkrankenhaus – Gründung«. Weiter über Wiesenflächen entlang eines Feldweges, bis wir wieder eine Asphaltstraße erreichen. Nun nach rechts und bei der nächsten Kreuzung links, dann kommen wir gleich beim Mostbauer »Seppl auf der Eben« vorbei. Alsbald erreichen wir den Ortsbeginn von **Vornholz** 6, 808 m, und zweigen beim Gasthaus Reithofer rechts ab. Bei der nächsten Kreuzung gehen wir links und folgen der Straße, bis rechts die Abzweigung in den Wald zu sehen ist. Im Wald kommen wir zur Infotafel »Modernes Krankenhaus« und haben gleich darauf einen wunderschönen Blick in Richtung Vorau.

Nun geht es leicht bergab, über Wiesenflächen, bis wir zu ein paar Häusern und zum Kreuzungspunkt **Einöd** 7, 817 m (Hauptweg und Abkürzung Barbara-Sicharter-Weg), kommen. An dieser Stelle ist die Markierung etwas irreführend; wir gehen hier direkt beim Haus vorbei und in der Folge entlang der Wiesenflächen bzw. am Waldrand. Hier kommen wir noch bei der Infotafel »Salz« vorbei. Bei der Asphaltstraße geht es nach links, an der Infotafel »Ruheplatz« vorbei, immer leicht bergab. Bei der Kreuzung halten wir uns rechts, bis zu einer Kreuzung mit einem Marterl.

Hier zweigen wir links ab, gehen direkt an einem Haus vorbei und kommen auf einen Feldweg. Weiter bei einem Bacherl vorbei bis zur Asphaltstraße. Nun nach links, wo wir am Bauernladen und der Tankstelle vorbeikommen. Gleich nach der Tankstelle verläuft der Wanderweg nach rechts entlang eines asphaltierten Privatweges. Das letzte Stück führt uns bei einigen Häusern, dem Sportplatz und dem Freilichtmuseum Vorau vorbei, bis wir entlang der Allee das **Stift Vorau** 8, 691 m, erreichen.

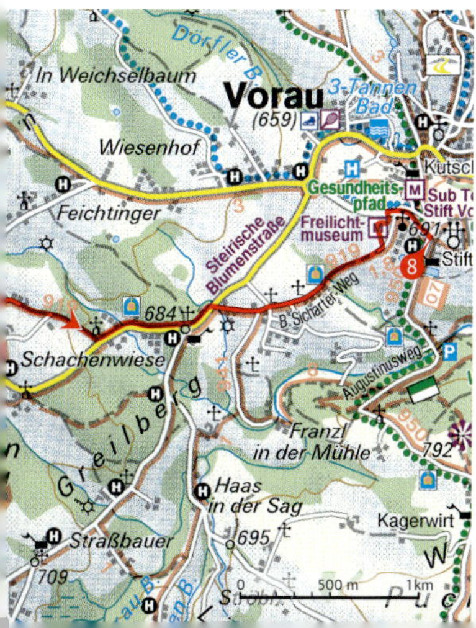

Das Ziel der Wanderung, das Augustiner-Chorherrenstift Vorau.

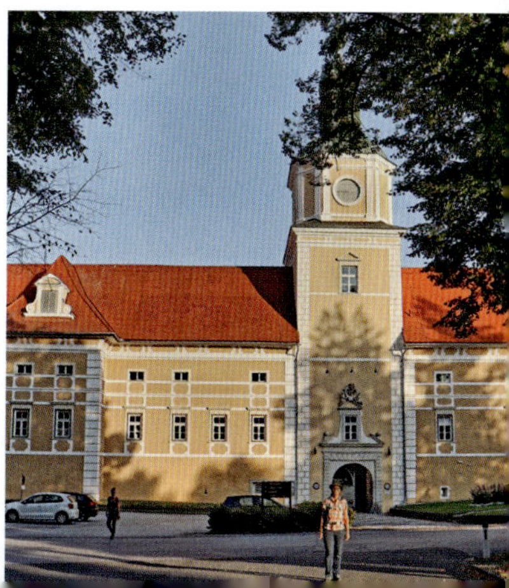

TOP

↗ 500 m | ↘ 500 m | 11.6 km

21 Wildwiesenwarte, 1254 m

3.30 h

Eine Rundwanderung von Miesenbach zur Wildwiese

Der malerische kleine Ort Miesenbach überrascht mit zahlreichen Wander- und Themenwegen in einer waldreichen Umgebung. Für Groß und Klein wird hier etwas geboten, angefangen vom Wasserweg, dem Klammweg von Miesenbach nach Birkfeld bis zu den Rundwanderwegen mit dem Ziel des Zeiselecks. Entlang der Wanderung auf die Wildwiesenwarte kommt man auch bei einigen Stationen des Kultwanderweges vorbei, der mit insgesamt 24 Standorten Auskunft über sagenumwobene Kultsteine, heidnisch-keltisches Brauchtum und die Besiedlungsgeschichte gibt. Der Ausflug zur Wildwiese mit der Aussichtswarte zählt sicher zu den Highlights der Region. Über 147 Stufen gelangt man auf die Aussichtsplattform der Warte und kann den traumhaften Rundumblick auf die Landschaft des Jogllandes genießen, wobei die Panoramatafeln die Orientierung erleichtern. Auf der Wildwiese sollte man sich Zeit lassen, da hier gemütliche Rastplätze, die kleine Kapelle mit der Geschichte vom Heiligen Waldhauser und vor allem die hervorragende Küche der Wildwiesenhütte zu einer Pause einladen.

Entlang des Jägersteiges in Richtung Floisenkogel.

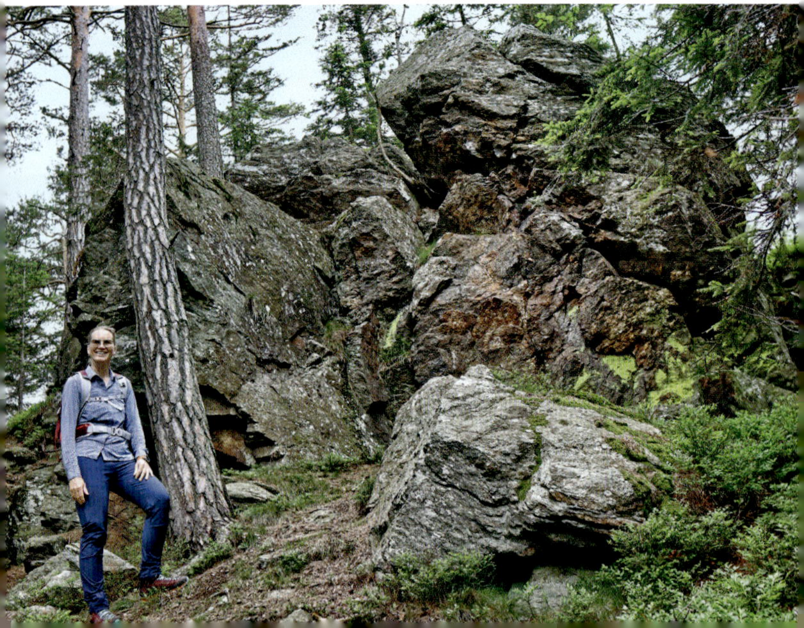

Ausgangspunkt: Miesenbach, 827 m, Parkmöglichkeiten im Ort. Anfahrt: Von Wien kommend auf der A 2 bis Abfahrt Pinggau, dann der B 54 Richtung Hartberg folgend bis Rohrbach a. d. Lafnitz; weiter über Riegersberg und Vorau nach Miesenbach. Von Graz kommend auf der A 2 bis Abfahrt Gleisdorf West; dann der B 64 folgend Richtung Weiz; weiter auf der B 72 über Nöstl und Birkfeld nach Miesenbach.
ÖPNV: Zug/Bus bis Weiz oder Hartberg; mit Bus bis Miesenbach.
Anforderungen: Die Wanderung verläuft über gleichmäßige Auf- und Abstiege entlang von Straßen, Waldwegen und gut erkennbaren Pfaden, wobei hier mehrere Wegnummern, Markierungsarten und Wegweiser vorhanden sind.
Einkehr: Florianihof, Tel. +43 3174 8227, florianihof.com. Unterwegs: Gasthof Wildwiesenhof, Tel. +43 3174 8222, wildwiesenhof.at.
Tipp: Ein kurzer Wanderweg zum Genießen und Entdecken für die ganze Familie ist der 3,6 km lange Wasserweg in Miesenbach.

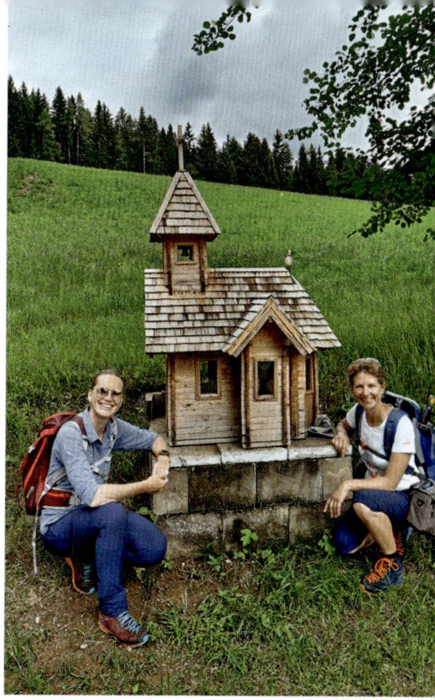
Ein nettes Fotomotiv am Weg.

Zum Auftakt unserer Tour direkt im **Zentrum** von **Miesenbach** ❶, 827 m, orientieren wir uns bei der Übersichtstafel in der Nähe der Kirche und folgen dem Wegweiser in Richtung Kreuzwirt (Weg 6). Am Gasthof Wetzelberger vorbei wandern wir auf Asphaltstraßen bis zu einer Schotterstraße, auf der wir leicht bergauf weitergehen. Bei der Landesstraße halten wir uns rechts und sehen nach wenigen Metern links eine Seitenstraße, der wir leicht bergauf folgen. Gleich finden wir links den Einstieg in den Wanderweg. Es geht am Waldrand entlang und in der Folge durch den Wald, bis wir wieder zu einer Asphaltstraße kommen, um dieser rechts zu folgen.
Nach einem **Lindenbaum** ❷, 898 m, mit Brunnen und Rastmöglichkeit sehen wir links den Wanderweg abzweigen. Immer leicht bergauf geht es über Wiesen- und Waldflächen, vorbei an einem Wegkreuz, bis wir bei einer Straßenkreuzung zum Modell einer Holzkirche kommen. Wir halten uns rechts, folgen der Asphaltstraße bis zum Einstieg links (nahe Kreuzwirt) in den Weg Nr. 9 Richtung Wildwiese Aussichtswarte. Vorerst am Waldrand entlang und weiter durch den Wald wandern wir immer entlang des breiten Hauptweges bis zum Wetterkreuz am **Floisenkogel** ❸, 1217 m.
Weiter geht es leicht bergab bis zu Wegweisern »Wildwiese Aussichtswarte«. Wir kommen an einigen Stationen des Kultwanderweges vorbei

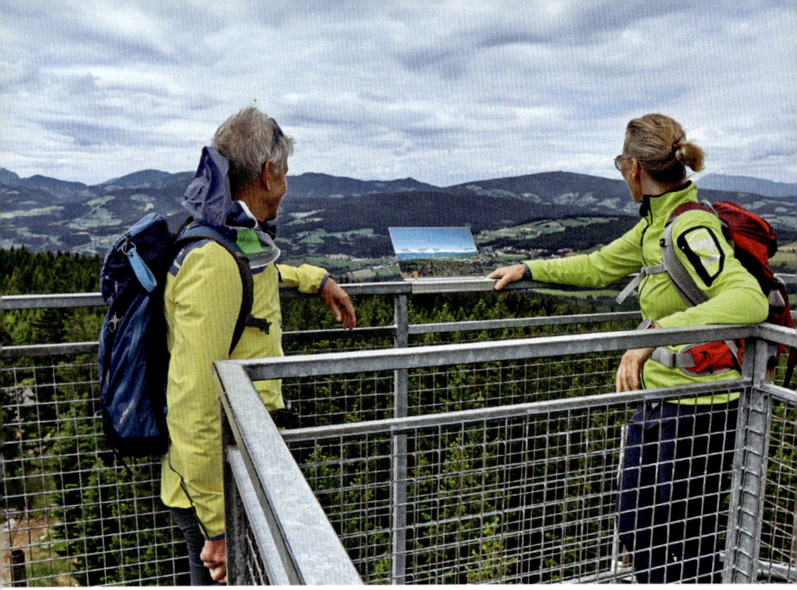

und erreichen alsbald die **Wildwiesenwarte** ❹, 1254 m, mit der Wildwiesenhütte und der Waldhauser Kapelle.

Der Abstieg führt mit Weg 9 gemütlich über Wanderwege und Forststraßen bis zum **Wildwiesenhof** ❺, 1073 m. Die nächsten 1,1 km folgen wir der Asphaltstraße in Richtung Miesenbach bergab, am Leitenbauerhof vorbei, bis wir in einer Rechtskurve einen gelben Wegweiser sehen. Hier gehen wir links in die Seitenstraße. Es geht auf Schotterstraßen und Wanderwegen durch den Wald, bei einem Wegkreuz vorbei, wobei wir uns jetzt an die Wegmarkierung 1 halten. Bei einem Gehöft vorbei kommen wir zu einer Asphaltstraße, halten uns rechts und sehen gleich den Einstieg in den Wald. Noch ein Stück durch den Wald, und wir erreichen wieder die Aufstiegsroute und folgen dieser bis nach **Miesenbach** ❶.

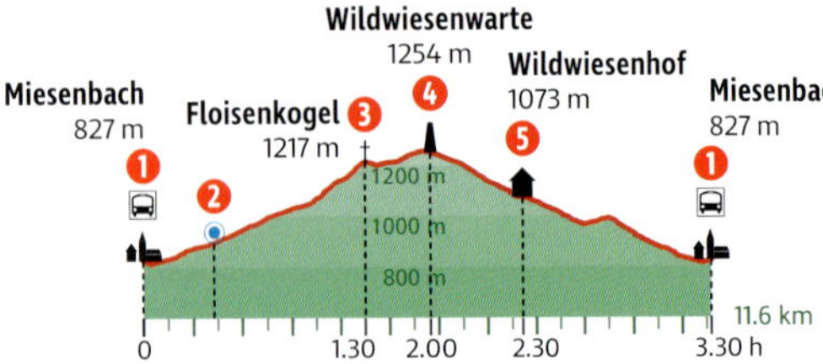

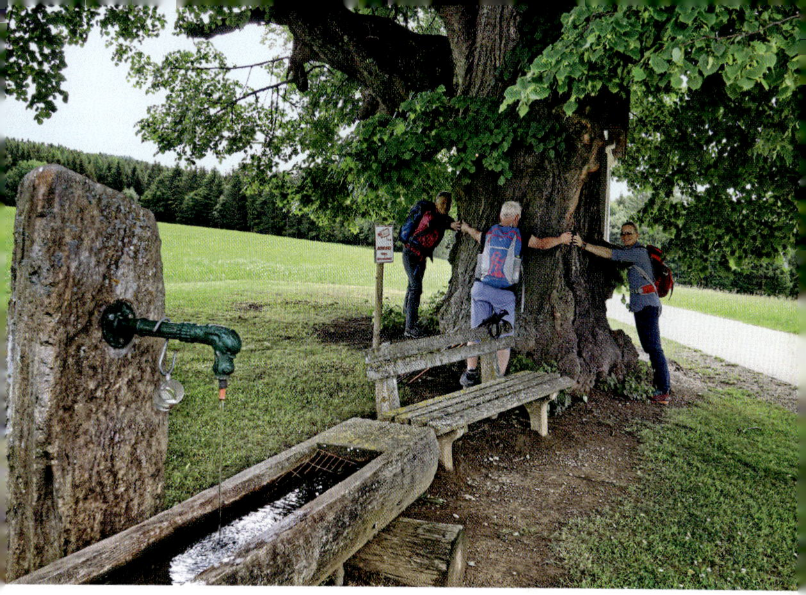

Foto oben: Ein Eichenbaum mit einem gewaltigen Umfang.
Links: Schöner Ausblick in luftiger Höhe von der Wildwiesenwarte.

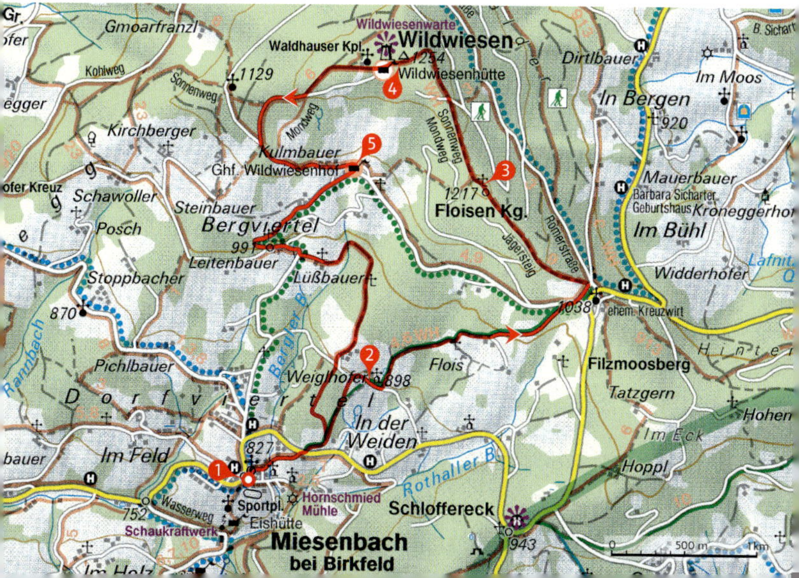

↗ 650 m | ↘ 650 m | 15.4 km

22 Birkfeld-Rundwanderung

4.30 h

Entlang einsamer Wege auf das Zeiseleck

Birkfeld verbindet die beiden Regionen Joglland-Waldheimat und Almenland und liegt im oberen Feistritztal. Die exponierte Lage des Ortes wurde bereits von Peter Rosegger (1843–1918) beschrieben: »Und draußen in der Niederung, auf einem grünen Bühel, liegt das stattliche Birkfeld.« Bekannt ist Birkfeld aus unterschiedlichen Gründen: angefangen von der Ausstellung »Klangtunnel« im geschichtsträchtigen Schloss Birkenstein, dem Edlseer-Hoamat-Haus und dem Edlseer Hoamatweg über die internationale Musikveranstaltung Intermusika bis hin zum Haubenlokal Gallbrunner und als süßes Highlight noch die Schokoladenmanufaktur Felber. Durch die Wanderung auf das im Wald befindliche Zeiseleck lernt man den Osten der Gemeinde Birkfeld kennen, eine schöne Landschaft mit gepflegten Kulturflächen und aussichtsreichen Plätzen. Der Rückweg führt über den Klammweg, der durch zahlreiche Brücken sowie Querungen mit Furtsteinen und Unterführungen entlang des Miesenbaches äußerst attraktiv zum Wandern ist.

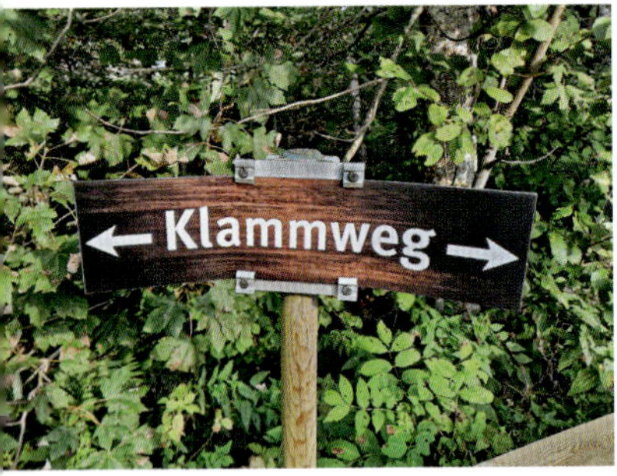

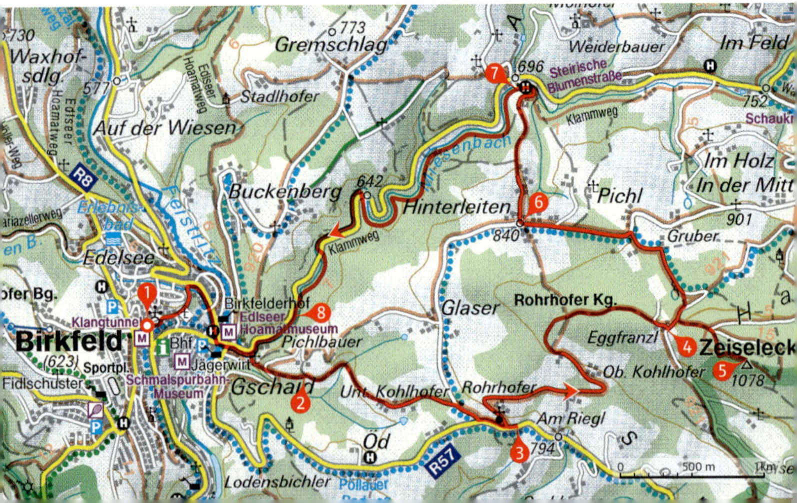

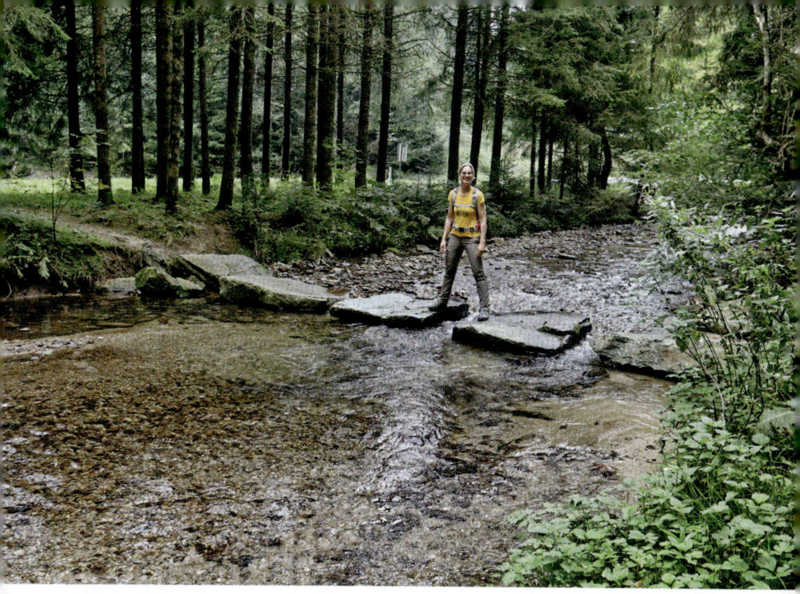

Der Klammweg ist mit den Furtsteinen, Brücken und Unterführungen ein schönes Wandererlebnis.

Ausgangspunkt: Birkfeld, 623 m, Parkmöglichkeiten im Ort. Anfahrt: Auf der S 6 bis Abfahrt Langenwang, dann der B 72 folgend über Alpl nach Birkfeld. Auf der A 2 bis Abfahrt Gleisdorf West, dann der B 64 folgend Richtung Weiz; weiter auf der B 72 über Nöstl nach Birkfeld.
ÖPNV: Zug/Bus bis Weiz oder Hartberg; mit Bus bis Birkfeld.
Anforderungen: Teils sehr wenig markiert, daher ist ein guter Orientierungssinn bzw. Kenntnisse im Umgang mit GPS-Daten von Vorteil. Vom Zeiseleck bergab und weiter entlang des Klammweges sind Markierungen vorhanden.
Einkehr: Birkenstüberl, Tel. +43 3174 4442, dunst-gastronomie.eatbu.com; Betulla della piazza, Tel. +43 3174 4565, betulla.at.
Tipp: Felber Schokoladenmanufaktur, Tel. +43 3174 4546, felber-schokoladen.at.

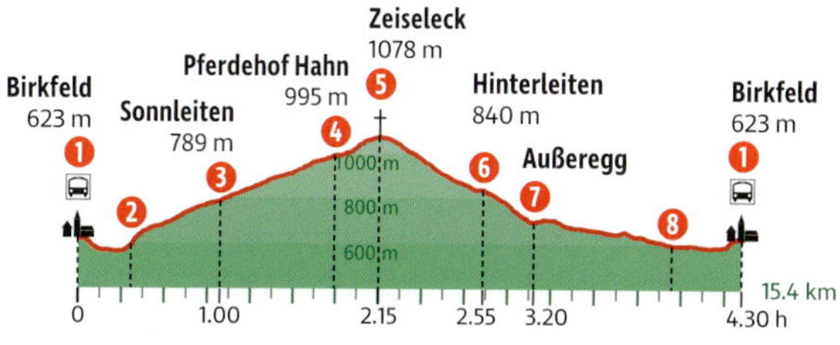

Wir starten am **Hauptplatz** von **Birkfeld** ❶, 623 m, und gehen an der Kirche vorbei bzw. durch das Friedhofsgelände hindurch. Der Fußweg führt direkt zum Talboden. Wir überqueren eine Fußgängerbrücke und halten uns bei der Edelseer-Straße nach rechts bis zur großen Kreuzung, wo wir links in Richtung Hartberg/Pöllau abzweigen. Es geht über die Feistritzbrücke und dann gleich wieder nach rechts. Nach wenigen Metern zweigen wir links in eine Nebenstraße ab, die bergauf führt. Hier sind keine Markierungen vorhanden. Am Ende der Asphaltstraße, bei einem Wegkreuz, wenden wir uns nach rechts. Bergauf entlang eines Weges kommen wir zu einer **Holz-Stein-Konstruktion** ❷, 596 m.

Wir folgen dem schmalen Weg bergauf, überqueren eine Straße und gehen gleich den schmalen Weg 3 bergauf weiter. Bei einem Holzzaun halten wir uns rechts und folgen dem Forstweg bis zum Rastplatz bei einem Bach. Weiter bergauf entlang des Waldrandes erreichen wir einen Bauernhof und gehen direkt unter der Stallbrücke hindurch. Entlang einer Asphaltstraße, bei der Ortstafel »Am Sonnenhang« vorbei bis zu einer Kreuzung, bei der wir uns rechts halten. Nach ca. 900 m kommen wir zur nächsten Straßenkreuzung, mit einer großen Pilger-Holzschautafel, wo es links bergauf bis nach **Sonnleiten** ❸, 789 m, geht. Gegenüber der Ortstafel Sonnleiten biegt

Bereits nach kurzer Zeit hat man einen schönen Blick auf Birkfeld.

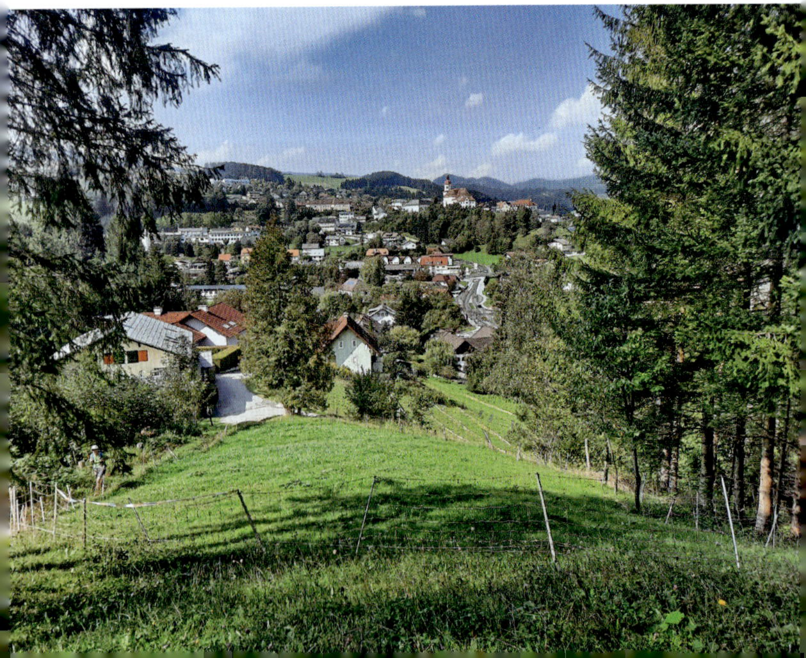

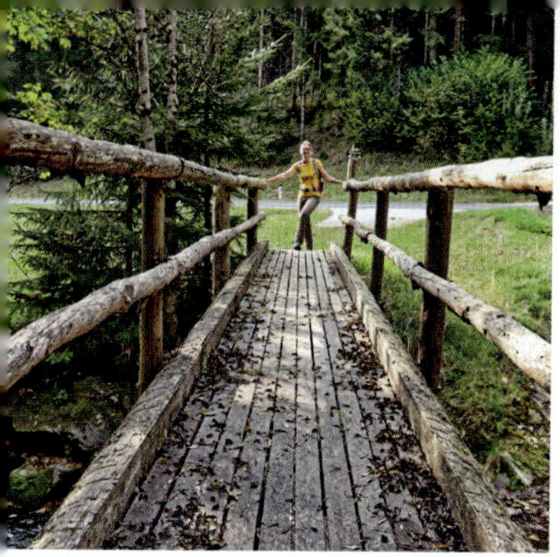

Entlang des Klammweges.

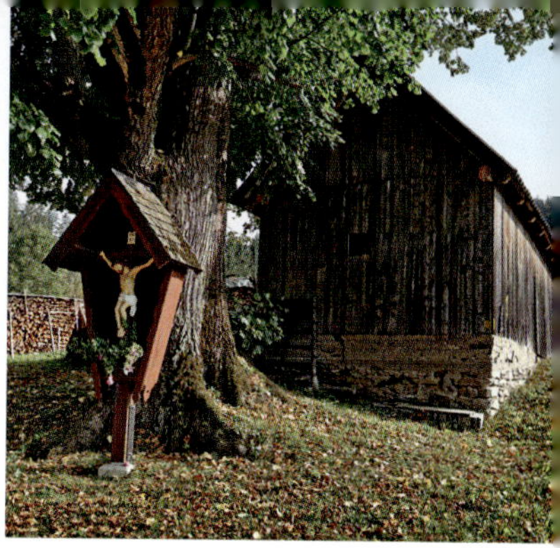

Wegkreuz bei einer Hofstelle.

unsere Wanderroute links in die Straße ein, auf der wir für die nächsten ca. 400 m bleiben. An ihrem Ende gehen wir am Haus mit der Nummer 53 vorbei und ein Stück über die Wiese und sehen gleich den Beginn eines Forstweges. Nun geht es entlang der Markierungen durch den Wald gemütlich bergauf bis zum **Pferdehof Hahn** 4, 995 m.

Nach dem Haus nach links entlang der Asphaltstraße und nach wenigen Minuten finden wir auf der rechten Seite einen gelben Wegweiser (Weg 5). Hier beginnt der Abstecher zum Gipfel. Wir wandern auf dem Weg 5 bis zu einer Kreuzung, wo wir uns rechts halten und nun der Nummerierung 15 über das Nandl Loch bis zu dem im Wald gelegenen **Zeiseleck** 5, 1078 m, folgen.

Der Rückweg bis zur Forststraße folgt der Aufstiegsroute, dann geht es rechts weiter bergab. Wir orientieren uns nun an den Markierungen bergab durch den Wald und kommen zu schönen aussichtsreichen Wiesen- und Weideflächen, mit Blick in Richtung Wildwiesenwarte. Bergab entlang der Schotterstraße und bei der Kreuzung nach links. Nun bleiben wir auf der Asphaltstraße, bis wir die wenigen Häuser von **Hinterleiten** 6, 840 m, erreichen. Nach der Ortstafel geht es noch ein Stück leicht bergauf, dann zweigen wir rechts bergab. Wir gehen zwischen Haus und Stall durch und wandern gemütlich bergab, bis nach wenigen Häusern die Asphaltstraße endet. Wir bleiben auf der Schotterstraße, die kontinuierlich bergab führt und direkt auf den Klammweg trifft. Ab nun können wir uns sehr gut an der Beschilderung durch die Klamm orientieren.

Nach der Ortstafel von **Außeregg** 7, 696 m, verlassen wir die Straße und wandern nun entlang des Klammweges weiter. Es geht bergauf und bergab, bis wir zum Ausstieg des **Klammweges** 8, 595 m, kommen, von wo aus wir der Straße nach Birkfeld folgen. Nach Gschaid erreichen wir die Feistritzbrücke und folgen nun dem uns bereits bekannten Weg zurück ins **Zentrum** von **Birkfeld** 1.

↗ 700 m | ↘ 700 m | 18.4 km

23 Masenberg, 1261 m

5.30 h

Auf den Hausberg der Vorauer

Ein lang gezogener Bergrücken trennt das Vorauer Becken im Norden, das Lafnitztal im Osten und die Naturparkregion Pöllauer Tal im Süden und kulminiert im Masenberg, der als aussichtsreicher Gipfel von allen Himmelsrichtungen her erwandert wird. Mit dem Ort Vorau hat man bereits beim Ausgangspunkt mehrere Highlights: das barocke Stift, die unterirdischen Anlagen Sub Terra, ein Freilichtmuseum sowie einen historischen Ortskern mit einem knapp 400 Jahre alten Rathaus und gemütlichen Einkehrmöglichkeiten. In Vorau starten alle Wanderwege beim Haupteingang des Stiftes, und bei dieser umfangreichen Auswahl hat man die Qual der Wahl – wobei der Masenberg zu den Zielen gehört, die man in der Oststeiermark einfach erwandert haben muss. Die Wanderung überzeugt mit einer großartigen Aussicht bereits während des Aufstieges. Am Gipfel angekommen überrascht nicht nur das Panoroma, sondern auch die Einkehrmöglichkeiten und die bekannte Glückskapelle. Die Geschichte der Kapelle aus dem 18. Jh. ist insofern interessant, als sie weltweit die erste über eBay angebotene barocke Kapelle war. So wurde sie im Jahr 2008 in Hof bei Kirchberg/Raab abgetragen und in liebevoller Detailarbeit hier am Masenberg wieder aufgebaut. Die Glückskirche und der Gipfelbereich sind seit 1987 im Besitz der Hoteliers-Familie Wilfinger.

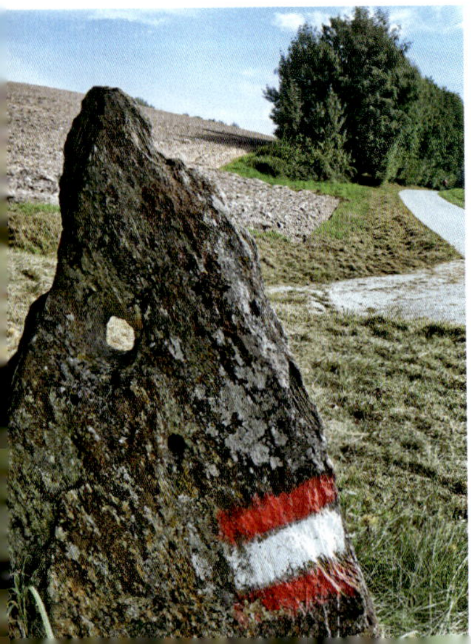

Ausgangspunkt: Vorau, 659 m, Parkmöglichkeiten direkt beim Stift Vorau. Anfahrt: Von Wien kommend auf der A 2 bis Abfahrt Pinggau, dann der B 54 Richtung Hartberg folgend bis Rohrbach a. d. Lafnitz; weiter über Riegersberg nach Vorau. Von Graz kommend auf der A 2 bis Abfahrt Hartberg, dann der B 50 und B 54 folgend Richtung Grafendorf nach Seibersdorf; weiter über Glößl und Schnellerviertel nach Vorau.
ÖPNV: Zug/Bus bis Hartberg oder Rohrbach-Vorau; mit Bus bis Vorau.
Anforderungen: Der Weg ist bis auf wenige Stellen einfach zu gehen, gut markiert und beschildert. Lediglich beim Abstieg nach dem Lüßwaldsattel sind einige Stellen nicht markiert.
Einkehr: Hotel Restaurant Kutscherwirt,

Lochstein mit Markierung beim Aufstieg.

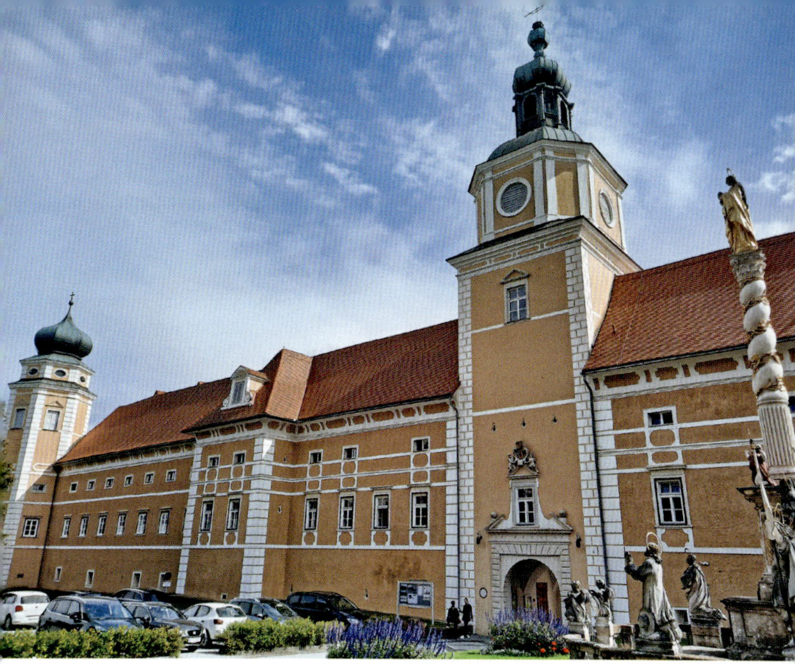

Direkt beim Stift Vorau beginnt die Wanderung.

Tel. +43 3337 2211, kutscherwirt.at; Vorauerhof Schützenhöfer, Tel. +43 3337 2329, vorauerhof.at; Kirchenwirt Weghofer, Tel. +43 3337 2205. Unterwegs: Masenberger Olmstoll, Tel. +43 664 5129603, olmstoll.at; Kernstockhütte am Masenberg, Tel. +43 3337 33231; Gasthof Erzherzog Johann Höhe – Kagerwirt, Tel. +43 3337 2320, kagerwirt.at; Joglland Bauernladen, Tel. +43 664 5419773.

Tipps: Stift Vorau, Tel. +43 3337 2351, stift-vorau.at; Freilichtmuseum, Tel. +43 3337 3466, freilichtmuseum.vorau.at; Sub Terra – Unterirdische Gänge, subterravorau.at.

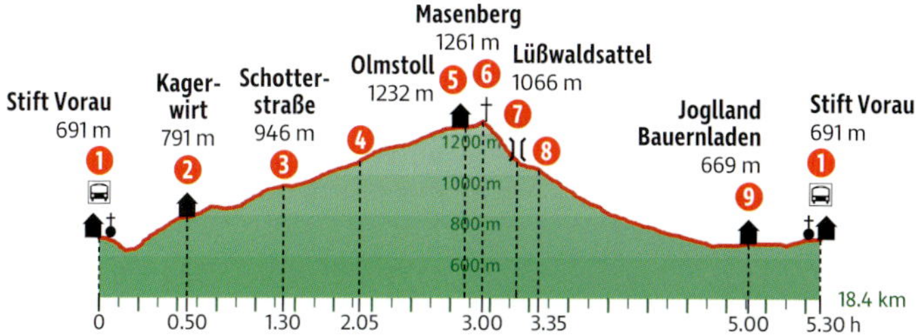

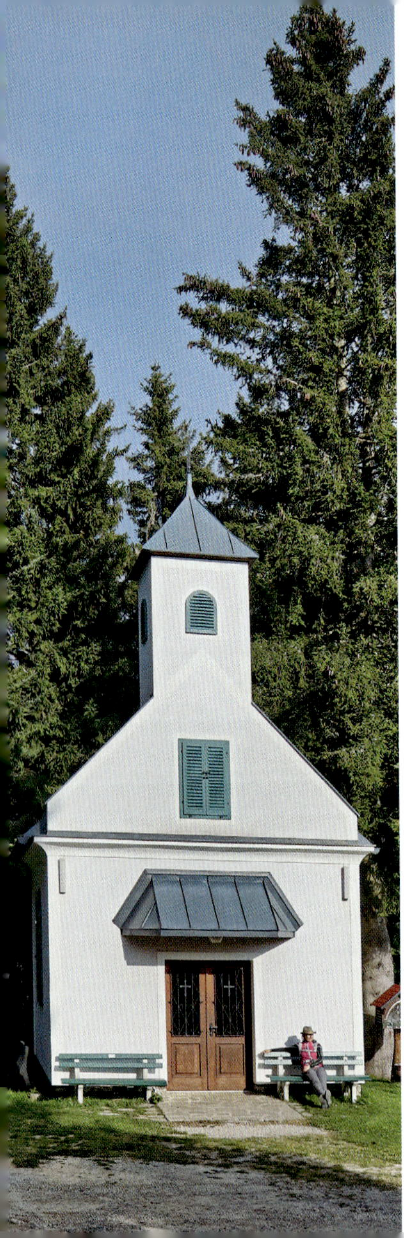

Direkt beim Parkplatz vor dem **Stift Vorau** ❶, 691 m, orientieren wir uns an den gelben Wegweisern, die die Richtung nach Masenberg – über den Weitwanderweg 07 – vorgeben. Wir wandern beim Stift nach rechts entlang der Wehrmauer leicht abwärts, bis wir den Voraubach erreichen. Jetzt geht es durch den Wald bergauf entlang einer Schotterstraße, die anschließend als Asphaltstraße über Acker- und Wiesenflächen weiterführt.

Bei der Abzweigung zur Erzherzog-Johann-Höhe, vorbei bis zur nächsten Straßenkreuzung. Nun halten wir uns rechts und wandern gemütlich bergauf, am **Kagerwirt** ❷, 791 m, vorbei, immer auf der Asphaltstraße bleibend, bis zur Bushaltestelle Puchegg-Kreuzbauer. Hier zweigen wir rechts ab, folgen den rot-weiß-roten Markierungen und kommen alsbald zum Beginn einer **Schotterstraße** ❸, 946 m. Es folgt ein längeres Wegstück durch den Wald bis zur Fahrverbotstafel bzw. zur **Schranke** ❹, 1066 m. Weiter in lang gezogenen Serpentinen steigen wir leicht bergauf, bis wir bei den Windrädern vorbeigehen und die Höhe mehr oder weniger erreicht haben. Wir kreuzen eine Asphaltstraße und erreichen in Kürze den großen Parkplatz beim **Masenberger Olmstoll** ❺, 1232 m. Weiter mit geringem Anstieg führt ein Pfad zur Glückskapelle, der Schutzhütte und dem Gipfelkreuz auf dem **Masenberg** ❻, 1261 m.

Ein schönes Platzerl zum Rasten, die Glückskapelle im Gipfelbereich des Masenberges.

Der Abstieg erfolgt über einen etwas steileren Steig, bis wir schließlich den **Lüßwaldsattel** ❼, 1066 m, erreichen. Auf Weg 941 orientieren wir uns zurück nach Vorau. Es geht entlang einer Forststraße bis zu einer Asphaltstraße, wo gleich unterhalb ein kleines Haus mit einem Nebengebäude zu sehen ist. Hier beim **Waldblasl** ❽, 1027 m, ist der weitere Wegverlauf nicht eindeutig, daher halten wir uns vor dem Gebäude links und gehen in einer Linie bergab bis zur Forststraße, um dann rechts weiterzuwandern. Bald kommen wir an Gebäuden vorbei und in der Folge zu einer Asphaltstraße. Der Wanderweg kürzt die Straße teilweise ab, wobei wir uns hier gut an den Markierungen orientieren können.

Der Abstieg führt uns **»In der Höll«** durch den Wald bergab, bis wir die freien Flächen und das dünn besiedelte Gebiet erreichen. Ab nun geht es aussichtsreich und kontinuierlich bergab entlang der Asphaltstraße, bis wir auf den Talboden gelangen und dann noch leicht aufwärts weiterwandern. Wir bleiben auf der Asphaltstraße und kommen zu einer großen Straßenkreuzung, wo sich rechter Hand der **Joglland Bauernladen** ❾, 669 m, befindet, in dem man zahlreiche regionale Produkte erwerben kann.

Nach der Tankstelle führt der Wanderweg nach rechts, entlang eines asphaltierten Privatweges. Das letzte Stück bringt uns bei einigen Häusern, dem Sportplatz und dem Freilichtmuseum Vorau vorbei und entlang einer Allee bis zum **Stift Vorau** ❶.

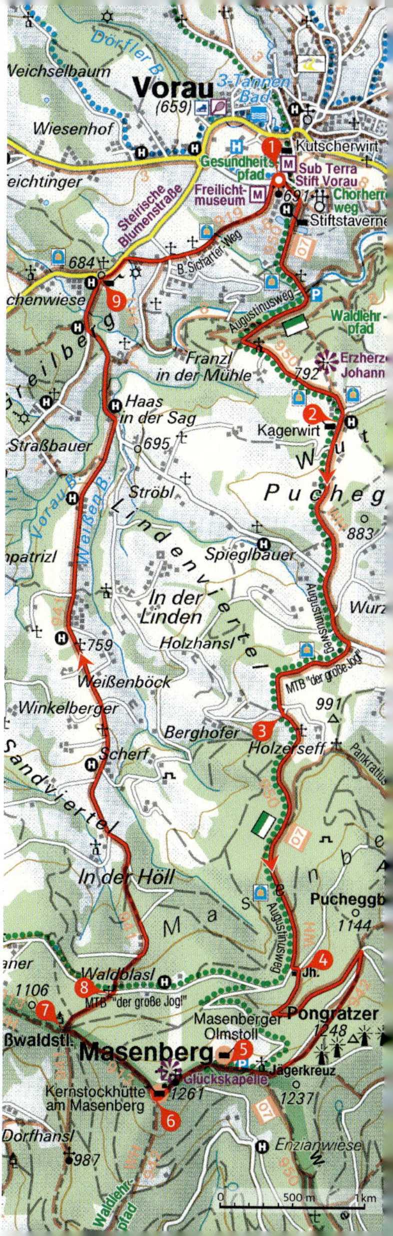

↗ 350 m | ↘ 350 m | 10.2 km

24 Aussichtswarte am Sippenkogel, 741 m

3.00 h

Entlang des G.E.R.A. Park-Rundwanderweges

Der G.E.R.A. Park Eichberg ist ein Themenweg mit mehreren Erlebnisstationen. Der Name ergibt sich aus den Anfangsbuchstaben für »Gesundheit, Erholung, Ruhe und Aktivität«. Dieser Rundweg im nördlichen Teil des Hartbergerlandes ist eine perfekte Kombination aus Bewegung und Erlebnis und somit für Jung und Alt bestens geeignet. Die verschiedenen Erlebnisstationen sind sehr unterschiedlich ausgeführt, die Gestaltungsmethoden reichen von traditionell über modern bis hin zu äußerst innovativ. Ein Teil des Weges ist zugleich der Wald- und Jagdlehrpfad mit dem Ziel der Aussichtswarte, die 96 Stufen hat und insgesamt 20 m hoch ist. Der Ausblick reicht vom Wechsel bis ins Burgenland und in die oststeirische Hügellandschaft, wobei Panoramatafeln auf der Plattform eine gute Orientierungshilfe darstellen. Die Dachkonstruktion beim Römergrab in Lebing ist schon von Weitem her sichtbar, eine moderne Konstruktion mit informativen Schautafeln, Wassersäulen, in denen sich die Landschaft spiegelt und Geschichten, die man sich über Lautsprecher anhören kann. Im Minaralosolium kann man sich, kurz vor dem Ende der Wanderung, noch entspannen und die positive Kraft von Heilsalz auf sich wirken lassen.

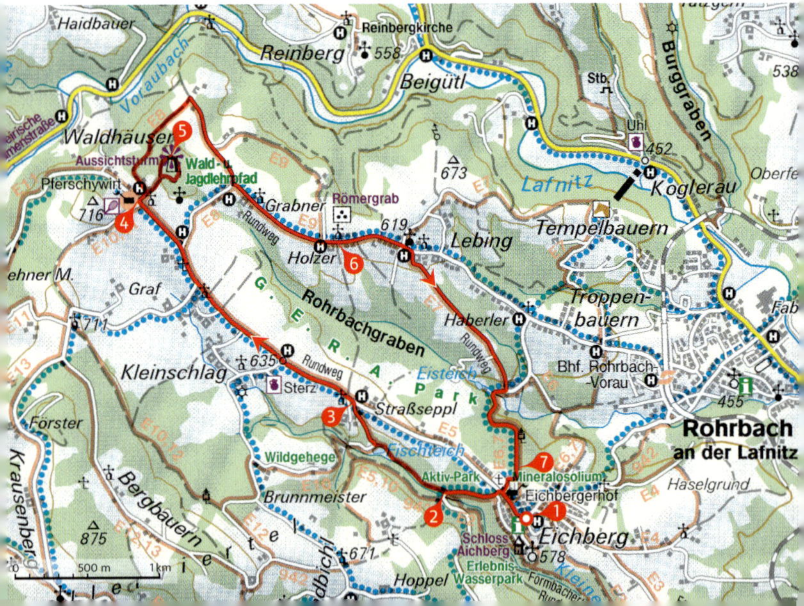

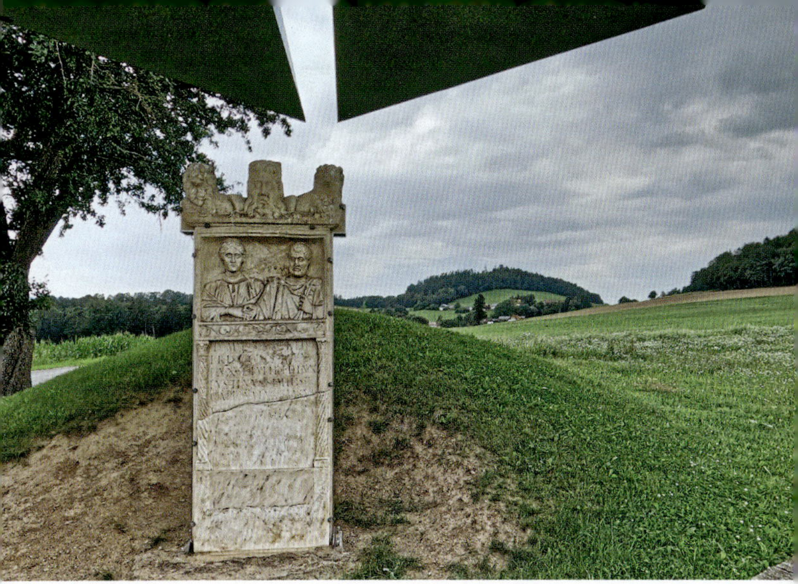

Das Römergrab wurde als Themenstandort modern und anschaulich gestaltet.

Ausgangspunkt: Eichberg, 578 m, Parkmöglichkeiten im Ort. Anfahrt: Von Wien kommend auf der A 2 bis Abfahrt Pinggau, dann auf der B 54 Richtung Hartberg bis Rohrbach a. d. Lafnitz; weiter nach Eichberg. Von Graz auf der A 2 bis Hartberg, dann B 54 über Hartberg nach Grafendorf bei Hartberg; weiter über Kleinlungitz nach Eichberg. Auf der S 6 bis Abfahrt Mitterdorf, dann B 72 über Krieglach nach Ratten und weiter über Wenigzell und Vorau nach Eichberg.
ÖPNV: Zug/Bus bis Rohrbach-Vorau; mit Bus bis Eichberg.

Anforderungen: Der Weg ist mit einer eigenen Beschilderung »G.E.R.A. Park« gekennzeichnet und daher einfach zu finden; hauptsächlich Forstwege und Asphaltstraße.
Einkehr: Eichbergerhof, Tel. +43 3338 2381, eichbergerhof.at. Unterwegs: Gasthof-Pension Pferschywirt, Tel. +43 3338 2589, pferschywirt.at.
Tipp: Die einzelnen Stationen sind auch mit dem Auto erreichbar. Ein attraktives Teilstück, vor allem für Kinder, ist der kurze Spaziergang vom Gasthof Pferschywirt über den Holzskulpturenweg auf die Aussichtswarte.

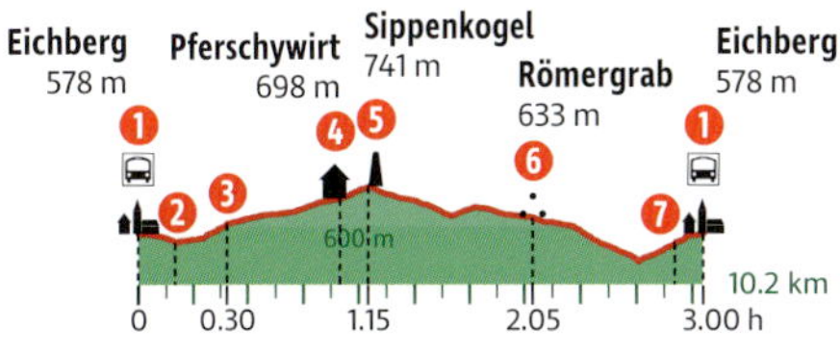

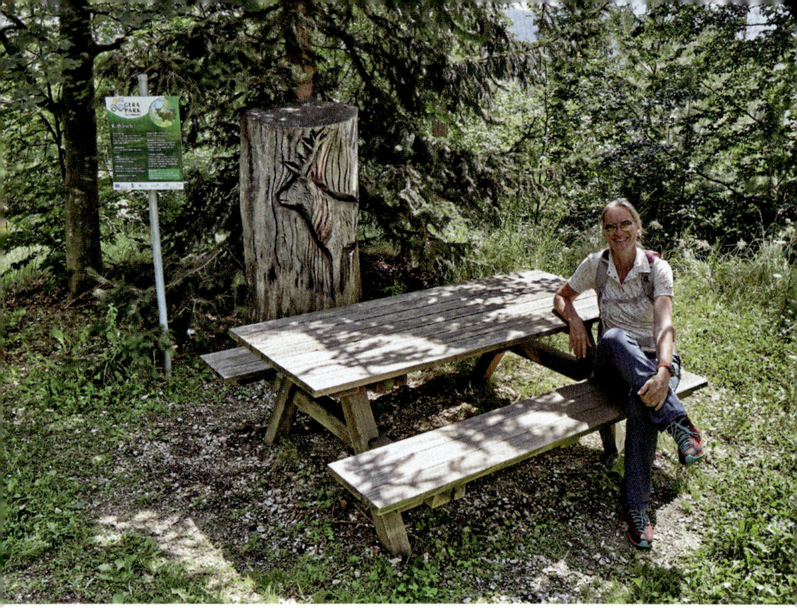

Ein gemütlicher Rastplatz entlang des Holzskulpturenweges.

Im Zentrum von **Eichberg** ❶, 578 m, gibt es eine Übersichtstafel und gleich in der Nähe bei der Straße sehen wir bereits das erste Schild mit der Beschriftung »G.E.R.A. Park Eichberg«. Der Straße entlang, am Gasthof Eichbergerhof vorbei, und nach wenigen Metern zweigen wir links in Richtung Schnellerviertel ab. Wir folgen der Asphaltstraße leicht bergab und biegen vor dem Bacherl rechts in eine Forststraße ein, wo wir einen Fitnessparcours bzw. einen **Spielplatz** ❷, 547 m, sehen. Weiter geht es am Bach entlang bis zum Fischteich und dann rechts auf der Forststraße bergauf bis zu einer **Kreuzung** ❸, 613 m. Nun nach links und weiter entlang eines Gehsteiges, wobei schöne Acker- und Wiesenflächen den Weg charakterisieren und wir in der Ferne bereits die Warte sehen. Es geht gemütlich bergauf bis zum **Gasthof Pferschywirt** ❹, 698 m, wo wir nach rechts in den Wald- und Jagdlehrpfad abzweigen.

Nach wenigen Metern führt der G.E.R.A.-Park-Wanderweg nach links, wir machen aber vorerst einen Abstecher über den Holzskulpturenweg bis zur **Aussichtswarte** ❺, 741 m, am **Sippenkogel**. Beim Abstieg machen wir noch eine kleine Runde über die Hubertuskapelle: gleich beim Turm vorbei, durch den Wald und dann rechts entlang am Waldrand bis zur Kapelle.

Zurück bei der Abzweigung halten wir uns rechts und folgen den Forstwegen. Durch schöne Mischwälder und Wiesenflächen führt der Weg zu einer

Kreuzung. Nun nach rechts bergauf entlang einer Forststraße und dann auf einer Asphaltstraße, die in der Folge leicht bergab führt. Bei der Kreuzung geht es nach links weiter, bis wir das **Römergrab** 6, 633 m, erreichen.

Nun durch besiedeltes Gebiet, wo wir an einer Kreuzung rechts abzweigen, und bergab entlang einer Schotterstraße zu ein paar Häusern und einer Kreuzung. Hier halten wir uns rechts; weiter über das Bacherl und etwas ansteigend durch den Wald erreichen wir das **Mineralosolium** 7, 547 m. Der kurze Blick ins Innere lohnt sich, und wer Zeit und Lust hat, sollte sich die 20–30 Min. Zeit nehmen und seinem Körper etwas Gutes tun.

Mit wenigen Höhenmetern bergauf gelangen wir in Kürze an unseren **Ausgangspunkt** 1.

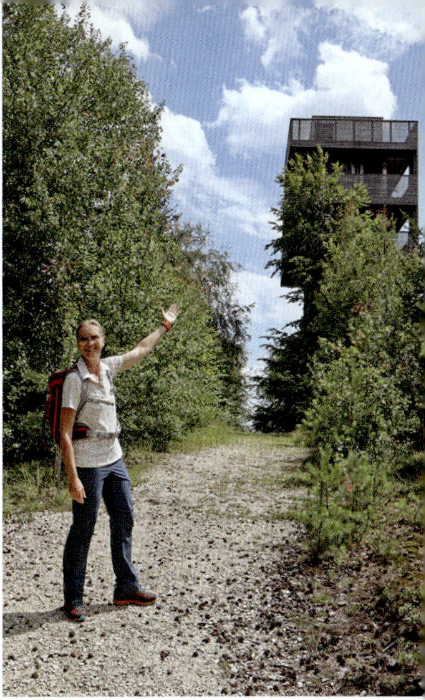

Foto rechts oben: Die Aussichtswarte am Sippenkogel.
Unten: Bei Wanderungen erlebt man die Natur immer wieder als Kunstwerk.

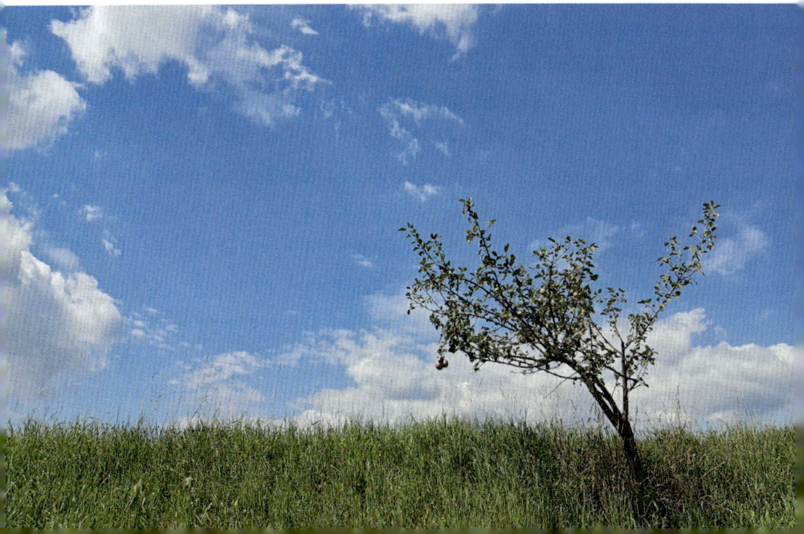

↗ 350 m | ↘ 150 m | 12.4 km

25 Formbacherland-Weg

3.30 h

Von Grafendorf nach Eichberg

Wenn man im Hinterland von Grafendorf nach Eichberg wandert, bewegt man sich auf den historischen Spuren des Formbacherlandes und kommt direkt an den Schlössern Kirchberg und Aichberg vorbei. Das Schloss Reitenau kann man mit einem kleinen Umweg besuchen. Immer wieder ist man entlang von Bächen und auf Wald- und Wiesenflächen auf naturnahen Pfaden unterwegs, die die dünn besiedelten Gebiete miteinander verbinden. Auffallend und zu den thematischen Inhalten passend sind die »Drei-Schloss-Betonquader«, die entlang des gesamten Weges als Infotafeln dienen. Aufgrund der Informationen, der Rastmöglichkeiten und der Besichtigung der Schlösser sollte man genügend Zeit für diese Wanderung einplanen. Im Schloss Kirchberg wurde im Jahr 1925 eine land- und forstwirtschaftliche Fachschule gegründet, die heute als innovative und zukunftsorientierte Bildungseinrichtung mit traditionellem Charakter gilt. Mit dem Ziel Eichberg erreicht man einen kleinen Ort, für den Gesundheit, Erholung, Ruhe und Aktivität eine zentrale Rolle einnehmen, was im G.E.R.A. Park Eichberg zum Ausdruck gebracht wird (mehr dazu in Tour 24).

Das Schloss Kirchberg beheimatet eine land- und forstwirtschaftliche Fachschule.

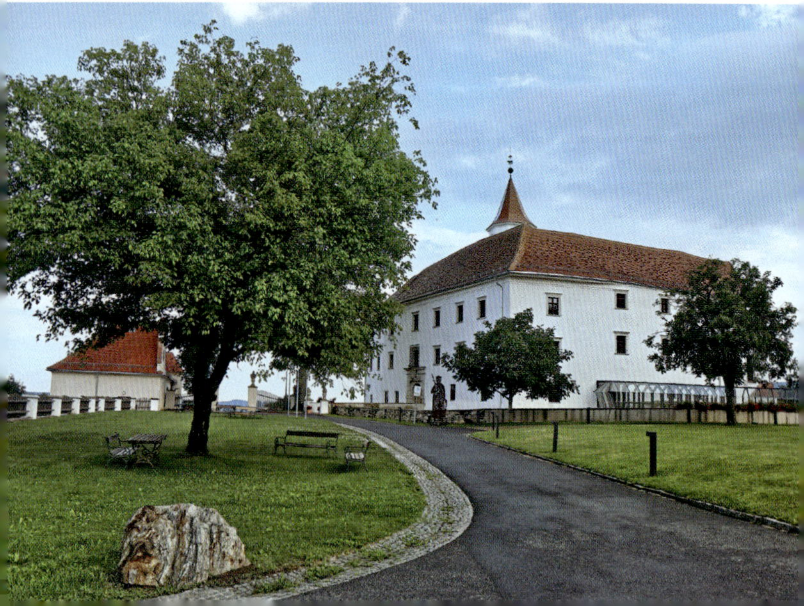

Ausgangspunkt: Grafendorf bei Hartberg, 383 m, Parkmöglichkeiten im Ort. Anfahrt: Von Wien auf der A 2 bis Abfahrt Pinggau, dann B 54 Richtung Hartberg nach Grafendorf. Von Graz A 2 bis Abfahrt Hartberg, dann B 54 über Hartberg nach Grafendorf. Auf der S 6 bis Mitterdorf, dann B 72 über Krieglach, Ratten, Wenigzell, Vorau und Puchegg nach Grafendorf.
Endpunkt: Eichberg, 578 m.
ÖPNV: Zug/Bus bis Rohrbach-Vorau; mit Bus bis Grafendorf. Von Eichberg zurück mit dem Bus oder SAM-Taxi von HF 5401 Eichberg-Dorfplatz nach HF 5610 Grafendorf-Hauptplatz.
Anforderungen: Der Wanderweg hat eine eigene Beschilderung, wobei ab Grafendorf die Orientierung am R12 deutlicher ist. Wege einfach und bis auf wenige Abschnitte im Wald bzw. Graben ohne nennenswerte Steigungen.
Einkehr: Grafendorf: Kirchenwirt Anna Koller, Tel. +43 3338 2204, anna-koller.business.site; Pizzeria Giovanni, Tel. +43 664 75473173; Mostschank Gruber-Schilhan, Tel. +43 3338 2407. Unterwegs: Waldhof Mara, Tel. +43 3338 2565, waldhof-mara.at. Eichberg: Eichbergerhof, Tel. +43 3338 2381, eichbergerhof.at.
Variante: Formbacherland-Weg von Eichberg zurück nach Grafendorf (ca. 9 km, 2.30 Std.).

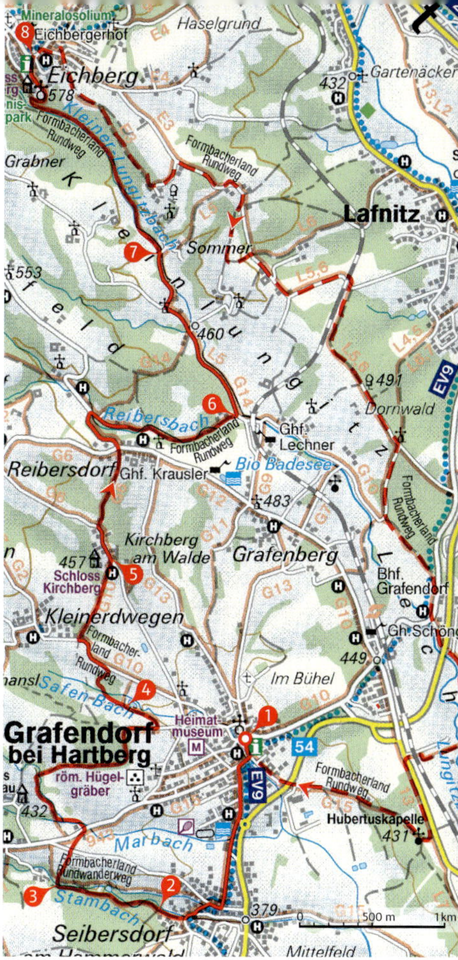

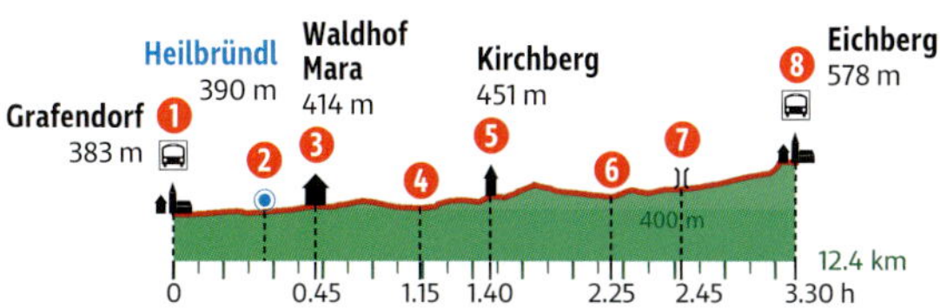

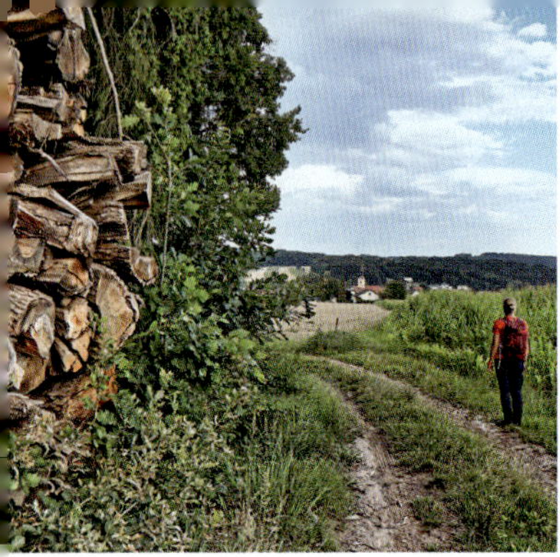

Im Umland von Grafendorf.

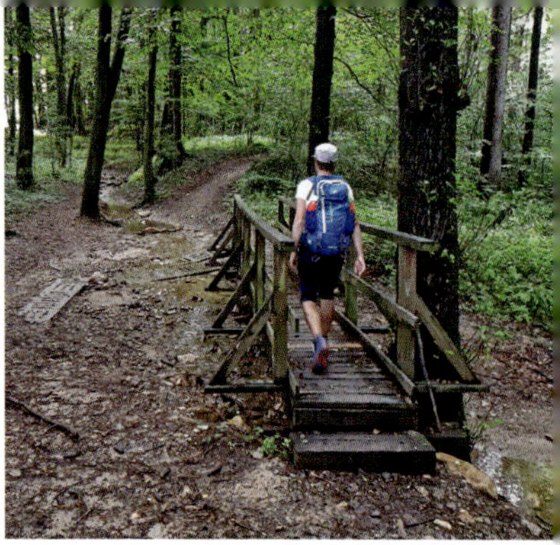

Brücke über den Stambach.

Wir starten bei der Kirche in **Grafendorf** 1, 383 m, und orientieren uns an den Wegweisern des Radweges R12. Durch den Ort geht es an der Sparkasse und in der Folge an der Feuerwehr vorbei, immer in Richtung Süden. Im leichten Auf und Ab verläuft der Themenweg parallel zum Radweg. Bei der Brücke über den Stambach zweigen wir rechts ab, gehen entlang des Baches bis zur Quelle **Heilbründl** 2, 390 m, und weiter bachaufwärts. Der Weg führt bei einer Staustufe über die Brücke und durch den Wald bis zum **Waldhof Mara** 3, 414 m.

Wir überqueren die Asphaltstraße, gehen über die Wiese und halten uns bei der nächsten Straße rechts. Ein Stück entlang der Asphaltstraße und nach der Brücke nach links, entlang des Wanderweges in Richtung Fischteich. Die nächsten 2 km führen entlang sehr gut markierter Wege mit verschiedenen Infotafeln zum Schloss Reitenau, der historischen Wiederbesiedlung und römerzeitlichen Grabsteinen, bis wir zum **Fischteich** 4, 405 m, kommen. Teils wildromantische Pfade in Kombination mit Asphaltstraßen führen uns nach Erdwengen zum **Schloss Kirchberg** 5, 451 m, das als land- und forstwirtschaftliche Fachschule bekannt ist. Kurz nach der Schule befindet sich rechts der Einstieg in den Wanderweg, wo ein naturnahes Wegstück – über die Himmelstiege – folgt. Weiter über Wiesen und Straßen bis Reibersdorf. Bei der Kreuzung mit der Schautafel »Da Koart'nspüler« zweigen wir links ab und folgen der Asphaltstraße bergab, um kurz darauf rechts entlang des Baches weiterzugehen.

Bei der **Straßenkreuzung** 6, 448 m, nach links und weiter über einen Pfad durch den Wald und über Wiesen- und Ackerflächen. Bei Kleinlungitz wandern wir über Asphaltstraßen, bis wir uns vor der **Brücke** 7, 475 m, beim **Lungitzbach** nach links wenden und dem Bachlauf folgen. Beim Erlebnis-Wasserpark, einem großen Spielplatz beim Bach, gehen wir nun rechts über den Bach und bergauf in das Ortszentrum von **Eichberg** 8, 578 m. Von dort geht es mit dem Bus oder dem SAM-Taxi zurück nach Grafendorf.

↗ 150 m | ↘ 150 m | 11.4 km

3.00 h

Rundwanderung zur Lafnitzau

26

Naturnahes Wandern mit einem Abstecher ins Burgenland

Von St. Johann in der Haide sind es nur wenige Kilometer nach Hartberg, und ins benachbarte Burgenland ist es nur ein Katzensprung. Mit dieser Wanderung lernen wir die landwirtschaftlichen Flächen, die wohltuenden Mischwälder und die naturnahe Auenlandschaft der Lafnitz kennen. Das Gebiet ist stark bewaldet und bietet sehr gute Voraussetzungen, um Ruhe und Erholung in gesunder Waldluft zu finden. Der Weg ist ohne große Höhenunterschiede zu bewältigen und verläuft entlang des Lungitzbaches und der Lafnitzauen. Die Lafnitz zählt in Österreich zu den letzten über weite Strecken unregulierten Flüssen des Flachlandes. Durch diesen freien und uneingeschränkten Flusslauf entsteht auf natürliche Art und Weise eine Vielzahl von wertvollen Lebensräumen, wie Auwälder, Feuchtwiesen, Sandbänke und Inseln. Grund genug, dass im Jahr 2002 die Lafnitz auf einer Länge von etwa 40 Kilometern zum Ramsar-Schutzgebiet erklärt wurde und somit einen geschützten Lebens- und Nahrungsraum für Fischotter, Libellen, Schmetterlinge und zahlreiche Vogelarten wie Eisvögel, Störche und Spechte darstellt. Zu Beginn und am Ende der Tour sind wir auch entlang des Kalorienweges unterwegs, der mit lustigen und ansprechenden Motiven das Verhältnis von Essen und Gehen auf den Punkt bringt.

Die Lafnitz mäandriert über weite Strecken frei und unreguliert.

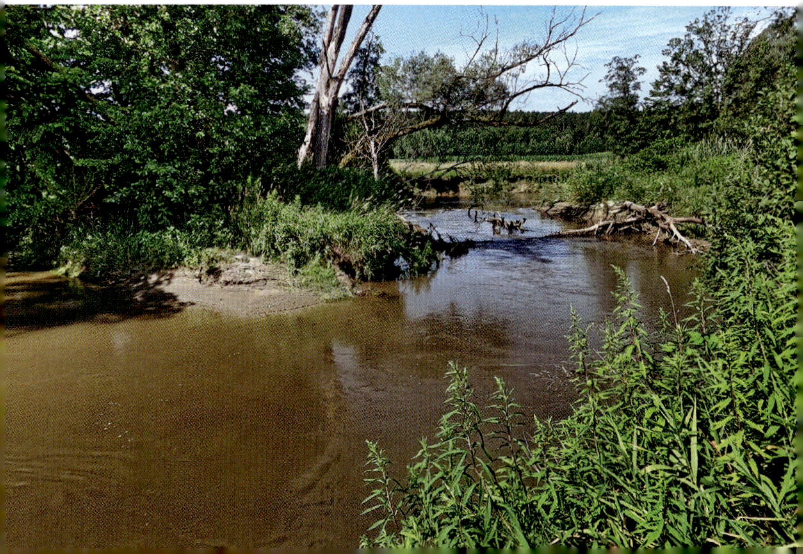

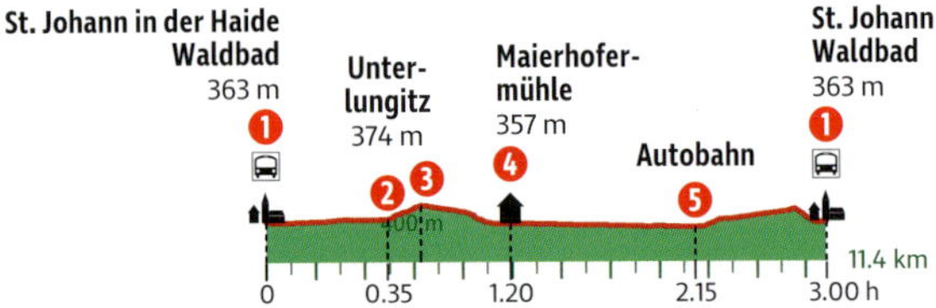

Ausgangspunkt: St. Johann in der Haide, Waldbad, 363 m, Parkmöglichkeiten beim Freibad. Anfahrt: Auf der A2 bis Abfahrt Hartberg, dann nach St. Johann.
ÖPNV: Zug/Bus bis Hartberg; mit Bus bis St. Johann in der Haide.
Anforderungen: Der Weg ist leicht zu finden, meist gut markiert, hauptsächlich Feldwege. Kleinere Teilstücke sind auf Asphaltstraßen zu gehen.
Einkehr: Gasthaus Maierhofer, Tel. +43 664 3965665; Gasthof Kirchenwirt-Familie Sommer, Tel. +43 3332 62706, gasthof-pension-kirchenwirt.at. Unterwegs: Gasthaus Maierhofermühle, Tel. +43 3356 203.

Wir wandern direkt am Waldbad bei **St. Johann in der Haide** ❶, 363 m, vorbei. Kurz sind wir auf einer Asphaltstraße unterwegs, um dann auf einer Forststraße durch den Wald fortzusetzen. Der Weg ist eindeutig und verläuft teilweise entlang des Kalorienweges. Über die Robert-Sommer-Brücke und weiter bachaufwärts am Waldrand bzw. an einem Zaun entlang, bis wir zu einer Asphaltstraße kommen. Bei der ersten Kreuzung bleiben wir geradeaus und nach wenigen Metern geht es links in einen Wiesenweg,

Es geht geradeaus über Wiesen- und Ackerflächen bis zur Maierhofermühle.

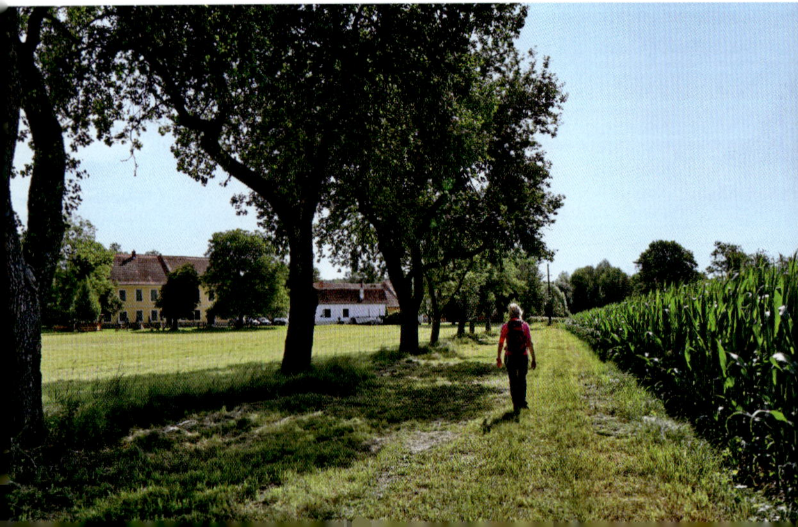

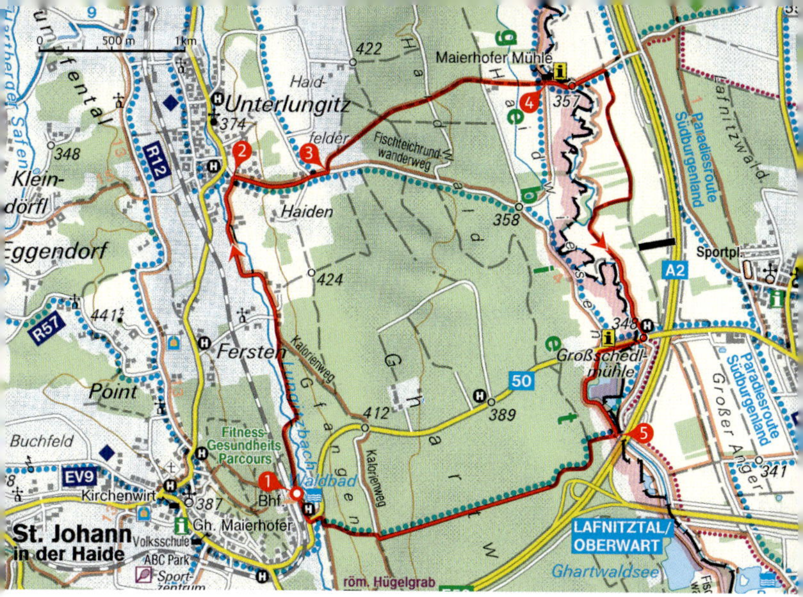

der an einem Bauernhof vorbeiführt. Entlang der Asphaltstraße erreichen wir eine Brücke und wandern nun auf der linken Uferseite gemütlich weiter, vorbei an Ackerflächen, bis zur Kreuzung in **Unterlungitz** ❷, 374 m.

Ab nun geht es ein Stück bergauf, bis wir dann auf der Ebene eine **Abzweigung** ❸, 428 m, nach links in einen Feldweg sehen. Hier zweigen wir ab und wandern über die Acker- und Wiesenflächen gemütlich dahin, treten in den Wald ein und bleiben in einer Linie bergab. Am Talboden angekommen geht es weiter in dieselbe Richtung, über eine Brücke bis zur **Maierhofermühle** ❹, 357 m. Entlang der Asphaltstraße wandern wir über die Lafnitz und überschreiten dadurch auch die Landesgrenze ins Burgenland. Wenige Meter danach gehen wir rechts in den Feldweg und folgen diesem über die Acker- und Wiesenflächen, bis wir direkt zur Lafnitz kommen und ein Stück des natürlichen, mäandrierenden Flussverlaufes sehen können. Bei der Straße angekommen halten wir uns rechts, gehen über die Lafnitz und erreichen somit wieder die Steiermark.

Gleich darauf überqueren wir die Straße B 50 und gehen entlang der Schotterstraße um die Fischteiche herum. Kurz bevor wir zu einer Unterführung der **Autobahn** ❺, 342 m, gelangen, gehen wir rechts über die Wiesen und in der Folge durch den Wald kontinuierlich bergauf. Entlang der Forststraße erreichen wir wieder eine Tafel des Kalorienweges und folgen nun den Markierungen bergab, bis wir die Straße erreichen, wo wir uns links halten und in Kürze zu unserem **Ausgangpunkt** ❶ zurückkehren.

↗ 650 m | ↘ 650 m | 15.8 km

27 Waldsepplrunde

5.00 h

Wald, Waalweg und Wein im Hartbergerland

Auf Madeira sind es Levadas, mit denen Wasser aus den niederschlagsreichen Gebieten im Norden in den trockenen Süden geleitet wird. In Südtirol heißen diese künstlich angelegten Bewässerungskanäle Waale. In beiden Destinationen sind Wanderer von diesen beliebten, nahezu ebenen Wegen begeistert. Umso mehr überrascht, dass man auch in der Steiermark an einer Levada oder einem Waalweg entlangwandern kann, wenngleich es nur ein kurzes Stück ist. Mit der Waldsepplrunde lernt man ein ruhiges Wandergebiet im Nordwesten der Stadt Hartberg kennen. Die Wege führen durch schöne Mischwälder mit teils alten knorrigen Buchen, über gepflegte Blumenwiesen und an wenigen Häusern vorbei. Auf der Höhe des Bauernhofes mit dem Vulgonamen Waldseppl und des Wegkreuzes Gruber hat man schöne Ausblicke in Richtung Süden auf das Hartbergerland. Auf einem Teil des Weges, nämlich entlang des Abstieges bis zur Spielstätte, ist man auch auf der 27. Etappe der Nordroute des Weitwanderweges »Vom Gletscher zum Wein« unterwegs, die von Pöllau bis nach Hartberg führt. Als schöner Abschluss empfiehlt sich ein gutes Glas Wein und eine regionale Jause beim Buschenschank und Weingut Pack.

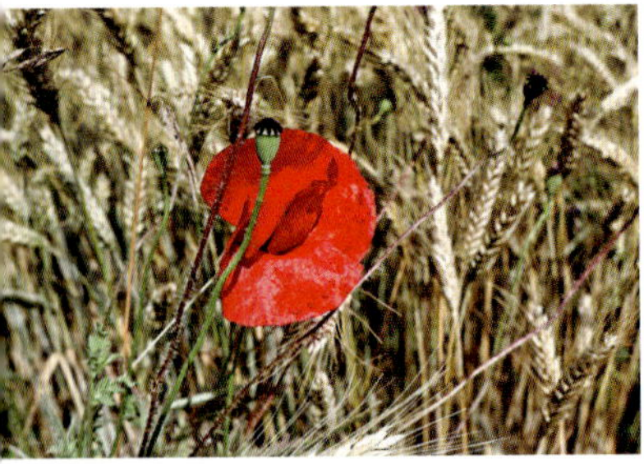

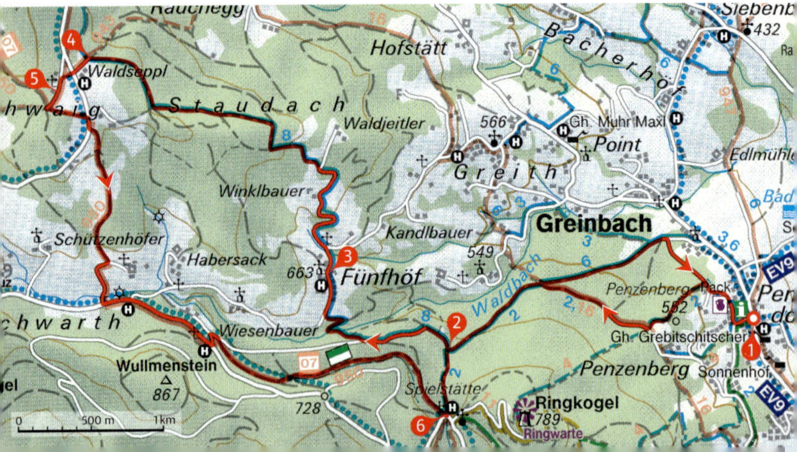

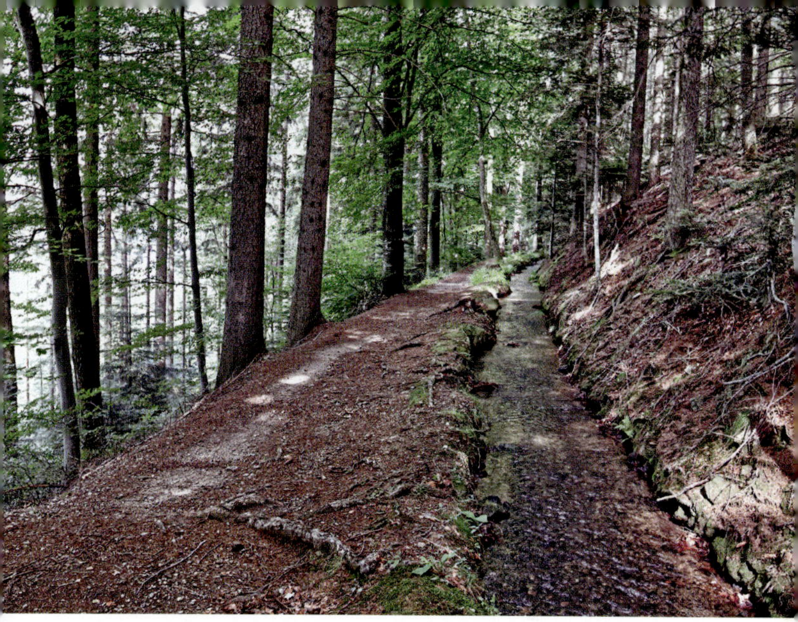

Eine künstlich angelegte »Levada« kurz vor dem Parkplatz der Ringwarte.

Ausgangspunkt: Penzendorf, 422 m, Parkmöglichkeiten in der Nähe des Gemeindeamtes. Anfahrt: Auf der A 2 bis Abfahrt Hartberg, dann über Hartberg nach Penzendorf.
ÖPNV: Zug/Bus bis Hartberg; mit Bus bis Penzendorf.
Anforderungen: Hauptsächlich Forst- und Asphaltstraßen; blau-weiß-blaue (Weg 2, 8) und rot-weiß-rote (Weg 943, 907) Markierungen.

Einkehr: Gasthaus Grebitschitscher-Dzien, Tel. +43 664 4577146; Buschenschank Pack, Tel. +43 664 3792357, weinbau-pack.at.
Tipp: Vom Parkplatz Spielstätte lohnt sich der kurze Abstecher zur Ringwarte, dem im Jahr 1906 erbauten Aussichtsturm mit 30 m Höhe und 99 Stufen und wundervollem Panoramablick über das oststeirische Hügelland (siehe auch Tour 28).

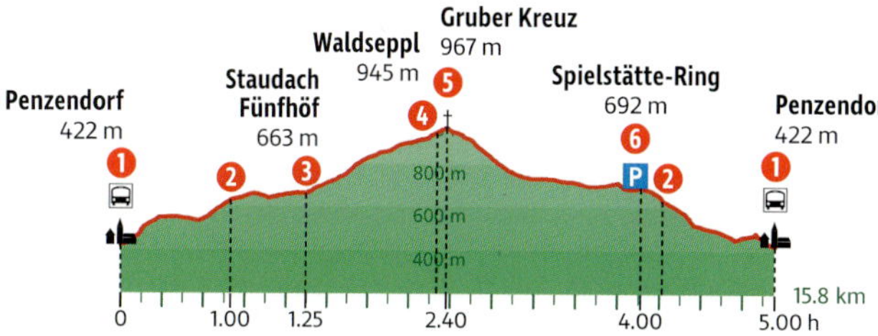

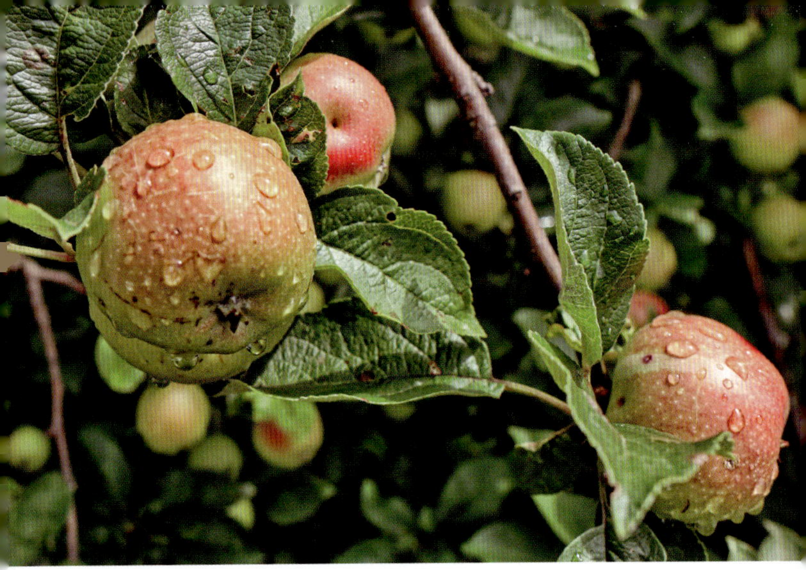

Frisch, saftig, steirisch – Äpfel aus der Oststeiermark.

Vom **Gemeindeamt** in **Penzendorf** ❶, 422 m, wandern wir die Asphaltstraße bergauf und zweigen nach wenigen Metern nach rechts zum Weingut/Buschenschank Pack ab. Am Ende der Straße geht es durch den Weingarten über eine Stiege bergauf (Wegmarkierung 2). Rechts über die Wiese, dann überqueren wir eine Asphaltstraße, um im Wald bergauf weiterzuwandern. Wir kommen zu einer Lichtung und sehen bereits die Hartberger Ringwarte vor uns. In der nächsten Kurve zweigen wir nach rechts ab und folgen den Markierungen bis zur **Kreuzung** ❷, 632 m, der Wanderwege 2 und 8. Diese Kreuzung erreichen wir wieder beim Rückweg.

Nun gehen wir rechts und folgen dem Weg 8. Weiter entlang der Forststraßen, wobei bei den Kreuzungen genau auf die Markierungen zu achten ist. Der Weg führt in der Folge bergab, über den Waldbach und dann entlang des Waldrandes zu einem Marterl, wo es eine sehr originelle Getränkebox gibt. Auf der Asphaltstraße nach rechts kommen wir zu der kleinen Siedlung **Staudach Fünfhöf** ❸, 663 m. Wir wandern durch die Ortschaft und zweigen bei der nächsten Rechtskurve nach links in eine Sackgasse ab. Dieser Asphaltstraße folgen wir durch schöne Wiesen und vorbei am Bauernhof Winklbauer bergauf. Danach verlassen wir die Straße in einer scharfen Rechtskurve und biegen links in den Wanderweg ein.

Ab nun geht es ca. 2,3 km bergauf, über Wiesenflächen und Wälder, bis wir zur Kreuzung **Waldseppl** ❹, 945 m kommen. Hier verlassen wir den Wanderweg 8, gehen nach links leicht aufwärts über die Wiese und am Bauern-

hof Glößl (vlg. Waldseppl) vorbei. Gleich nach dem Hof befindet sich die SAM-Station HF 5711. Wir folgen dem Weg 943 über die Wiese und erreichen in Kürze unseren höchsten Punkt beim **Gruber Kreuz** **5**, 967 m.
Ein kurzes Stück eben dahin, bis wir eine »Ortstafel« mit der Aufschrift »Waldklause« sehen und links bergab dem Weg 907 folgen, der über Wiesenwege, Forststraßen und Asphaltstraßen kontinuierlich bergab führt. Nach der Bushaltestelle Hochwarth/Lehnermühle zweigt der Wanderweg von der Asphaltstraße nach links unten in den Wald ab. Alsbald erreichen wir den künstlichen Bewässerungskanal und folgen diesem, bis wir links zum **Parkplatz Ringwarte** bei der **Spielstätte** **6**, 692 m, weitergehen. Direkt beim Parkplatz führt der Weg 2 links in den Wald. Wir wandern bergab durch den Wald und kommen zu der uns bereits bekannten **Kreuzung** **2**, 632 m, wo es nun nach rechts geht.
Nun folgen wir für rund 800 m der uns bereits bekannten Aufstiegsroute. Bei der Abzweigung nach rechts bleiben wir aber geradeaus und gehen nun mehr oder weniger in einer Linie auf dem breiten Weg bergab, bis wir auf eine Asphaltstraße treffen. Hier geht es nach rechts, nur ein kurzes Stück bergauf bis zu den Häusern, wo wir links nach unten, über die Wiese und die Stiege zurück zum Weingut Pack und zu unserem **Ausgangspunkt** **1** kommen.

Gleich zu Beginn der Wanderung geht man direkt an Weingärten vorbei.

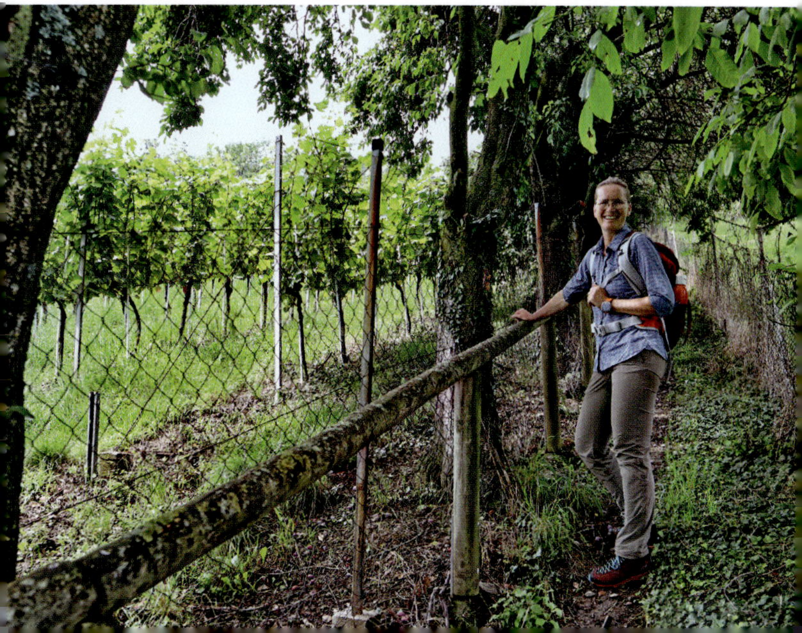

TOP 28

Hartberger Ringwarte, 789 m

↗ 450 m | ↘ 450 m | 7.5 km

2.30 h

Von der Stadt über den Brühlweg zur Warte

Die knapp 7000 Einwohner zählende Stadt Hartberg ist ein wunderbarer Ausgangspunkt für Wanderungen in der Oststeiermark. Von hier aus kann man die Vorzüge der kleinen historischen Stadt mit der landschaftlichen Attraktivität des Umlandes harmonisch kombinieren. Eine Tour, die man gemacht haben muss, ist die Wanderung zur Hartberger Ringwarte, wobei es hier mehrere Auf- und Abstiegsmöglichkeiten gibt. Der Aufstieg über den Brühlbach ist zu empfehlen, und der Abstieg über den Buschenschank Postl ist in mehrfacher Art und Weise ein Genuss, da man die regionalen Köstlichkeiten mit dem wunderschönen Ausblick auf Hartberg vereinen kann. Das Ziel der Wanderung ist der Ringkogel, der Hausberg von Hartberg, mit der im Jahr 1906 errichteten Ringwarte, die als Wahrzeichen der Stadt gilt. Der 30 Meter hohe Aussichtsturm ragt über die dichten Waldflächen im Gipfelbereich und ermöglicht einen sensationellen Blick. In der Stadt sollte man Zeit für eine Rundwanderung einplanen, um sich die historischen Gebäude, den Schlosspark und die »schwimmenden Bilder« im Stadtteich anzuschauen, ganz nach dem touristischen Motto: »Stadt Land Garten – tauch ein in die Natur der Stadt Hartberg«.

Foto unten: Der Abstieg führt direkt durch die Weingärten nach Hartberg.
Rechts: Der Aufstieg verläuft entlang des Brühlbaches.

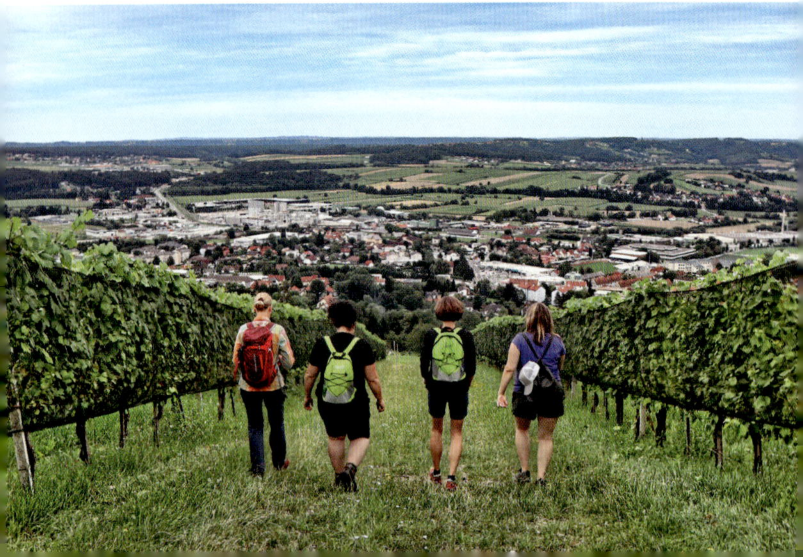

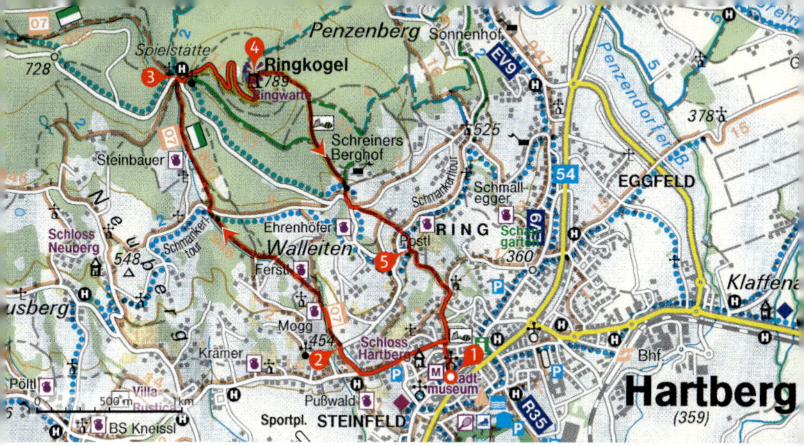

Ausgangspunkt: Hartberg, 359 m, Parkmöglichkeiten beim Kloster. Anfahrt: Auf der A 2 bis Abfahrt Hartberg.
ÖPNV: Mit dem Zug nach Hartberg, mit dem Bus weiter ins Zentrum.
Anforderungen: Verhältnismäßig wenig auf Asphaltstraßen, der Großteil des Weges führt über gut markierte Steige und Forststraßen. Zwischendurch ein paar steilere Abschnitte, die bei Nässe rutschig sind.
Einkehr: Gasthof Restaurant zum Brauhaus Großschedl, Tel. +43 3332 62210, brauhaus.co.at; Hotel & Restaurant Pusswald, Tel. +43 3332 62584, hotel-pusswald.at; Gasthof Pack »Zur Lebing Au«, Tel. +43 3332 62470, gasthof-pack.at. Unterwegs: Weingut-Buschenschank Postl, Tel. +43 3332 63219, weinhofpostl.at; Jausenstation Ringwarte, Tel. +43 664 75115248.

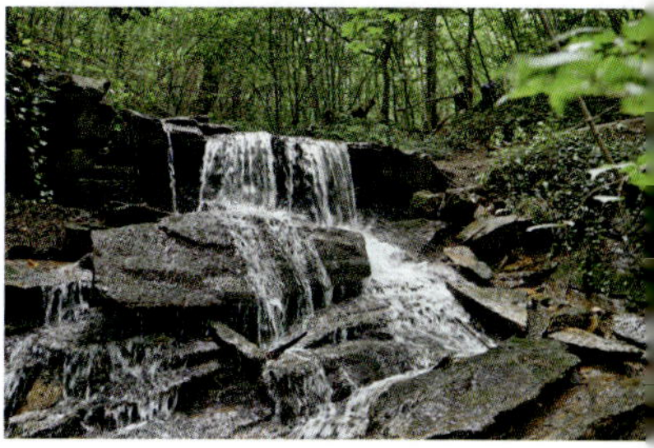

Tipp: Hartberg ist der Endpunkt von Etappe 27 der Nordroute »Vom Gletscher zum Wein«. Auf dieser Route kann man von Pöllau über die Ringwarte nach Hartberg wandern – eine wunderschöne Tagestour, die zwei wichtige Zentren in der Oststeiermark miteinander verbindet.

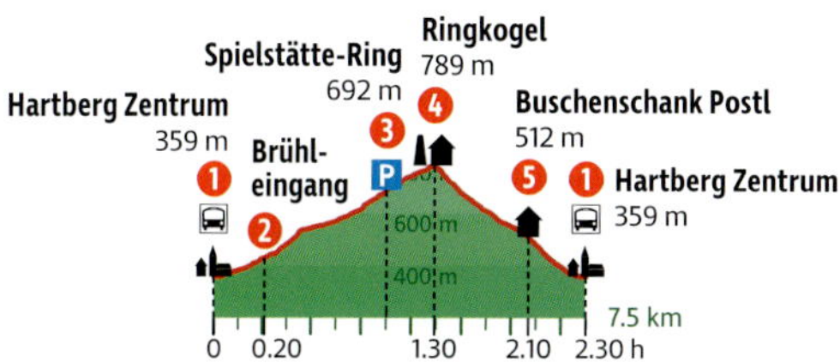

Vom **Hauptplatz** in **Hartberg** ❶, 359 m, aus gehen wir beim Gasthof Brauhaus vorbei entlang der Preßlgasse. Bei der Kreuzung halten wir uns links und achten auf die grünen Wegweiser mit der Aufschrift »Ringwarte«. Nach ca. 500 m gelangen wir zu einer Kreuzung, wo wir rechts bergauf gehen, zunächst parallel zur Straße auf dem Gehweg. Nachdem wir dann die Straße überquert haben, kommen wir zum Beginn des Hartberger Brühl, eines geschützten Landschaftsteils, der mit einer Tafel **»Brühleingang«** ❷ gekennzeichnet ist, 431 m.

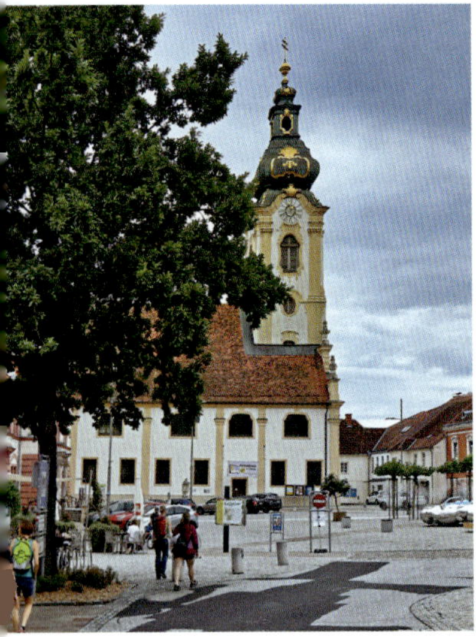

Das Zentrum von Hartberg.

Ab nun geht es etwas steiler entlang des Brühlbaches bergauf, immer dem Wanderweg 746 folgend. Nach dem Waldstück kommen wir auf Wiesenflächen und überqueren Straßen, um auf den gut markierten Wegen weiterzugehen. Zwischendurch genießen wir den Blick auf Hartberg. Ein schönes Teilstück führt uns entlang des künstlich angelegten Wasserlaufes, bis wir dann über eine Forststraße den **Parkplatz Spielstätte-Ring** ❸, 692 m, erreichen. Verschiedene Infotafeln sind entlang der Schotterstraße zu sehen, die in Serpentinen bergauf zum **Ringkogel** ❹, 789 m, und zur Aussichtswarte führt.

Der Einstieg in den Rückweg ist durch Wegweiser mit der Aufschrift »Hartberg Zentrum« gekennzeichnet und befindet sich in unmittelbarer Nähe der Warte. Durch den Wald bergab führt ein deutlich zu erkennender, viel begangener Pfad. Bei einer Asphaltstraße halten wir uns rechts und folgen ihr bis zur Bushaltestelle Ring/GH Schreiner. Wir verlassen wieder die Asphaltstraße und wandern auf einer Schotterstraße über Wiesen- und Ackerflächen gemütlich bergab. Neuerlich bei einer Asphaltstraße angekommen, gehen wir nun nach links und erreichen nach wenigen Metern den **Buschenschank Postl** ❺, 512 m. Beim Parkplatz sieht man den Einstieg in den Wanderweg, der nun direkt durch die Weingärten hinunterführt und durch die rot-weiß-roten Markierungen deutlich zu erkennen ist. Weiter auf Pfaden entlang von Wiesen- und Waldflächen, bis wir letztendlich wieder eine Asphaltstraße erreichen und nun der Beschilderung in Richtung **Hauptplatz** ❶ folgen.

Am Ringkogel angekommen, liegt nur noch der Aufstieg auf die Ringwarte vor uns.

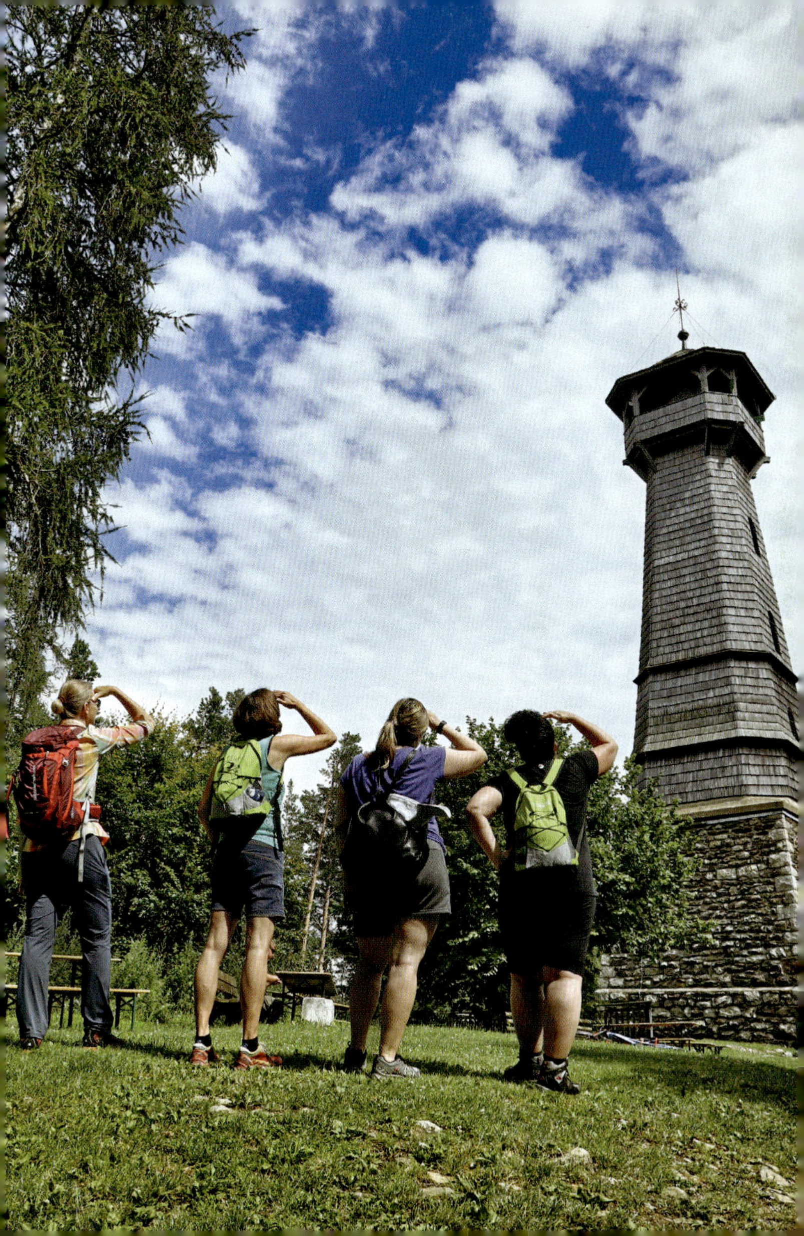

TOP

29 Hirschbirn-Wanderweg

↗ 520 m | ↘ 520 m | 12.1 km

4.00 h

Wandern, wo Menschen die Hirschbirne lieben

Mit Pöllau sind wir im Zentrum des Naturparks und somit auch beim zentralen Ausgangspunkt für Wanderungen. Ein Klassiker ausgehend von Pöllau ist der Hirschbirnweg. Der Weg verbindet Pöllau mit Pöllauberg und führt weiter durch das landschaftlich attraktive Hinterland im Osten des Naturparks. In Pöllau sollte man den Bauernladen am Hauptplatz besuchen, um einen Vorgeschmack auf die Produktpalette der Hirschbirne, einer alten steirischen Obstsorte, zu bekommen. Der Name »Hirschbirne« ist auf das Wort »Hiasch« (Herbst) zurückzuführen, da sie erst ab Mitte Oktober geerntet werden kann. Im Naturpark findet man noch größere Bestände dieser Bäume, und so liegt es auch auf der Hand, dass die Hirschbirne das Leitprodukt der Region darstellt. Wander- und Geschmackserlebnisse lassen sich damit genussvoll kombinieren. Wer einmal die Pöllauberger Mostsupp'n mit Hirschbirnknöderl oder die Pöllauer Torte probiert hat, wird verstehen, wenn wir sagen: »Einmal Pöllauer Tal, immer Pöllauer Tal.«

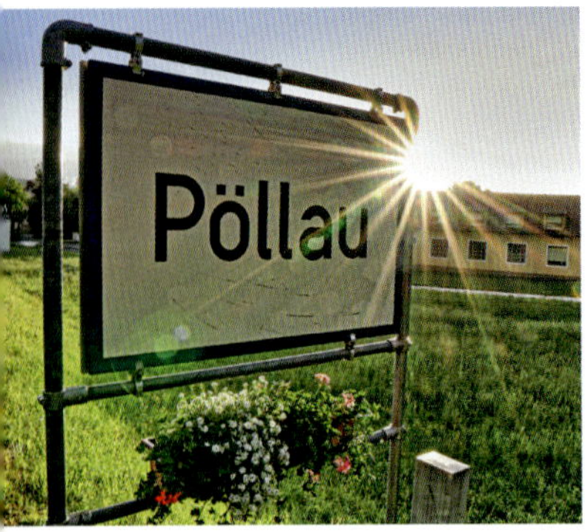

Sonnenschein in Pöllau.

Ausgangspunkt: Pöllau bei Hartberg, 425 m, Parkmöglichkeiten beim Schlosspark in Pöllau. Anfahrt: Von Wien auf der A 2 bis Abfahrt Hartberg, dann über Hartberg und Flattenberg nach Pöllau bei Hartberg. Von Graz kommend auf der A 2 bis Abfahrt Gleisdorf West, dann der B 54 Richtung Hartberg folgend nach Kaindorf bei Hartberg; weiter über Dienersdorf nach Pöllau bei Hartberg.
ÖPNV: Zug/Bus bis Hartberg; mit Bus bis Pöllau bei Hartberg.
Anforderungen: Der Wanderweg ist durchgehend sehr gut markiert. Abschnittsweise im Wald etwas steiler, wo es bei Nässe sehr rutschig werden kann.
Einkehr: Gasthof Hubmann, Tel. +43 3335 2267, gasthofhubmann.at; Gasthaus-Fleischerei Ritter, Tel. +43 3335 2303; Schlosswirt Schmitz, Tel. +43 664 8819 8717, schlosswirt-schmitz.at; Restaurant Haider, Tel. +43 3335 2353, restaurant-haider.at. Unterwegs: Goldsberghof, Tel. +43 664 750 20812, goldsberghof.at; Berggasthof König, Tel. +43 3335 2311, berggasthof-koenig.at; Gasthof Goger, Tel. +3335 2388, zumjagawirt.com; Buschenschank Haubenwaller, Tel. +43 3335 3455, buschenschank-haubenwaller.com; Retter Bio-Natur-Resort, Tel. +43 3335 2690, retter.at; Gasthof Kerschhofer, Tel. +43 3335 2301, gasthof-kerschhofer.at.
Tipp: Die Pöllauer Torte der Konditorei Ebner im Zentrum von Pöllau zählt zu den süßen Highlights der Region.

Wir starten im **Schlosspark** von **Pöllau** ❶, 425 m, da hier eine zentrale Wegweiser-Infostelle zu finden ist. Die Holztafel mit der Aufschrift »Hirschbirnweg« gibt uns die Richtung vor, und so geht es durch den Park zu einer Straßenkreuzung und weiter in Richtung Osten bis zum Kreisverkehr. Hier gehen wir nach links; gleich darauf zweigt der Wanderweg nach rechts in eine schmale Asphaltstraße ab. Nun wandern wir ca. 300 Hm bergauf, wobei wir unterwegs mehrere Stationen eines Kreuzweges passieren und über einen schönen Wanderweg nach **Pöllauberg** ❷, 753 m, gelangen. Bei der Wallfahrtskirche nach links zum zentralen Platz, wo sich der Berggasthof König und ein kleines Kaufhaus mit Trafik befinden.

Links am Kaufhaus vorbei führt der Weg zur Volksschule, dann sehen wir bereits wieder die Wegweiser »Hirschbirnweg« und »Zu den Gärten«. Ab nun geht es über schön gepflegte Wanderwege, am »Schnapsgarten« vorbei, immer bergab durch einen schönen Mischwald. Die Wegführung ist durch Holztafeln mit den Aufschriften »Hirschbirnweg« und »Hotel Retter« eindeutig. In der Folge überqueren wir eine Asphaltstraße, wandern entlang eines Weges am Waldrand, mit schönen Ausblicken ins Pöllautal, bis zu einer Kreuzung. Nach links folgen wir dem Wegweiser »Pöllau über Hotel Retter« und kommen nach kurzer Zeit zum **Buschenschank Weinbau Haubenwaller** ❸, 562 m.

Lage und Aussicht der Wallfahrtskirche am Pöllauberg sind unbeschreiblich schön.

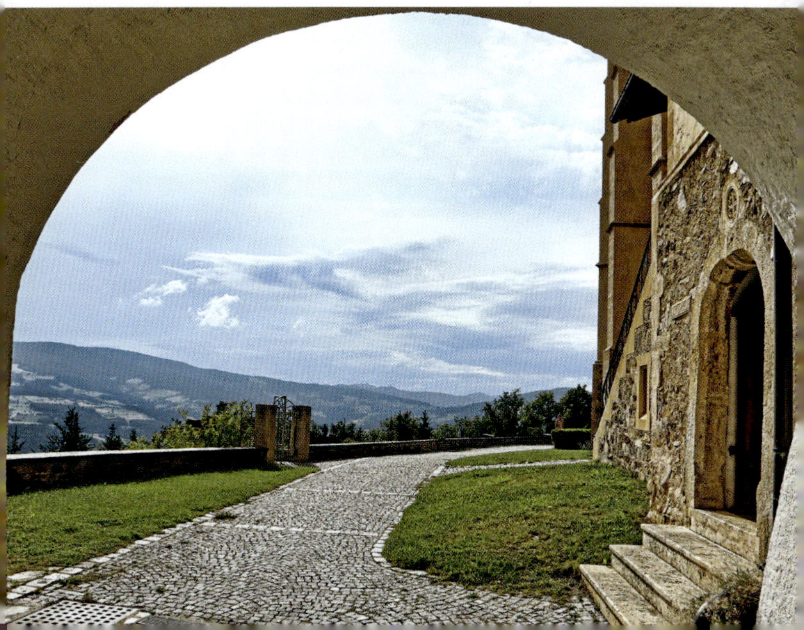

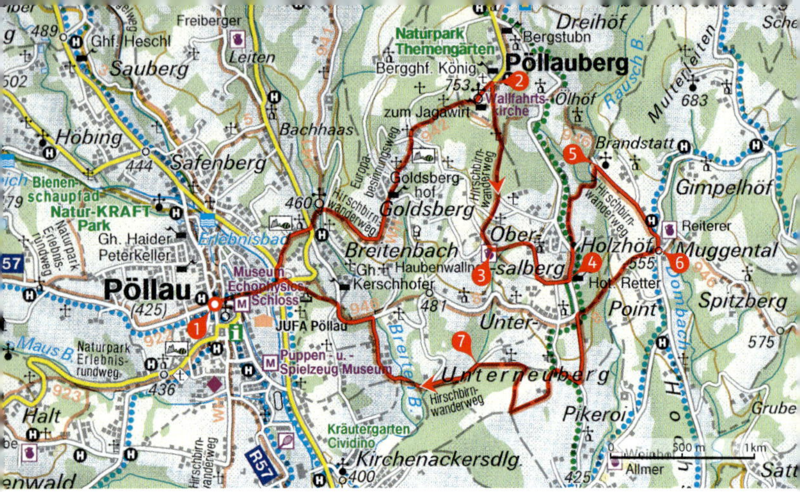

Der Schlosspark in Pöllau ist Ausgangspunkt für zahlreiche Wanderungen.

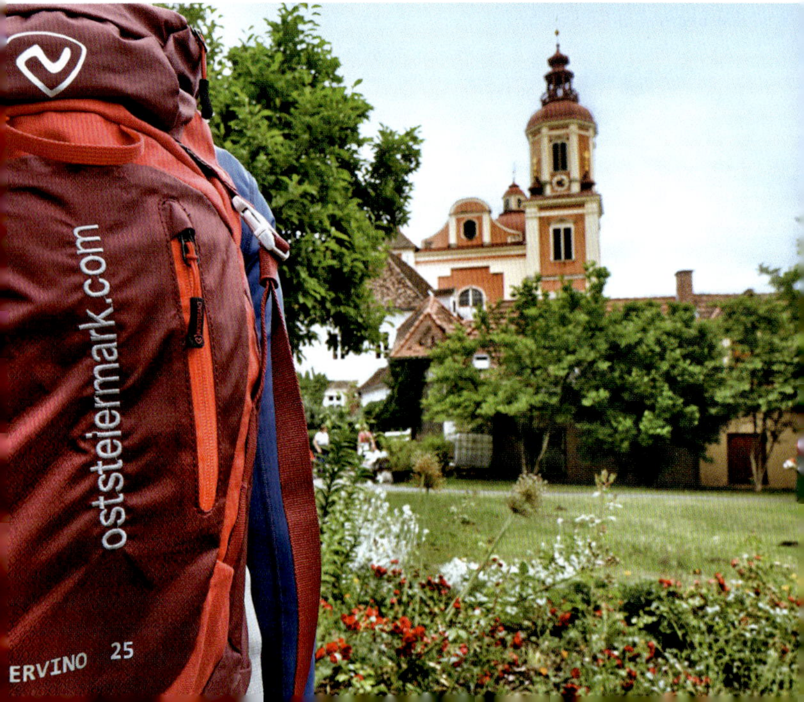

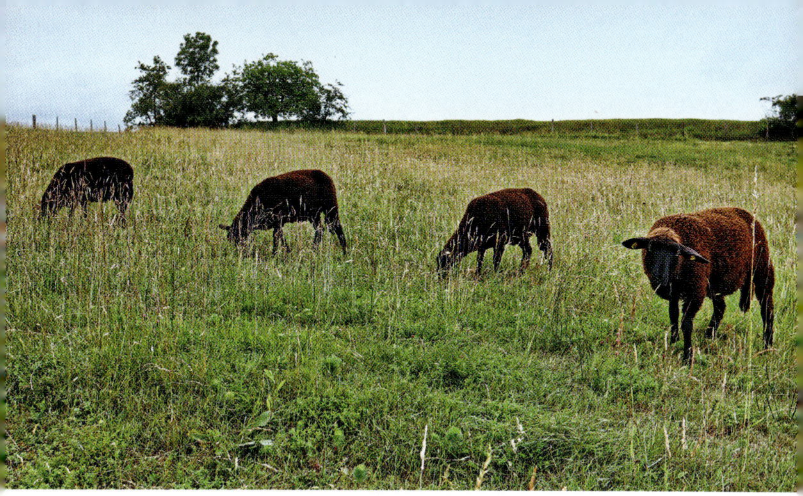

Zwischendurch kommt man auch an saftigen Weideflächen vorbei.

Direkt beim Parkplatz Haubenwaller hindurch, weiter durch den Weingarten und den Wald, bis wir bei einem Haus wieder zu einer Asphaltstraße kommen und dieser bis zum **Bio-Hotel** ❹, 527 m, folgen. Vor dem Hotel geht es links leicht bergauf, am Retter Bio-Laden vorbei und in der Folge entlang des Streuobst-Rundweges bis zur Abzweigung rechts in Richtung Graben. Wir wandern über die Wiesen bergab und sehen linker Hand den Einstieg in den Wald. Nachdem wir den Talboden des Rauschbaches erreicht haben, geht es leicht bergauf zur **Boletz-Kapelle** ❺, 541 m.
Entlang der Asphaltstraße bis zur Abzw. Bushaltestelle **Oberneuberg** ❻, 555 m, wo es rechts nochmals in den Rauschgraben geht. Bei der Asphaltstraße halten wir uns links und folgen dem gut markierten Weg ca. 1,8 km auf abwechselnden Asphaltstraßen, Wald- und Wiesenpfaden bis zur **Kreuzung** ❼, 432 m. Hier gehen wir links auf der Asphaltstraße weiter, bis nach ca. 1,4 km der Wanderweg links abzweigt. Ein letztes kurzes Stück noch durch den Wald und über Stufen bergab; so erreichen wir bald wieder den Kreisverkehr und folgen dem bekannten Weg zurück ins **Zentrum** ❶.

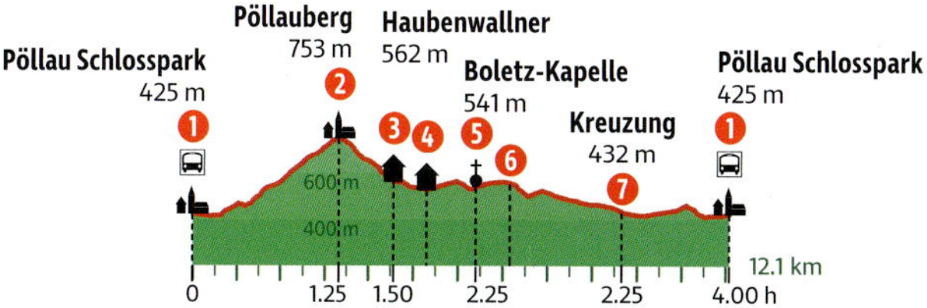

↗ 1300 m | ↘ 1300 m | 30.8 km

30 Zwei Tage im Naturpark Pöllauer Tal

2 Tage

So schön kann wandern sein

Für sportlich und kulturell interessierte Wanderer empfiehlt sich diese Zweitageswanderung im Naturpark Pöllauer Tal. In den zwei Tagen lernt man einen Teil des ca. 120 km² großen Schutzgebietes kennen, das vom Talboden der Saifen mit 345 m Seehöhe bis zum höchsten Punkt am Rabenwald mit 1280 m reicht. Im Zentrum des Naturparks liegt der Ort Pöllau – mit dem historischen Ortskern, der ehemaligen Stiftsanlage mit der imposanten Pfarrkirche, auch als »Steirischer Petersdom« bekannt, zahlreichen regionalen Geschäften und gemütlichen Einkehrmöglichkeiten ein perfekter Ausgangs- und Endpunkt für Wanderungen. Bereits im 12. Jh. hat sich Pöllau als ein wichtiger und wohlhabender Handwerks- und Handelsort etabliert, was heute noch an den prächtigen Fassaden und detailreichen Holzarbeiten der Bürgerhäuser zu erkennen ist. Der Aufstieg führt uns durch typische Streuobstwiesen und wohltuende Wälder, die für diese Region charakteristisch sind. Weiter geht es auf dem lang gezogenen Bergrücken, der das Vorauer Becken im Norden, das Lafnitztal im Osten und die Naturparkregion Pöllauer Tal im Süden trennt. Mit dem Masenberg erreicht man einen aussichtsreichen Gipfel, der von allen Himmelsrichtungen her erwandert werden kann. In unmittelbarer Nähe des Gipfels befinden sich die Kernstockhütte und die bekannte Glückskapelle. Mit dem Abstieg über Pöllauberg erwandert man einen der ältesten und bedeutendsten Wallfahrtsorte der Steiermark. Die gotische Wallfahrtskirche Maria Pöllauberg wurde zwischen 1339 und 1377 erbaut und thront nahezu majestätisch über dem Pöllauer Tal. Dieser Platz, so wird vermutet, wurde bereits von den Kelten und den Römern für kultische Zwecke genutzt. Zu guter Letzt lernt man noch einen Teil des Hirschbirn-Wanderweges kennen. Alles in allem zwei wunderbare Tage im Naturpark Pöllauer Tal.

Wegkreuzung am Lüßwaldsattel.

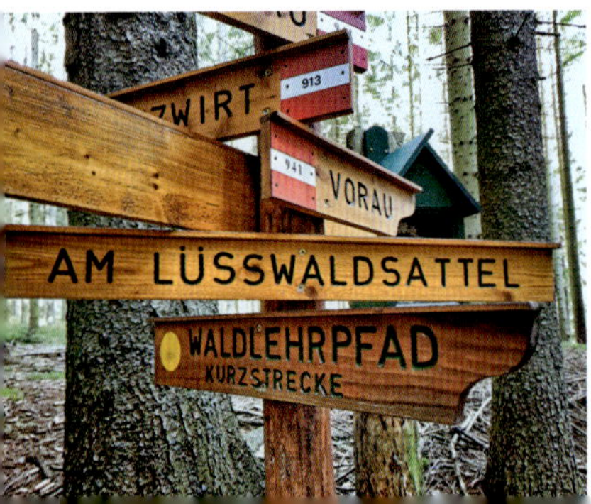

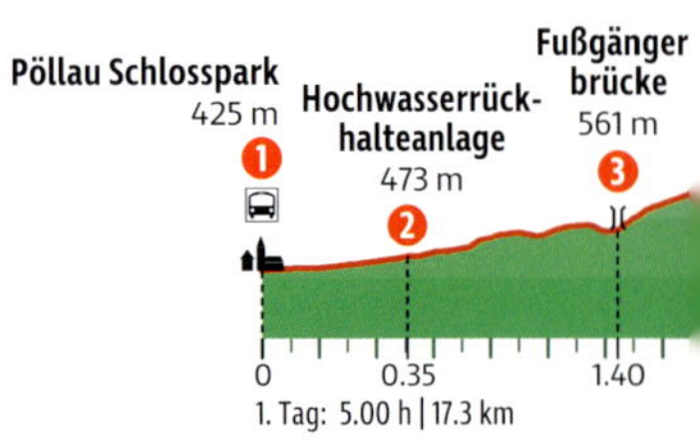

Ausgangspunkt: Pöllau bei Hartberg, 425 m, Parkmöglichkeiten beim Schlosspark in Pöllau. Anfahrt: Von Wien auf der A 2 bis Abfahrt Hartberg, dann über Hartberg und Flattenberg nach Pöllau bei Hartberg. Von Graz auf der A 2 bis Abfahrt Gleisdorf West, dann der B 54 Richtung Hartberg folgend nach Kaindorf bei Hartberg; weiter über Dienersdorf nach Pöllau bei Hartberg.
ÖPNV: Zug/Bus bis Hartberg; mit Bus bis Pöllau bei Hartberg.
Anforderungen: Abwechslungsreiche leichte Wegführung im Aufstieg, grundsätzlich durchgehend markiert, an einigen Abzweigungen sind die Markierungen unzureichend. Der Abstieg vom Masenberg und vom Pöllauberg ist anfangs etwas steil und kann bei Nässe auch rutschig sein, der restliche Teil der Wanderung ist technisch leicht, insgesamt gut markierte Wege.
Einkehr: Gasthof Hubmann, Tel. +43 3335 2267, gasthofhubmann.at; Gasthaus-Fleischerei Ritter, Tel. +43 3335 2303; Schlosswirt Schmitz, Tel. +43 664 8819 8717, schlosswirt-schmitz.at; Restaurant Haider, Tel. +43 3335 2353, restaurant-haider.at; Hotel Restaurant Gruber, Tel. +43 3335 2464, hotel-gruber.at. Unterwegs: Am ersten Tag keine Möglichkeit. Zweiter Tag: Masenberger Olmstoll, Tel. +43 664 5129603, olmstoll.at; Kernstockhütte am Masenberg, Tel. +43 3337 33231; Berggasthof König, Tel. +43 3335 2311, berggasthof-koenig.at; Gasthof Goger, Tel. +43 3335 2388.

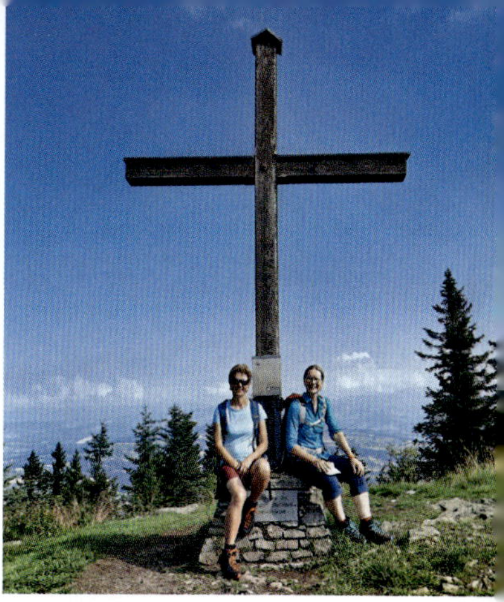

Der Masenberg mit 1261 m Höhe ist erreicht.

Übernachtung: Hotel Waldhof Muhr, Tel. +43 3335 3600, waldhof-muhr.at. SAM-Taxi von der Station Gasthof Muhr HF 5842 nach Pöllau.
Tipp: Während des Aufstiegs am ersten Tag ist das private, liebevoll geführte volkskundliche Museum in Prätis den kleinen Abstecher wert. Tel. +43 3335 3567. Als süßen Abschluss empfehlen wir die Pöllauer Torte von der Konditorei Ebner, Tel. +43 3335 2350, konditorei-ebner.at.

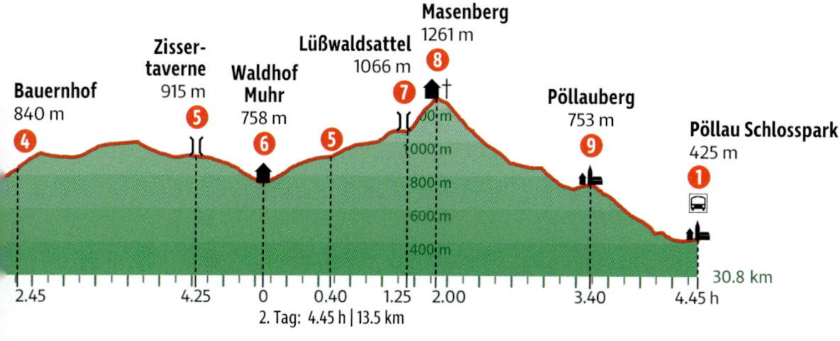

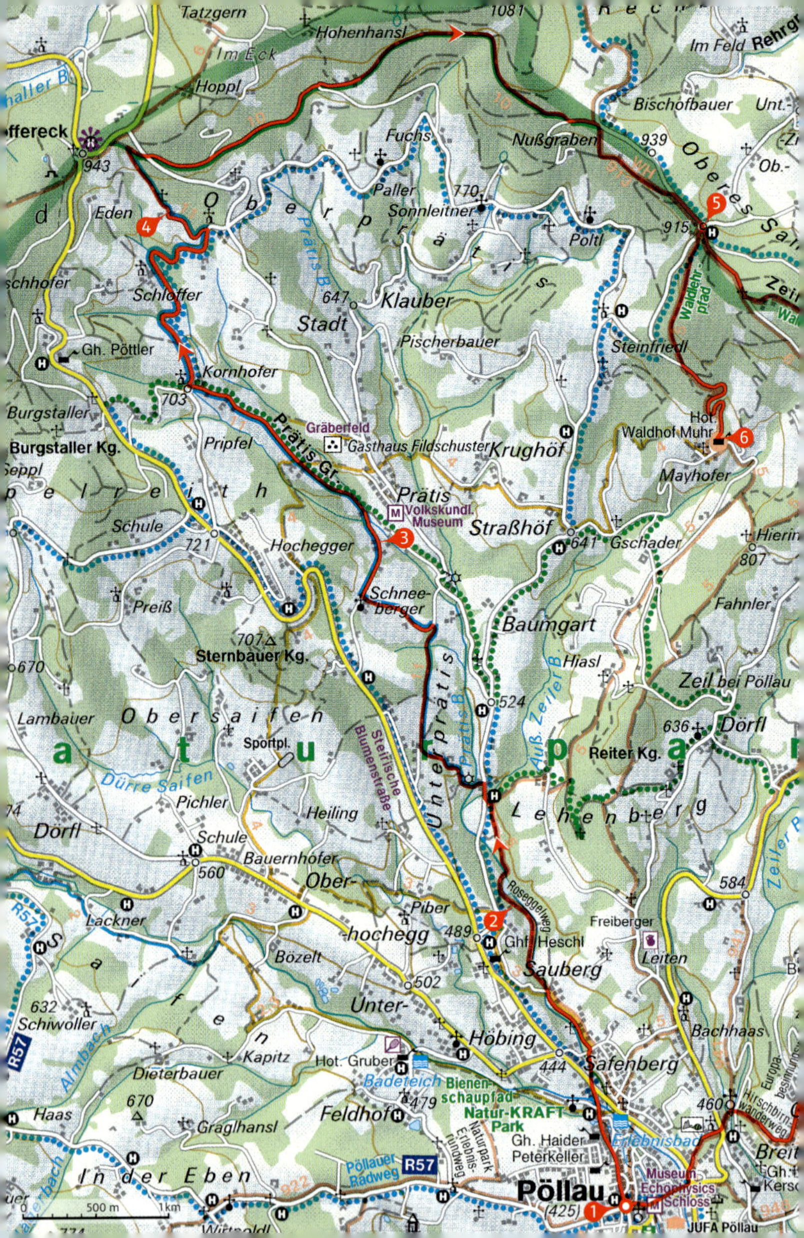

Tatzgern
Hohenhansl
1081
Im Eck
Im Feld
Rehrg
Hoppl
Bischofbauer
Unt.-
ffereck
943
Fuchs
Nußgraben
939
Oberes
Ob.-
Eden
Oberprätis
Paller
770
Sonnleitner
Poltl
915
Schloffer
Prätis B.
647
Klauber
Waldlehrpfad
Stadt
Pischerbauer
Steinfriedl
Gh. Pöttler
Kornhofer
703
Burgstaller
Prätis Gr.
Gräberfeld
Gasthaus Fildschuster
Krughöf
Hof Waldhof Muhr
Burgstaller Kg.
Pripfel
Mayhofer
Seppl
Preiß
Prätis
Volkskundl. Museum
Straßhöf
641
Gschader
Hierin
807
Schule
721
Hochegger
Schneeberger
Fahnler
Baumgart
707
Sternbauer Kg.
670
Hiasl
Zeil bei Pöllau
524
Lambauer
Obersaifen
Außerprätis
Auß. Zeller B.
636
Dörfl
Reiter Kg.
Sportpl.
Unterprätis
Steirische Blumenstraße
Dürre Saifen
Pichler
Heiling
Lehenberg
Dörfl
Schule
560
Bauernhofer
Ober-
584
Zeller B.
R57
Lackner
Piber
hochegg
489
Freiberger
Roseggerweg
Gh. Heschl
Leiten
Bözelt
Sauberg
502
Unter-
632
Schiwoller
Höbing
Bachhaas
Kapitz
Hot. Gruber
444
Safenberg
Badeteich
Bienenschaupfad
Dieterbauer
479
670
Natur-KRAFT Park
460
Haas
Graglhansl
Feldhof
Erlebnisbad
Hirschbirnwanderweg
Gh. Haider
Peterkeller
Breit
Pöllauer Radweg
R57
Naturpark Erlebnisrundweg
In der Eben
Pöllau
(425)
Museum Echophysics
Schloss
JUFA Pöllau
0
500 m
1 km
Almbach

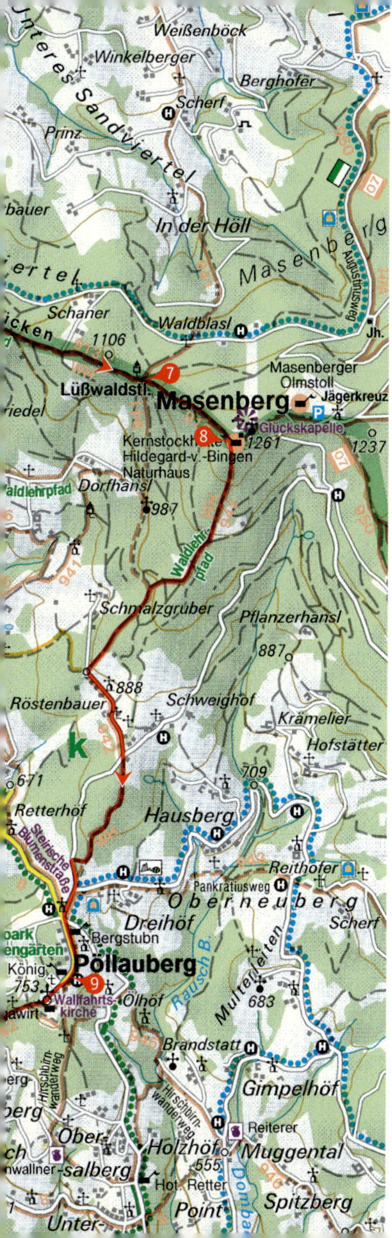

1. Tag: Pöllau – Hotel Waldhof Muhr

Vom **Schlosspark 1**, 425 m, folgen wir dem Wegweiser »Rosegger-weg-GH Muhr« mit der Nummer 5 durch den Park und kommen bei der Straßenkreuzung zu weiteren Wegweisern. Geradeaus verlassen wir das Zentrum in Richtung Norden, zweigen kurz vor der Ortstafel nach rechts ab, überqueren die Bundesstraße und kommen zu einer kleinen Fußgängerbrücke. Gleich danach halten wir uns links und folgen der Asphaltstraße. Bei der Straßenkreuzung geradeaus weiter, bis wir auf der linken Seite den Einstieg in den Wanderweg sehen. Ab nun folgen wir dem Prätisbach leicht bergauf, über Brücken bis zur **Hochwasserrückhalteanlage 2**, 473 m. Weiter entlang des Baches und über schöne Wiesenflächen kommen wir oberhalb eines Hauses zu einer Wanderwegkreuzung. Ab nun orientieren wir uns an Weg 11 in Richtung Schloffereck. Nach wenigen Metern erreichen wir die Bushaltestelle Prätis Sägewerk Kohl. Hier geht es nach links, am Haus vorbei und weiter über einen Bach. Kurz nach der Brücke verlassen wir die Asphaltstraße und wandern rechts leicht bergauf. Wir passieren ein paar Häuser und kommen zu einer Kreuzung mit einem Wegkreuz, wo wir uns rechts halten. Nach wenigen Metern verlassen wir die Straße, um links in den Schotterweg einzubiegen. In der Folge führt der Weg entlang von Wiesen-, Acker- und Waldflächen. Schließlich ist auf einem Mast eine Markierung zu sehen, die scharf nach links weist.

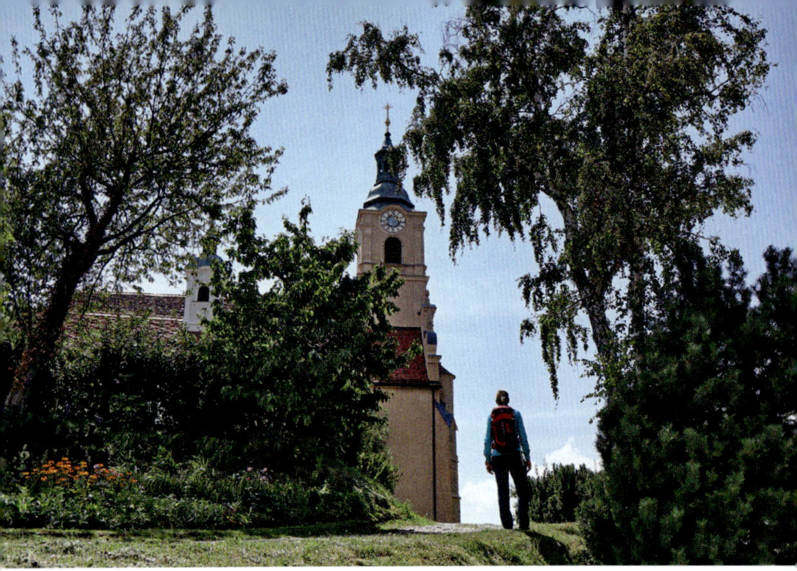

Eines der Highlights ist Pöllauberg mit der Wallfahrtskirche und den Wirtshäusern.

Danach geht es leicht bergauf, bis wir wieder auf eine Asphaltstraße treffen und dieser nach rechts in leichtem Auf und Ab, an wenigen Häusern vorbei, folgen. Nach einer **Fußgängerbrücke** 3, 561 m, sind mehrere Wegweiser zu sehen. Hier besteht die Möglichkeit, einen Abstecher zum Museum in Prätis zu machen. Der Wanderweg in Richtung Schloffereck führt links leicht bergauf, über Wiesenwege und entlang einer Asphaltstraße bis zur Kreuzung und SAM-Station Köppelreith. Rechts weiter bergauf entlang von Straßen und Waldrandwegen bis zu einem **Bauernhof** 4, 840 m.

Der Weg führt durch Haus- und Stallgebäude hindurch und in der Folge am Waldrand entlang, bis wir im Wald zu einem Wegweiser in Richtung Bischofbauer kommen. In unmittelbarer Nähe befindet sich der Passübergang Schloffereck, was am Verkehrslärm gut zu erkennen ist. Wir zweigen rechts auf den Wanderweg 10 in Richtung Bischofbauer ab. Es geht auf breiten Forststraßen dahin, bis wir zu einem einzeln stehenden Haus mit zwei alten Nebengebäuden gelangen. Von hier aus hat man einen wunderbaren Ausblick zur Wallfahrtskirche am Pöllauberg.

Weiter geht es über Forststraßen, bis wir zu einer Asphaltstraße mit einer Wegkreuzung kommen. Der Wanderweg 913 in Richtung Masenberg führt rechts nach unten parallel zur Straße, bis wir den Kreuzungsbereich **Zissertaverne** 5, 915 m, und somit den Übergang vom Naturpark Pöllauer Tal in die Region Joglland-Waldheimat erreichen. Ab nun geht es bergab über Wanderwege und Forststraßen bis zum **Hotel Muhr** 6, 758 m.

2. Tag: Hotel Waldhof Muhr – Pöllau

Am zweiten Tag starten wir mit dem uns bereits bekannten Weg zurück zum Passübergang **Zissertaverne** 5. Bei der Kreuzung gehen wir nach rechts und folgen der Asphaltstraße bergauf, bis links der Wanderweg abzweigt. Hier sind wir auf dem Waldlehrpfad bzw. dem Wanderweg 913 unterwegs. Über Wiesenflächen und darauffolgend hauptsächlich durch den Wald kommen wir zum **Lüßwaldsattel** 7, 1066 m. Ab nun wird der Weg etwas steiniger und auch steiler, bis wir den **Masenberg** 8, 1261 m, erreichen. Das Gipfelkreuz, die Glückskapelle und die Kernstockhütte (Schutzhütte Masenberg) liegen hier dicht beieinander.

Der Abstieg führt direkt unter der Kernstockhütte bzw. dem Parkplatz vorbei. Es folgt ein steileres Wegstück durch den Wald, nahezu in einer Linie bergab. Vorsicht, hier sind wir auf einem Singletrail unterwegs, somit auf Radfahrer achten! Wir passieren eine Lichtung mit Hütte, erreichen in der Folge eine Asphaltstraße, zweigen links ab und folgen dem gut markierten Weg ins Zentrum von **Pöllauberg** 9, 753 m.

Vom Haupteingang der bekannten Marienwallfahrtskirche Pöllauberg verläuft der Wanderweg über Stufen zu den drei Säulen und weiter durch den Wald immer bergab. Der Weg ist gut markiert und führt uns entlang des Hirschbirnweges (Weg Nr. 942) hauptsächlich auf Pfaden und zwischendurch auf Asphaltstraßen bergab. Am Talboden angekommen wandern wir nach links weiter, beim Kreisverkehr nach rechts, und zuletzt folgen wir der Straße zurück ins **Zentrum** von **Pöllau** 1.

Im Naturpark Pöllauer Tal gibt es zahlreiche Wohlfühl-Rastplätze.

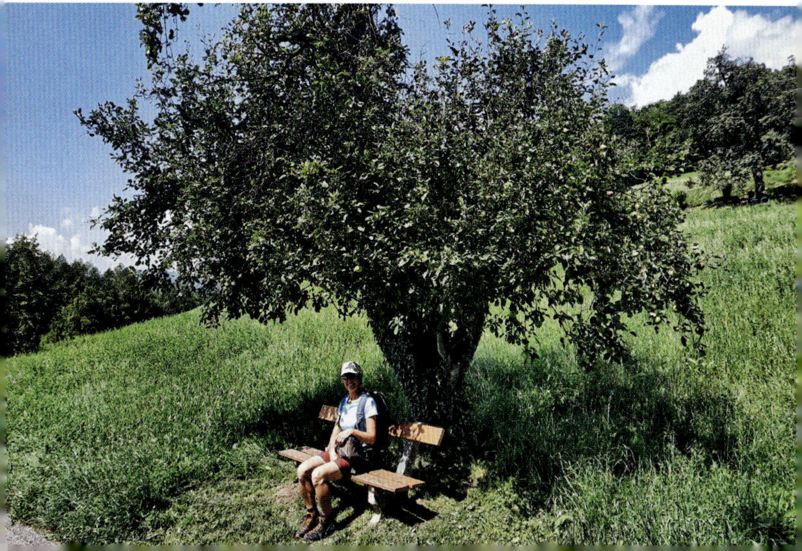

↗ 1030 m | ↘ 650 m | 20.2 km

31 Rabenwaldkogel, 1280 m

6.30 h

Auf die höchste Erhebung im Naturpark Pöllauer Tal

Der Naturpark bietet eine Vielzahl an Wandermöglichkeiten, von kurzen, einfachen Themenwegen bis hin zu einer Zweitageswanderung von Pöllau über Masenberg und Pöllauberg zurück ins Tal. Die Region ist bekannt für schön gestaltete Naherholungswege, informative Themenwege und regionale Geschäfte, die erlesene Spezialitäten aus heimischen Produkten anbieten. Individuell und natürlich wie die Region sind auch die hier ansässigen Betriebe wie etwa eine Ölmühle, Fleisch- und Wurstwarenerzeuger und Konditoreien mit bekannten Namen. Bei der Wanderung auf den Rabenwaldkogel lohnt es sich, eine Picknickdecke und einen Rucksack voll regionaler Produkte mitzunehmen und auf seinem eigenen Wohlfühlplatzerl das Leben einfach zu genießen. Der Gipfelbereich ist ein schönes Fleckchen mit Gipfelkreuz und einem Bankerl, jedoch mitten im Wald und somit »aussichtslos«. Bekannt ist der Rabenwaldkogel auch aufgrund von Mitteleuropas größtem Talkbergbau, der südlich des Gipfelbereiches liegt. Die Lagerstätte enthält Chlorittalk, der zu gleichen Teilen aus Talk und Chlorit besteht und mittels einer Seilbahn zu den Mühlen nach Oberfeistritz transportiert wird. Der historische Abbau ist auf das 9. Jh. zurückzuführen, wo Talk vom Rabenwald auf den römischen Salzstraßen nach Venedig gebracht wurde.

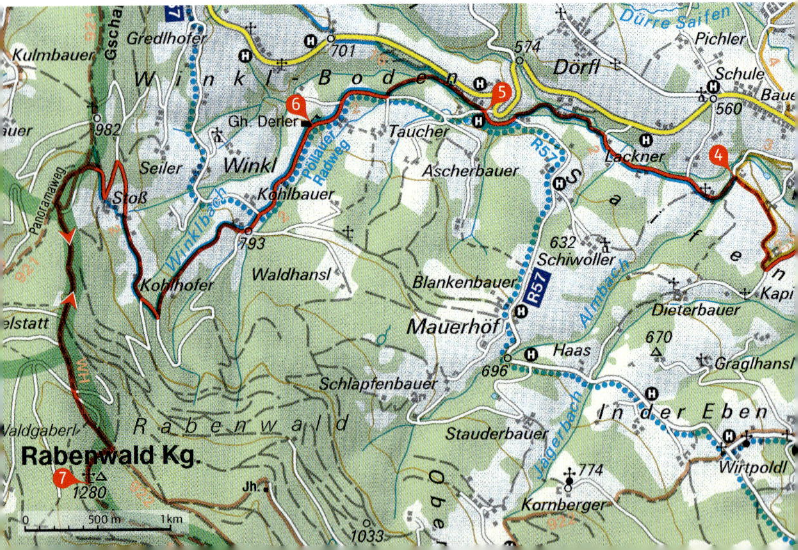

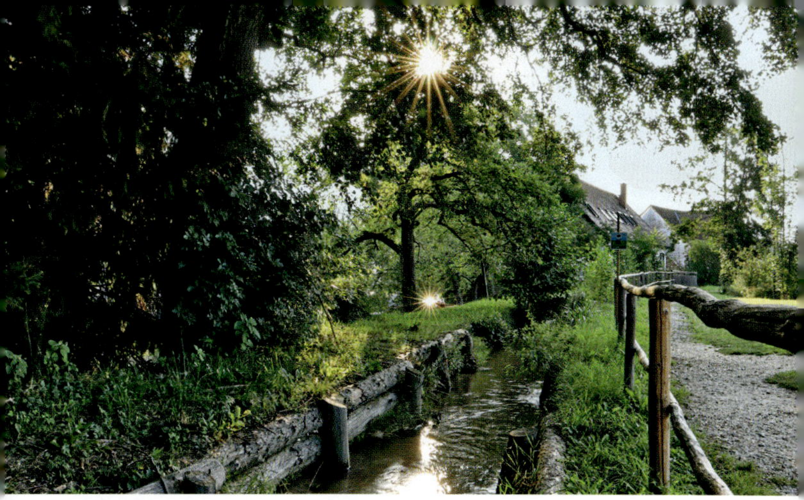

Gepflegte Naherholungswege zu Beginn der Wanderung in Pöllau.

Ausgangspunkt: Pöllau bei Hartberg, 425 m, Parkmöglichkeiten beim Schlosspark in Pöllau. Anfahrt: Von Wien auf der A 2 bis Abfahrt Hartberg, dann über Hartberg und Flattenberg nach Pöllau.

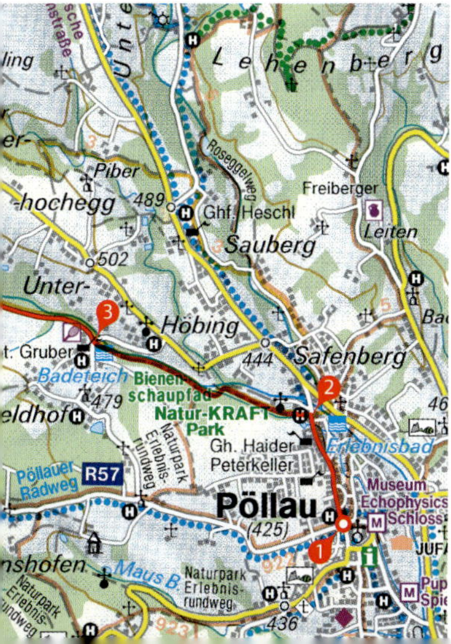

Von Graz auf der A 2 bis Gleisdorf West, dann der B 54 Richtung Hartberg folgend nach Kaindorf bei Hartberg; weiter über Dienersdorf nach Pöllau.

Endpunkt: Gasthof Derler, 800 m. Rückfahrt nach Pöllau mit SAM-Taxi ab HF 5974 Winkl-Boden GH Derler.

ÖPNV: Zug/Bus bis Hartberg; mit Bus bis Pöllau bei Hartberg.

Anforderungen: Die Wege sind einfach zu begehen und nicht allzu herausfordernd, die Steigungen sind moderat. Grundsätzlich gut markiert, bis auf einige Abzweigungen.

Einkehr: Gasthof Hubmann, Tel. +43 3335 2267, gasthofhubmann.at; Gasthaus-Fleischerei Ritter, Tel. +43 3335 2303; Schlosswirt Schmitz, Tel. +43 664 8819 8717, schlosswirt-schmitz.at; Restaurant Haider, Tel. +43 3335 2353, restaurant-haider.at. Unterwegs: Hotel Restaurant Gruber, Tel. +43 3335 2464, hotel-gruber.at. Gasthaus Derler, Tel. +43 3335 2722.

Tipp: Bei der Bäckerei Uitz, an der wir zu Beginn direkt vorbeigehen, gibt es den Pöllauer Mugl, ein Spezialgepäck, das bei der Wanderung nicht fehlen darf.

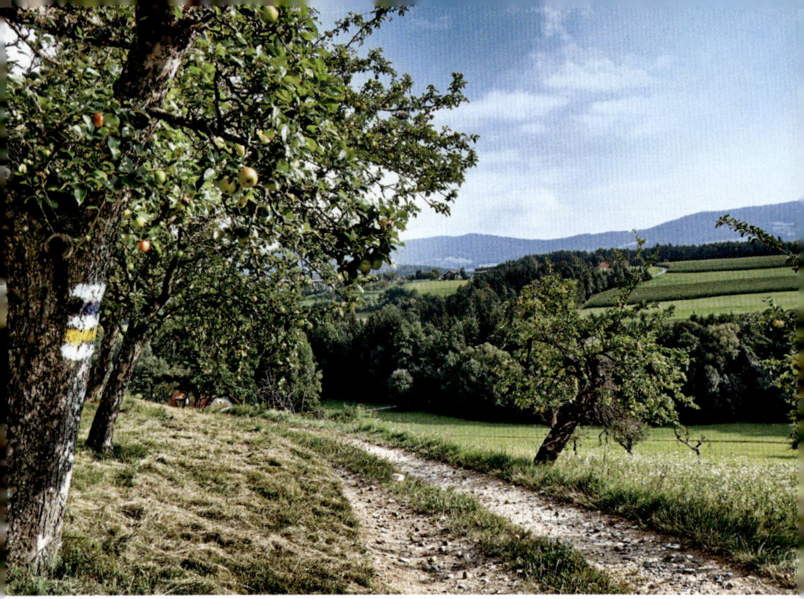

Gemütliche Anstiege entlang gepflegter Kulturflächen – zahlreiche Obstbäume inklusive.

Vom **Schlosspark** in **Pöllau** ❶, 425 m, starten wir in Richtung Norden. Wir orientieren uns an den Wegweisern Hinterbrühl (Weg 2) und gehen durch den Schlosspark und weiter entlang der Straße ca. 600 m bis zu einem **Bildstock** ❷, 433 m. Hier zweigen wir links ab und folgen dem gut markierten Weg an den Stationen des Naturkraftparks vorbei bis zum **Hotel Restaurant Gruber** ❸, 458 m, mit einem Naturbadeteich. Wir folgen der Asphaltstraße, biegen einmal rechts ab und gehen direkt zwischen den Gebäuden eines Bauernhofes hindurch, wo auch die Asphaltstraße endet. Nun sind wir auf Wiesenflächen unterwegs. Bei einem Bankerl ist ein Wegweiser in Richtung Gschaid-Sattel zu sehen. Noch ein kurzes Stück entlang des Weges, dann zweigen wir links ab. Achtung, hier ist kein Wegweiser, die Abzweigung ist nur an der Markierung am Baum zu erkennen!

Wir wandern über die Wiesen- und Ackerflächen, an Birnbäumen vorbei, bis wir kurz nach einer Hütte eine **Wegkreuzung** ❹, 515 m, am Waldrand erreichen. Unser Wanderweg 2 geht nach links in Richtung Gschaid entlang des Baches weiter. Nach einer Holzbrücke kommen wir direkt zu einem Bauernhof und folgen leicht bergab der Asphaltstraße. Bei der Straßenkreuzung nach links, weiter bis ans Straßenende, wo der Weg direkt beim Wohnhaus nach rechts zum Bach führt. Wir folgen der Markierung, bis wir wieder zu einem Wohnhaus gelangen, an dem wir rechts vorbeigehen. Gleich danach verlassen wir die Straße, um links am Waldweg entlang

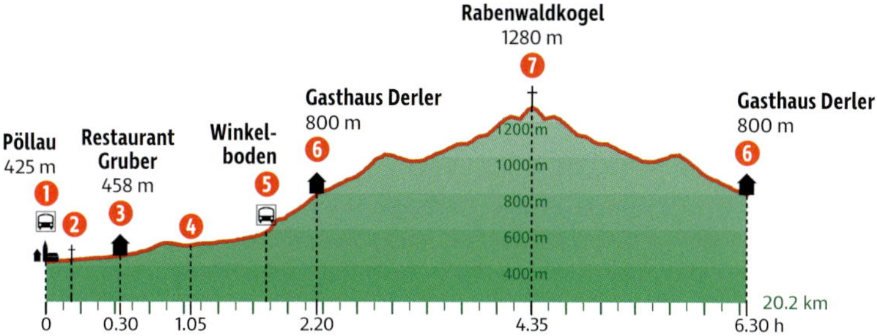

des Baches weiterzuwandern. Bei der **Bushaltestelle Winkelboden Abzw. Rabenwald** 5, 590 m, verlassen wir die Straße wieder und folgen dem Wanderweg bergauf durch den Wald. Wir erreichen alsbald die Bushaltestelle Winkelboden Schlagbauer, wo Weg 2 in Richtung Rabenwald nach links weiterführt. Zuerst wieder durch den Wald und in der Folge entlang der Asphaltstraße bis zum **Gasthof Derler** 6, 800 m.

Nach dem Gasthof verläuft der Wanderweg parallel zur Straße. Es geht kontinuierlich bergauf, und bei einer Straßenkreuzung führt der Wanderweg durch eine Sackgasse. Nachdem wir bei einem Bauernhof hindurchgehen, zieht der gut markierte Weg über Wiesen- und Waldflächen kontinuierlich bergauf. Auf ca. 950 m Höhe wandern wir ca. 1 km fast eben dahin, an Bauernhöfen vorbei, und genießen die Aussicht. Auf einer Forststraße geht es bergauf, bis wir die rot-weiß-rote Markierung sehen und nun der Wegnummer 922 folgen. Beim Wegpunkt Spielstatt noch ein Stück entlang des Weges, bis wir die Abzweigung zum Gipfel erreichen. Ein gelber Wegweiser in Richtung »Anger über Rabenwaldgipfel« weist uns den Weg. Nur noch wenige Höhenmeter und wir erreichen den **Rabenwaldkogel** 7, 1280 m.

Nach einer gemütlichen Pause folgen wir unserer Abstiegsroute bis zum **Gasthof Derler** 6 und nutzen dort das SAM-Taxi für die Rückfahrt.

An blumengeschmückten Häusern vorbei.

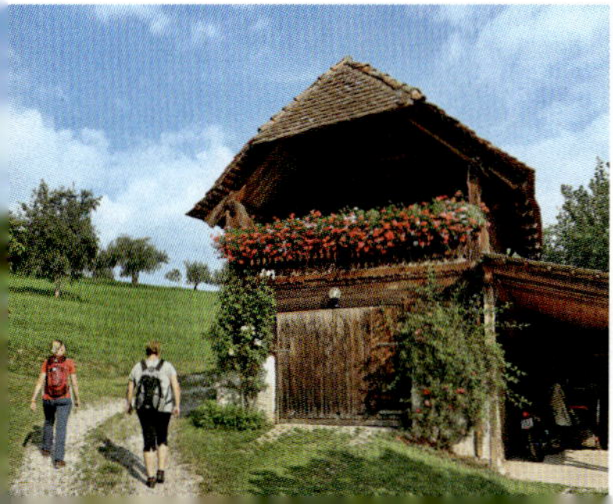

Der Pöllauer Mugl von der Bäckerei Uitz.

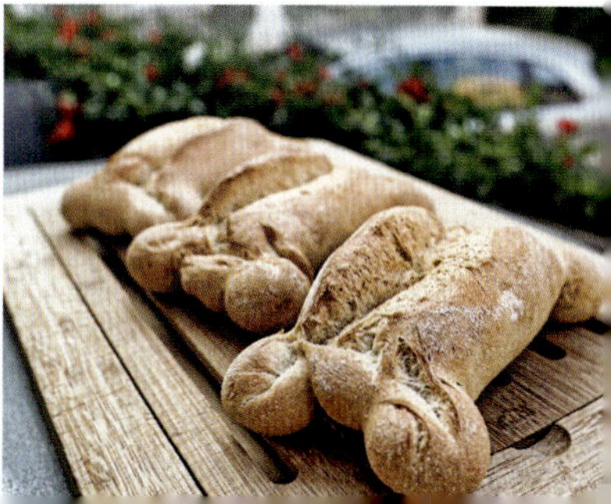

↗ 520 m | ↘ 520 m | 12.6 km

32 Große Buchkogelrunde

4.00 h

Durchs Apfelland mit Blick ins Pöllauer Tal

Wer eine Wanderregion näher kennenlernen will, sollte direkt von Ortschaften aus starten, da man dadurch gleich einen guten geografischen Bezug herstellen kann. Die Wanderung von Stubenberg am See auf den im Nordwesten gelegenen Bergrücken ist ein gutes Beispiel dafür. Nachdem man das kleine, überschaubare Ortszentrum verlassen hat, taucht man alsbald in ein naturnahes Umfeld ein und wandert entlang von Laub- und Mischwäldern, durch Gräben und über gepflegte Kulturflächen bergauf. Je höher man kommt, umso mehr erkennt man die kleinräumigen landwirtschaftlichen Strukturen. Wald- und Wiesenflächen liegen abwechselnd nebeneinander und bieten dem Betrachter einen wohltuenden Gesamteindruck, der mit dem Blick auf den Stubenbergsee vollkommen wird. Dieser Ausblick ist nur noch aus der Luft bei einer Ballonfahrt zu steigern, wobei diese sanfte Fortbewegungsart hier bereits seit vielen Jahren Tradition ist. So fanden bereits zwei Europa- und zwei Weltmeisterschaften im Ballonfahren in Stubenberg/Schielleiten statt. Nennenswert ist auch »Ein Schloss voll Überraschungen« – so ein Motto auf der Homepage des Austrian Sports Resorts Schloss Schielleiten. Das »Schönbrunner gelbe« Barockschloss aus dem späten 17. Jh. mit einer herrschaftlichen Parkanlage rundherum ist weit über die Grenzen der Steiermark bekannt und liegt nahe dem Ort Stubenberg am See.

Ausgangspunkt: Stubenberg am See, 449 m, Parkmöglichkeiten im Ort. Anfahrt: Von Wien kommend auf der A 2 bis Abfahrt Hartberg, dann über Hartberg, Flattenberg und Schönau nach Stubenberg am See. Von Graz kommend auf der A 2 bis Abfahrt Gleisdorf West, dann der B 54 Richtung Hartberg folgend nach Hirnsdorf; weiter über St. Johann bei Herberstein nach Stubenberg am See.

ÖPNV: Zug/Bus bis Gleisdorf oder Hartberg; mit Bus bis Stubenberg am See.

Anforderungen: Meist einfacher, gut markierter Weg, der einen ausgewogenen Mix aus Wald- und Wiesenwegen sowie Asphaltstraßen darstellt. Die Wanderung führt entlang der Wege Zeilrundweg 9, Buchkogelrunde 25 und Buchkogelhöhenweg 33.

Einkehr: Unterwegs: Gasthof Lex, Tel. +43 3176 8860, gasthof-lex.at; Buschenschank Hofer Toni, Tel. +43 677 64619799, buschenschank-hofertoni.at.

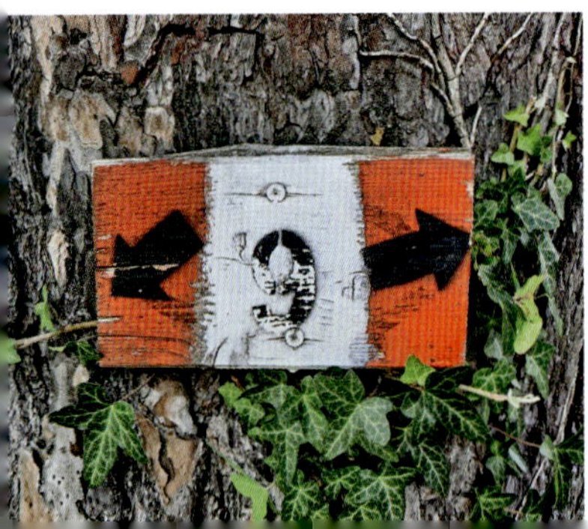

Rund um Stubenberg findet man zahlreiche nummerierte Wanderwege.

Wir starten beim **Gemeindeamt** in **Stubenberg am See 1**, 449 m, und orientieren uns an der großen Wanderübersichtstafel. Durch das Ortszentrum führt der Weg 9 in Richtung Zeil. Nach kurzer Zeit kommen wir zur Straßenkreuzung Pöllau-Zeil und Rabenwald-Anger-Weiz, wo keine Markierung zu sehen ist. Wir gehen nach rechts und sehen dann bei der nächsten Kreuzung den Wegweiser »Zeilrunde (9)«.

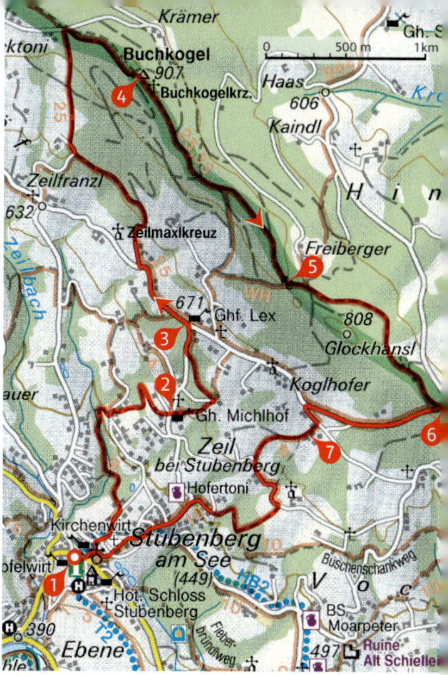

Nun geht es leicht bergauf entlang einer Asphaltstraße, bis zum Einstieg in den markierten Pfad auf der linken Seite. Die rot-weiß-rote Markierung ist auf einer Betonsäule bzw. einer Postverteilerstelle zu sehen. Wir kommen in den Wald, es geht leicht bergab, dann über eine Brücke und in der Folge auf der linken Seite des Grabens bergauf. Der Weg führt am Waldrand entlang zu einer Asphaltstraße. Wir wandern bergauf, bis kurz vor einer Linkskurve ein Stallgebäude auf der rechten Seite steht und ein rot-weiß-roter Markierungspfeil zu sehen ist. Am Stallgebäude vorbei und entlang des Waldrandes bergauf. Der nächste Einstieg ist nicht eindeutig, da die Markierung verwachsen ist. Hier geht es links in den Wald hinein und in der Folge über eine Wiese zum besiedelten Gebiet. Links bergauf geht es beim **Hotel Michlhof 2**, 590 m, und dem Seniorenheim vorbei, weiter rechts in den Wald dem Weg 9 folgend.

Bei der Kreuzung der Wege 9 und 4 folgen wir den Markierungen des Weges 4 bis zur Ortstafel »Stubenberg am See/Zeil«. Bei der Kreuzung bzw. beim **Gasthof Café Lex 3**, 671 m, wandern wir nun nach links und folgen

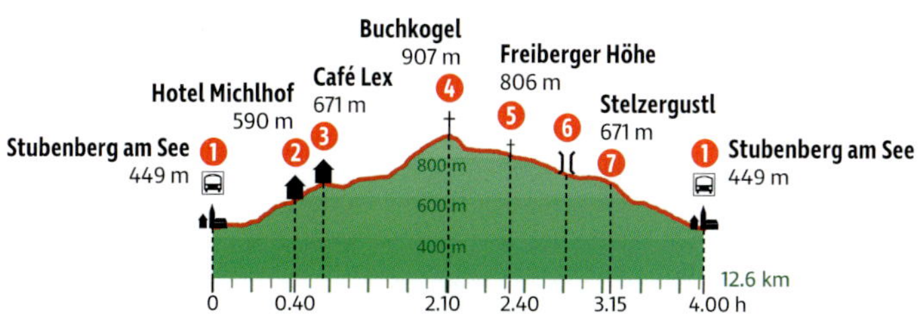

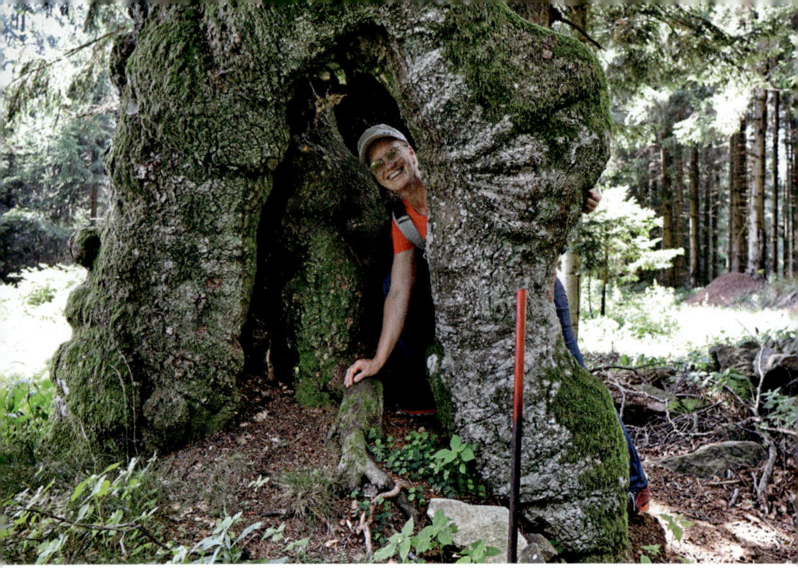

Bei solch mächtigen Bäumen muss man einfach ein Foto machen.

bis auf Weiteres der Asphaltstraße. Ab jetzt sind wir auf dem gut markierten Weg 25 (Buchkogelrunde) unterwegs. Es folgt ein Mix aus Asphaltstraßen, Wald- und Feldwegen. Je höher wir kommen, desto schöner wird der Ausblick auf den Stubenbergsee. Bei der Kreuzung am Bergrücken angelangt, halten wir uns rechts und folgen dem Weg bis zu unserem höchsten Punkt, dem **Buchkogel** 4, 907 m, mit Gipfelkreuz.
Ab nun geht es kontinuierlich bergab, wobei der Wanderweg durchgehend im Wald verläuft. Wir bleiben am Weg 33 und erreichen die **Freiberger Höhe** 5, 806 m, mit Wetterkreuz und Rastplatz. Weiter am Buchkogelhöhenweg 33 gelangen wir über Forststraßen zu einer Asphaltstraße und einem Sattel 6, 715 m. Nun geht es rechts und wir wandern die Straße ca. 1 km bergab, bis eine Straße scharf nach links abzweigt; bei der Kreuzung ist die SAM-Station HF 6945. Ab hier sind wir wieder am Weg 9 (Zeilrundweg) unterwegs. Am Bauernhof **Stelzergustl** 7, 671 m, vorbei, vorerst auf Asphaltstraßen und in der Folge über Wiesen und entlang von Waldrändern immer bergab. Beim Abstieg sehen wir den Schöckl, den Raasgipfel, den Zetz und den Kulm. Weiter ist der Abstieg ein ständiges Hin und Her, wobei die Markierungen sehr gut sind. Im Wald stoßen wir auch zum Buschenschankweg und halten uns rechts, weiter durch den Wald bis zur Asphaltstraße und der nahe gelegenen Buschenschank Hofertoni. Wir wandern durch das besiedelte Gebiet bergab, orientieren uns an der Kirche und kommen alsbald zu unserem **Ausgangspunkt** 1.

↗ 170 m | ↘ 170 m | 12.0 km

3.00 h

Marterlweg in Kaindorf

Über Kulturflächen zur Wallfahrskirche St. Stefan

Die Region rund um Kaindorf ist geprägt von Bildstöcken, Kreuzen und Kapellen. So liegt es auf der Hand, die insgesamt knapp 30 religiösen Wegbegleiter durch eine Wanderung kennenzulernen. Grundsätzlich kann man diese Art von Kleindenkmälern in drei Kategorien einteilen: Meist aus Holz gefertigt wurden Weg- und Hofkreuze, die mit einem Kruzifix versehen sind. Aufwendiger hingegen, aus Materialien wie Stein und Mauerwerk oder ebenfalls Holz errichtet, finden wir zahlreiche Bildstöcke am Weg, in Österreich auch Marterl genannt. An den Außenseiten bzw. in den Nischen sind oftmals Heiligenbilder zu sehen. Kapellen hingegen sind gemauert und mit Altären und Heiligenfiguren ausgestattet. Entlang dieses Themenweges wandern wir an zahlreichen, schön bemalten und mit Blumen geschmückten Marterln vorbei, die sich, gemeinsam mit der gepflegten Kulturfläche, als wunderbare Fotomotive präsentieren. Genaue Informationen und Beschreibungen zu den einzelnen Kulturgütern sind dem Folder »Marterlweg & Kapellenweg« der Marktgemeinde Kaindorf zu entnehmen, der digital auf der Gemeinde-Homepage zu finden ist. Baulicher Höhepunkt der Wanderung ist die aus Bruchsteinmauerwerk errichtete Kirche St. Stefan, die im 15. Jahrhundert erbaut und laufend erweitert wurde, wobei der gotische Stil erhalten geblieben ist.

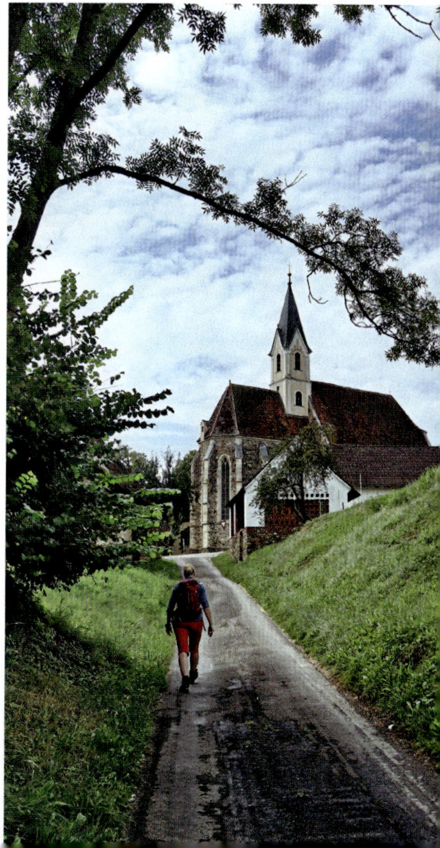

Die Wallfahrtskirche St. Stefan ist es allemal wert, erwandert zu werden.

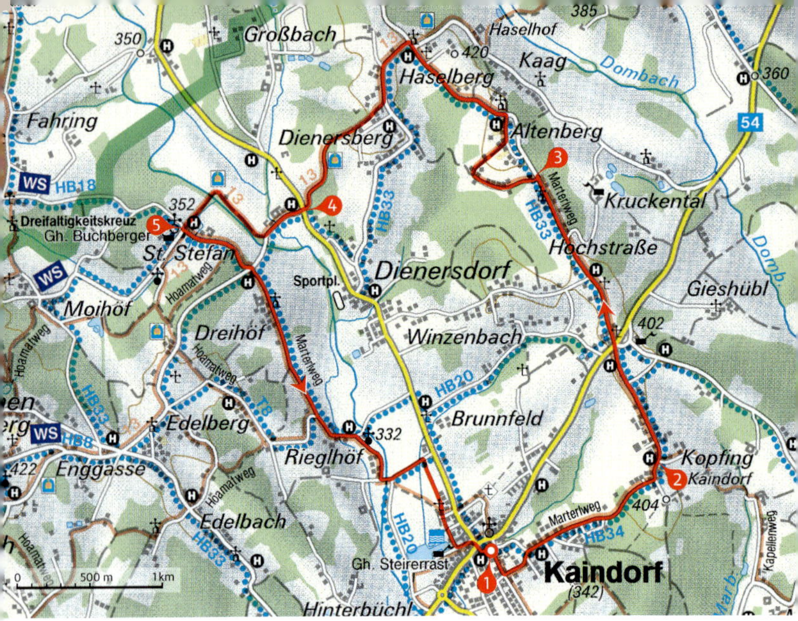

Ausgangspunkt: Kaindorf bei Hartberg, 342 m, Parkmöglichkeiten im Ort. Anfahrt: Von Wien kommend auf der A2 bis Abfahrt Bad Waltersdorf, dann über Ebersdorf nach Kaindorf bei Hartberg. Von Graz kommend auf der A2 bis Abfahrt Gleisdorf West, dann der B54 Richtung Hartberg folgend nach Kaindorf bei Hartberg.
ÖPNV: Zug/Bus bis Gleisdorf oder Hartberg; mit Bus bis Kaindorf bei Hartberg.
Anforderungen: Der gesamte Weg ist als Themenweg mit eigenen Wegweisern »Marterlweg« durchgehend markiert. An wenigen Abzweigungen ist der weitere Wegverlauf nicht deutlich zu erkennen.
Einkehr: Restaurant Gschalla, Tel. +43 3334 2207, gschalla.at; Rasthaus Steinbauer, Tel. +43 3334 2340, rasthaus-steinbauer.at; Hotel Steirerrast, Tel. +43 3334 2284, steirerrast.at; Gasthaus Gertrude Rechberger, Tel. +43 3334 2294; Teichstubn, Tel. +43 664 9187576; steirerteich.at.

An der Kreuzung nahe dem Hotel Steirerrast im **Zentrum** von **Kaindorf** ①, 342 m, sehen wir einen Wegweiser für den Marterlweg. Durch das besiedelte Gebiet wandern wir gut beschildert auf Nebenstraßen in Richtung Osten. Bereits nach kurzer Zeit ist das erste Marterl in der Nähe der Kulturhalle zu sehen. Der Weg steigt leicht an, in der Folge an einem Waldrand entlang, bis wir den Ortsteil **Kopfing** ②, 404 m, erreichen. Bei der Kreuzung nach links und dann immer geradeaus, wobei wir hier einen schönen Überblick auf die Region Kaindorf haben. Wir überqueren die Bundesstraße 54, um weiter geradeaus der Asphaltstraße zu folgen. Der Blick reicht nun

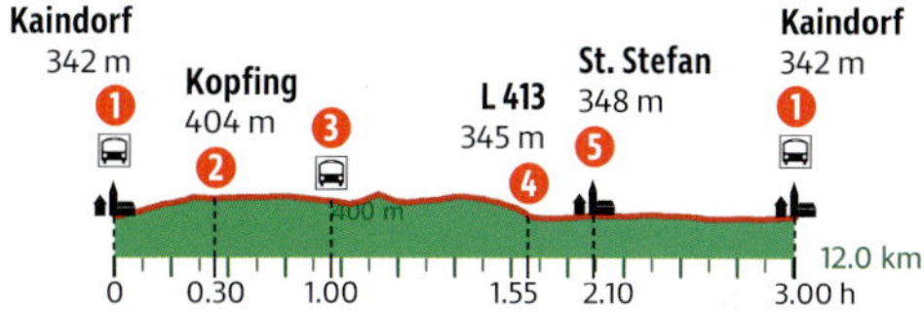

bis nach Pöllauberg, an der exponierten Lage der Wallfahrskirche gut zu erkennen. Bei der **Bushaltestelle** und **SAM-Station HF 6712 Hochstraße/ Kohlhauser** 3, 396 m, zweigen wir links ab.

Der Weg wird auch hier auf Asphaltstraßen geführt, wobei wenig Verkehr herrscht und schöne, gepflegte Wiesen- und Ackerflächen die Wanderung sehr abwechslungsreich gestalten. Weiter im leichten Auf und Ab wandern wir nach Haselberg, bis wir ein Marterl mitten in einer Straßenkreuzung sehen, das Steinerkreuz. Wir zweigen links ab und achten nach ca. 500 m auf eine Abzweigung, die an einer Tafel in unmittelbarer Nähe einer Hecke erkennbar ist. Bei den Häusern und einem Marterl vorbei gehen wir die Straße kontinuierlich bergab, bis wir den Talboden und die **Landesstraße L 413** 4, 345 m, von Kaindorf nach Pöllau überqueren.

Gegenüber wandern wir noch ein Stück in derselben Richtung weiter, dann rechts entlang des Baches und links über die Brücke bis zur **Kirche** von **St. Stefan** 5, 348 m. Ab nun geht es in Richtung Südosten wieder auf Kaindorf zu, wobei der Weg sehr gut beschildert ist und wir durch die Ortschaften Dreihöf und Rieglhöf wandern. Das letzte Teilstück führt über Ackerflächen und entlang eines Wasserkanals. Bei einer kleinen Fußgängerbrücke gehen wir über den Kanal und weiter beim Freibad Kaindorf und Hotel Steirerrast zurück zum **Ausgangspunkt** 1.

Eine Vielzahl von schön gestalteten Wegkreuzen, Bildstöcken und Marterln am Weg.

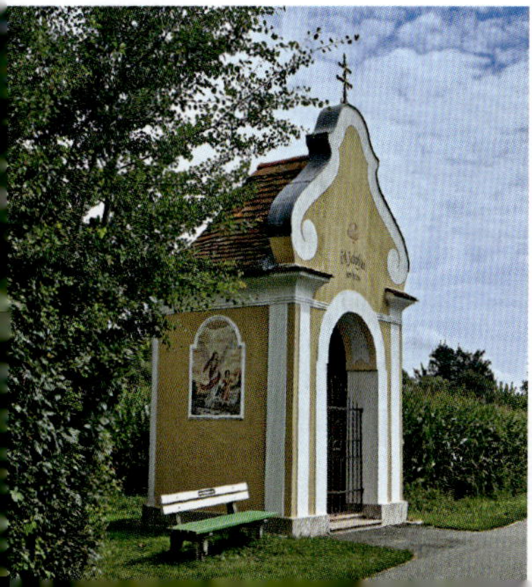

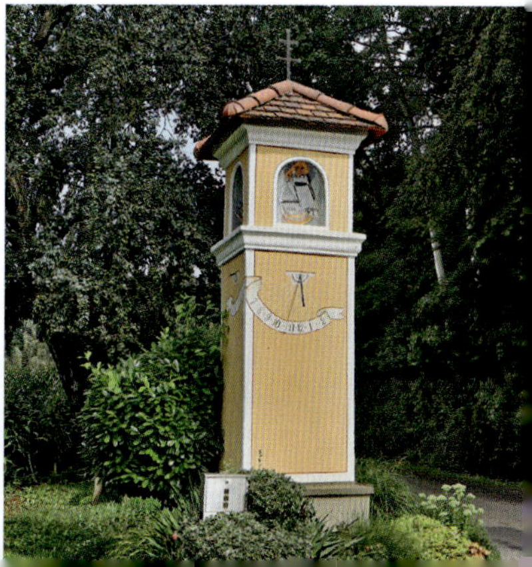

↗ 220 m | ↘ 220 m | 12.8 km

34 Keltischer-Baumkreis-Weg

3.15 h

Wandern im Zeichen deines Geburtsbaumes

Die Gemeinde Bad Waltersdorf ist aufgrund des heilkräftigen Thermalwassers, welches aus einer Tiefe von 1200 Meter stammt und die Becken der Thermen und Hotels füllt, sozusagen die Gesundheits- und Genussgemeinde im Süden der Oststeiermark. Die Hügellandschaft der Oststeiermark war bereits in den 50er-Jahren als Sommerfrische-Destination bekannt und beliebt. Mitte der 70er-Jahre wurden Ölbohrungen durchgeführt, wobei man nicht auf Öl, sondern auf Thermalwasser stieß. Anfangs wurde die Thermalquelle zur Wärmeversorgung genutzt; 1984 wurde die Heiltherme eröffnet, was auch die touristische Entwicklung förderte. Bad Waltersdorf verfügt über eine der ergiebigsten Quellen Österreichs, aus ihnen fließen täglich 1,9 Mio. Liter Wasser. Die »2-Thermenregion« ist seit Jahren weit über die Grenzen bekannt und ein touristischer Hotspot in der Oststeiermark. Sportlich ambitionierte Gäste finden hier ein reichhaltiges Freizeitangebot, von Tennisplätzen, einer 18-Loch-Golfanlage und Europas größtem Waldseilgarten bis hin zu zahlreichen Rad-, Lauf- und Wanderwegen. Einer dieser Themen-Wanderwege ist der Keltische-Baumkreis-Weg, auf dem man östlich von Bad Waltersdorf wandert. Infotafeln entlang des Weges geben Aufschluss über den keltischen Jahreskalender, der das Jahr in 39 Abschnitte teilt, die wiederum von 21 Bäumen bestimmt werden. Eine gemütliche Wanderung mit schönen Rastmöglichkeiten bei mehreren Teichen.

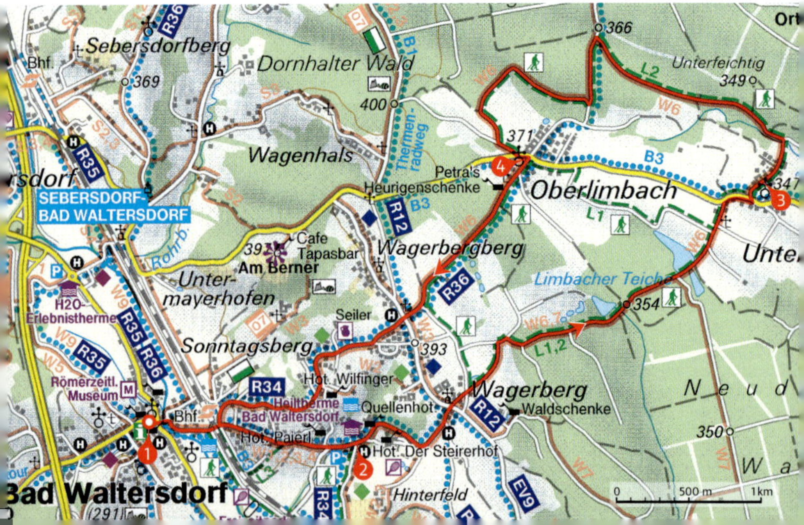

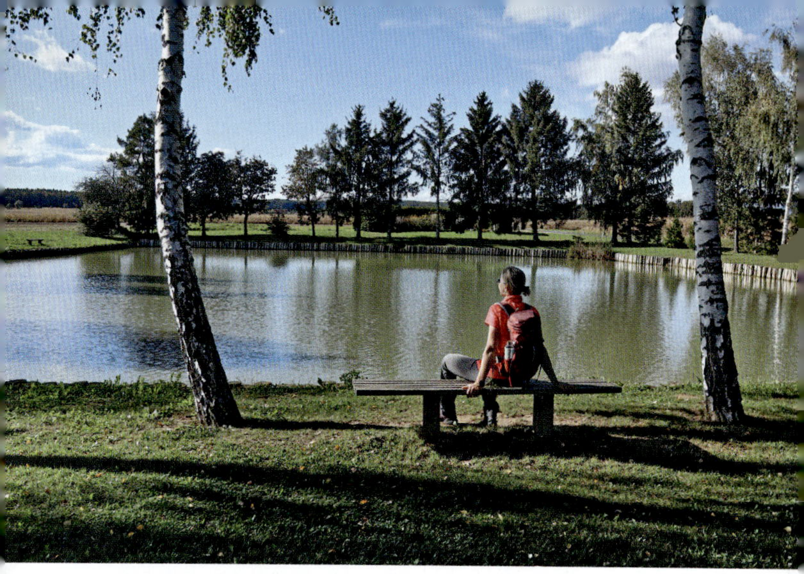

Eine Pause beim Limbacher Teich ist eine wohltuende Abwechslung.

Ausgangspunkt: Bad Waltersdorf, 291 m, mehrere Parkmöglichkeiten im Ort. Anfahrt: Auf der A 2 bis Abfahrt Bad Waltersdorf.
ÖPNV: Zug/Bus bis Bad Waltersdorf. Von Wien auch mit dem Thermenlandbus möglich.
Anforderungen: Der gesamte Weg ist als Themenweg mit eigenen Wegweisern »Keltischer-Baumkreis-Weg W6« durchgehend markiert und verläuft auf Asphalt- und Schotterstraßen.
Einkehr: Hotel Restaurant Fischer, Tel. +43 3333 2273, hotel.fischer.at; Safenhof, Tel. +43 3333 2239, safenhof.at; Konditorei/Café Zukalatom, Tel. +43 3333 26426, zukalatom.at. Unterwegs: Petra's Heurigenschenke, Tel. +43 3333 26088; Café Röstguat, Tel. +43 664 73539994.

Wir starten beim **Touristeninformationszentrum** von **Bad Waltersdorf** **1**, 291 m, und sehen gleich bei der Brücke über die Safen die Beschilderung des Keltischer-Baumkreis-Weges. Es geht ein kurzes Stück entlang der Safen und in der Folge bei der Neuen Mittelschule bzw. dem Schwimmbad

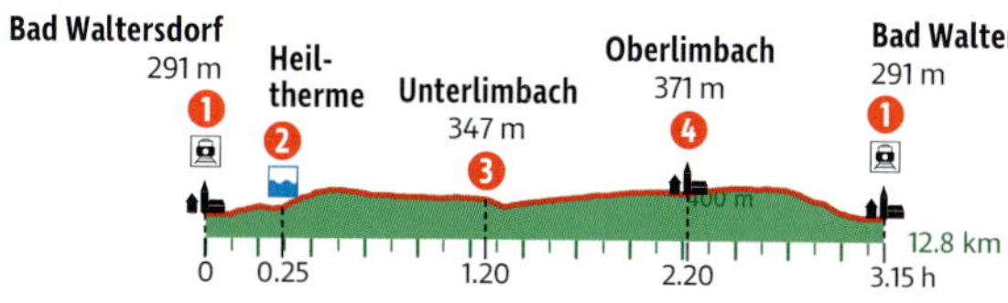

vorbei. Nachdem wir die einspurigen Gleise überquert haben, folgen wir der Straße bis zur **Heiltherme** ❷, 313 m.

Ab nun geht es ein Stück durch den Wald bergauf, beim Hotel Steirerhof vorbei und weiter bequem durch die Ortschaft Wagerberg. Nach dem besiedelten Gebiet passieren wir einen Teich und wandern gemütlich entlang von Ackerflächen, bis wir rechts die Abzweigung in den Wald sehen. Ab nun sind wir im Wald auf einer Forststraße unterwegs, bis wir zu einem Teich kommen. Noch ein Stück entlang von Ackerflächen und wir erreichen die kleine Ortschaft **Unterlimbach** ❸, 347 m.

Nach einer kurzen Pause beim Teich gehen wir durch den Ort und in der Folge leicht bergab bis zu einem kleinen Graben. Wir halten uns links und wandern entlang des Bacherls, auf einer Asphaltstraße leicht bergauf bis zu einer Kreuzung, dann nach links. Wir folgen der Straße bis zur Infotafel »Eiche-Kiefer«, dann nach rechts, bis auf Weiteres entlang der Schotterstraße. Durch den Wald, entlang von Waldrandwegen und an Ackerflächen vorbei, gehen wir nach **Oberlimbach** ❹, 371 m. In der Mitte des Ortes kommen wir zu einer großen Übersichtstafel, hier rechts leicht bergauf weiter. Wir bleiben auf der Straße, bis wir die Ortstafel »Wagerberg« sehen. Weiter immer geradeaus bis zum besiedelten Gebiet des Ortsteiles Sonntagsberg. Beim Café Röstguat vorbei geht es leicht bergab, bis wir wieder zu den einspurigen Gleisen kommen und nun dem uns bereits bekannten Weg zum **Zentrum** von **Bad Waltersdorf** ❶ folgen.

Kleiner Vierkanthof im Hinterland von Bad Waltersdorf.

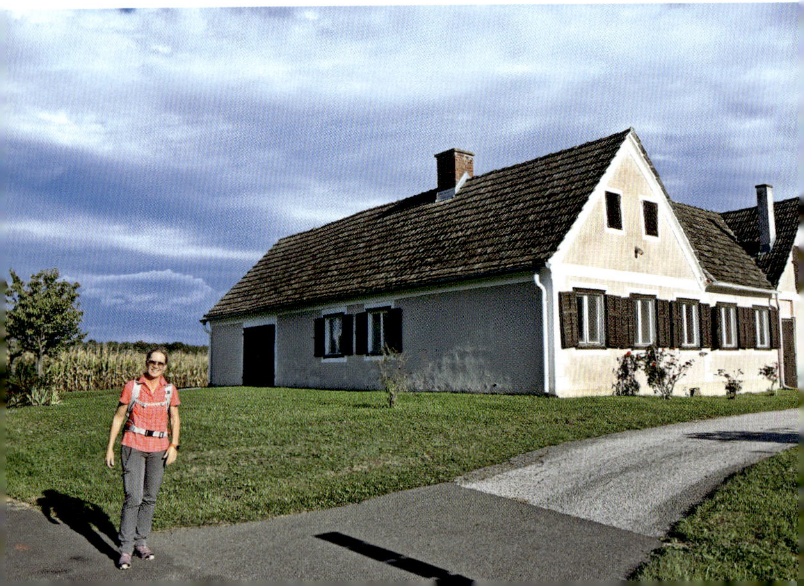

↗ 230 m | ↘ 230 m | 13.4 km

3.45 h

Blumen- und Herrschaftswaldweg

35

Eine schöne Kombination rund um Bad Waltersdorf

Die zahlreichen Themenwanderwege in und rund um Bad Waltersdorf laden zum erholsamen Wandern ein. So sind der Fantasie keine Grenzen gesetzt, den einen oder anderen Weg zu kombinieren und dadurch sowohl die Themen als auch die Landschaftsräume zu verbinden. Mit dieser Tour verschmelzen mit dem Blumenwanderweg und dem Herrschaftswaldweg zwei attraktive Wege östlich von Bad Waltersdorf. Wer Blumen liebt, sollte den Blumenwanderweg im Kurpark beginnen, da die Anlage rund um den Teich äußerst liebevoll gestaltet ist. Einladend für Jung und Alt sind die personengroßen Blumenmotive mit Guckloch am Weg, wo man mit einem Lächeln im Gesicht aus Margeriten, Sonnen-, Mohn- und Kornblumen herausblicken kann. Die wohltuende Wirkung des Waldes erfährt man auf den 5 Kilometern durch den Herrschaftswald, und den intensiven Duft von Lavendel, der an die Lavendelfelder in Frankreich erinnert, riecht man beim Abstieg. Das Lavendelgut mit seinen direkt daneben liegenden Anbauflächen bietet eine reichhaltige Auswahl an regionalen Produkten und ist eines der duftenden Highlights am Weg.

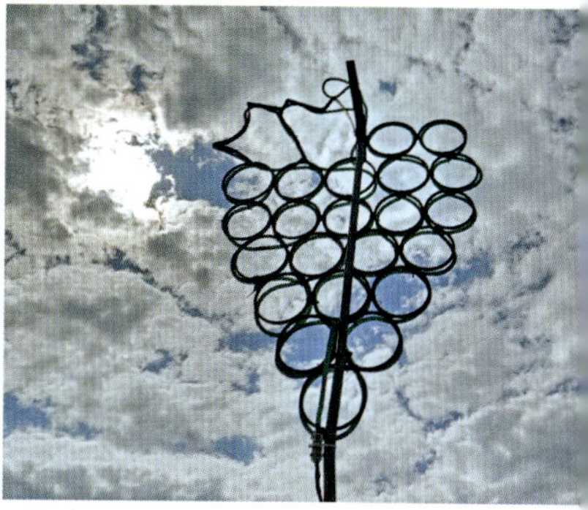

»Es wird a Wein sein, und wir wer'n nimmer sein …«

Ausgangspunkt: Bad Waltersdorf, 291 m, mehrere Parkmöglichkeiten im Ort. Anfahrt: Auf der A 2 bis Abfahrt Bad Waltersdorf.
ÖPNV: Zug/Bus bis Bad Waltersdorf. Von Wien auch mit dem Thermenlandbus möglich.
Anforderungen: Der gesamte Weg ist als Themenweg markiert, entweder als Blumenwanderweg W2 oder als Herrschaftswaldweg W7, und verläuft auf Asphalt- und Schotterstraßen.
Einkehr: Hotel Restaurant Fischer, Tel. +43 3333 2273, hotel.fischer.at; Zum Dorfheurigen, Tel. +43 3333 2239, safenhof.at/dorfheuriger/; Gasthof Safenhof Haubenrestaurant, Tel. +43 3333 2239, safenhof.at; Konditorei/Café Zukalatom, Tel. +43 3333 26426, zukalatom.at. Unterwegs: Weinhof-Buschenschank Thaler, Tel. +43 3333 3720, weinhof-thaler.at; Waldschenke, +43 664 6392 276, waldschenke-badwaltersdorf.at; Buschenschank Pichler »Zur schönen Aussicht«, +43 3333 2425, buschenschank-pichler.at.
Tipps: Heiltherme in Bad Waltersdorf, Infos unter Tel. +43 3333 500, heiltherme.at. Lavendelprodukte aus eigener Produktion gibt es beim Lavendelgut, lavendelgut.com.

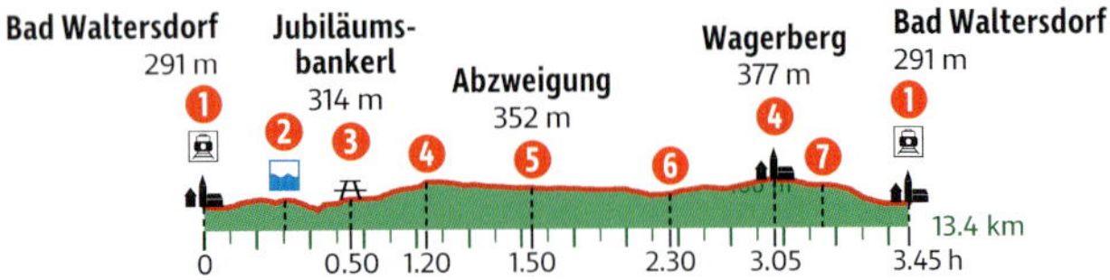

Unsere Tour beginnt beim **Touristeninformationszentrum** von **Bad Waltersdorf** ❶, 291 m. Bei der Brücke sehen wir eine Vielzahl an Wegweisern, wobei wir uns vorerst – bis Wagerberg – entlang des Blumenwanderweges W2 halten. Durch den Ort wandern wir ein Stück entlang der Safen, weiter bei der Neuen Mittelschule bzw. dem Schwimmbad vorbei. Nachdem wir die einspurigen Gleise überquert haben, folgen wir der Straße bis zur **Heiltherme** ❷, 313 m. Nun führt der Blumenweg nach rechts, beim Weinhof Buschenschank Thaler vorbei, leicht bergab, bis wir kurz vor den Gleisen nach links weitergehen. Ein Stück entlang der Asphaltstraße, dann zweigen wir links in eine Seitenstraße ab und erreichen am Waldrand das **Jubiläumsbankerl** ❸, 314 m.
Durch den Wald bergauf, weiter entlang der Asphaltstraße, beim Buschenschank Pichler vorbei, bis in die Ortsmitte von **Wagerberg** ❹, 377 m. Bei

Beim Wandern in Bad Waltersdorf kommt Farbe ins Leben.

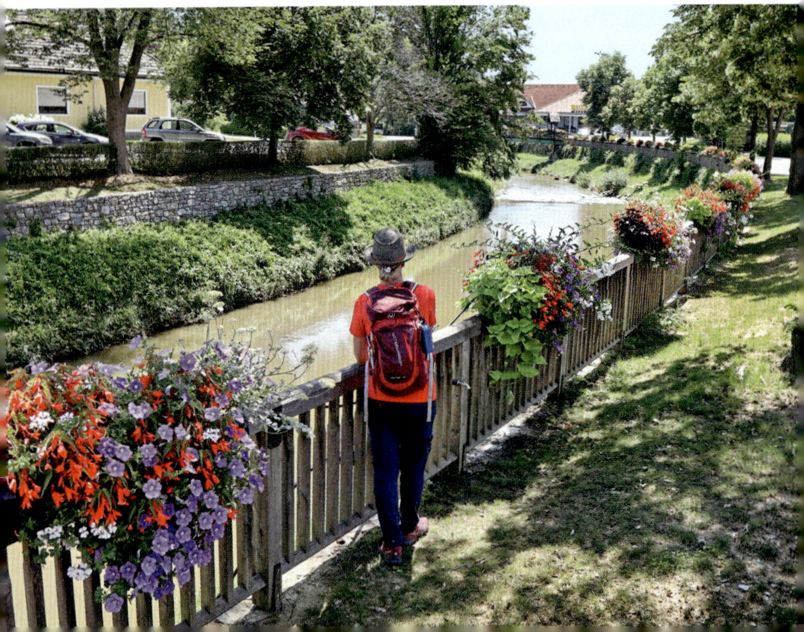

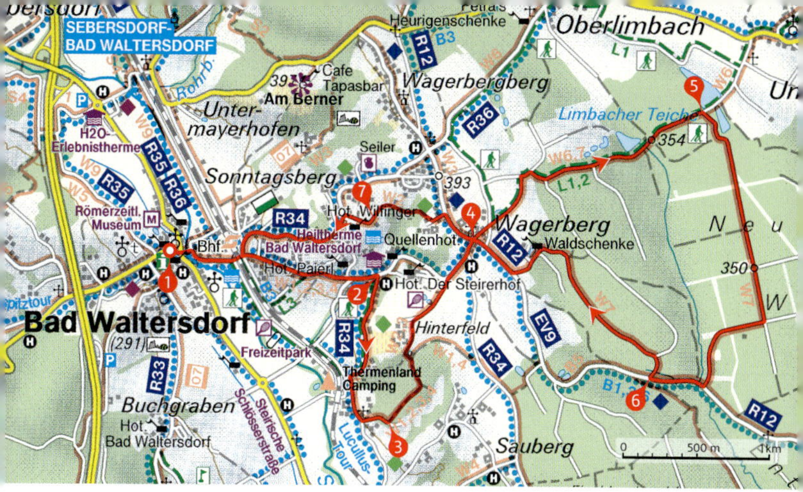

der Kreuzung mit einem Bildstock führen die Themenwege auseinander und wir orientieren uns ab nun am Herrschaftswaldweg W7. Bei einem Teich vorbei geht es gemütlich entlang von Ackerflächen dahin, bis wir rechts die Abzweigung in den Wald sehen. Nach etwas mehr als 1 km kommen wir zu einer weiteren **Abzweigung** ❺, 352 m, und folgen der Forststraße nach rechts.

Nun geht es ca. 2 km durch den Wald, bis wir wieder ein kurzes Stück entlang einer Asphaltstraße wandern. Bei einer **Abzweigung** ❻, 327 m, geht es rechts in eine Forststraße, die beim Teich und der Waldschenke vorbeiführt. Wieder auf einer Asphaltstraße angekommen, erreichen wir bald unseren Kreuzungspunkt **Wagerberg** ❹, 377 m. Hier schließt sich die östliche Runde, und wir setzen unsere Wanderung auf dem Blumenwanderweg W2 fort, der noch ein Stück entlang der Straße und dann leicht bergab über einen Pfad zum **Lavendelgut** ❼, 358 m, führt. Bei der nächsten Straßenkreuzung nach links und immer der Straße folgend bis zum Bahnübergang und auf dem uns bereits bekannten Weg zurück zum **Ausgangspunkt** ❶.

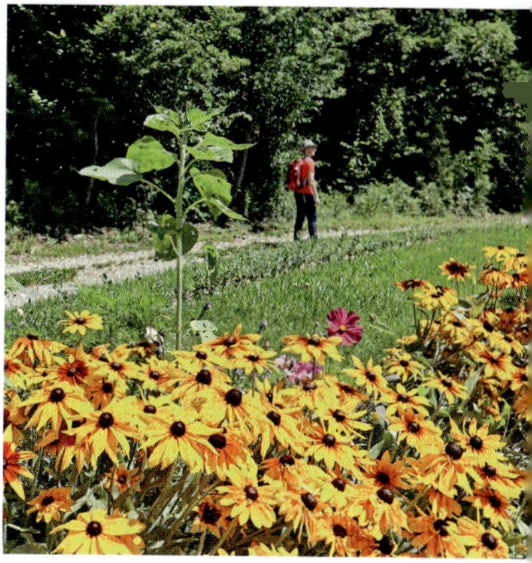

Blumenreiche Fotomotive am Weg.

↗ 150 m | ↘ 150 m | 9.4 km

36 Auffen-Rundwanderung

2.30 h

Wandern zum Kneipp-Bewegungsturm

Auffen liegt im Westen von Bad Waltersdorf und ist bekannt durch den Kneipp-Bewegungsturm, der im Jahr 2005 errichtet wurde und mit seinen 33 Metern deutlich aus der Ebene hervorsticht. Der Turm ist frei zugänglich und hat die klassische Form eines Oktogons. Über fünf Geschoße finden sich die fünf Leitsätze – Bewegung, Kräuter, Wasser, Ernährung und Ordnung – des bekannten Pfarrers Sebastian Kneipp wieder, der im 19. Jahrhundert lebte und namensgebend für die Kneipp-Medizin oder Kneipp-Therapie war. Wenn man die Aussichtsplattform auf 30,5 Metern Höhe erreicht hat, ist man vom Panorama begeistert, das von Pöllauberg im Norden bis hin zur Riegersburg im Süden reicht. Während der Wanderung lernt man kleine Ortschaften und ihre umliegenden landwirtschaftlichen Strukturen kennen, dazu als weiteres Highlight den Naturteich in der Gemeinde Großhart. Dieser Teich wurde Anfang des 17. Jh. errichtet und war bis 1954 im Besitz der Grafen Herberstein, bevor er von der Gemeinde Großhart gekauft wurde. Im Jahr 1974 wurde er zum Naturschutzgebiet erklärt, und so wurden die Wasserfläche und die Umgebung zu einem wertvollen Lebensraum für zahlreiche Fischarten und eine Vielzahl von Vögeln und Amphibien. Für die Gemeinde stellt der Harter Teich ein touristisches Aushängeschild dar, mit zahlreichen Freizeitaktivitäten, der Harter Teichschenke und dem Schulsportdorf, das aus mehreren Hütten in Pfahlbauweise besteht.

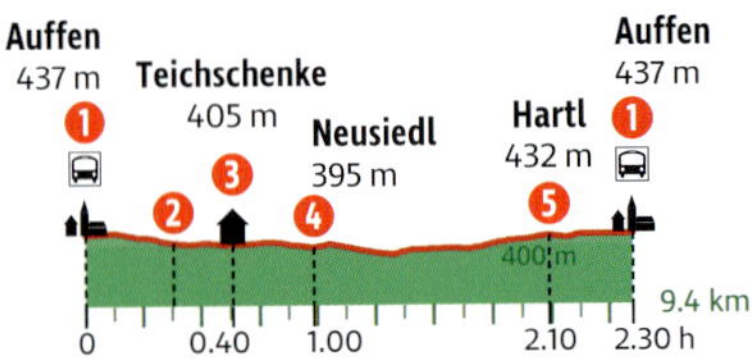

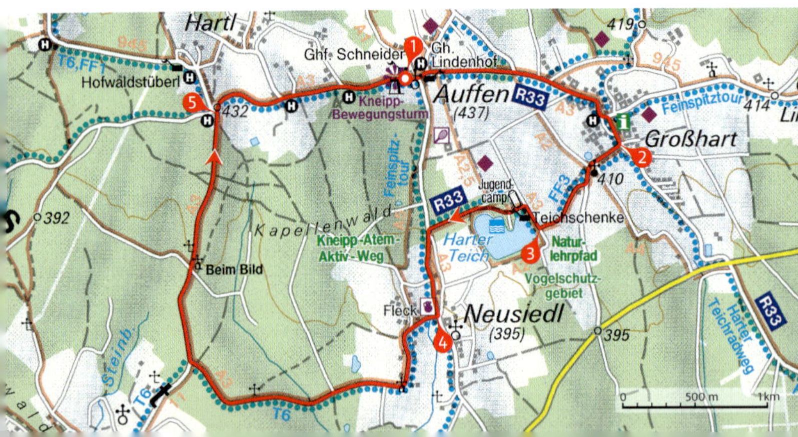

Ausgangspunkt: Auffen, 437 m, Parkmöglichkeiten im Ort. Anfahrt: Auf der A 2 bis Abfahrt Bad Waltersdorf, dann über Sebersdorf und Großhart nach Auffen.
ÖPNV: Zug/Bus bis Bad Waltersdorf; weiter mit Bus oder SAM-Taxi von HF 7212 Bad Waltersdorf-Bahnhof nach HF 6800 Auffen-Volksschule.
Anforderungen: Die Wanderung verläuft großteils auf befestigten Straßen und ist grundsätzlich markiert.
Einkehr: Straußenwirt Lindenhof, Tel. +43 3333 2320, straussenwirt.at; Backhendlstation Familie Schneider, Tel. +43 3333 2397, backhendlstation.com. Unterwegs: Harter Teichschenke, Tel. +43 664 2320 683.
Tipp: Weitere Kneipp-Aktivitäten sind der Rhythmus-Atem-Aktiv-Verbindungsweg, das Barfußgehen auf der Organuhr und das Kneipp-Schiff in Neusiedl.

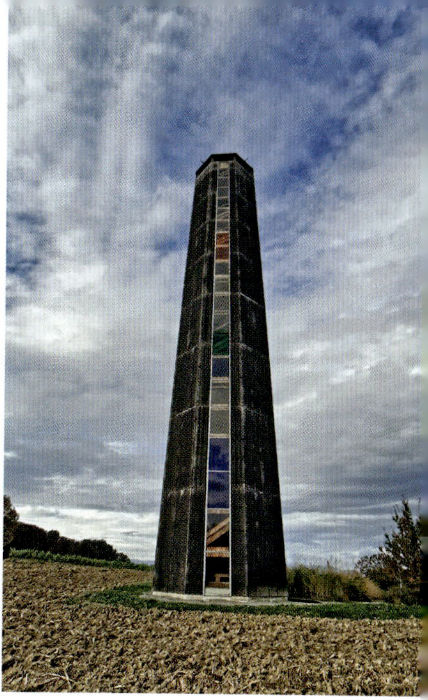

Die Aussicht vom Kneipp-Bewegungsturm ist ein wahrer Genuss.

In unmittelbarer Nähe der **Kirche** in **Auffen** ➊, 437 m, sehen wir gelbe Wegweiser mit der Aufschrift »Großhart«. Es geht beim Gasthof Lindenhof bzw. der Straußenfarm vorbei in Richtung Osten, immer der Straße geradeaus folgend bis nach **Großhart** ➋, 410 m. Bei der Kreuzung mit Bildstock biegen wir rechts ab, gehen durch die Ortschaft und zweigen bei den nächsten Kreuzungen zwei Mal rechts ab. Die Straße führt an den Äckern vorbei und kommt direkt zum **Harter Teich** bzw. zur **Harter Teichschenke** ➌, 405 m.
Bei der Teichschenke geht es über Holzstege und durch die Freizeitanlage durch, bis wir wieder zu einer Asphaltstraße kommen. Wir halten uns links, folgen der Straße durch den Wald und zweigen bei der nächsten Kreuzung wiederum nach links ab. Nach kurzer Zeit erreichen wir die Ortschaft **Neusiedl** ➍, 395 m. Hier gehen wir beim Teich vorbei und leicht bergauf. Bei den nächsten Kreuzungen halten wir uns immer in Richtung Großsteinbach. Entlang von Feldern und durch Wälder bleiben wir stets auf der Asphaltstraße, bis wir zu einer Kreuzung kommen und nun rechts nach Hartl bzw. Auffen weitergehen. Leicht bergauf weiter erreichen wir **Hartl** ➎, 432 m, und wandern nun im leichten Auf und Ab wieder in Richtung Osten bis zum **Kneipp-Bewegungsturm** kurz vor Auffen. Wenige Meter nach dem Turm erreichen wir den **Ausgangspunkt** ➊.

↗ 650 m | ↘ 310 m | 10.2 km

37 Kulm, 975 m

3.30 h

Von Pischelsdorf am Kulm auf den »Steirischen Rigi«

Der Kulm wird wegen seines Panoramablicks über die Oststeiermark auch als »Steirischer Rigi« bezeichnet, nach dem Vorbild des Schweizer Bergmassivs. Der Name »Kulm« wird häufig für den Gipfel eines Berges, speziell für einen Kegelberg oder eine Kuppe verwendet. Der 975 Meter hohe Kulmberg war jahrtausendelang ein Zufluchtsberg für Siedler und vermutlich seit der Kupfersteinzeit bewohnt. In der späten Bronzezeit wurden Terrassen in die Ostseite des Gipfelplateaus gehackt, um Raum für etwa 300 Bewohner zu schaffen. Durch den Fund einer Fibel (400 v. Chr.) wurde einer der ältesten Belege für die Besiedelung durch Kelten in der Steiermark erbracht. Weitere Informationen zur Geschichte des Kulm findet man im ersten urgeschichtlichen Freilichtmuseum der Steiermark, dem Kulm-Keltendorf, das durch urzeitliche Hütten-Rekonstruktionen die Vergangenheit erlebbar macht. Wenn man heute in dem aussichtsreichen Gipfelbereich wandert, findet man neben den markanten Bildstöcken auch zahlreiche Zäune, die ein sichtbares Zeichen eines jahrelangen Rechtsstreites darstellen. Wenngleich der Gipfelbereich mit den Zäunen und Drehkreuzen nicht sonderlich einladend erscheint, sind doch der grandiose Ausblick und der Eindruck, den die bewegte Geschichte dieses Berges hinterlässt, ungetrübt. Ein Ausflug auf den Kulm ist und bleibt ein besonderes Wandererlebnis.

Während des Aufstieges sieht man den Kulm noch in weiter Ferne.

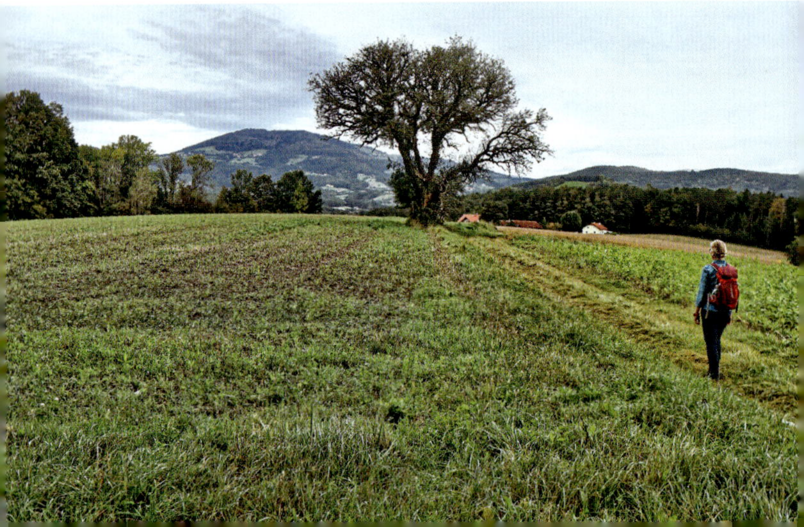

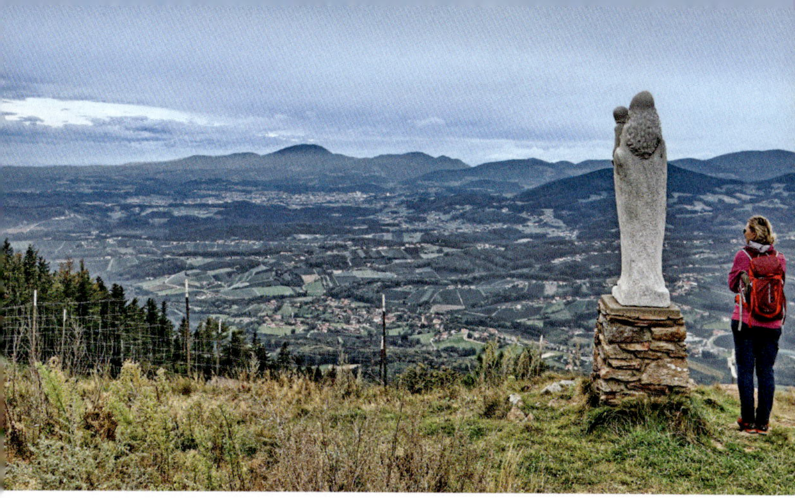

Der Gipfelbereich wirkt mit den Zäunen und Drehkreuzen etwas befremdend, jedoch ist der Ausblick von diesem geschichtsträchtigen Berg ein unglaubliches Erlebnis.

Ausgangspunkt: Pischelsdorf am Kulm, 378 m, mehrere Parkmöglichkeiten im Ort. Anfahrt: Von Wien auf der A 2 bis Abfahrt Hartberg, dann auf der B 54 über Hartberg und Kaindorf nach Pischelsdorf. Von Graz auf der A 2 bis Gleisdorf West, dann auf der B 54 nach Pischelsdorf.
Endpunkt: Ackerwirt, 716 m, SAM-Taxi Ackerwirt WZ 2212 zurück zum Ausgangspunkt Pischelsdorf WZ 2118.
ÖPNV: Zug/Bus bis Gleisdorf oder Hartberg; mit Bus bis Pischelsdorf i. d. Stmk.
Anforderungen: Durchwegs gemütliche Anstiege, lediglich vor dem Gipfelanstieg ist ein Teilstück etwas steiler. Durchgehend markiert, wobei an manchen Stellen die Markierung unzureichend ist.
Einkehr: Gasthof-Restaurant »Zur Neuen Post« Stibor, Tel. +43 3113 2216, gasthof-stibor.com; Imbissstube Bauer, Tel. +43 664 4409 833. Unterwegs: Gasthof Wachmann, Tel. +43 3113 2387, gasthofwachmann.at; Buschenschank Schlacher, Tel. +43 650 9935 140.
Tipp: Eine historische Ergänzung zur Wanderung ist der Besuch im Kulm-Keltendorf in der Nähe des Endpunktes. Infos unter: kulmkeltendorf.at.

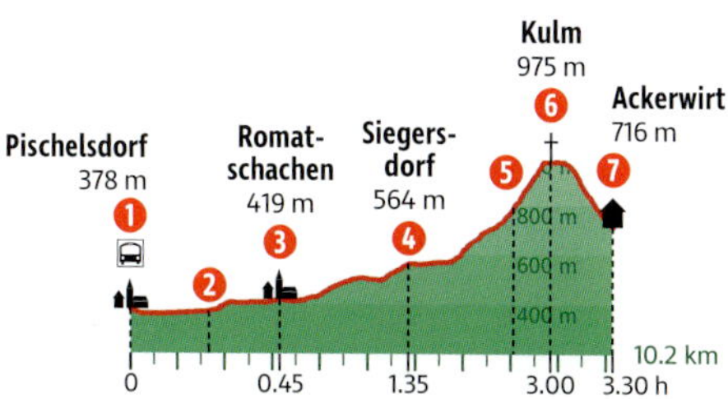

Wir starten hinter der **Kirche** von **Pischelsdorf am Kulm** ❶, 378 m, und gehen an der Musikschule vorbei leicht bergab zum Römerbad. Hier sehen wir die gelben Wegweiser nach Kulm/Pischelsdorf. Der Wanderweg führt zu Beginn entlang eines schön gestalteten Naherholungsgebietes an einem Spielplatz und einer Kneippanlage vorbei. Wir halten uns links, vorbei an der Sportanlage Kulmland, teils auf Schotterstraßen und in der Folge wieder auf einer Asphaltstraße, bis wir links zu einer **Abzweigung** ❷, 371 m,

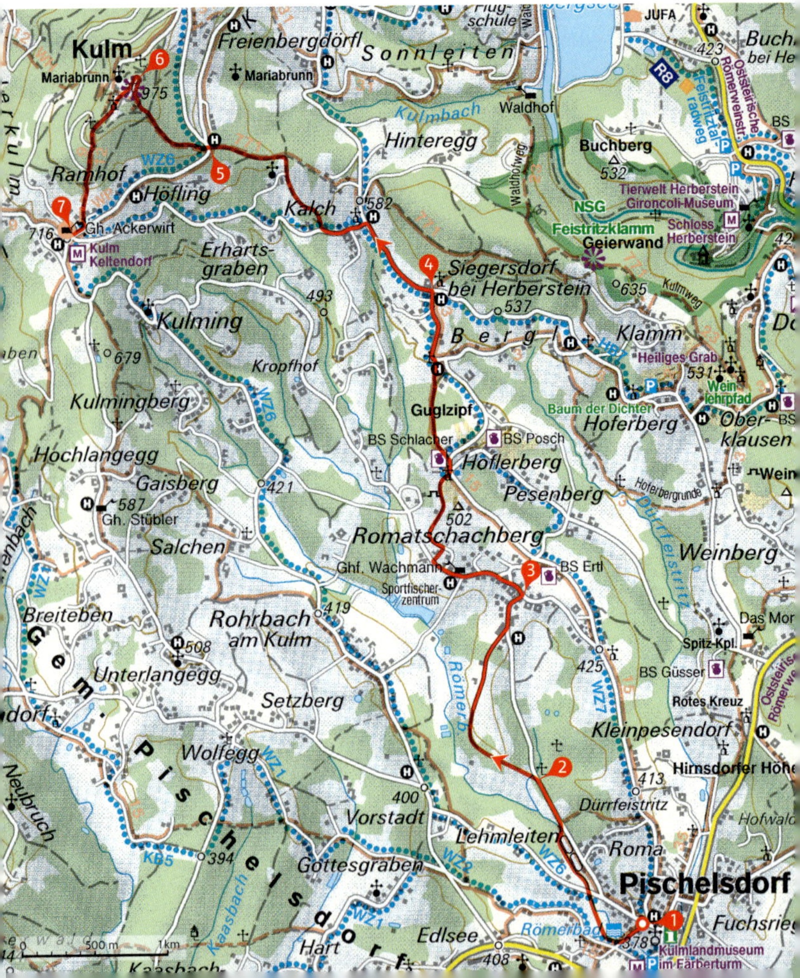

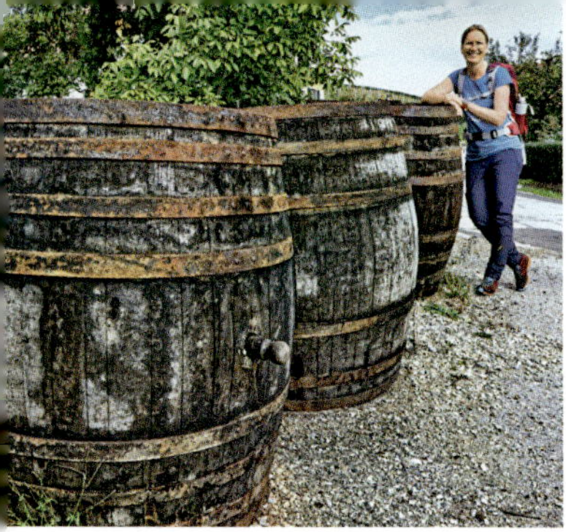

Alte Eichenfässer.

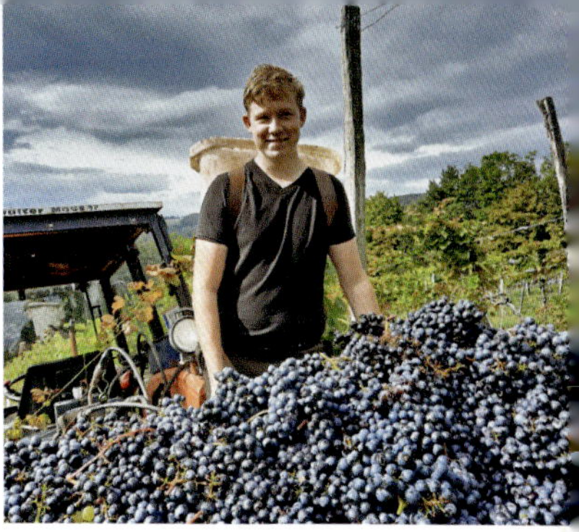

Ein junger Winzer bei der Weinlese.

in den Wald kommen. Auf einem Steig durch den Wald und weiter entlang des Waldrandes und von Wiesen wandern wir durch eine weich geformte Landschaft, wobei wir unser Ziel, den Kulm, immer wieder sehen.

Es geht durch die kleine Ortschaft **Romatschachen** 3, 419 m, hindurch, bei der Kreuzung nach links und weiter direkt am Gasthof Wachmann vorbei. Gleich darauf nach rechts, über Wiesen und durch Weingärten bergauf, bis wir zu einem Bildstock bzw. einer Kreuzung kommen. Wir halten uns links und passieren den Buschenschank Schlacher, um gleich darauf wieder links, fast eben bzw. leicht bergab, durch den Wald zu gehen. Über eine Wiese führt der Weg direkt an einer Baumschule vorbei und dann bergauf entlang einer Straße bis nach **Siegersdorf** 4, 564 m.

Bei einer Kreuzung mit einem schön bemalten Bildstock halten wir uns links und folgen der Straße bis zu einem Buswartehäuschen bzw. der SAM-Station HF 7046. Nach links bergab und gleich wieder bergauf sehen wir dann rechts eine gelbe Tafel, die den Einstieg in den Wald kennzeichnet. Durch einen schönen Mischwald und in der Folge über Wiesenflächen geht es kontinuierlich bergauf, bis wir links ein paar Häuser erblicken. Wir halten uns leicht rechts, an einer Garage vorbei, und kommen so zu einem Weg am Waldrand. Bei der nächsten Kreuzung links, entlang eines Zaunes und weiter durch den Wald, wobei uns immer wieder Markierungen den Weg weisen. Wir überqueren eine **Asphaltstraße** 5, 794 m, und folgen dem Steig durch den Wald, der teilweise auch etwas steiler ist, nahezu in einer Linie bergauf.

Kurz vor unserem Ziel erreichen wir eine Wegkreuzung, bei der wir uns nach links wenden und so zu einem Drehkreuz bzw. einem Zaun kommen. Nun noch ein kurzes Stück bergauf, und wir haben den **Kulm** 6, 975 m, erreicht. Im Gipfelbereich halten wir uns links, gehen durch das Drehkreuz Süd und wandern mehr oder weniger in einer Linie zum **Ackerwirt** 7 bergab, um mit dem SAM-Taxi zurück zum Ausgangspunkt in **Pischelsdorf am Kulm** 1 zu fahren.

TOP

↗ 390 m | ↘ 390 m | 11.1 km

38 Geierwand-Rundwanderung

3.30 h

Vom Stubenbergsee nach St. Johann

Der Stubenbergsee ist ein wunderbarer Ausgangspunkt für zahlreiche Wanderungen. Mit einer ca. 40 ha großen Wasserfläche ist er einer der größten und wärmsten Badeseen in der Steiermark und lädt nach einer Wanderung zum Relaxen und Schwimmen ein. Die Tour auf die Geierwand führt durch schöne Mischwälder, hat zwischendurch auch etwas steilere Abschnitte und beeindruckt mit der Aussicht auf den See, das Schloss Herberstein und den Ort Stubenberg. Mit etwas Glück kann man auch das lautlose Gleiten eines Heißluftballons beobachten, denn Ballonfahrten haben in der Region schon lange Tradition; so gab es hier bereits Europa- und Weltmeisterschaften. Der Wanderweg führt gegen Ende hin direkt bei der Tierwelt Herberstein vorbei. Durch das 46 ha große Areal führt ein 6 km langes Wegenetz, wobei der Park nach dem Prinzip eines Geo-Zoos und somit in die Kontinente Afrika, Amerika, Eurasien und Australien gegliedert ist. Eine schöne Kombination ist die Verbindung von Geierwandweg mit einer »Reise um die Welt« im Tierpark – so lassen sich Regionalität und Globalität an einem Tag erleben.

Beim Aufstieg zur Geierwand hat man zwischendurch schon Aussicht auf den Stubenbergsee – ein unglaublich schönes Platzerl im Apfelland.

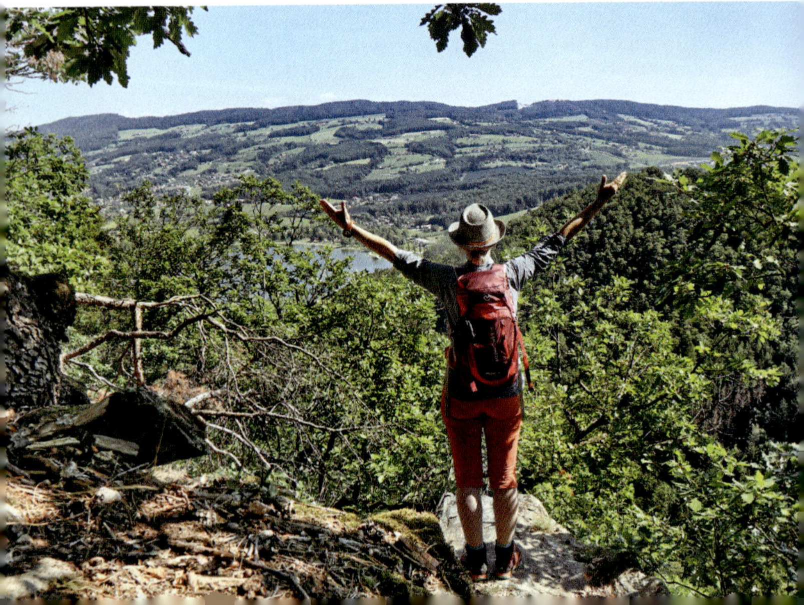

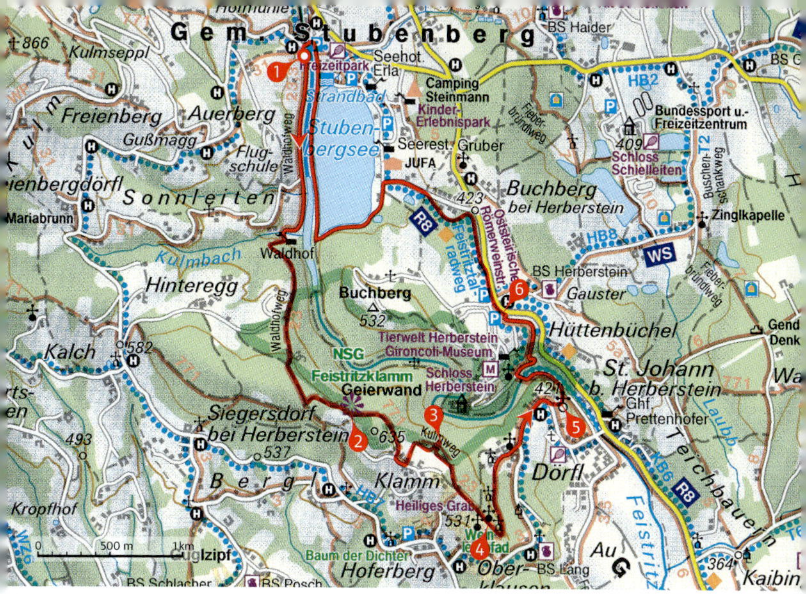

Ausgangspunkt: Stubenbergsee, 390 m, Parkmöglichkeiten. Anfahrt: Von Wien auf der A 2 bis Abfahrt Hartberg, dann durch Hartberg nach Flattenberg auf der L 406 über Schönaudorf bis zum Stubenbergsee. Von Graz auf der A 2 bis Gleisdorf West, dann auf der B 54 nach Hirnsdorf; weiter über St. Johann bei Herberstein zum See.
ÖPNV: Zug/Bus bis Gleisdorf oder Hartberg; mit Bus bis Stubenbergsee.
Anforderungen: Mix aus Straßen und Pfaden, wobei einige Abschnitte im Wald etwas steiler sind. Bei der Geierwand bricht der Fels steil ab, Sicherheitszäune sind aber vorhanden. Bis St. Johann Wegmarkierung Geierwandweg 23, danach Herbersteinweg 5.
Einkehr: Mehrere Einkehrmöglichkeiten bei Badebetrieb rund um den See. Unterwegs: Gasthof-Pension Waldhof, Tel. +43 3176 80 210, gasthof-waldhof.at; Landgasthof Riegerbauer, Tel. +43 3113 2301, riegerbauer.at.
Tipps: Schwimmen im Stubenbergsee, Eintritt während der Badesaison, ansonsten frei zugänglich. Im ganzen Areal des Sees gilt Hundeverbot. – Tierwelt Herberstein, Tel. +43 3176 80777, tierwelt-herberstein.at.

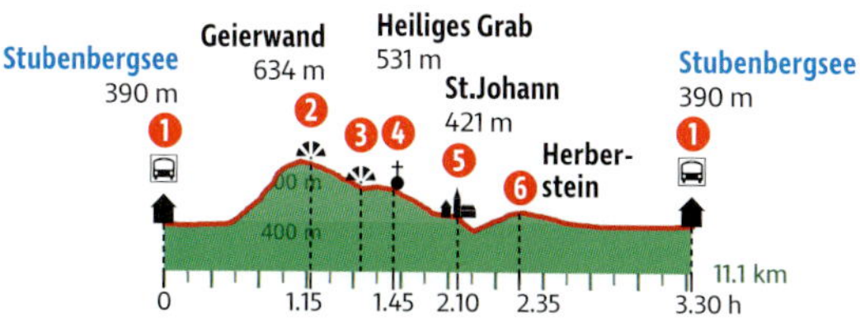

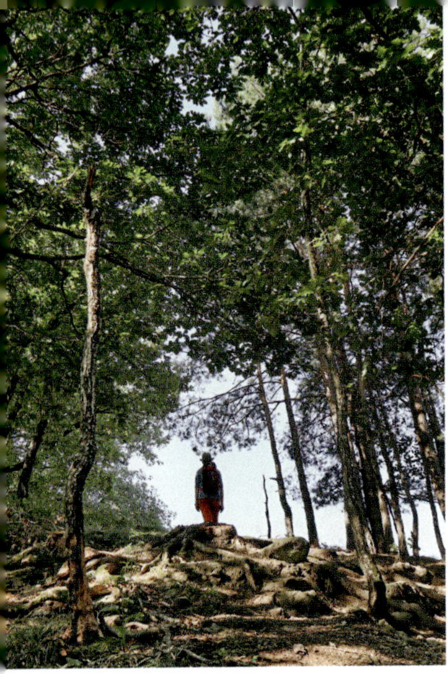

Von der Nordseite des **Stubenbergsees** ❶, 390 m, wandern wir entlang der Feistritz bzw. direkt am Seeufer, bis wir zum Gasthof Pension Waldhof kommen. Weiter geht es leicht bergauf durch den Wald, zuerst auf einer Forststraße und in der Folge auf einem Pfad. Ab nun sind wir auch in einem Europaschutzgebiet unterwegs. Zwischendurch ist der Weg etwas steiler und führt meist durch den Wald bzw. am Waldrand entlang, wobei wir auch einen schönen Blick auf den Kulm haben. Links vom Weg bricht der Fels steil ab, wodurch sich ein wunderbarer Ausblick auf den See und das Schloss Herberstein ergibt. Mit dem Aussichtsplatz **Geierwand** ❷, 634 m, erreichen wir den höchsten Punkt dieser Wanderung.

Foto oben: Zwischendurch steiler Aufstieg durch wohltuende Mischwälder.
Unten: Der Stubenbergsee, einer der größten und wärmsten Badeseen in der Steiermark, lädt nach der Wanderung zum Schwimmen ein.

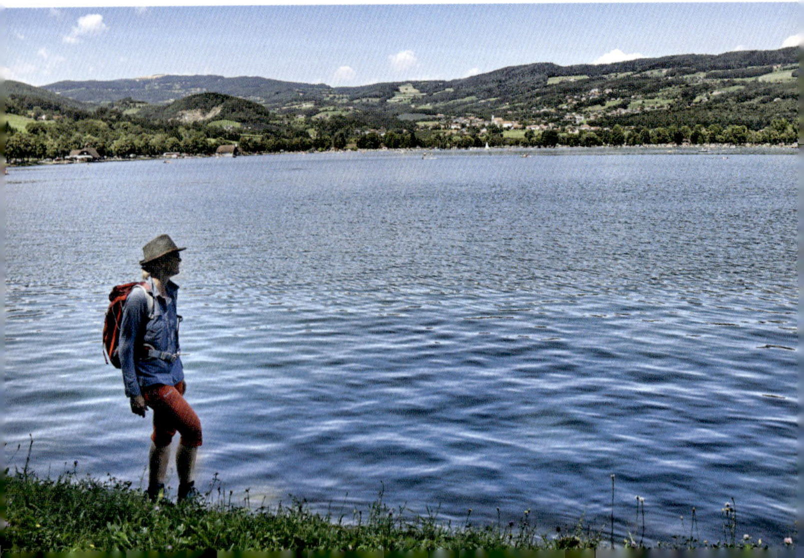

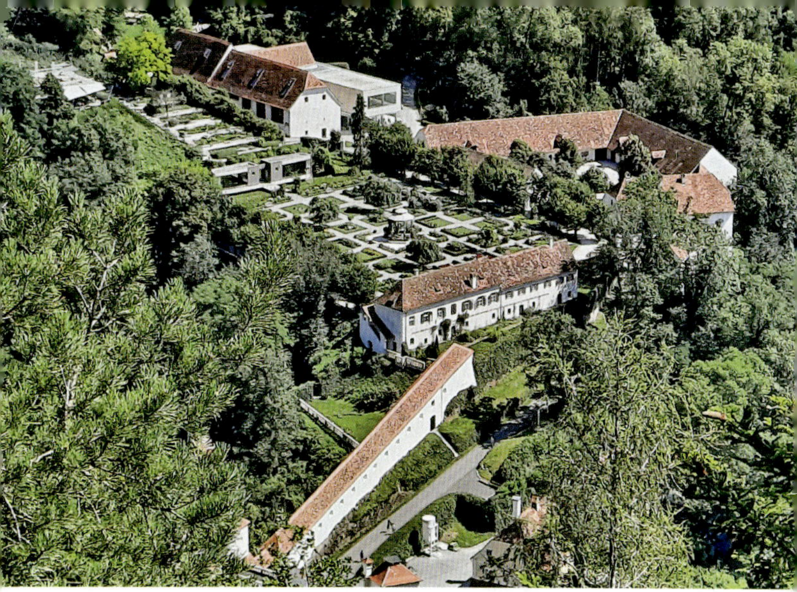

Der Blick vom Kranzl auf die Anlage des Schlosses Herberstein.

Der Wanderweg führt in ein dünn besiedeltes Gebiet. Es geht zwischen einem Haus und einer Hofstelle hindurch und bei der nächsten Kreuzung links. Ein kurzes Stück entlang der Asphaltstraße, dann wieder nach links. Leicht bergab führt der Weg an Wald- bzw. Ackerflächen vorbei. Eine Abzweigung zum **Kranzl** 3, 536 m, ist aufgrund des Ausblickes auf Herberstein und die Feistritzklamm sehr zu empfehlen.

Zurück am Hauptweg folgen wir den rot-weiß-roten Markierungen mit der Nummer 23 bis zum **Heiligen Grab** 4, 531 m. Der Wanderweg führt direkt zwischen den Kapellen weiter und dann entlang von Kreuzweg-Stationen durch den Wald bergab. Wir erreichen eine Asphaltstraße und folgen ihr durch das besiedelte Gebiet von St. Johann. Bei der Kreuzung (SAM-Station HF 7049) geht es nach links und in der Folge am Gasthof Riegerbauer und der Volksschule vorbei, in Richtung **Kirche St. Johann** 5, 421 m.

Kurz vor der Kirche wenden wir uns nach links und orientieren uns am Weg 5 in Richtung Herberstein-Stubenberg. Bergab durch den Wald, dann links über die Brücke und in der Folge bergauf entlang der Asphaltstraße (Radweg R8) bis zum **Tierpark Herberstein** 6, 440 m. Der Wander- bzw. Radweg führt durch das Parkplatzgelände und parallel zur Straße weiter. Bei einer Kreuzung halten wir uns leicht links und bleiben auf einer Schotterstraße, die uns direkt auf die Ostseite des **Stubenbergsees** bringt. Durch das Gelände um den See gehen wir zurück zum **Ausgangspunkt** 1.

↗ 360 m | ↘ 360 m | 10.0 km

39 Ilzbergrunde

3.00 h

Genussvolles Wandern durch Apfelgärten

Der Apfel ist eines der Leitprodukte der Oststeiermark und rund um Puch bei Weiz befindet sich das Zentrum des Apfelanbaus. Mit dieser Wanderung sind wir im Herzstück des Apfellandes unterwegs, wobei die Geschichte des Apfelanbaus bereits auf die Kelten zurückzuführen ist. Die fruchtbaren Böden, das ideale Klima und der starke Temperaturgegensatz zwischen kühlen Nächten und heißen Tagen verleihen den Äpfeln die Süße und das besondere Aroma. Vom Geschmack des Apfels kann man sich auf vielerlei Arten überzeugen lassen, zum einen durch die verschiedenen Sorten wie z. B. Gala, Idared, Kronprinz Rudolf oder Maschanzker, zum anderen bieten regionale Betriebe zahlreiche Köstlichkeiten wie Apfelschaumsuppe, Mostbraten und kreative Apfel-Desserts an. Mit dem Abakus – einem einzigartigen Schnaps – kann man den Apfel in der höchsten Vergeistigung genießen. Die Apfelmänner und der Abakus sind eine Institution im Apfelland. Jedes Jahr werden 1444 Flaschen des Abakus unter strenger Einhaltung des Regelwerkes der Apfelmänner aus den besten Äpfeln destilliert. Wissenswertes über die Apfelmänner und deren Regeln und Rituale erfährt man im Haus des Apfels, an dem man während der Wanderung direkt vorbeikommt. Von Mitte April bis Mitte Mai wird man in den Apfelgärten von einem Meer aus duftenden weiß-rosa Blüten begleitet. Besonders schön ist es auch zur Erntezeit, wenn die saftigen Äpfel von den Ästen hängen und die unterschiedlichen Sorten in ihrer Farbenvielfalt so richtig zur Geltung kommen.

Ausgangspunkt: Puch bei Weiz, 449 m, Parkmöglichkeiten im Ort. Anfahrt: Von Wien auf der A 2 bis Abfahrt Hartberg, dann B 54 Richtung Gleisdorf über Hartberg und Kaindorf nach Pischelsdorf am Kulm; weiter nach Puch. Von Graz auf der A 2 bis Abfahrt Gleisdorf West, dann B 64 Richtung Weiz nach Unterfladnitz; weiter über Etzersdorf nach Puch.

ÖPNV: Zug/Bus bis Weiz; mit Bus nach Puch bei Weiz.

Anforderungen: Wenige steile Abschnitte im Wald, ansonsten einfach, auf Forst- und Asphaltstraßen geführt.

Einkehr: Wirtshaus Meißl, Tel. +43 3177 2205, wirtmeissl.at; Gasthof-Kirchenwirt Hofer, Tel. +43 3177 2247, kirchenwirt-puch.at; Gasthof Zum Bäck, Tel. +43 3177 2204, zumbaeck.at. Unterwegs: Obstbau Kelz und Haus des Apfels, Tel. +43 3177 3117, mostschank-kelz.at.

Tipp: Haus des Apfels – das Apfelmuseum beim Obstbaubetrieb Kelz, Tel. +43 3177 3117, mostschank-kelz.at.

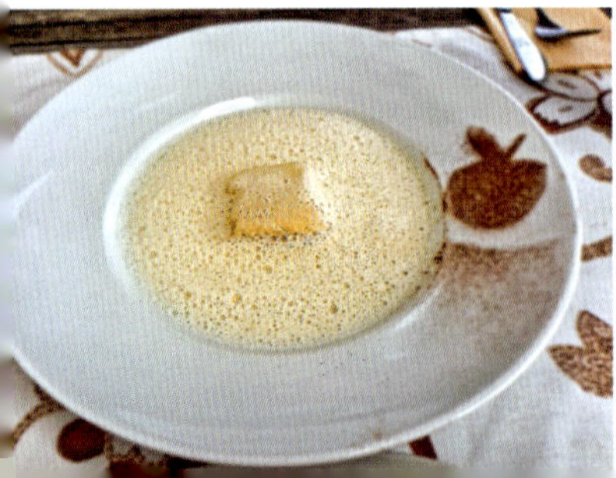

Regionale Spezialität beim Wirtshaus Meißl: Apfelschaumsuppe.

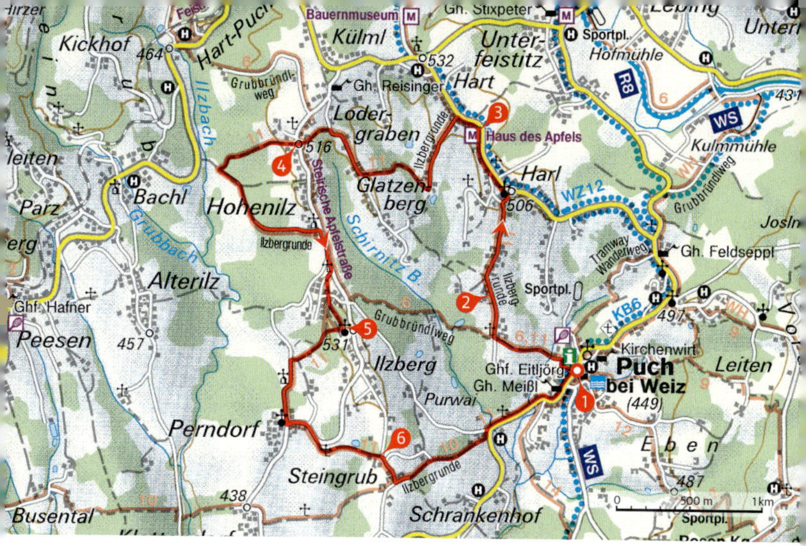

Im **Ortszentrum** von **Puch bei Weiz** ❶, 449 m, sind bei einer Bushaltestelle mehrere gelbe Wegweiser zu sehen. Wir halten uns in Richtung Westen, gehen an den Häusern vorbei, um bald darauf durch einen Apfelgarten bzw. eine Apfelplantage hindurchzugehen. Bei der Asphaltstraße angekommen, wandern wir rechts leicht bergauf. Beim **Obstbaubetrieb Leitner/Niglbauer** ❷, 469 m, vorbei bis zur nächsten Straßenkreuzung. Es geht nach links, und nach kurzer Zeit erreichen wir das **Haus des Apfels** ❸, 513 m. Dem Gehsteig leicht bergauf folgend treffen wir auf die SAM-Station WZ 2211, wo wir links abzweigen und die Straße bergab gehen. Am Ende der Straße führt uns der Pfad rechts vorerst entlang und dann über das Bacherl, bevor es am Wiesenrand wieder leicht bergauf geht. Bei der Asphaltstraße halten wir uns rechts, um nach ca. 300 m nach links in eine Schotterstraße einzubiegen. In der Folge geht es kontinuierlich bergab. Wir überqueren die Landesstraße 392 in **Hohenilz** ❹, 516 m, um weiter bergab, vorbei an Apfelgärten und durch Wälder hindurch, bis zum Talboden zu gehen. Bereits nach kurzer Zeit folgen wir der Forststraße wieder bergauf, kommen neuerlich zur L392 – der Durchfahrtsstraße von Hohenilz –, halten uns rechts und wandern ca. 300 m entlang dieser Straße. Bei der

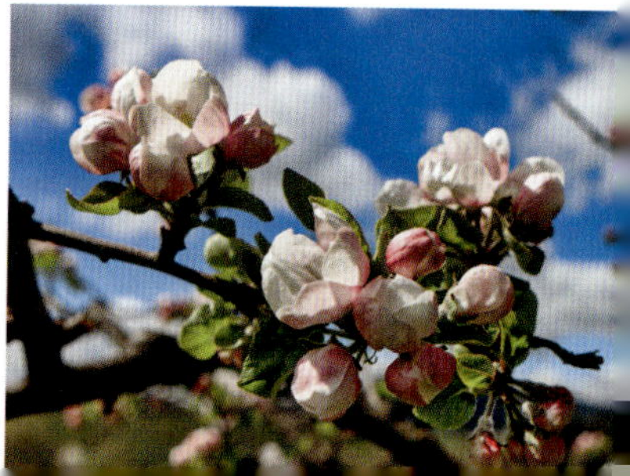

Apfelblüte.

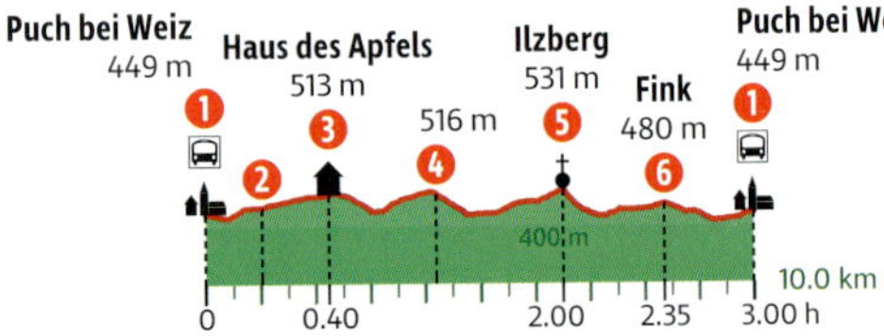

Kreuzung mit der SAM-Station WZ 2223 zweigen wir rechts ab, an ein paar Häusern vorbei und durch den Wald bergauf zum **Ilzberg** ❺, 531 m. Bei der Kapelle am Ilzberg lohnt sich eine kleine Pause, bevor wir rechts am Waldrand unseren Weg bergab fortsetzen.

Bei der Asphaltstraße angekommen gehen wir links weiter, erreichen die Ortsmitte und die Kapelle von **Perndorf**, wo es wiederum nach links weitergeht. Nach ca. 300 m halten wir uns rechts und wandern auf einer Schotterstraße, durch Apfelgärten hindurch, bis wir zur Kreuzung beim **Wein- und Obsthof Fink** ❻, 480 m, kommen. Hier wenden wir uns nach rechts und zweigen bei der nächsten Kreuzung links ab, um über schmale asphaltierte Wege und Wiesenwege immer leicht bergab zu wandern. Bei der Asphaltstraße angekommen, geht es ein letztes Mal nach links und dann folgen wir der Straße bis zu unserem **Ausgangspunkt** ❶.

Es geht durch zahlreiche Apfelgärten hindurch, die zu jeder Jahreszeit ihren Reiz haben.

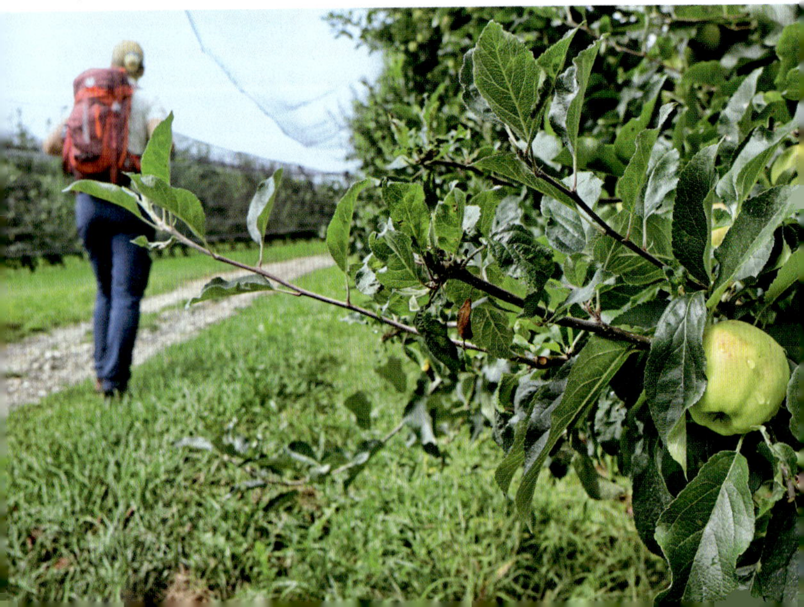

↗ 170 m | ↘ 170 m | 11.1 km

3.00 h

Buschenschank-Wanderung

40

Land, Leute und Kulinarik rund um Gleisdorf

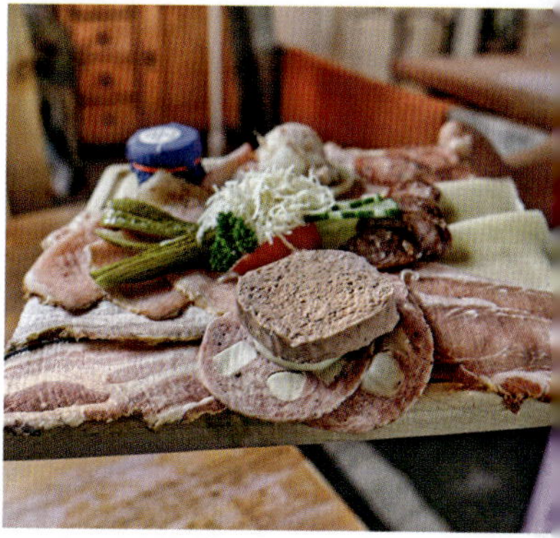

G'schmackige Jause beim Buschenschank Neuhold.

Die Oststeiermark beheimatet die vier Städte Friedberg, Hartberg, Weiz und Gleisdorf, wobei sich Gleisdorf als Solarstadt mit dem Slogan »im Herzen die Sonne« definiert. Bereits seit Jahrzehnten werden neue Maßstäbe bei der Nutzung von Solarenergie gesetzt, was auch durch das Wahrzeichen am Hauptplatz zum Ausdruck gebracht wird, dem Solarbaum, einer 17 m hohen Skulptur mit besonders »energiereichen Blättern«. Erwähnenswert ist auch die »Straße der Solarenergie«, ein Themenweg durch die Innenstadt, wo sich neben zahlreichen Geschäften und Lokalen mehr als 100 Sonnenkraftwerke befinden. Aber nicht nur in der Stadt, sondern auch in der umliegenden Hügellandschaft spürt man die Sonne im Herzen, wenn man wandernder Weise unterwegs ist. Mit der Buschenschank-Wanderung lernt man Land, Leute und Kulinarik im Nordosten der Stadt kennen. Entlang dieses Themenweges kommt man zu den sechs Stationen Kürbis – Apfel – Wein mit Aussicht – A g'sunde Jausn – In der Ruhe liegt die Kraft – Weinregion Gleisdorf und erfährt über ansprechende Schautafeln Interessantes und Wissenswertes zu den einzelnen Themen.

Ausgangspunkt: Gleisdorf, 362 m, Parkplatz Wellenbad. Anfahrt: Auf der A 2 bis zu den Abfahrten Gleisdorf West oder Süd.
ÖPNV: Zug/Bus bis Gleisdorf; weiter zu Fuß 1,7 km bis zum Wellenbad.
Anforderungen: Durchgehend asphaltierte Wege; die Wegführung ist aufgrund zahlreicher Wegweiser zwischendurch nicht eindeutig. Diese Wanderung ist auch mit Kinderwagen möglich.
Einkehr: Gasthaus Laurenzi Bräu, Tel. +43 3112 36795, laurenzibraeu.at; Gasthof Maurer, Tel. +43 664 75400650, gh.maurer.at; Gasthaus Brauner Hirsch, Tel. +43 3112 24010, braunerhirsch.at. Unterwegs: Buschenschank Neuhold, Tel. +43 664 4694 227, buschenschank-neuhold.jimdosite.com; Buschenschank Schantl, Tel. +43 3112 2840, weinhof-schantl.at; Gasthaus Bergwirt, Tel. +43 3112 49290, gasthausbergwirt.at; Buschenschank Maurer, Tel. +43 3112 2005, weingut-maurer.at; Kaltenbrunnerhof, Tel. +43 3112 3239, kaltenbrunnerhof.com; Buschenschank Seyfried, Tel. +43 3112 2882, weinhof-seyfried.at.

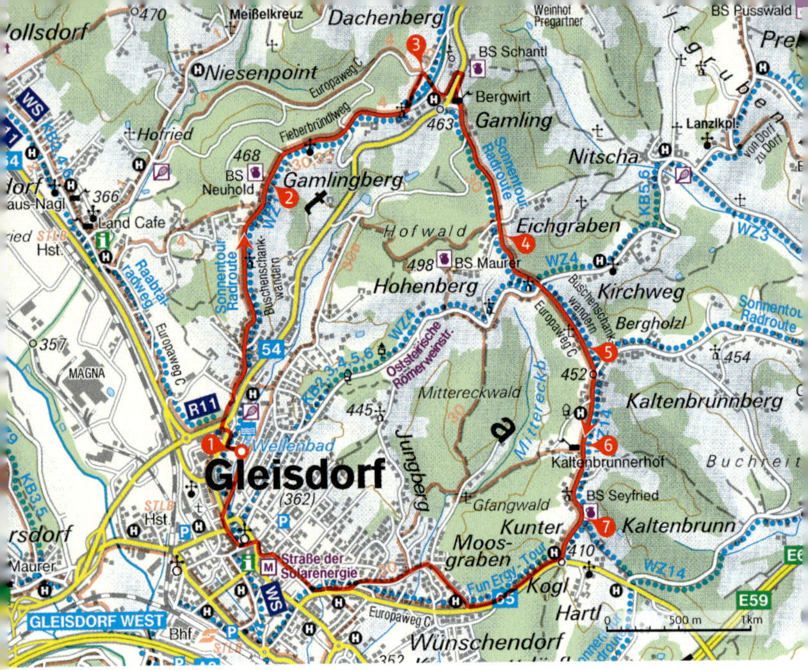

Wir starten bei der Übersichtstafel am Parkplatz beim **Wellenbad Gleisdorf** ❶, 362 m, und orientieren uns an der Wegmarkierung »Buschenschankwandern« in Richtung Gamling. Es geht um das Wellenbad herum, bei einer Fußgängerbrücke nach links und in der Folge an Wohnhäusern und Geschäften vorbei. Nach der Fußgänger- und Radunterführung nach rechts und dann parallel zur Straße, bis nach ca. 400 m ein kleiner Rastplatz kommt. Hier verlassen wir die Straße, um links leicht bergauf in einer Seitenstraße weiterzugehen, bis wir den Ortsbeginn von Albersdorfberg-Gamling erreichen und in Folge die erste Station des Themenweges am **Gamlingberg**, den **»Apfel«** ❷, 468 m, bzw. die Buschenschank Neuhold. Weiter wandern wir (Weg 30 und 35) auf der Nebenstraße immer geradeaus bis zur **Kürbisstation** ❸, 472 m.

Nun nach rechts zwischen Weingärten leicht bergab, dann überqueren wir die Bundesstraße und gehen am Gasthaus Bergwirt vorbei in Richtung Hohenberg. Der Weg führt entlang der Straße durch das wenig besiedelte Gebiet mit schönen Holunderplantagen. Bei mehreren Abzweigungen halten wir uns immer geradeaus, bis wir auf der rechten Seite die dritte Station **»Wein mit Aussicht«** ❹, 472 m, erreichen. Auch bei der nächsten Kreuzung sind die zahlreichen Abzweigungen etwas verwirrend, wir aber halten uns

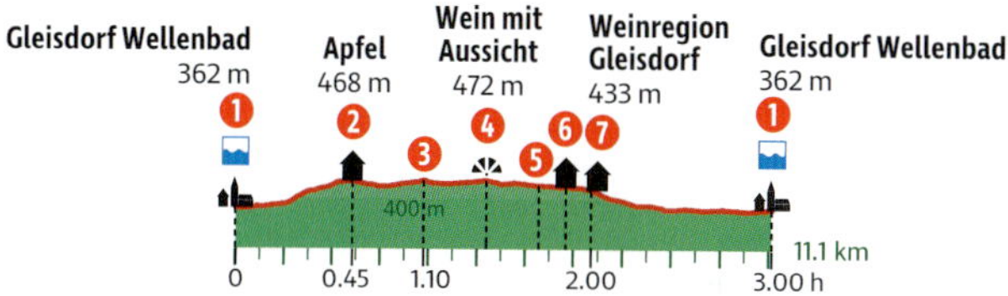

einfach immer geradeaus bis Kaltenbrunn und sehen in der Folge auf der linken Seite die Feuerwehr und die vierte Station **»A g'sunde Jausn«** ❺, 452 m. Bei einer Straßenkreuzung geht es rechts weiter bis zur fünften Station, direkt beim Kaltenbrunnerhof, **»In der Ruhe liegt die Kraft«** ❻, 445 m. Nach 500 m erreichen wir die letzte Station des Themenweges, **»Weinregion Gleisdorf«** ❼, 433 m, bei der Buschenschank Seyfried.
Weiter geht es nun leicht bergab, bei der Straßenkreuzung nach rechts und dann entlang des Gehweges, der hier parallel zur Straße direkt ins Zentrum von Gleisdorf führt. Nach ca. 700 m zweigt der Themenweg nach rechts in den Moosgrabenweg ab, bei der nächsten Kreuzung halten wir uns links, bis wir wieder zur Hauptstraße kommen. Hier verlassen wir den Themenweg, um über die Rathausgasse direkt ins Zentrum zu gehen. Bei der Stadtpfarrkirche treffen wir wieder auf die Markierungen und folgen diesen zurück zum **Wellenbad** ❶.

Wein mit Aussicht: eine der Stationen des Themenweges.

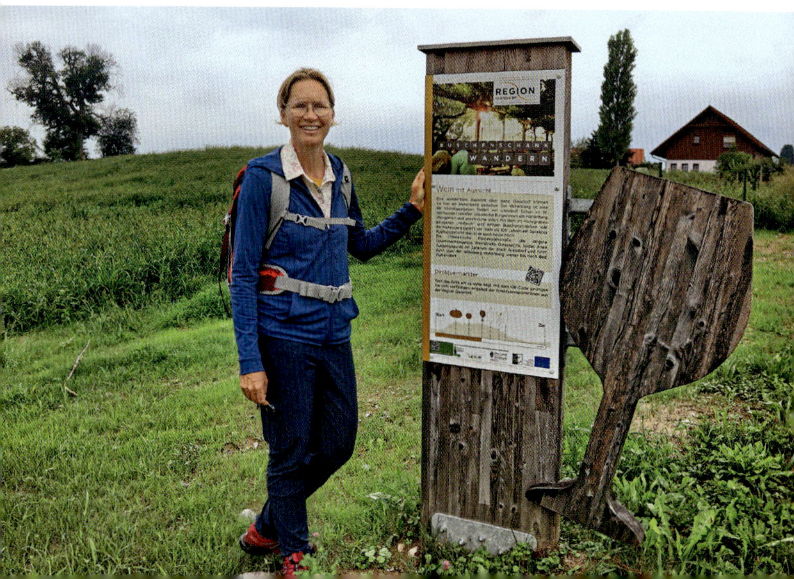

↗ 350 m | ↘ 350 m | 13.1 km

41 Wandern mit Aussicht

3.30 h

Eine wohltuende Rundwanderung um Gleisdorf

Hinter dem vielversprechenden Namen »Wandern mit Aussicht« versteckt sich eine abwechslungsreiche Runde im südlichen Umland von Gleisdorf. Bereits nach kurzer Zeit verlässt man das rege Treiben der Stadt, und der Verkehrslärm der Autobahn wird mit jedem Schritt leiser. Ab Marienhof wird es ruhig und beschaulich, der Wanderweg führt durch eine abwechslungsreiche Landschaft, die unseren Sinnen guttut. Man ist umgeben von weichen Landschaftsformen, gepflegten Kulturflächen und dünn besiedelten Gebieten. Die im Jahr 2015 errichtete Aussichtsplattform am Europaberg im Gleisdorfer Ortsteil Ungerdorf ist ein schöner Rast- und Aussichtsplatz. Die Plattform ist nur wenige Meter hoch, überrascht jedoch mit einer modernen Beton- und Glaskombination. Eine Übersichtstafel der Hauptstädte Europas erinnert an die Schulzeit und gibt einem die Möglichkeit, während der Pause eventuelle Wissenslücken wieder zu schließen. Die nächste Überraschung ist nur wenige Minuten entfernt und steht in einem Garten direkt am Weg: eine Kopie der Skulptur »Der Denker«, die zu den Hauptwerken des französischen Bildhauers Auguste Rodin zählt. Die Wanderung gestaltet sich äußerst kurzweilig und findet ihren Höhepunkt, im wahrsten Sinne des Wortes, auf dem Aussichtsturm Kleeberg. Das auffallende Treppenbauwerk, das mittlerweile als Wahrzeichen der Region gilt, wurde im Rahmen der Landesausstellung »Energie« im Jahr 2001 errichtet, ist 31,7 Meter hoch und über 140 Stufen erreichbar. Jede Stufe lohnt sich, da die Aussicht sensationell ist und die Panoramatafeln in luftiger Höhe bei der Orientierung sehr dienlich sind.

Panoramatafeln auf dem Aussichtsturm Kleeberg.

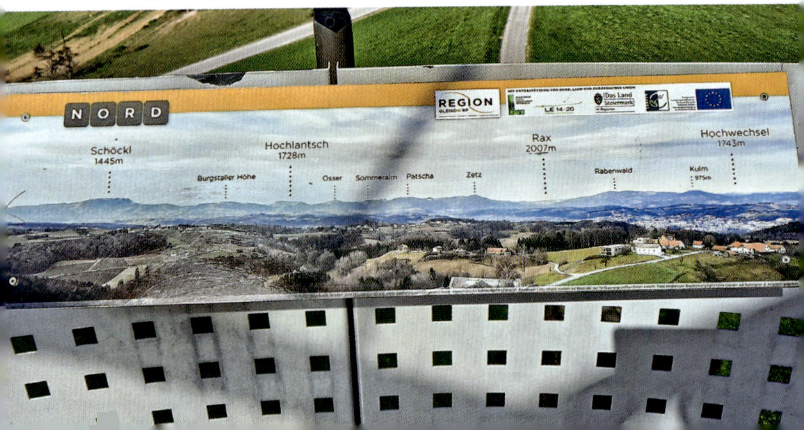

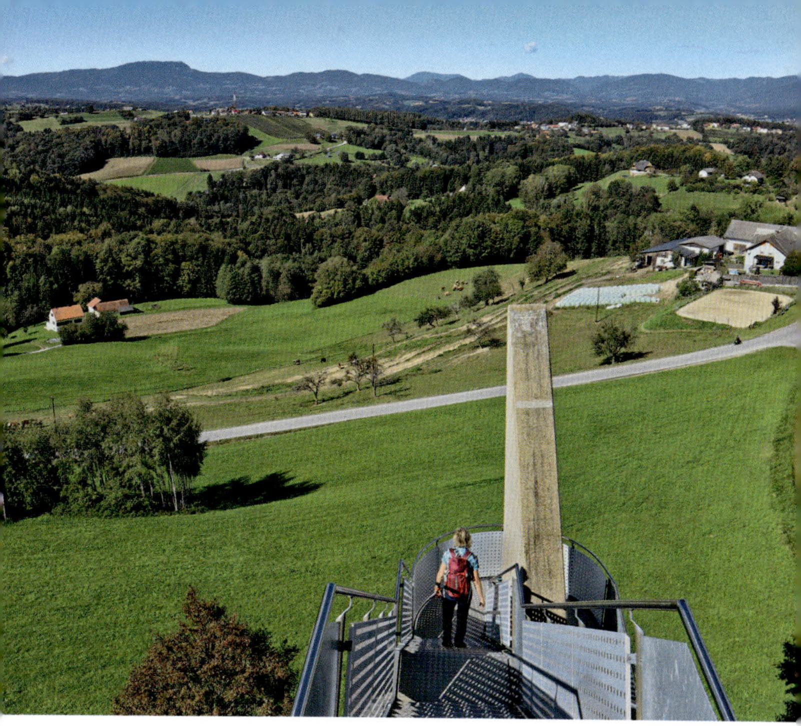

Jede Stufe auf den über 30 m hohen Aussichtsturm am Kleeberg lohnt sich.

Ausgangspunkt: Gleisdorf, 362 m, Parkplatz Solarstadion. Anfahrt: Auf der A 2 bis Abfahrten Gleisdorf West oder Süd.
ÖPNV: Zug/Bus bis Gleisdorf.
Anforderungen: Bei dieser Wanderung gibt es keine besonderen Anforderungen, der Weg ist gut markiert und beschildert und die Wegführung ist eindeutig.

Einkehr: Gasthaus Laurenzi Bräu, Tel. +43 3112 36795, laurenzibraeu.at; Gasthof Maurer, Tel. +43 664 75400650, gh.maurer.at; Gasthaus Brauner Hirsch, Tel. +43 3112 24010, braunerhirsch.at; Solar-Café Pizzeria Figaro, Tel. +43 3112 6173, solar-cafe.at. Unterwegs: Gasthaus Schwab-Wiesenwirt, +43 3112 7883, gasthaus-schwab.at.

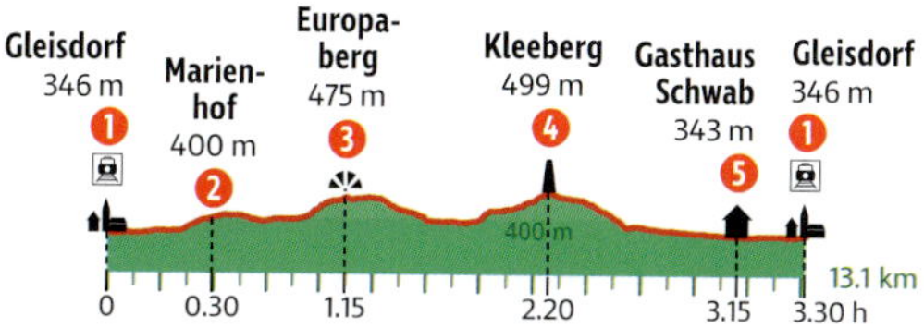

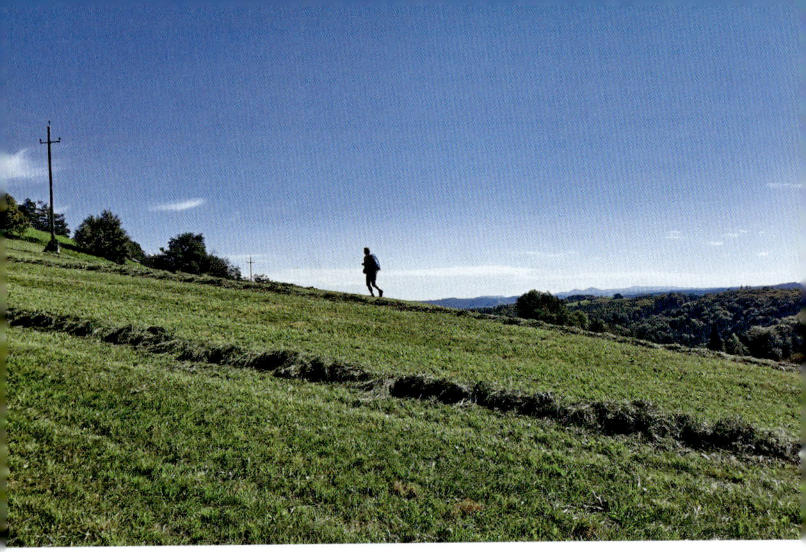

Die Wanderung ist geprägt von gemütlichen Auf- und Abstiegen, wie hier kurz vor der Aussichtswarte Kleeberg.

Los geht's beim **Solarstadion Gleisdorf** ❶, 346 m, wo wir beim Parkplatz eine Übersichtstafel und gelbe Wegweiser sehen. Wir gehen in Richtung Westen und folgen der Beschilderung »Marienhof bzw. Europaberg – Wandern mit Aussicht«, zunächst durch die Ebene nahe der Autobahn. Die Straße führt leicht bergauf und wir erreichen die kleine Ortschaft **Marienhof** ❷, 400 m. Wir zweigen rechts ab, gehen durch den Wald und an wenigen Häusern vorbei. Bei der nächsten Kreuzung rechts, weiter leicht bergab, bis zur Kreuzung mit der SAM-Station WZ 1512. Hier geht es links bergauf, bis wir vor dem Fußballplatz des FC Ungerdorf links abbiegen. Nun lassen wir die asphaltierten Straßen vorerst hinter uns und wandern auf Wiesen- und Forstwegen immer geradeaus weiter. An einem Teich vorbei, dann leicht bergauf durch den Wald zu einem kleinen Gehöft. Weiter entlang der Straße, dann wir sehen wir die Aussichtsplattform **Europaberg** ❸, 475 m.
Nach dem kurzen Abstecher zur Aussichtsplattform folgen wir der Straße im leichten Auf und Ab durch das dünn besiedelte Gebiet. Kurz nach der Ortstafel »Europaberg« führt der Wanderweg links weg. Es geht durch den Wald und über Wiesenflächen bergab zum Talboden und zur SAM-Station 1502. Nun auf der Straße talauswärts, bis wir rechts Richtung Kleeberg abzweigen. Der Wanderweg setzt sich auf einer Schotterstraße fort, über den Bach und dann durch schöne Wälder gemütlich bergauf. Wenn wir aus dem Wald kommen, sehen wir bereits den Aussichtsturm Kleeberg vor uns. Über die Wiese, an einem Bauernhof vorbei und nach einer Rechts-

links-Kombination gehen wir über die Wiese direkt zum Aussichtsturm **Kleeberg** ❹, 499 m.
Der Abstieg verläuft entlang der Straße, wobei wir links in Richtung Urscha und Gleisdorf weiterwandern. Es geht durch den Wald bergab, bis wir wiederum den Talboden und die Hochwasserrückhalteanlage mit der Gestaltung »Kunst am Rückhaltebecken« erreichen. Ab nun geht es kontinuierlich talauswärts bis Urscha. Wir kommen beim **Gasthaus Schwab** ❺, 343 m, vorbei, gehen über die Raabbrücke und dann links der Straße folgend bis zur Abzweigung rechts. Wir wandern durch das besiedelte Gebiet und erreichen nach kurzer Zeit wieder unseren **Ausgangspunkt** ❶.

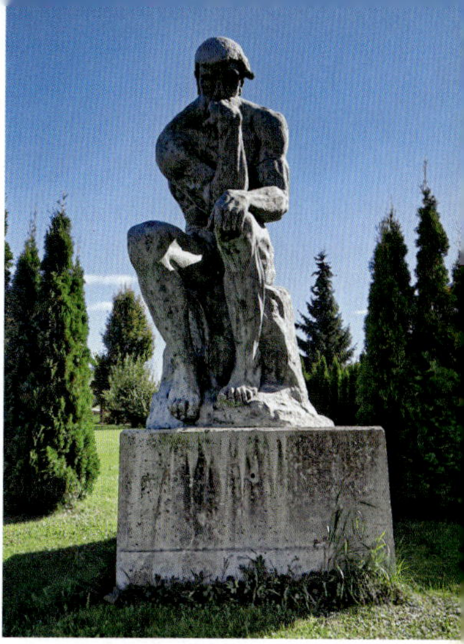

Eine bekannte Skulptur – der Denker.

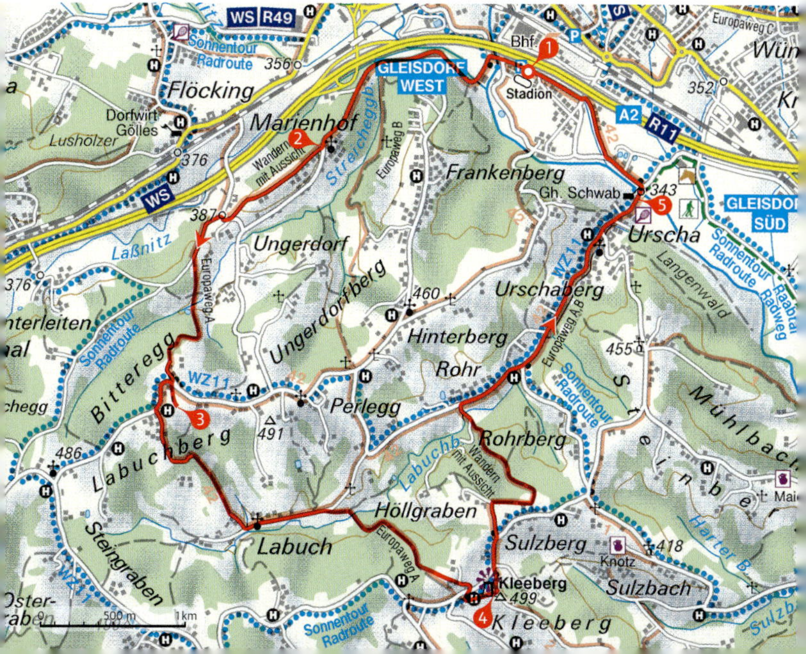

↗ 240 m | ↘ 240 m | 11.8 km

42 7 Plätze 7 Schätze

3.15 h

Auf den Spuren des Holzschnitzers Hans Pendl

Die Wanderung verbindet die Themenwege Kernkapellenweg und Burgthannerweg und führt über eine Achterschleife zu »7 Plätzen mit 7 Schätzen«. Die Kunstwerke des bekannten Holzschnitzers Hans Pendl laden bei jedem Standort zum Verweilen ein. Sakrale Motive und Skulpturen vermitteln spirituelle Botschaften, und diese Gedanken kann man von Station zu Station auf sich wirken lassen. Der Weg an sich ist aber schon eine Wanderung wert, da man den Natur- und Kulturraum rund um St. Ruprecht an der Raab kennenlernt. Was man hier im »Flachland der Oststeiermark« auf den ersten Blick nicht vermuten würde, ist der Ausblick entlang der Route in Kombination mit gut markieren Wegen und gemütlichen Rastmöglichkeiten. Einen längeren Aufenthalt am Kernkapellenweg, dem ersten Themenweg, sollte man bei der dritten Station – Kernkapelle – einplanen, da man sich hier mit regionalen Produkten aus dem Beerenstoak-Selbstbedienungsautomaten verköstigen kann. Ein weiteres Highlight ist der Kunstpark, wo mehr als 35 Künstler mit 50 Kunstwerken die Verbindung von Natur mit Kultur präsentieren. Über den Burgthannerweg gelangt man dann zu der seit Langem bekannten Stefaniequelle. Bereits seit dem 18. Jh. pilgern Menschen zu diesem Kraftort, da das Wasser Augenleiden lindern soll, was möglicherweise auf die enthaltene Huminsäure zurückzuführen ist. Wie auch immer, »Hilft's nix, schad's nix«, und somit kann man sich die Augen auf jeden Fall waschen.

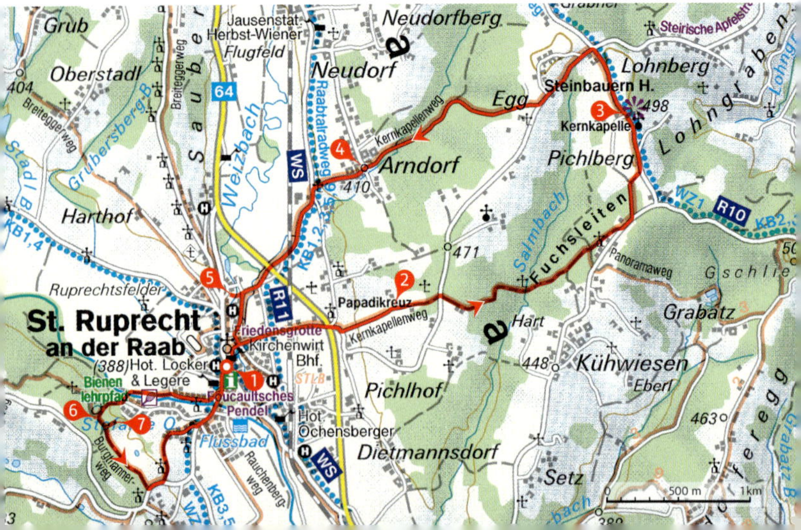

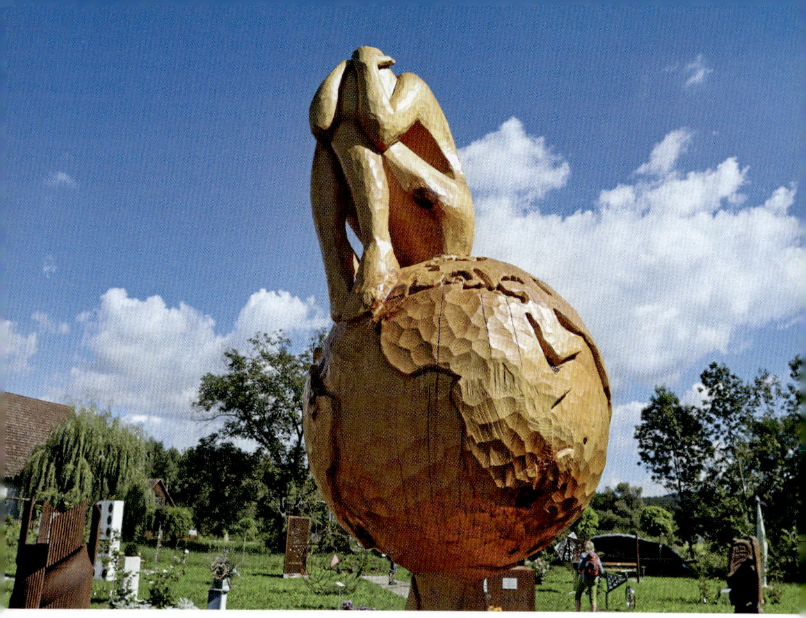

Im Kunstpark präsentieren 35 Künstler mit 50 Kunstwerken die Verbindung von Natur mit Kultur – ein absolutes Muss in St. Ruprecht an der Raab.

Ausgangspunkt: St. Ruprecht an der Raab, 388 m, mehrere Parkmöglichkeiten im Ort. Anfahrt: Auf der A 2 bis Abfahrt Gleisdorf West, dann auf der B 64 Richtung Weiz nach St. Ruprecht.
ÖPNV: Zug/Bus bis Gleisdorf oder Weiz; mit Zug/Bus nach St. Ruprecht an der Raab.
Anforderungen: Leichte Wanderung, teilweise auf Asphaltstraßen geführt und sehr gut beschildert. Ein eigenes Logo des 7-Plätze-7-Schätze-Weges ist zusätzlich auf den Wegweisern zu sehen.

Einkehr: Gasthaus Kirchenwirt-Ostermann, Tel. +43 3178 2656, kirchenwirt-ostermann.at; Erlebniscafé und Pizzeria Azzurro, Tel. +43 3178 2424, cafeazzurro.at; Garten-Hotel Ochensberger, Tel. +43 3178 5132, ochensberger.at; Locker & Légere, Tel. +43 3178 2310, locker-legere.at; Herwig's Café Central, Tel. +43 676 6389008, herwigscafecentral.at; Marktheuriger Strobl, Tel. +43 3178 2208, marktheuriger.at. Unterwegs: Café »okei«, Tel. +43 3178 28379, cafeokei.at.

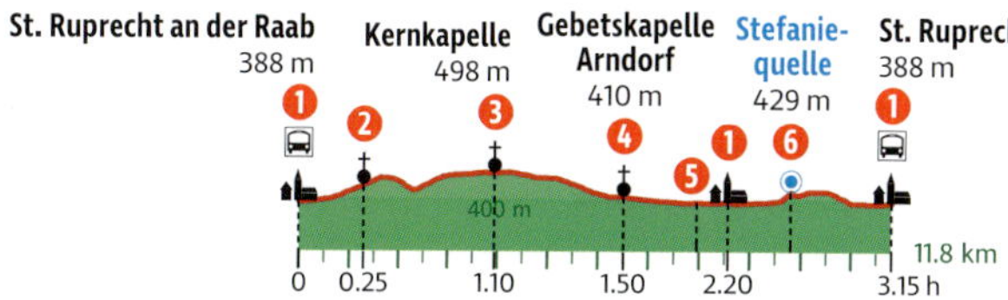

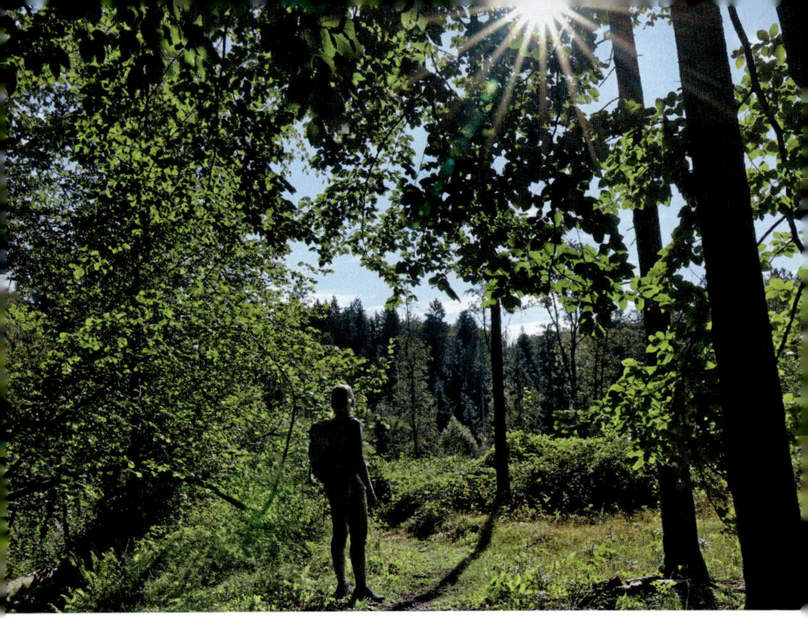

Natur & Kultur im Einklang – eine Wanderung in St. Ruprecht an der Raab.

Beim Hauptplatz in unmittelbarer Nähe der **Kirche** von **St. Ruprecht an der Raab** ❶, 388 m, orientieren wir uns an den Wegweisern – bei einer Grüninsel – in Richtung Kernkapellenweg. Noch vor dem Start sehen wir uns die 1. Station des Themenweges an, nämlich die Friedensgrotte unter der Kirchenstiege. Der Wanderweg geht unterhalb der Kirche rechts vorbei, über die Brücke und geradeaus entlang der Gartengasse. Über die Bahngleise und beim Lokal »okei« vorbei, kommen wir zur stark befahrenen Umfahrungsstraße, die wir überqueren. Der Asphaltstraße leicht bergauf folgend erreichen wir die 2. Station, die **Hubertuskapelle** ❷, 453 m.
An der Kapelle rechts vorbei und dann gleich links wandern wir über eine Wiese bis zu einem Wegkreuz. Es folgt ein längeres Wegstück durch den Wald mit eindeutiger Wegführung. Wir kommen zu einer Holzbrücke über den Salmbach und gehen leicht bergauf, bis wir das »Stoarieglkreiz« erreichen. An den Häusern vorbei, ein Stück entlang einer Asphaltstraße, bis der Wanderweg links in einer Forststraße weitergeführt wird. Bei der nächsten Kreuzung nach rechts, weiter entlang des Waldrandes bis zur Asphaltstraße, der wir links bis zur 3. Station, der **Kernkapelle** ❸, 498 m, folgen.
Weiter auf der Asphaltstraße zu einer Kreuzung, bei der wir links gehen, um nach ca. 500 m rechts auf eine Schotterstraße abzuzweigen. Im Wald weiter kontinuierlich bergab nach Arndorf und zur 4. Station, der **Gebets-**

kapelle Arndorf ❹, 410 m. Durch den Ort Richtung Südwesten zu einer Kreuzung, wo wir links abzweigen und parallel zu einem Werksgelände weitergehen. Wir folgen der Straße, queren die Bahngleise, gehen bei einer Unterführung durch und orientieren uns an den braunen Wegweisern in Richtung Kunstpark. Der Abstecher zur 5. Station, dem **Kunstpark** ❺, 388 m, ist auf jeden Fall empfehlenswert, und so nehmen wir uns gerne die Zeit, die verschiedenen Kunstwerke in Ruhe zu betrachten. Zurück am Wanderweg orientieren wir uns an der Kirche, gehen über eine Brücke und kommen zum **Ausgangspunkt** ❶.

Der zweite Teil des Wanderweges »7 Plätze 7 Schätze« beginnt wieder am Hauptplatz und führt in Richtung Burgthannerweg entlang der Parkstraße bis zum Kreisverkehr. Wir halten uns rechts und wandern neben der Raab flussaufwärts, entlang des Bienenlehrpfades. In der Folge geht es über die Raab, durch dünn besiedeltes Gebiet und durch Wald bergauf zur 6. Station, der **Stefaniequelle** ❻, 429 m. Gleich nach der Quelle kommen wir zur 7. Station, dem **Segensplatz für Kinder** ❼, 418 m, um dann im Wald und in der Folge am Waldrand weiterzuwandern.

Der Abstieg verläuft kurz auf Asphaltstraße und in der Folge über Wiesenwege und durch das besiedelte Gebiet von **St. Ruprecht** ❶.

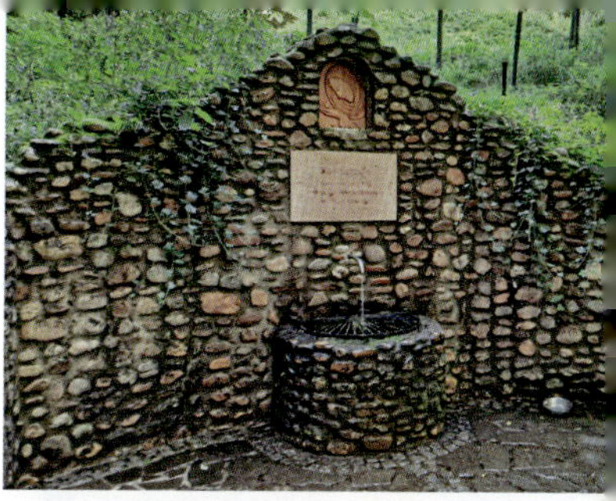

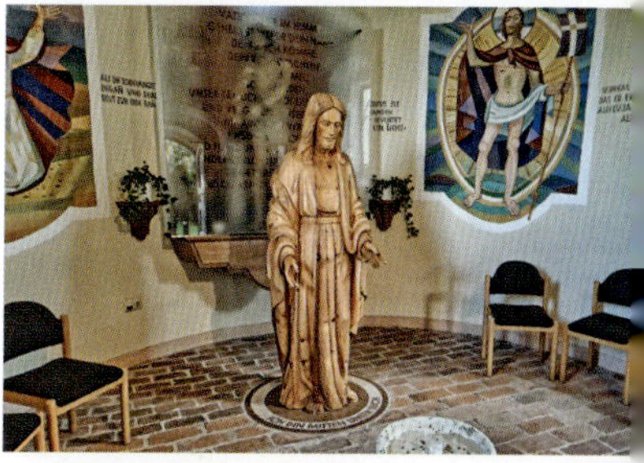

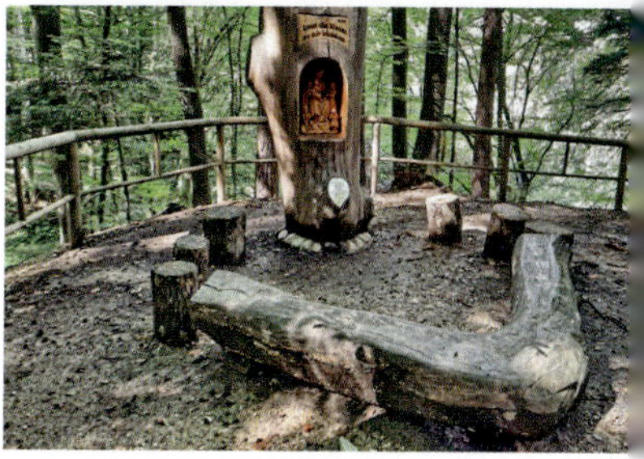

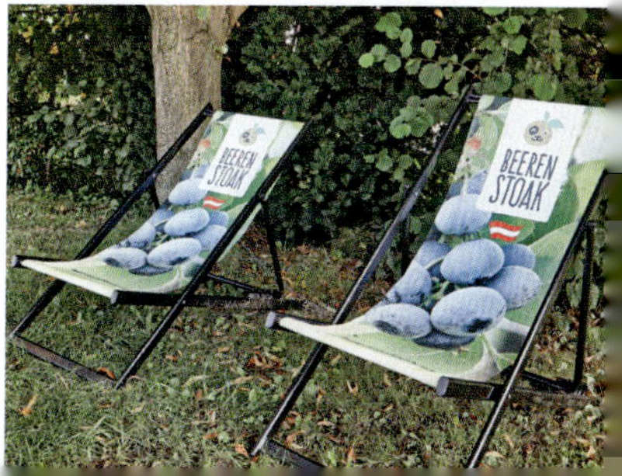

Von oben nach unten: Stefaniequelle (Station 6) – In der Kernkapelle (Station 3) – Segensplatz für Kinder (Station 7) – Ausruhen nahe der Kernkapelle.

↗ 670 m | ↘ 670 m | 16.0 km

43 Raasberg, 1009 m

5.00 h

Weiz in seiner Vielseitigkeit kennenlernen

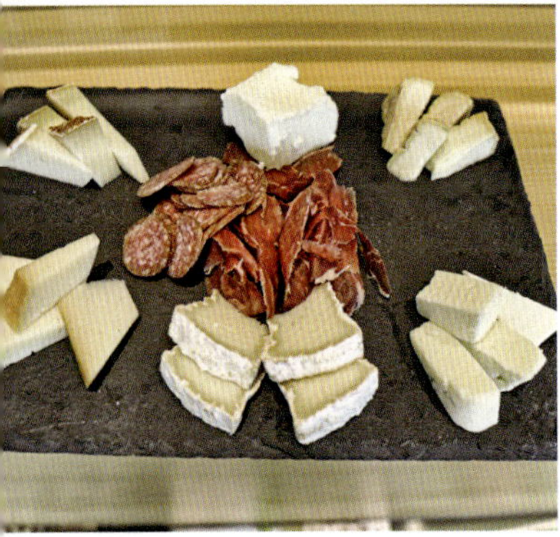

Kostproben bei »Mähh«, der Molkerei der Weizer Schafbauern in Weiz.

Wer gerne eine Stadt als Ausgangspunkt für Wanderungen wählt, ist in der ca. 12.000 Einwohner zählenden Bezirkshauptstadt Weiz gut aufgehoben. Von hier aus erreicht man zahlreiche Wanderziele in der Oststeiermark und hat gleichzeitig den Komfort einer Stadt, mit zahlreichen Einkaufsmöglichkeiten und abwechslungsreicher Gastronomie. Weiz ist das wirtschaftliche Zentrum der Region und hat mehrere Gesichter: technisch, bildungsorientiert, kunstbewusst und spirituell. Die Stadt ist zudem das Zentrum der österreichischen Elektroindustrie, der größte Schul- und Ausbildungsstandort der Oststeiermark, Veranstaltungsort zahlreicher kommunaler und internationaler Kunst- und Kulturevents sowie die Basis für einen modernen Pilgerweg, den spirituellen Weg von der Taborkirche am Hauptplatz zur Basilika am Weizberg. Mit der Wanderung auf den Gipfel des Raasbergs lernt man nicht nur einen Teil der Stadt, sondern auch den »Spirituellen Weg« mit seinen sieben Stationen kennen. Der weitere Wegverlauf führt in das nordöstliche Umland von Weiz auf den etwas über 1000 m hohen, im Wald liegenden Raasgipfel. Während des Auf- und Abstieges kann man schöne Ausblicke in Richtung Weiz genießen und lernt die Stadt von der Ferne und von ihrer ruhigen Seite her kennen.

Ausgangspunkt: Taborkirche Weiz, 479 m, Parkplatz P&R Bahnhof Weiz. Anfahrt: Auf der A 2 bis Abfahrten Gleisdorf West oder Süd, weiter nach Weiz.
ÖPNV: Zug/Bus bis Weiz.
Anforderungen: Bis zur Basilika am Weizberg aufgrund des Themenweges gut markiert. Für die restliche Tour benötigt man guten Orientierungssinn, da unzureichend markiert. Großteils Asphalt- und Forststraßen.

Einkehr: Plotzhirsch im Alten Rathaus, Tel. +43 3172 46660, plotzhirsch.at; Landschakeller, Tel. +43 3172 5446; Gasthof Der Ederer, Tel. +43 3172 2349, ederer.at. Unterwegs: Schlosstaverne Thannhausen, Tel. +43 3172 3333, schlosstaverne-thannhausen.at.
Tipp: »Mähh« – Molkerei der Weizer Schafbauern mit Verkaufsraum; Erlebnistouren mit Verkostung möglich. Infos dazu unter mähh.at.

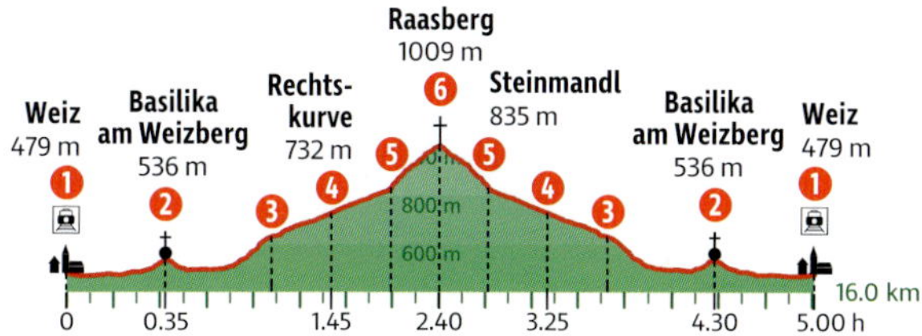

Bei der **Taborkirche** bzw. beim Hauptplatz in **Weiz** ❶, 479 m, orientieren wir uns an den Symbolen des Spirituellen Weges. Es geht leicht bergab, an zahlreichen Geschäften und Lokalen vorbei und weiter über die Gleise und die stark befahrene Durchfahrtsstraße. Nach dem Schulzentrum sehen wir bald den Einstieg in den Kreuzweg. Über die Stufen erreichen wir die **Basilika am Weizberg** ❷, 536 m. Der Wanderweg führt an der Kirche vorbei, dann links, und bereits nach wenigen Metern zweigen wir rechts hinunter in die schmale Asphaltstraße ab (Weg 10). An der Ortstafel »Oberfladnitz/Gemeinde Thannhausen« vorbei und in der Folge entlang der Schlossmauer, bis wir zu einer Kreuzung mit Bildstock kommen. Wir halten uns links und nach wenigen Metern sehen wir bei einem Hof einen schmalen Steig, der rechts zwischen Zäunen hindurchführt.

Wir gehen über eine kleine Brücke, halten uns bei der Asphaltstraße links und folgen nun der Straße bis zum Kreuzungsbereich mit der SAM-Station WZ 2913. Ab nun geht es links leicht bergauf durch das besiedelte Gebiet, bis wir in einer Rechtskurve den Einstieg des Wan-

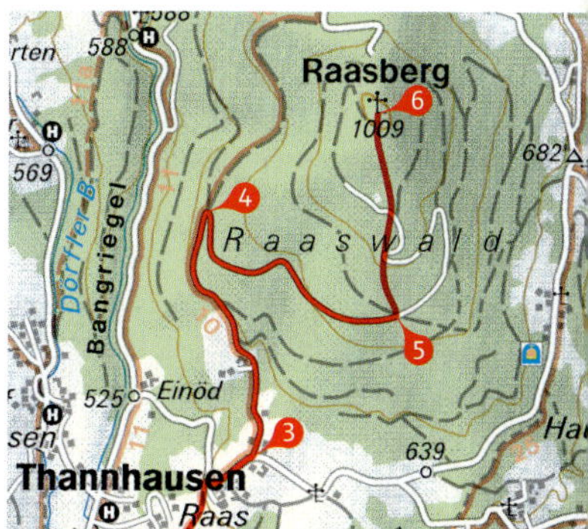

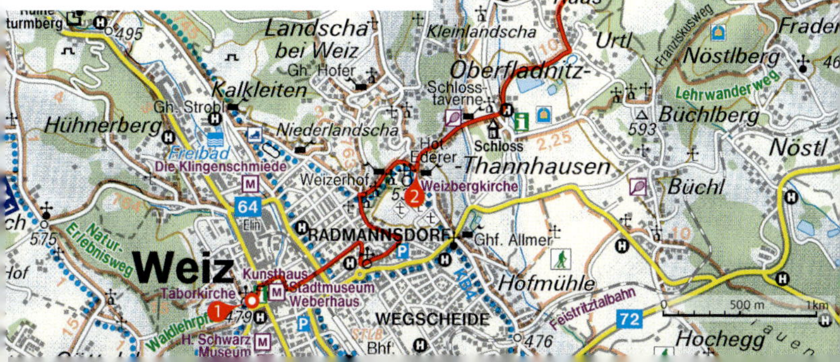

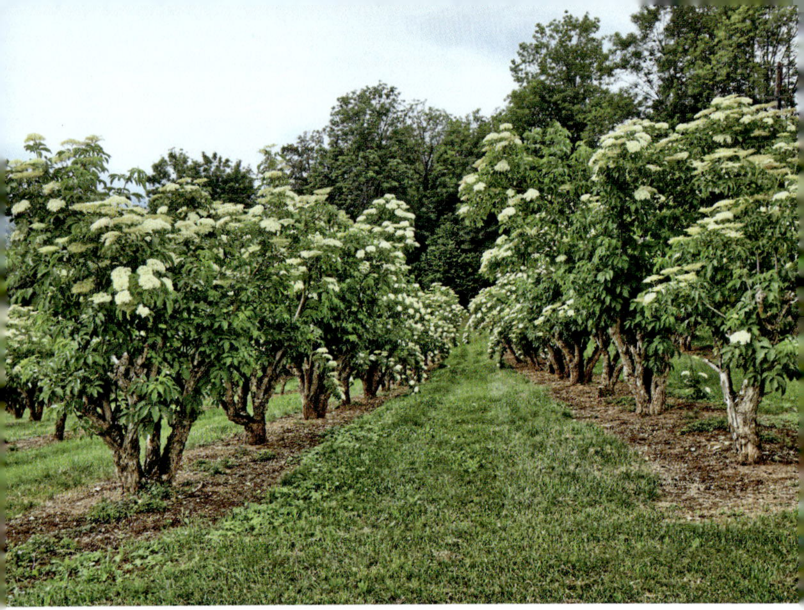

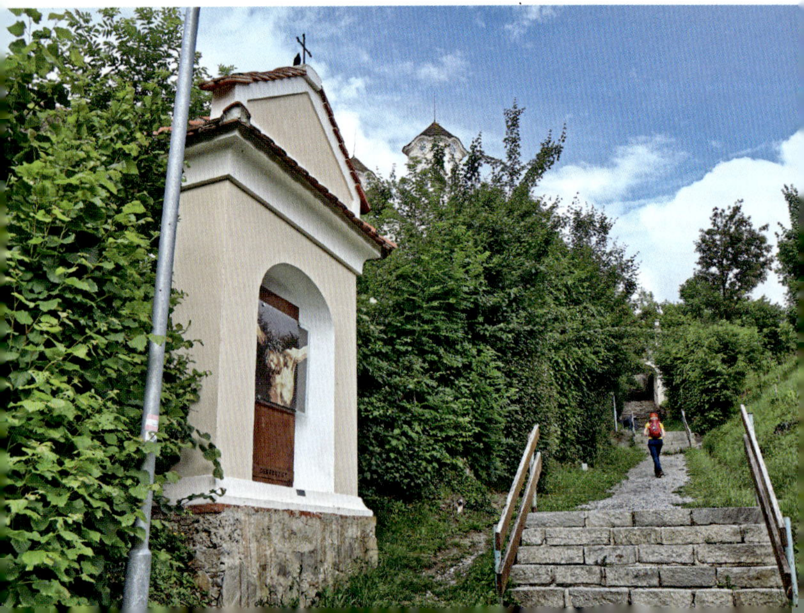

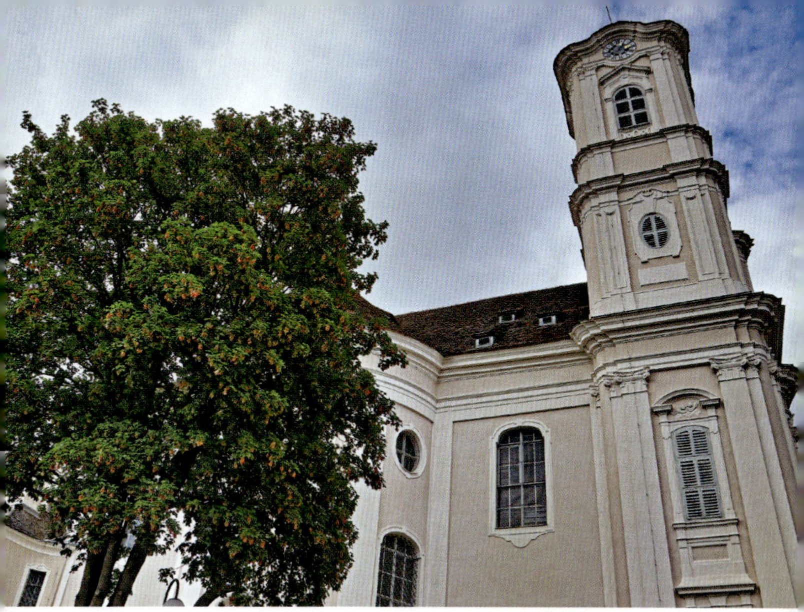

Oben: Die Basilika am Weizberg ist der Endpunkt des Spirituellen Weges in Weiz sowie des Papst-Franziskus-Pilgerweges. – Links oben: Holundergärten entlang des Weges. – Links unten: Der Kreuzweg zur Basilika am Weizberg.

derweges in Richtung »Raas Dorf/Zetz 10«, sehen. Ein Steig führt am Wiesenrand bergauf zu einer Straße, auf der wir nun leicht bergauf, an Holunderplantagen vorbei, wandern. Bei der nächsten **Kreuzung** 3, 634 m, gehen wir links, dem Wegweiser in Richtung Wittgruberhof/Zetz folgend, auf der Asphaltstraße weiter. Wir bleiben immer auf der Straße, die sich später als Schotterstraße fortsetzt, und halten uns immer auf dem Hauptweg, bis wir zu einer Kreuzung kommen, an der drei Straßen weiterführen. Unser Weg ist nur an einem weißen Pfeil an den Bäumen erkennbar.
Wir folgen der scharfen **Rechtskurve** 4, 732 m, und wandern nun etwas mehr als 1 km auf der breiten Forststraße bergauf, bis wir in einer Linkskurve den Einstieg in den Steig sehen, der mit einem **Steinmandl** 5, 835 m, gekennzeichnet ist. Über einen Schlag bergauf und in der Folge entlang des deutlich zu erkennenden Steiges, bis wir wieder zu einer Forststraße und einer großen Lichtung kommen. Hier halten wir uns links und sehen alsbald rechts die Fortsetzung des Steiges, der wiederum mit einem weißen Pfeil und einem Kreuz markiert ist. Noch wenige Höhenmeter bergauf durch den Wald und wir erreichen den Gipfel des **Raasbergs** 6, 1009 m. Der **Abstieg** führt über die Aufstiegsroute.

TOP

↗ 800 m | ↘ 800 m | 11.0 km

44 Hoher Zetz, 1264 m

4.30 h

Rundwanderung mit Ausblick

Gemma auf'n Zetz? Eine Frage, die man rund um Weiz und Anger immer wieder hört, da der 1264 m hohe Gipfel bei Einheimischen beliebt ist und gerne und zahlreich erwandert wird. Da es mehrere Aufstiegsmöglichkeiten gibt, kann man von einfach bis sportlich seine persönliche Lieblingsstrecke wählen. Beim Aufstieg vom Gschnaidter Kreuz kommt man zudem noch beim Wittgruberhof vorbei, einem für Hausmannskost bekannten Gastronomiebetrieb, wo man auf der Terrasse den Blick auf Weiz genießen kann. Am Gipfel erwartet einen ein großes Gipfelkreuz und eine weitreichende Aussicht bis in die ungarische Tiefebene. Beim Abstieg lohnt sich der kurze Abstecher zum Rauchstubenhaus in Edelschachen, mit einer der letzten noch »funktionierenden« Rauchstuben im Alpenraum, das zudem mit mehr als 300 Ausstellungsstücken als informatives Heimatmuseum eingerichtet ist. Nach der Wanderung sollte man noch ein wenig Zeit einplanen, um sich in Anger bei Weiz von den kulinarischen Angeboten verwöhnen zu lassen.

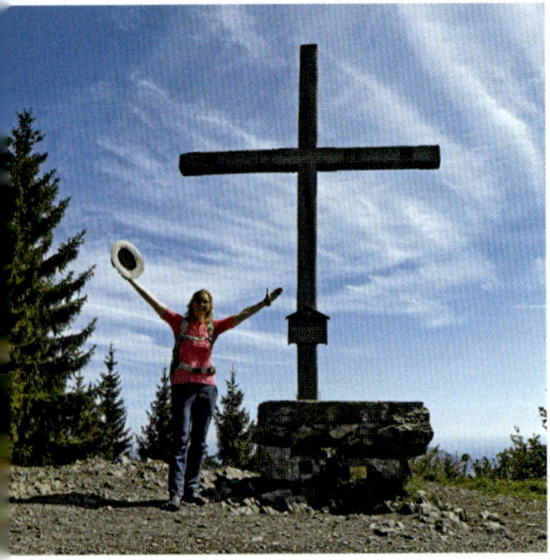

Das Gipfelkreuz am Hohen Zetz.

Ausgangspunkt: Anger bei Weiz, 479 m, Parkmöglichkeit beim Busbahnhof. Anfahrt: Auf der S 6 bis Abfahrt Langenwang, dann der B 72 folgend über Alpl und Birkfeld nach Anger. Auf der A 2 bis Abfahrt Gleisdorf West, dann der B 64 folgend Richtung Weiz; weiter auf der B 72 über Nöstl nach Anger.
ÖPNV: Zug/Bus bis Weiz oder Hartberg; mit Bus nach Anger bei Weiz.

Anforderungen: Steige teils steil und bei Nässe mitunter auch rutschig, ansonsten einfach zu begehende Straßen und breite Pfade, durchgehend gut markiert.
Einkehr: Restaurant Der Thaller, Tel. +43 3175 2206, posthotel-thaller.at; Forellen Gasthaus Falkenbauer Sallegger, Tel. +43 3175 2390, forellen-gasthaus-falkenbauer-sallegger.at. Unterwegs: Wittgruberhof, Tel. +43 3172 5580; Gasthaus zur Rauchstube, Tel. +43 3175 2460, rauchstubenhaus.at.
Tipp: Nur wenige Minuten vom Weg entfernt empfiehlt sich der Besuch des Rauchstubenhauses bzw. des Angerer Heimatmuseums, Tel. +43 3175 2460, rauchstubenhaus.at.

Ein gemütlicher Anstieg über Wiesen bis zum Gschnaidter Kreuz.

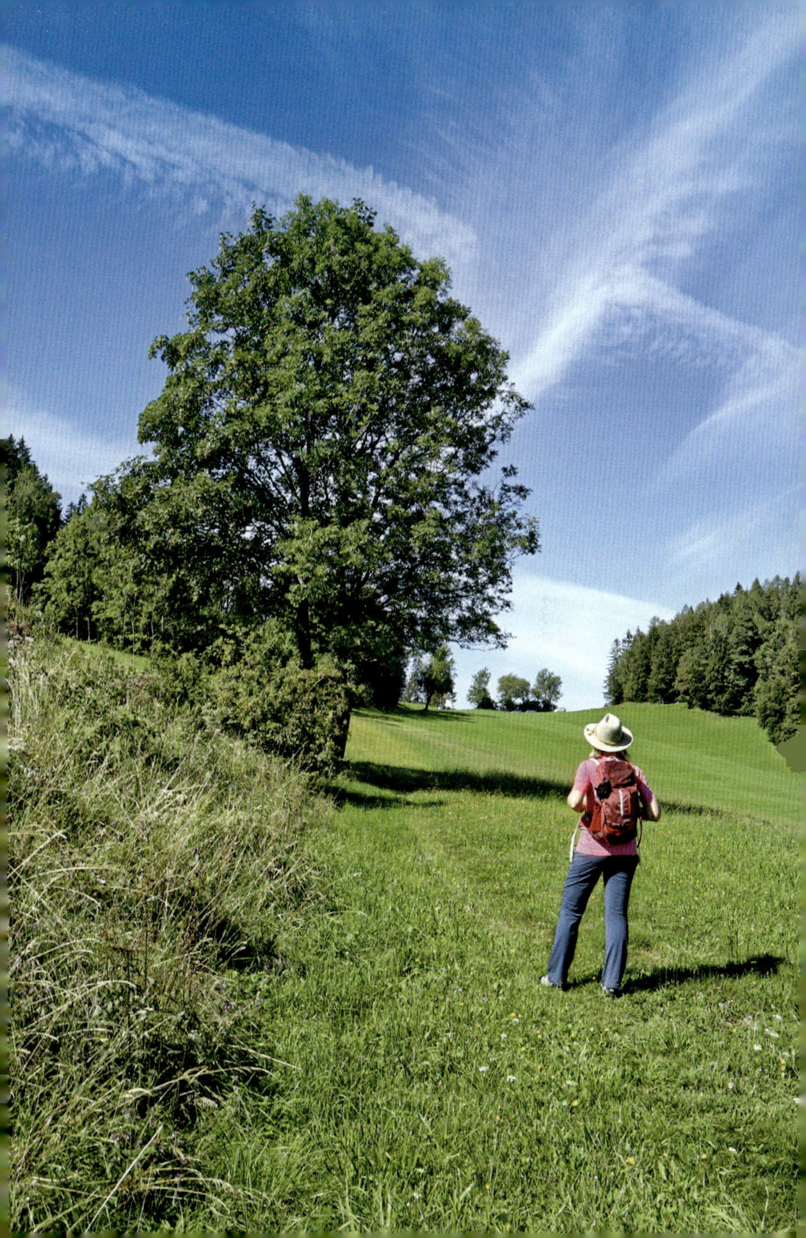

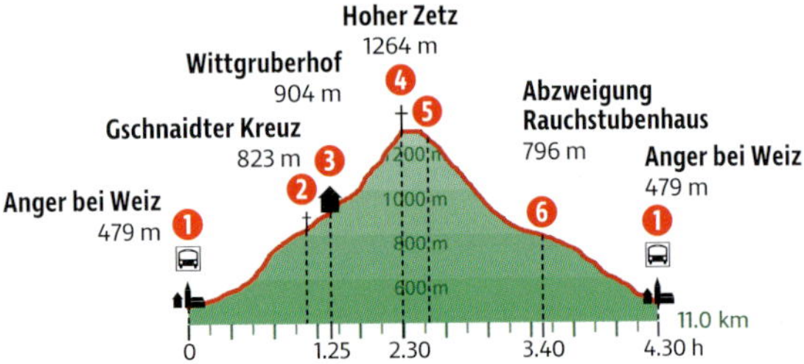

Ausgehend vom **Hauptplatz** in **Anger bei Weiz** ①, 479 m, wandern wir leicht bergauf, an der Bäckerei Buchgraber vorbei, und sehen alsbald auf der rechten Seite die gelben Wegweiser Richtung Gschnaidter Kreuz/Wittgruberhof (Weg 62). Die Asphaltstraße führt am Zetzgraben entlang, bis sich in einer Rechtskurve der Wanderweg geradeaus auf einer Schotterstraße fortsetzt. Im Graben kommen wir an einzeln stehenden Häusern und einem Quellschutzgebiet vorbei, und erreichen dann nach einem steileren Abschnitt eine Weidefläche. Durch die Weide geht es in einer Linie geradeaus, beim Wegkreuz vorbei und schräg rechts über die Wiese bis zur Asphaltstraße, der wir bis zum **Gschnaidter Kreuz** ②, 823 m, folgen, wo meist Autos parken.

Ein bekanntes und beliebtes Ausflugsziel: der Wittgruberhof mit seiner wunderbaren Aussichtsterrasse.

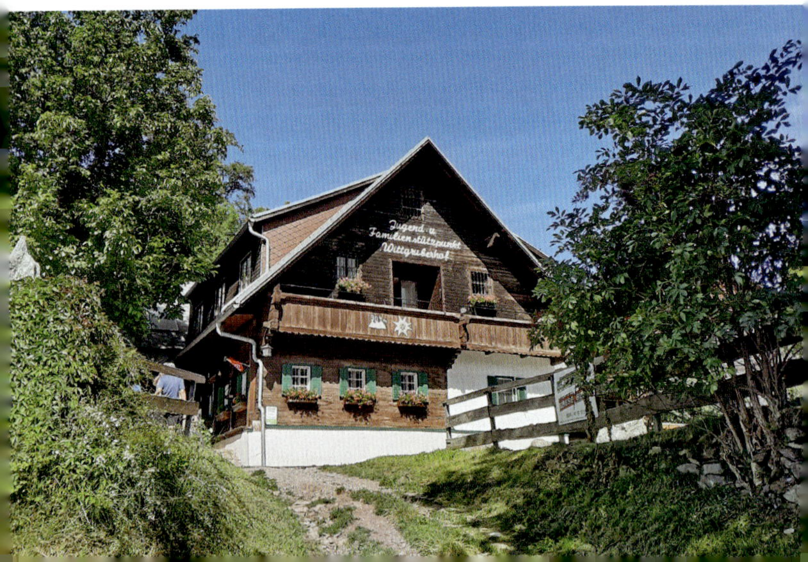

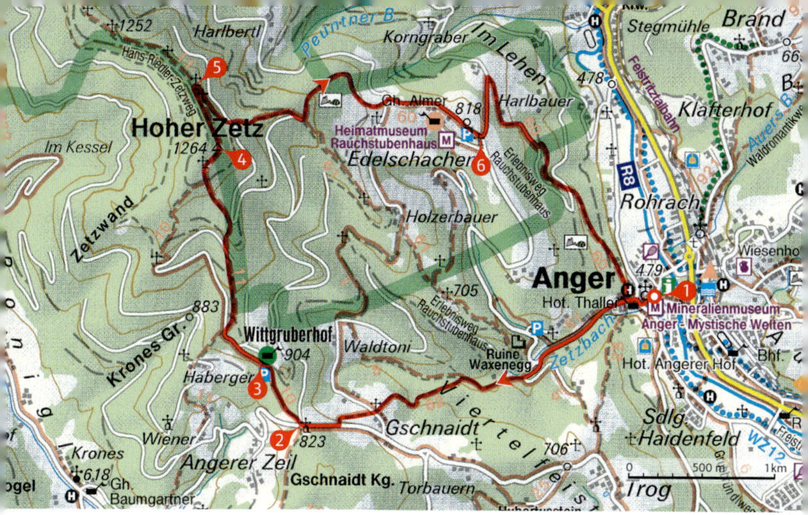

Wir gehen nach rechts und gleich darauf zweigen wir links auf eine Schotterstraße ab, die bis zur **Alpenvereinshütte Wittgruberhof** ❸, 904 m, führt. Kurz nach dem Wittgruberhof gibt es zwei Varianten, den Gipfel zu besteigen. Wir entscheiden uns für den Weg 11, der rechts von der Straße abzweigt. Es geht kontinuierlich bergauf, wobei es zwischendurch etwas steiler ist. Wenn wir aus dem Wald rauskommen, sehen wir auch gleich das Gipfelkreuz am **Hohen Zetz** ❹, 1264 m.

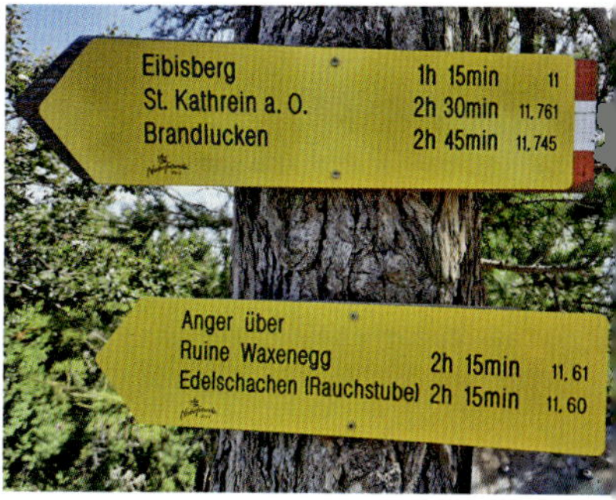

Weiter führt der Weg in Richtung Norden entlang des Bergrückens. Wir orientieren uns am Weg 60 in Richtung Edelschachen (Rauchstube) und kommen zu einer **Wegkreuzung** ❺, 1237 m, bei der wir rechts nach unten weitergehen. Nachdem wir den Wald verlassen und einen Bauernhof passiert haben, eröffnet sich ein schöner Blick in Richtung Pretul und Stuhleck. Weiter geht es entlang der Asphaltstraße bis zur Abzweigung **Rauchstubenhaus** ❻, 796 m. Der Wanderweg 60 führt nach links, entlang der Straße leicht bergab, bis wir rechts die Abzweigung in Richtung Anger sehen. Auf dem gut markierten und beschilderten Weg wandern wir durch einen schönen Mischwald immer bergab, bis wir das besiedelte Gebiet erreichen und links ins **Zentrum** von **Anger bei Weiz** ❶ kommen.

↗ 890 m | ↘ 890 m | 14.9 km

45 Jägersteig und Patschaberg, 1271 m

5.15 h

Die spektakuläre Weizklamm und ein sanfter Gipfel

Der Weizbach hat eine tiefe Schlucht durch die Kalkfelsen des Weizer Berglandes gegraben. Die senkrechten Schluchtwände kann man von der kurvenreichen Straße durch die Klamm bewundern. Vom Jägersteig, der hoch über dem Grund im leichten Auf und Ab durch die steilen Hänge verläuft, kann man die Klamm aus einer neuen Perspektive betrachten. Der Steig war bis zum Bau der Weizklammstraße ein häufig begangener Weg nach St. Kathrein am Offenegg. Heute ist er mit den markanten Felswänden ein beliebtes Wander- und Kletterziel und beeindruckt mit aussichtsreichen Plätzen, einer Hängebrücke und einem Felstunnel. Exponierte Stellen sind seilversichert, dennoch sind Trittsicherheit und Schwindelfreiheit unbedingt erforderlich. Der restliche Teil der Wanderung ist geländetechnisch einfach und führt auf den bewaldeten Rücken des Patschaberges, der das Almenland mit dem Weizer Bergland verbindet. Zahlreiche Wiesen- und Weideflächen säumen den Weg, ein ständiger Perspektivenwechsel gibt mitunter in weiter Ferne liegende Gipfel preis. So würde man in dieser geringen Höhenlage nicht vermuten, dass der Blick bis zu den Seckauer Alpen reicht. Auch weitere Wanderziele eröffnen sich hier: Der Patscha-Sattel und die Patscha-Nase lohnen ebenfalls einen Besuch.

Die Hängebrücke gleich zu Beginn des Klammweges.

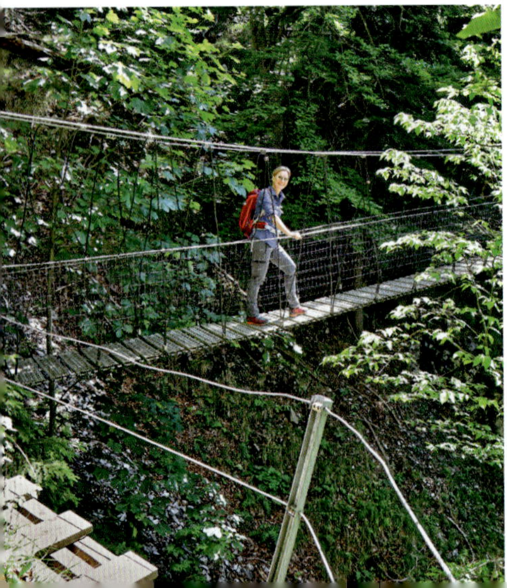

Ausgangspunkt: Ehemaliger Kreuzwirt, 621 m, Parkplatz. Anfahrt: Auf der A 2 bis Abfahrt Gleisdorf West, dann B 64 Richtung Weiz über Weiz und Naas durch die Weizklamm.
ÖPNV: Zug/Bus bis Weiz oder Hartberg; mit Bus nach Weizklamm-Kreuzwirt.
Anforderungen: Am Jägersteig ist Trittsicherheit und Schwindelfreiheit erforderlich; Markierungen teils schwer zu erkennen. Zwischendurch sind die Stufen und Seilversicherungen beschädigt. Abgesehen vom Jägersteig (ab 2) Schwierigkeitseinstufung »rot«. Markierungen vorhanden; kein einheitliches Beschilderungssystem.
Einkehr: Einkehrmöglichkeiten in Passail, St. Kathrein am Offenegg oder in Weiz.

Wir starten bei der Kreuzung bzw. beim **Parkplatz Weizklamm/Kreuzwirt** ❶, 621 m, und wandern entlang der stark befahrenen Straße ca. 800 m in Richtung Weiz bis zum Parkplatz und dem Einstieg in den **Jägersteig**. Der Beginn des Steiges ist gleich etwas steiler, jedoch gut begehbar. Über eine Hängebrücke bis zu einem großen Steinmandl, wo der Weg 20 rechts leicht bergab weitergeht. Durch den Felsentunnel »Wagenhütte« hindurch und weiter entlang des Steiges, bis wir letztendlich zum Ende der **Weizklamm** ❷, 562 m, und zu einem Parkplatz kommen. Wir gehen links bergauf und bleiben die nächsten 800 m auf der Asphaltstraße bis zur **Kreuzung** ❸, 646 m, wo wir links weitergehen. Ein kurzes Stück entlang der Asphaltstraße, dann zweigen wir links in eine Forststraße ab. Auf Forststraßen und Steigen weiter, bis wir die Grabenseite wechseln und über eine Wiese schräg bergauf, bis zur Asphaltstraße, kommen. Entlang der Straße, beim **Höberl-Hof** vorbei, in lang gezogenen Serpentinen, bis die Asphaltstraße in eine

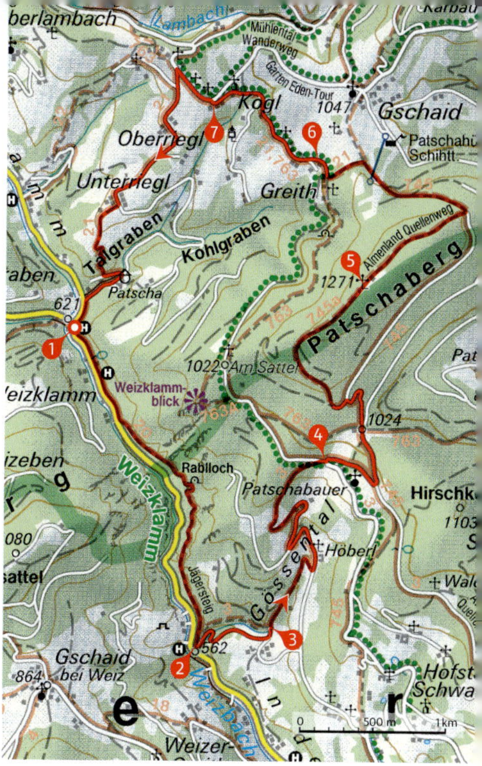

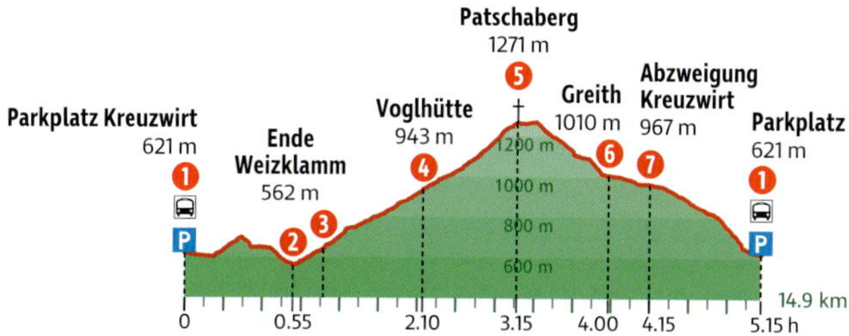

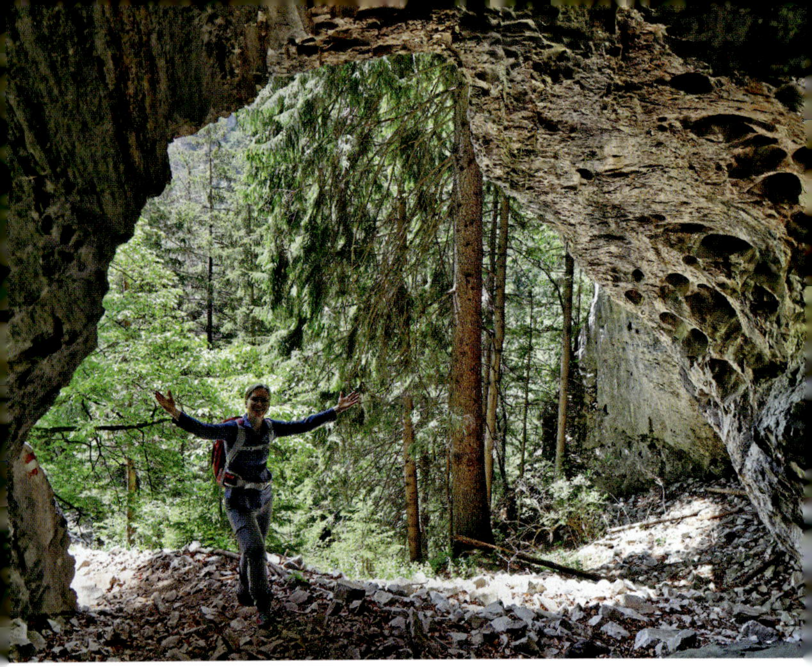

Ein eindrucksvoller Felsentunnel entlang des Jägersteiges.

Schotterstraße mündet und als Feld- und Waldweg weitergeführt wird. Bei einem Parkplatz angekommen, bleiben wir auf der Straße bis zur **Voglhütte** ❹, 943 m. Ab nun folgen wir Weg 745a, der gleichmäßig bergauf, über breite Wege, bis zum **Patschaberg** ❺, 1271 m, führt. Im Gipfelbereich erwartet uns ein großes Gipfelkreuz und eine schöne Aussicht.

Der Abstieg führt über einen bewaldeten Rücken in einer Linie bergab bis zur Forststraße und dann links in Richtung Gschaid. Gut markiert wandern wir bergab durch den Wald, bis wir am Waldrand eine Kreuzung (745/21) erreichen. Wir zweigen links hinunter ab, kommen nach **Greith** ❻, 1010 m, und folgen nun der Straße in Richtung St. Kathrein für ca. 1,5 km bis zum Wegweiser links in Richtung Weizklamm/Kreuzwirt. Weiter geht es auf der Straße ca. 1 km bis zum Bauernhof vlg. Unterriegl. Achtung, hier bei der **Abzweigung Kreuzwirt** ❼, 956 m, zweigen wir rechts ab und gehen an den großen Linden mit einem Wegkreuz vorbei.

Der Wanderweg verläuft schräg links über die Wiese, bis uns die Markierungen den Einstieg in den Wald anzeigen. Ein Stück steiler bergab, bis wir zur Brücke gelangen, ab der wir nun rechts der Straße folgen. Wir erreichen den Talboden, gehen links und erreichen den **Ausgangspunkt** ❶.

↗ 630 m | ↘ 630 m | 13.0 km

4.15 h

Sattelberg-Rundwanderung

Wanderung über der Grasslhöhle und dem Katerloch

Viele kleine und mittelgroße Höhlen befinden sich in den verkarsteten Kalkstöcken des Weizer Berglandes, so sind vom Göllersattel im Westen bis zum Zetz im Osten in etwa 200 davon bekannt und auch höhlenkundlich erfasst. Der Sattelberg, der zwischen der Weiz- und der Raabklamm liegt, beheimatet die zwei bekannten Höhlen Katerloch und Grasslhöhle. Die Wanderung führt auf das Kalkplateau des Sattelberges und somit auf eine oberirdische, meist bewachsene Karstlandschaft, die den unterirdischen Formenschatz nur in Ansätzen vermuten lässt. Kaum zu glauben, dass hier die älteste Schauhöhle Österreichs – die Grasslhöhle – und Österreichs tropfsteinreichste Schauhöhle – das in 135 m Tiefe führende Katerloch – zu finden sind. Die Höhlen sind bereits seit Mitte des 18. Jh. bekannt. Der Sage nach wurde bei der Suche nach einem Hirtenknaben, der in eine enge Spalte gefallen war, die Grasslhöhle entdeckt. Zahlreiche Forschungsergebnisse wurden im Laufe der Zeit veröffentlicht, wobei das legendäre Forscher- und Entdecker-Ehepaar Regina und Hermann Hofer eine zentrale Rolle in der Erforschung des Katerloches einnimmt. Heute noch kann man die großen Entdeckungen des Ehepaares aus den Jahren 1952 bis 1955 bestaunen und bei einer Höhlenführung mehr zum Leben und Schaffen dieser außergewöhnlichen Persönlichkeiten erfahren.

Ausgangspunkt: Dürntalwirt Gasthaus Reisinger, 674 m. Anfahrt: Auf der A 2 bis Abfahrt Gleisdorf West, dann auf der B 64 nach Weiz und weiter über Göttelsberg und Haselbach bei Weiz nach Schachen.
ÖPNV: Zug/Bus bis Weiz; mit SAM-Taxi von WZ 0040 Weiz-Bahnhof nach WZ 2800 Dürntal-Gh Reisinger.
Anforderungen: Abwechslungsreiches Gelände mit ein paar Stellen vor allem bei der Umrundung des Gösser, die Trittsicherheit erfordern. Durchgehend gut markiert.
Einkehr: Dürntalwirt, Tel. +43 3172 67235, duerntalwirt.at.
Tipp: Während der Wanderung kommt man bei der Grasslhöhle vorbei, Tel. +43 3172 67328, grasslhoehle.at. Wenn man auch das Katerloch, Tel. +43 664 4853420, katerloch.at, in die Wanderung integrieren will, muss man die Abzweigung rechts nach dem Sattelwegkreuz ❹ wählen.

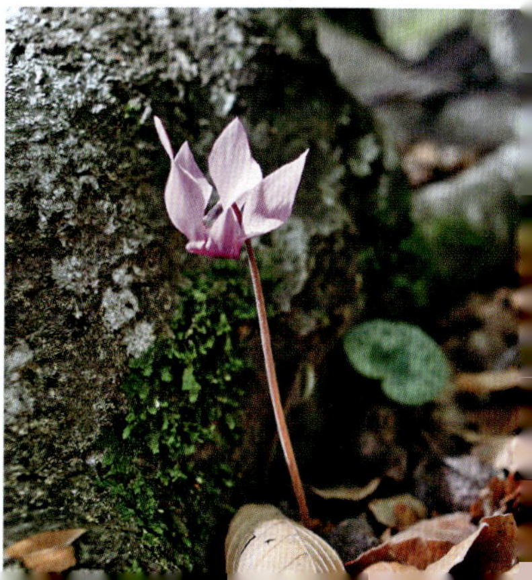

Wildes Alpenveilchen.

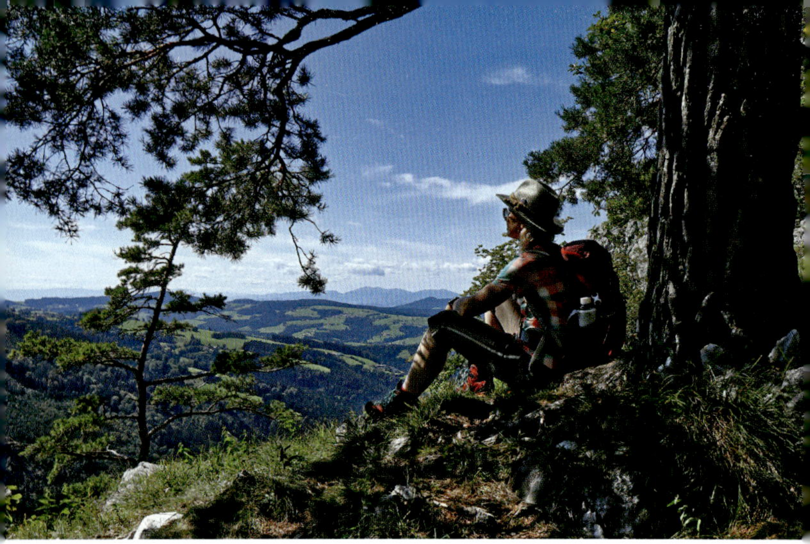

Ein naturbelassenes Platzerl bei der Umrundung des Gösser: steil abfallende Felswände und eine schöne Aussicht in Richtung Schöckl.

Wir beginnen beim **Parkplatz Dürntalwirt** ❶, 674 m, und folgen bergauf der Asphaltstraße in Richtung Naaser Höhlenweg, Grasslhöhle, Gösser (Weg 18). Nach kurzer Zeit zweigen wir rechts in den Wald ab und gehen etwas steiler bergauf zur Mostschenke bzw. zum Eingang der **Grasslhöhe** ❷, 761 m. Wir folgen dem Weg 18 bergauf, kommen zu einer Asphaltstraße, und zweigen kurz darauf links auf den Pfad in Richtung Gösser ab. Als Orientierungshilfe dient uns auch die Beschilderung des Mehrtagewanderweges »Weg der 100.000 Schritte«.

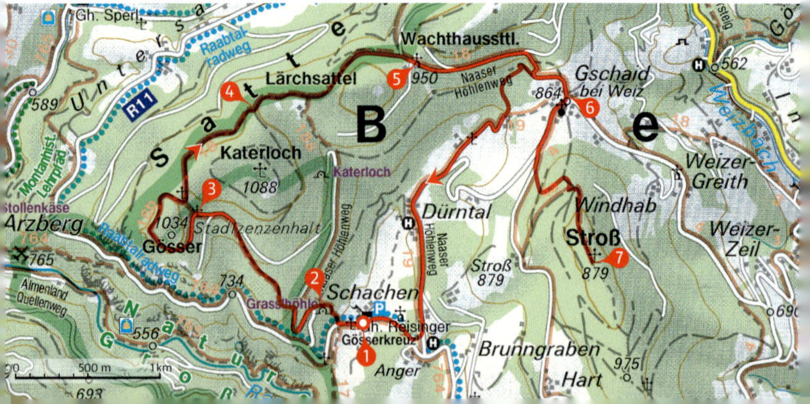

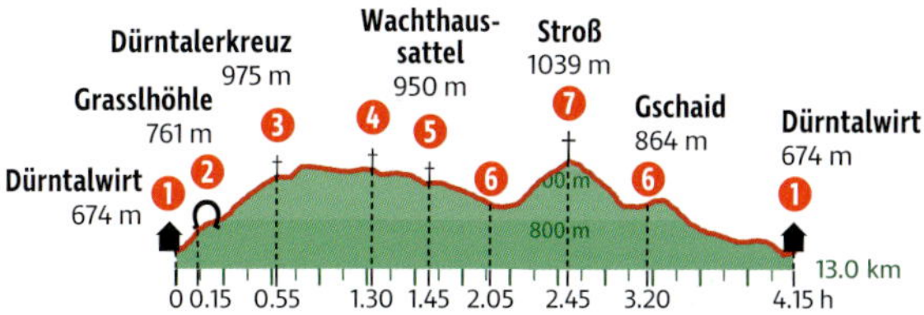

Beim **Dürntalerkreuz ❸**, 975 m, haben wir eine Infotafel und eine Rastmöglichkeit, bevor wir links auf Weg 18b weiterwandern und somit eine lohnende Umrundung des 1034 m hohen Gösser machen. Der Ausblick in Richtung Westen ist ein Genuss, wobei man bei diesen naturbelassenen Plätzen vorsichtig sein muss, da der Fels steil abbricht. Wieder beim Weg 18 angekommen, wandern wir links weiter in Richtung Lärchsattel. Der Wegverlauf über Forststraßen bzw. Waldwege ist eindeutig. Beim **Sattelwegkreuz ❹**, 1004 m, ist eine Holzbank mit einem einladenden Spruch zu sehen: »Wanderer hier bist du Gast, drum mach eine kurze Rast!«
Nach der Wiesenfläche kommen wir in den Wald und hier ist eine Wegkreuzung (Abkürzung über den Weg 18a zum Katerloch und in der Folge über die Grasslhöhe zurück zum Ausgangspunkt). Wir bleiben auf der Forststraße und wandern auf dem Weg 18 in Richtung Wachthaussattel und Gschaid. Bei der nächsten Kreuzung nach rechts und beim Bildstock **Wachthaussattel ❺**, 950 m, vorbei immer leicht bergab, bis wir die wenigen Häuser von **Gschaid ❻**, 864 m, erreichen. Im Ort halten wir uns rechts und wandern auf der Asphaltstraße ca. 500 m fast eben bzw. leicht bergab, bis auf der linken Seite der Einstieg in den Wanderweg zum Stroß zu sehen ist. Wir folgen dem gut markierten Weg 4a auf Pfaden und Forststraßen bergauf und erreichen nach ca. 30 Min. den im Wald liegenden **Stroß ❼**, 1039 m, mit Gipfelkreuz, Gipfelbuch und Rastmöglichkeit.
Nach diesem Abstecher auf den Gipfel geht es zurück nach **Gschaid ❻** und zudem noch ein Stück bergauf entlang des uns bereits bekannten Weges, bis wir links die Abzweigung sehen. Wir folgen dem neu markierten und beschilderten Wegstück »Naaser Höhlenweg NEU« bergab. Bei einem Gehöft kommen wir wieder zu einer Asphaltstraße, der wir nun ca. 1 km durch gepflegte Wiesenflächen folgen, bis wir rechts eine Abzweigung in den Wald sehen. Ein kurzes Stück durch den Wald, dann auf der Straße rechts leicht bergauf zum **Ausgangspunkt ❶**.

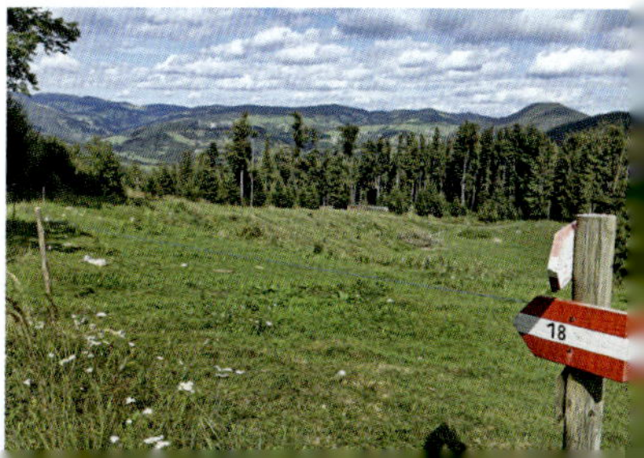

Aussichtsreiche Lichtung kurz vor dem Sattelwegkreuz.

↗ 520 m | ↘ 350 m | 15.8 km

47 Kleine und Große Raabklamm

4.30 h

Die längste Klamm Österreichs

Die Raabklamm muss man einfach durchwandern! Als ein »Naturjuwel der Steiermark« wird die längste Klamm Österreichs oftmals bezeichnet, da das Schutzgebiet über weite Strecken vollkommen naturbelassen und von großer Bedeutung für Arten- und Biotopschutz ist. Ihren Ursprung hat die Raab im Naturpark Almenland am Abhang des Osser auf 1150 m Höhe, von dort fließt sie durch das Passailer Becken, um sich zwischen dem Schöcklmassiv und dem Weizer Bergland in Richtung Südosten tief einzuschneiden. Das so entstandene, schluchtartige Durchbruchstal ist die Große Raabklamm. Mit einer Länge von ca. 10 km fließt die Raab von Arzberg bis zum Jägerwirt zum Teil an 600 m hohen Felswänden vorbei und beeindruckt durch eine faszinierende Naturkulisse. Die Kleine Raabklamm mit ca. 5 km Länge wird gerne von Familien mit Kindern erwandert, da der Weg einfach und ohne nennenswerte Steigungen zu begehen ist. Die Raabklamm ist ein beliebtes Ausflugsziel und bietet durch die eindeutige Wegführung mit mehreren Ein- und Ausstiegsmöglichkeiten, Abkürzungen sowie Infotafeln und Rastmöglichkeiten einen spannenden Natur-Erlebnisraum in der Nähe der Stadt Weiz. Ein attraktives Wandererlebnis ist es, den einfachen Abschnitt der Kleinen Raabklamm mit der teils anspruchsvolleren Strecke durch die Große Raabklamm zu verbinden, um so die Schönheit der längsten Klamm Österreichs in ihrer Gesamtheit zu erleben.

Beim Ausgangspunkt der Kleinen Raabklamm kann man sich informieren und auch Prospekte mitnehmen.

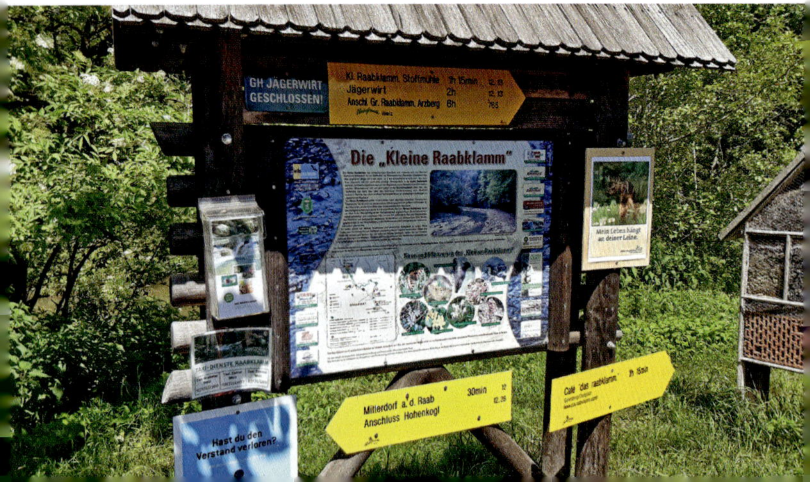

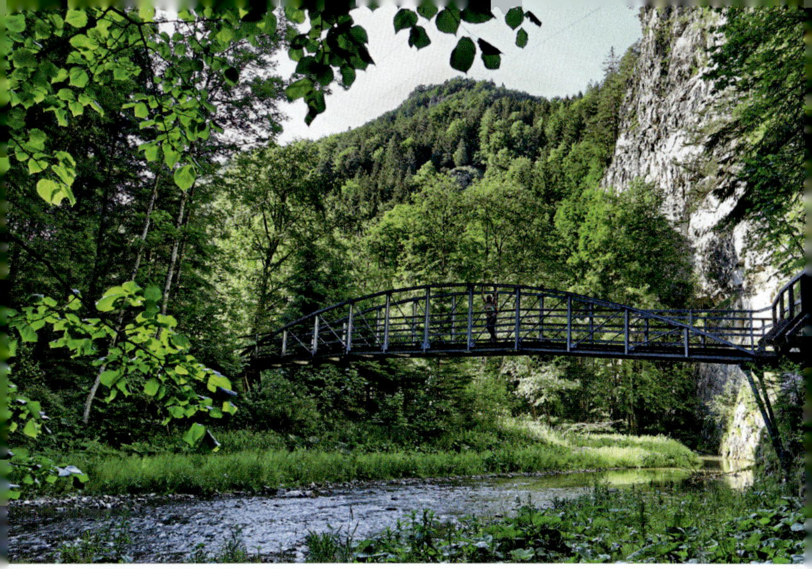

Über den Schreisteg überquert man kurz vor Arzberg nochmals die Raab.

Ausgangspunkt: Oberdorf, 412 m, Parkplatz Kleine Raabklamm. Anfahrt: Auf der A 2 bis Abfahrt Gleisdorf West, dann der B 64 Richtung Weiz folgend nach St. Ruprecht an der Raab; weiter über Mitterdorf an der Raab nach Oberdorf.
ÖPNV: Zug/Bus bis Weiz; mit Bus nach Mitterdorf an der Raab. Zu Fuß ca. 20 Min. oder mit SAM-Taxi von WZ 2515 Mitterdorf an der Raab nach WZ 2510 Oberdorf bei Stadl – Ort.
Endpunkt: Arzberg, 579 m. Rückfahrt nach Oberdorf mit SAM-Taxi von WZ 3300 Arzberg nach WZ 2510 Oberdorf.
Anforderungen: Durch die Kleine Raabklamm durchwegs leichtes Gelände; bei der Großen Raabklamm abwechslungsreiches Gelände mit ständigem Auf und Ab, mit ein paar Stellen, die Trittsicherheit erfordern, durchgehend gut markiert.
Einkehr: Gasthaus & Bärntalstadl, Tel. +43 3172 44788, baerntalstadl.com; Imbissstube Hexenhaus, Tel. +43 664 9407 710. Unterwegs: Keine, nur über die Ausstiegsvarianten. Arzberg: Gasthaus zum Kirchenwirt, Tel. +43 3179 27510.
Tipps: Besuch des Silber-Schaubergwerkes in Arzberg, Tel. +43 664 9639 640, und Almenland-Stollenkäse in Arzberg, Tel. +43 3179 23050, almenland-stollenkaese.at.

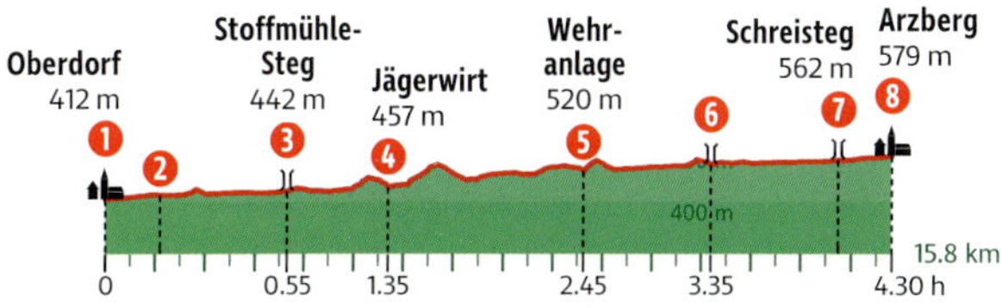

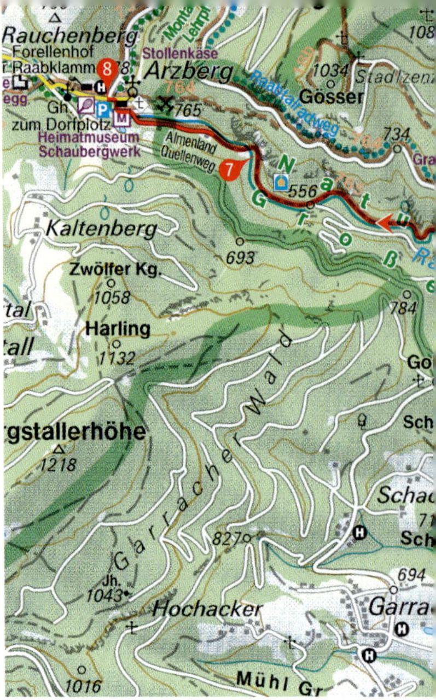

Wir starten beim Parkplatz bzw. dem Eingangsbereich der **Kleinen Raabklamm** in **Oberdorf** ❶, 412 m. Bei einer Übersichtstafel kann man sich gut orientieren und gegebenenfalls auch noch den Folder »Die Raabklamm« mit auf den Weg nehmen. Eine Schotterstraße (Weg 12) führt bis zur Kreuzung **Bärental** ❷, 427 m, wo wir links abzweigen und nun auf Weg 13 weitergehen. Schautafeln entlang des Weges informieren über die Flora in der Klamm, und zusätzlich sehen wir auch die Infotafeln zum Papst-Franziskus-Pilgerweg.
Am Einstieg in den Franz-Ludwig-Steig vorbei, wandern wir gemütlich direkt an der Raab entlang bis zur Brücke bzw. dem **Stoffmühle-Steg** ❸, 442 m, in Richtung »Über Hohenkogl nach Oberdorf«. Geradeaus geht es über Wiesen und ein Stück entlang einer Asphaltstraße, bis wir kurz vor einer Brücke rechts abzweigen. Zwischendurch sind wir auch auf einem Pfad unterwegs. Bei einer Asphaltstraße angekommen, folgen wir den Wegweisern rechts leicht bergauf, an Häusern vorbei, bis zu einer Kreuzung, wo es links nach unten bis zum Parkplatz bzw. dem Eingang der Großen Raabklamm bei Mortantsch geht. Beim **ehemaligen Gasthof Jägerwirt** ❹, 457 m, ist auch eine Infotafel zum Europaschutzgebiet Raabklamm zu sehen.
Ab nun sind wir bis zu unserem Endziel auf der Wanderweg mit der Markierung 765 unterwegs. Vorbei am Kraftwerk der Energie Steiermark führt der Pfad kontinuierlich bergauf, bis wir eine Höhe von ca. 550 m erreichen. Anfangs auf einem breiten Weg leicht bergab und in der Folge auf einem Pfad geht es weiter bis zur **Wehranlage** ❺, 520 m, bzw. zum Staubereich. Wir überqueren die Brücke und wandern auf der linken Uferseite, an der Haselbachbrücke vorbei, bis zum **Lehbauersteg** ❻, 544 m.
Weiter geht es auf der rechten Uferseite, meist in unmittelbarer Nähe des Baches. Teils wandern wir gemütlich dahin und teils sind wir auf einem gesicherten Steig in der Felswand unterwegs, bis wir letztendlich über den **Schreisteg** ❼, 562 m, die Raab überqueren. Über Wiesen und in der Folge entlang von Straßen wandern wir gemütlich bis **Arzberg** ❽, 579 m.
Zurück nach Oberdorf geht es dann mit dem SAM-Taxi.

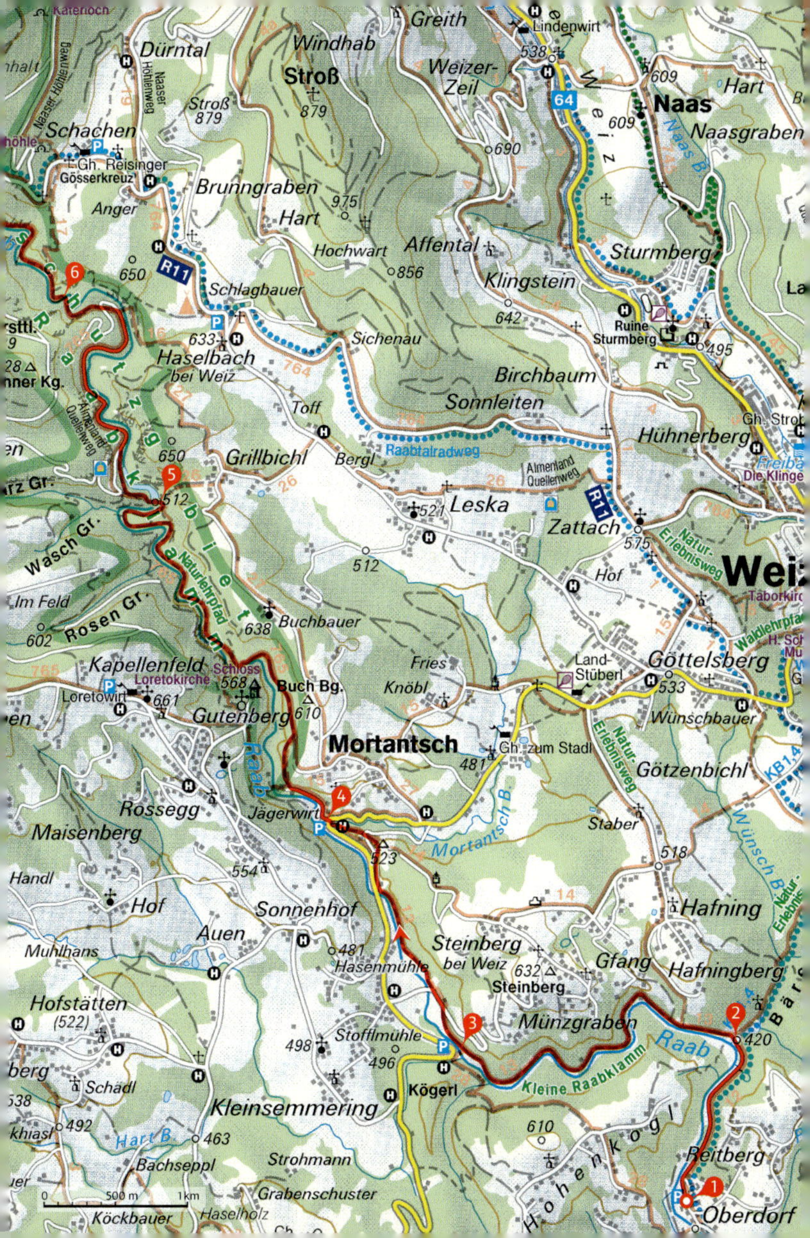

Dürntal
Windhab
Stroß
879
Greith
Lindenwirt
538
Weizer-Zeil
Weiz
64
609
Naas
Hart
Naasgraben
Naas B.
Schachen
Gh. Reisinger
Gösserkreuz
Anger
Brunngraben
975
Hart
Hochwart
856
Affental
690
Klingstein
642
Sturmberg
Ruine Sturmberg
495
650
R11
Schlagbauer
633
Haselbach bei Weiz
Sichenau
Birchbaum
Sonnleiten
Toff
Grillbichl
Bergl
Raabtalradweg
Hühnerberg
Gh. Strob
Freibad Die Klinge
Almenland Quellenweg
650
512
Leska
521
Zattach
575
Natur-Erlebnisweg
Weiz
Taborkirche
Wasch Gr.
512
Hof
Naturlehrpfad
Raabklamm
Schutzgebiet
Im Feld
602
Rosen Gr.
638
Buchbauer
Fries
Land-Stüberl
Göttelsberg
533
Waldlehrpfad
Kapellenfeld
Schloss
Loretokirche
Loretowirt
661
568
Buch Bg.
610
Knöbl
Wünschbauer
Gutenberg
Mortantsch
Gh. zum Stadl
481
Götzenbichl
Raab
Rossegg
Jägerwirt
Mortantsch B.
Staber
Maisenberg
523
518
KB1,4
554
Wünsch B.
Handl
Hof
Sonnenhof
Hafning
Auen
Steinberg bei Weiz
632
Gfang
Hafningberg
Muhlhans
481
Hasenmühle
Steinberg
Hofstätten
(522)
Münzgraben
420
Raab
Stofflmühle
498
496
Kleine Raabklamm
Schädl
Kögerl
Kleinsemmering
610
538
492
Hart B.
463
Hohenkogl
Reitberg
Bachseppl
Strohmann
Grabenschuster
0
500 m
1 km
Köckbauer
Haselholz
Oberdorf
1
2
3
4
5
6

↗ 620 m | ↘ 560 m | 24.1 km

7.00 h

48 Papst-Franziskus-Pilgerweg

Von Graz nach Weiz

Mit diesem Pilger- und Wanderweg ist man von der Landeshauptstadt Graz in die Bezirkshauptstadt Weiz unterwegs, somit vom Grazer Umland in die Oststeiermark. Den Weg kann man aus spirituellen Gründen wählen oder einfach als Möglichkeit sehen, eine schöne, wohltuende Landschaft zu erwandern. Diese Strecke ist von Beginn bis zum Ende sehr gut gekennzeichnet und ermöglicht dadurch ein stressfreies, angenehmes Wandern. Die Linie führt in Richtung Nordosten über weiche Rücken, durch schöne Laubwälder, gepflegte Kulturflächen und kleine Ortschaften. Der Wegverlauf ist durch sieben Stationen gekennzeichnet, wobei sich die erste bei der Basilika Mariatrost und die 7. Station am Weizberg befindet. Der Pilgerweg wurde Anfang Mai 2020 eröffnet und bietet durch die Stationen und die modernen Kommunikationsformen die Möglichkeit, über QR-Codes Hörtexte und Videos aufs Handy zu laden und sich dadurch über das Leben und Schaffen von Papst Franziskus zu informieren. Darüber hinaus verstehen sich die Inhalte der Stationen als Möglichkeit der Inspiration und Motivation.

Ausgangspunkt: Basilika Mariatrost, 473 m. Parken: P+R Maria Trost, Tannhofweg, 8010 Graz (wochentags kostenpflichtig, Sa/So frei). Anfahrt: Von Wien auf der A 2 bis Gleisdorf West, dann B 65 Richtung Graz über Brodingberg und Kainbach b. Graz nach Graz-Mariatrost. Auf der A 9 bis Gratkorn Süd, dann B 67 und B 67a Richtung Graz bis zum Stadtpark; weiter auf der B 72 nach Mariatrost.
ÖPNV: Zug/Bus bis Graz; mit Bus oder Straßenbahn nach Mariatrost.
Endpunkt: Basilika am Weizberg, 536 m. Vor dort zu Fuß (15 Min.) nach Weiz-Zentrum oder mit SAM-Taxi von WZ 0031 Weizberg nach WZ 0077 Weiz-Busbahnhof; weiter mit Bus nach Graz.
Anforderungen: Entlang der gesamten Strecke ist die Wegführung einfach und neu beschildert und führt hauptsächlich auf Asphalt- und Schotterstraßen.
Einkehr: Unterwegs: Sternwirt Stüberl, Tel. +43 316 394313; Genusstreffpunkt Höfer, Tel. +43 3132 2629, genusstreffpunkt.at; Café am Platz, Tel. +43 3132 21210; Gasthaus Winter, Tel. +43 3132 21081, gasthaus-winter.at. Weiz: Plotzhirsch im Alten Rathaus, Tel. +43 3172 46660, plotzhirsch.at; Gasthof Der Ederer, Tel. +43 3172 2349, ederer.at.

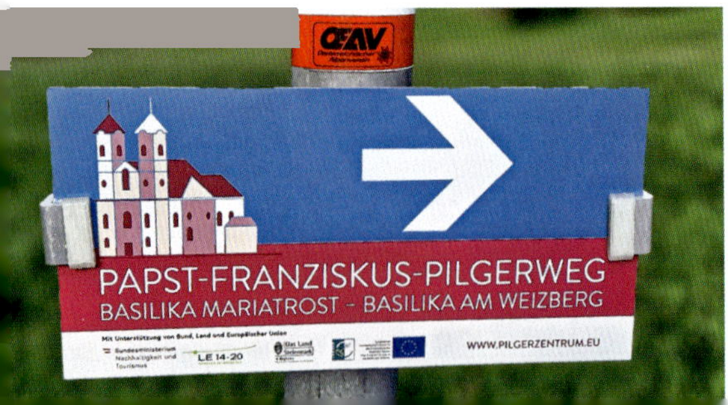

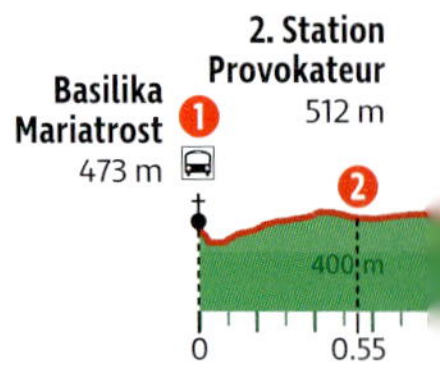

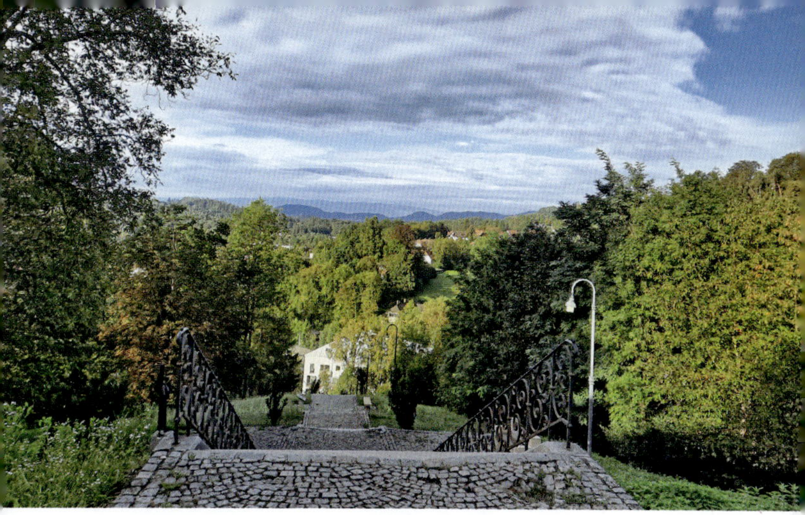

Von der Basilika Mariatrost in Graz geht es über die Stufen bergab. Das sind die ersten Schritte des Pilgerweges.

Der Pilgerweg startet bei der **Basilika Mariatrost** ❶, 473 m. Nach ein paar Stufen bergab führt der Weg rechts weg und kommt bald zur Straße, wo es stadtauswärts weitergeht. Ein Stück neben der Straße; dann wandern wir links bergauf entlang des Lichtensteinweges, wo auch Wanderweg 753 und Mariazeller Weg verlaufen. Auf einer Asphaltstraße geht es vorerst etwas steiler durch besiedeltes Gebiet und in der Folge gemütlich entlang gepflegter Wiesen- und Obstfelder. Am Sternwirt Stüberl vorbei, leicht bergab bis zur Kreuzung mit der 2. Station **»Der Provokateur«** ❷, 512 m.
Ab nun führt der Papst-Franziskus-Weg nicht mehr parallel zu den anderen Wegen, sondern geradeaus bei der Gesundheitseinrichtung Josefhof vorbei bis zur Ortschaft Nadischhöhe. Kurz nach Ortsbeginn überqueren wir die Straße und gehen leicht bergauf entlang des Höhenweges, wo sich der Genusstreffpunkt Höfer befindet. Weiter durch das dünn besiedelte Gebiet von Faßlberg treffen wir auch auf den Wanderweg 1 der Marktgemeinde Kumberg. Wir verlassen kurz nach dem Ortsende von **Faßlberg** ❸, 533 m,

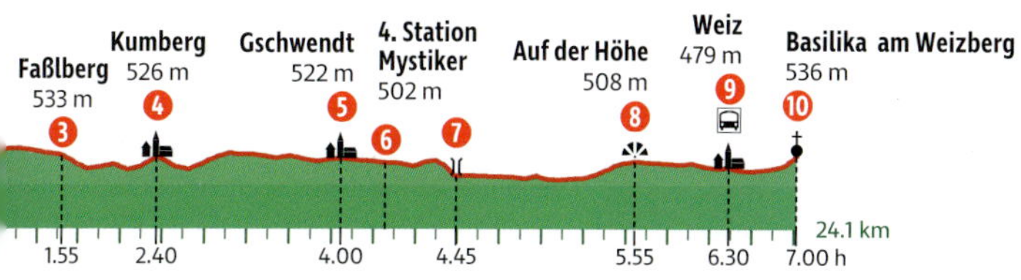

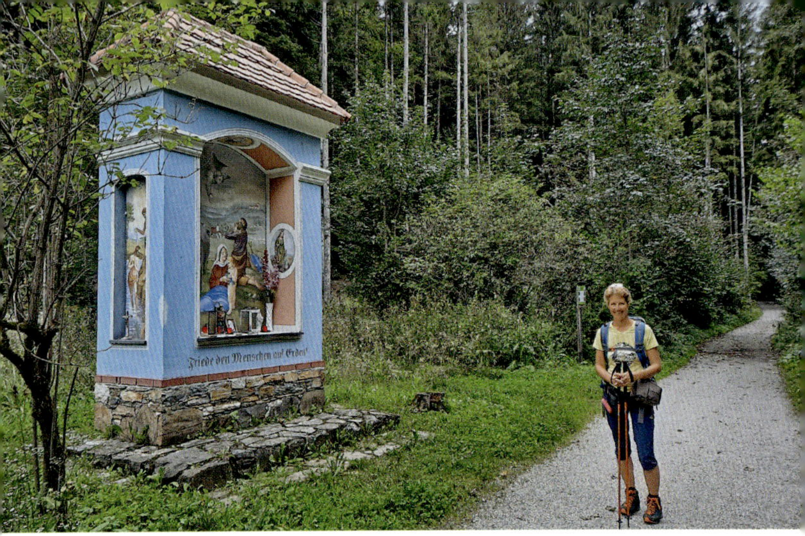

Ein farbenfroher Bildstock im Bärental.

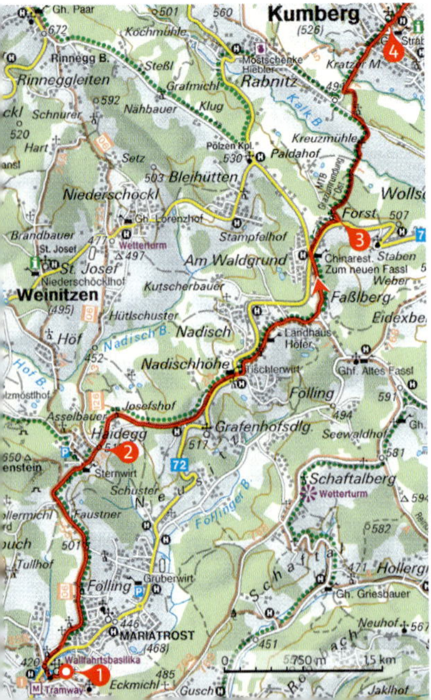

die Asphaltstraße und wandern nun im leichten Auf und Ab über Schotterstraßen und Waldwege dahin. Die Beschilderung des Papst-Franziskus-Weges verläuft nun entlang des Wanderweges 1, der in das Zentrum von **Kumberg** ❹, 526 m, und zur Station 3 »Der Reformer« (direkt bei der Kirche) führt.

Nach einer gemütlichen Pause in Kumberg geht es wieder bergab. Wir folgen den Markierungen, die uns nun – parallel zum Wanderweg 2 – Richtung Gschwendt leiten. Der Weg führt über Wiesen, Wälder und zwischendurch auf Nebenstraßen hinein in die Ortschaft **Gschwendt** ❺, 522 m.

In Gschwendt passieren wir das Gasthaus Winter und die Volksschule, dann wenden wir uns nach rechts in eine Seitenstraße. Fast eben geht es dahin, und kurz nach dem

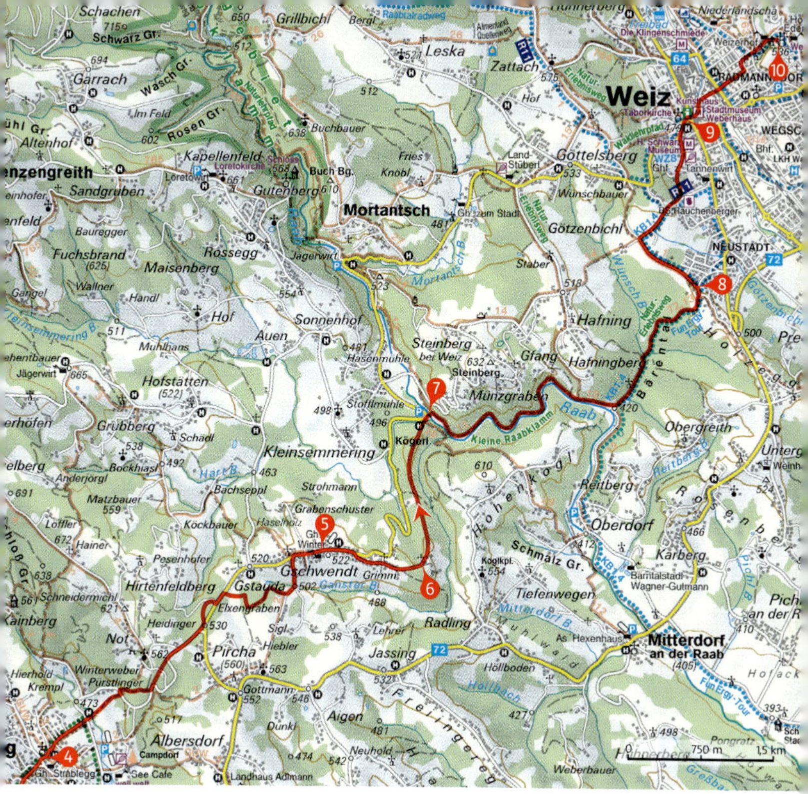

Ortsende von Gschwendt erreichen wir die 4. Station **»Der Mystiker«** 6, 502 m. Weiter durch den Wald und in der Folge mit einem kurzen steilen Abstieg erreichen wir den Talboden und auch den Einstieg zur Kleinen Raabklamm bei der Brücke **Stoffmühle-Steg** 7, 442 m, über die Raab.
Wir wandern flussabwärts und gelangen zur 5. Station **»Bewahrer der Schöpfung«** und schließlich zu einer Kreuzung, wo wir links in Richtung Bärental/Weiz weitergehen. Nach dem Waldstück kommen wir zur Ortstafel Weiz und sehen **»Auf der Höhe«** 8, 508 m, unser Ziel, die Basilika am Weizberg, bereits vor uns. Der Weg wird am Stadtrandgebiet bzw. durch Götzenbichl geführt, bevor wir die 6. Station »Revolutionär des Glücks« bei der Taborkirche und den **Weizer Hauptplatz** 9, 479 m, erreichen. Durch die Stadt Weiz achten wir auf die Bodenmarkierung bzw. die Tafeln des Pilgerweges, und nach ca. 2 km erreichen wir unser Tagesziel, die **Basilika am Weizberg** 10, 536 m, und die 7. Station des Pilgerweges.

↗ 300 m | ↘ 300 m | 6.5 km

49 Stenzengreither Themenweg

2.00 h

Ein Rundwanderweg für die ganze Familie

Ein Themenweg, der seinem Namen gerecht wird, da man entlang einer relativ kurzen Wegstrecke auf 19 Stationen zahlreiche und detaillierte Infos zu den unterschiedlichsten natur- und kulturräumlichen Themengebieten erhält. Die Gemeinde Gutenberg-Stenzengreith liegt auf einer Seehöhe von 400 bis 1142 Metern und erstreckt sich vom Osthang des Schöckl bis zur Raabklamm. Der Stenzengreither Themenweg führt auf einer mittleren Höhe von 670 m durch Wälder, entlang von Bächen, über Streuobstwiesen und bei alten Bauenhöfen vorbei und überrascht durchwegs mit der Aussicht auf zahlreiche Gipfel in der Oststeiermark, wie Kulm, Hoher Zetz, Rabenwaldkogel und Patschaberg. Die Wegführung ist sehr ansprechend, da man wenig auf Asphaltstraßen und mehr auf naturnahen Wegen unterwegs ist. Ein besonderes Highlight, auch für Kinder, ist der Weg entlang des Kleinsemmeringbaches mit der Raststation rund um den kleinen Wasserfall. Alles in allem ist dieser Themenweg eine gelungene Kombination aus Wandern, Wissen und Wohlfühlen.

Ausgangspunkt: Stenzengreith, Gasthaus Kreuzwirt, 764 m, Parkmöglichkeit in der Nähe. Anfahrt: Von Wien auf der A 2 bis Abfahrt Gleisdorf West, dann der B 65 Richtung Graz folgend; weiter auf der B 72 über Eggersdorf b. Graz und Kumberg nach Stockheim. Auf der A 9 bis Abfahrt Gratkorn Süd, dann der B 67 Richtung Graz folgend bis Kreuzung Andritzer Reichsstraße; weiter über Andritz, Mölten, Rabnitz und Kumberg nach Stockheim.
ÖPNV: Zug/Bus nach Graz oder Weiz; mit Bus nach Stockheim/Kreuzwirt.
Anforderungen: Der Weg führt durch abwechslungsreiches Gelände, zwischendurch steilere Abschnitte. Als Themenweg sehr gut markiert.
Einkehr: Gasthaus Kreuzwirt, Tel. +43 3132 2360.

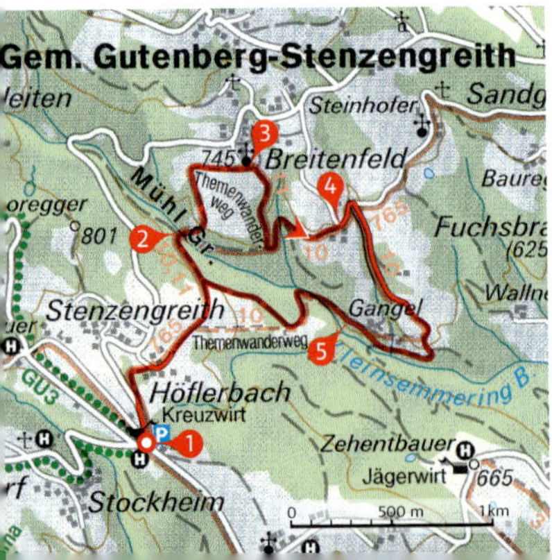

Beim **Parkplatz Kreuzwirt** ❶, 764 m, sehen wir die Wegweiser und folgen der Straße ein kurzes Stück bis zur Station 2 (Die Landschaft). Bei der Panoramatafel können wir uns gut orientieren und haben einen wunderbaren Ausblick auf das Umland. Es geht bergab, und schließlich erreichen wir die Häuser und einen Bildstock in Höferbach, bevor wir auf einer Schotterstraße an Wiesenflächen entlang weiterwandern. Bis wir zu der Rechtskurve

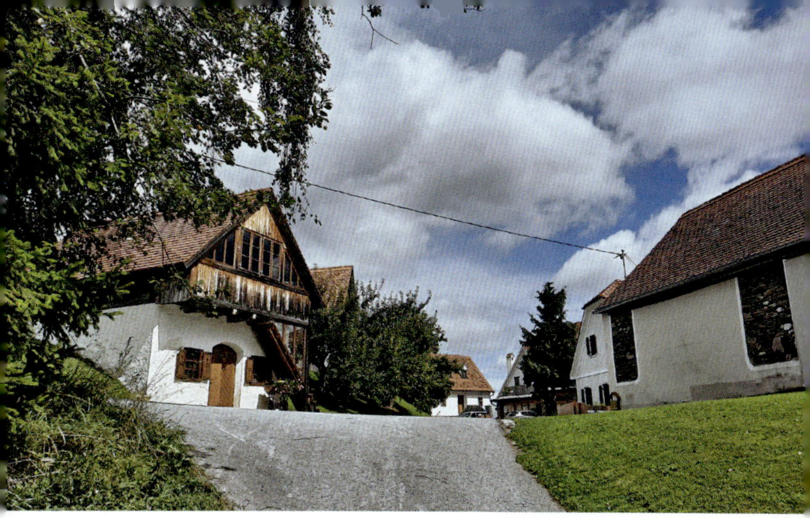

»Das Dorf im Wandel der Zeit« ist eine der Stationen des Themenweges hier im Ort Höferbach.

beim Rastplatz »'s Nussbaum-Bankerl« kommen, haben wir bereits die Stationen 3, 4 und 5 passiert. Nun geht es etwas steiler bergab, an den Stationen 6 und 7 vorbei, zum **Mühlgraben** ❷, 679 m.

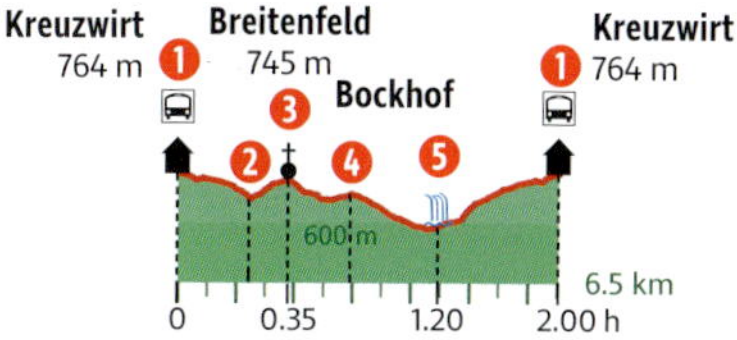

Kurz nach dem Bacherl besteht die Möglichkeit, unseren Themenweg 10 (rot) mit dem Themenweg 11 (grün) zu verlängern. Wir wählen die längere Variante und gehen links bergauf, an der Station 8 vorbei, bis wir die **Dorfkapelle** in **Breitenfeld** ❸, 745 m, erreichen. Ab nun steht uns ein gemütlicher Abstieg über Wiesen-, Weide- und Waldflächen bevor. Die Infotafeln 9, 10 und 11 säumen unseren Weg, bis wir in **Bockhof** ❹, 699 m, ankommen. Hier lassen wir uns etwas Zeit und informieren uns zu den Themen Kräutergarten (12) und Baumriesen (13), bevor es weiter bergab über schöne Streuobstwiesen (Infotafel 14) bis zum Talboden des Kleinsemmeringbaches geht. Nun wandern wir bachaufwärts bis zum **»Kleinen Wasserfall«** ❺, 590 m, einem speziellen Wohlfühlplatzerl für Jung und Alt und der Infostation 14 zum Thema Wasser.
Über ein paar Stufen bergauf und weiter über einen schön angelegten Wanderweg, der den Bach quert, in der Folge wieder bergauf, an der Infotafel 16 vorbei, bis zu dem uns bereits bekannten Platz »s'Nussbaum-Bankerl«. Ab nun folgen wir dem bekannten Weg zurück zum **Ausgangspunkt** ❶.

TOP

50 Schöckl, 1445 m

↗ 630 m | ↘ 630 m | 11.0 km

4.00 h

Vom Almenland auf den Grazer Hausberg

Das Schöckl-Plateau liegt im Norden der Landeshauptstadt Graz und ist ein beliebtes Wander- und Naherholungsziel in der Region. Eine Seilbahn verbindet die Gemeinde St. Radegund mit dem Schöckl, sodass man mit einer Gondel bequem in 7 Minuten Fahrzeit eine Höhendifferenz von 655 Metern zurücklegen kann. Wer aber gerne zu Fuß den Hausberg der Grazer erklimmen will, kann aus mehreren Aufstiegsvarianten wählen. Mit dieser Rundwanderung lernt man das Kalkplateau von Norden her kennen und damit auch die etwas ruhigere Seite des Berges. Beim Aufstieg lohnt sich der Abstecher vom Schöcklsattel über den wenig begangenen Weg zum Niederschöckl, einem kleinen, 1340 m hohen Gipfel mit schönem Blick auf Graz, kleinem Gipfelkreuz und Gipfelbuch. Wenn man am Plateau und somit am Schöckl-Westgipfel angekommen ist, ist man auch schon im bunten Treiben des beliebten Ausflugsberges. Das von Weitem sichtbare Gipfelkreuz steht auf einer Höhe von 1142 m und wurde im Jahr 1961 im Gedenken an Erzherzog Johann errichtet. Mittlerweise ist der Schöckl mehr als ein Wandergebiet und punktet mit zahlreichen Einrichtungen wie Sommerrodelbahn, Discgolf-Parcours, barrierefreier Steganlage und Einkehrmöglichkeiten.

Ein ruhiges, ausdrucksstarkes und wenig frequentiertes Platzerl: der 1340 m hohe Niederschöckl mit Gipfelkreuz und Gipfelbuch.

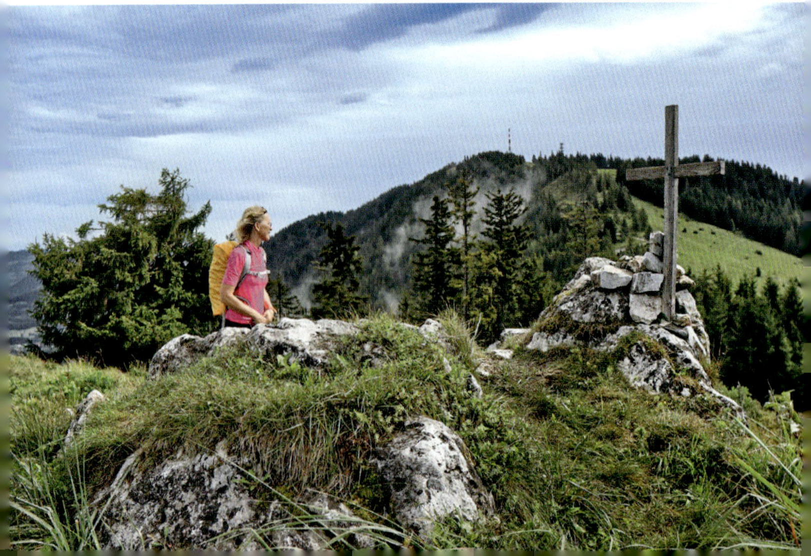

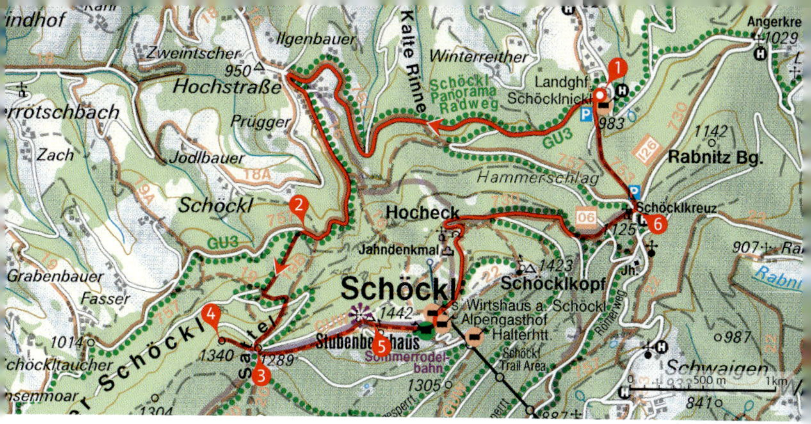

Ausgangspunkt: Plenzengreith, GH Schöcklnickl, 1000 m. Anfahrt: Von Wien A 2 bis Abfahrt Gleisdorf West, dann B 65 Richtung Graz; weiter auf der B 72 über Eggersdorf bei Graz und Kumberg nach Plenzengreith. Auf der A 9 von St. Michael in Obersteiermark bis Knoten Peggau-Deutschfeistritz, dann der B 67 kurz Richtung Graz folgend bis Kreuzung Semriacher Straße; weiter über Friesach, Augraben, Semriach nach Plenzengreith.
ÖPNV: Zug/Bus nach Graz oder Weiz; mit Bus nach Plenzengreith Schöcklnickl.
Anforderungen: Viele Markierungen, teilweise nicht eindeutig. Einige Wegstücke sind etwas steiler und bei Nässe sehr rutschig.
Einkehr: Landgasthaus Schöcklnickl, Tel. +43 3132 21797, schoecklnickl.at. Unterwegs: Gasthaus Jägerwirt, Tel. +43 3127 8491, jaegerwirt-semriach.sta.io; s'Wirtshaus am Schöckl, Tel. +43 3132 4423; Alpengasthof am Schöckl, Tel. +43 3132 2372, alpengasthofamschoeckl.at; Schöckl Halterhütte, Tel. +43 3132 2323.

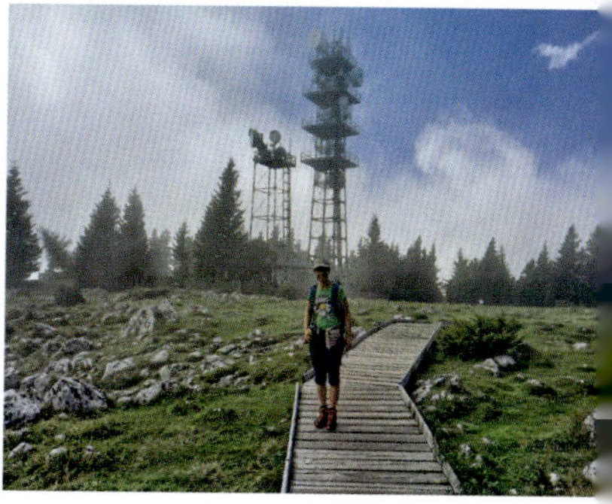
Über den Holzsteg am Schöckl-Plateau.

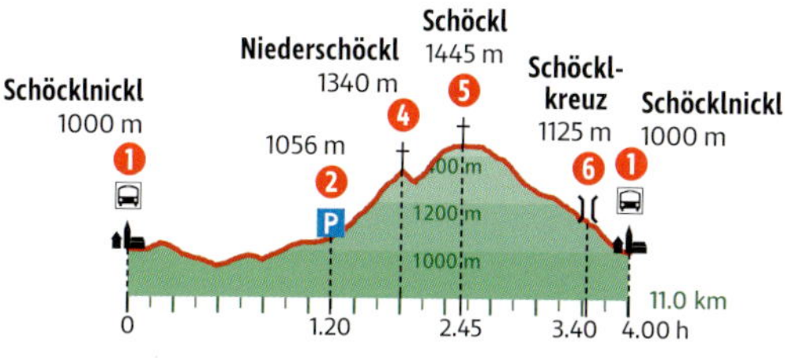

Vom **Gasthof Schöcklnickl** ❶, 1000 m, führt die Asphaltstraße vorerst eben und in der Folge leicht bergauf und bergab bis zu einer Kreuzung bzw. zum Gasthaus Jägerwirt. Nun geht es links bergauf bis zur ehemaligen Talstation des aufgelassenen Schöckl-Nordliftes und dann nach rechts auf der Asphaltstraße entlang bis zu einem **Parkplatz** ❷, 1056 m. Wir orientieren uns an den gelben Wegweisern, gehen nach links und folgen der Forststraße in Richtung Schöcklsattel (Weg 19b). Mit zunehmender Höhe wandern wir entlang eines schmalen Wanderweges. Kurz vor dem Sattel mündet der Weg in eine Forststraße, der wir links zum **Schöcklsattel** ❸, 1289 m, folgen. Hier wenden wir uns nach rechts und machen einen Abstecher zum **Niederschöckl** ❹, 1340 m. Der Ausblick und die Ruhe auf dem kleinen Gipfel lohnen sich.

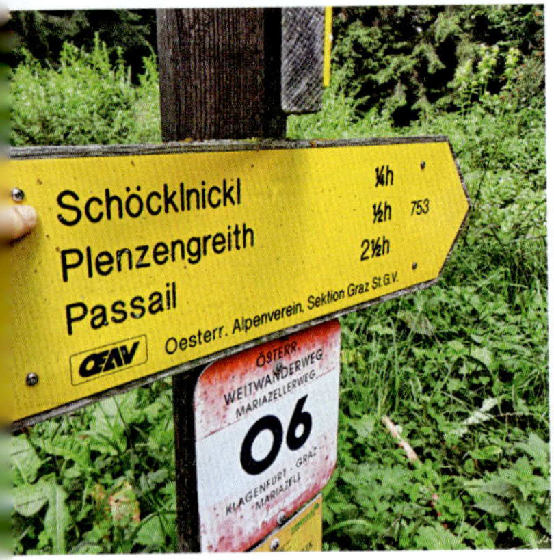

Vom Schöcklnickl auf den Schöckl.

Zurück beim **Schöcklsattel** ❸, 1289 m, gehen wir auf der rechten Seite des Zaunes bergauf über die freien Almflächen. Die Wegführung ist zwischendurch nicht eindeutig, somit halten wir uns in einer Linie bergauf, bis wir auf der linken Seite der Kuppe das **Gipfelkreuz** des Schöckl erreichen. Von dort sind es nur noch wenige Minuten bis zum höchsten Punkt des Plateaus, dem **Schöckl** ❺, 1445 m. Eine Panoramatafel in der Nähe des Gipfelkreuzes gibt Aufschluss über das aussichtsreiche Panorama nach Norden. Weiter wandern wir über das Kalkplateau in Richtung Osten auf einem barrierefreien Holzsteg bis ins »touristische Zentrum des Schöckl« mit der Bergstation der Seilbahn, dem Start der Sommerrodelbahn und mehreren Gastronomiebetrieben.

Der Abstieg beginnt auf der Rückseite der Seilbahnstation auf einer breiten Schotterstraße. Es geht kontinuierlich bergab, wobei wir uns an den gelben Wegweisern und den rot-weiß-roten Markierungen gut orientieren können (Schöcklkreuz – Arzberg, Nr. 730/06). Hauptsächlich über Schotterstraßen und zwischendurch auf Pfaden wandern wir bergab, bis wir den Passübergang und Parkplatz **Schöcklkreuz** ❻, 1125 m, erreichen. Hier gehen wir links bergab und sehen gleich den Einstieg in den Wanderweg zum Schöcklnickl bzw. nach Plenzengreith (Nr. 753). Das letzte Stück führt auf einem schönen Hohlweg gemütlich bergab und endet direkt bei unserem **Ausgangspunkt** ❶.

Wir erreichen das Gipfelkreuz am Schöckl-Plateau.

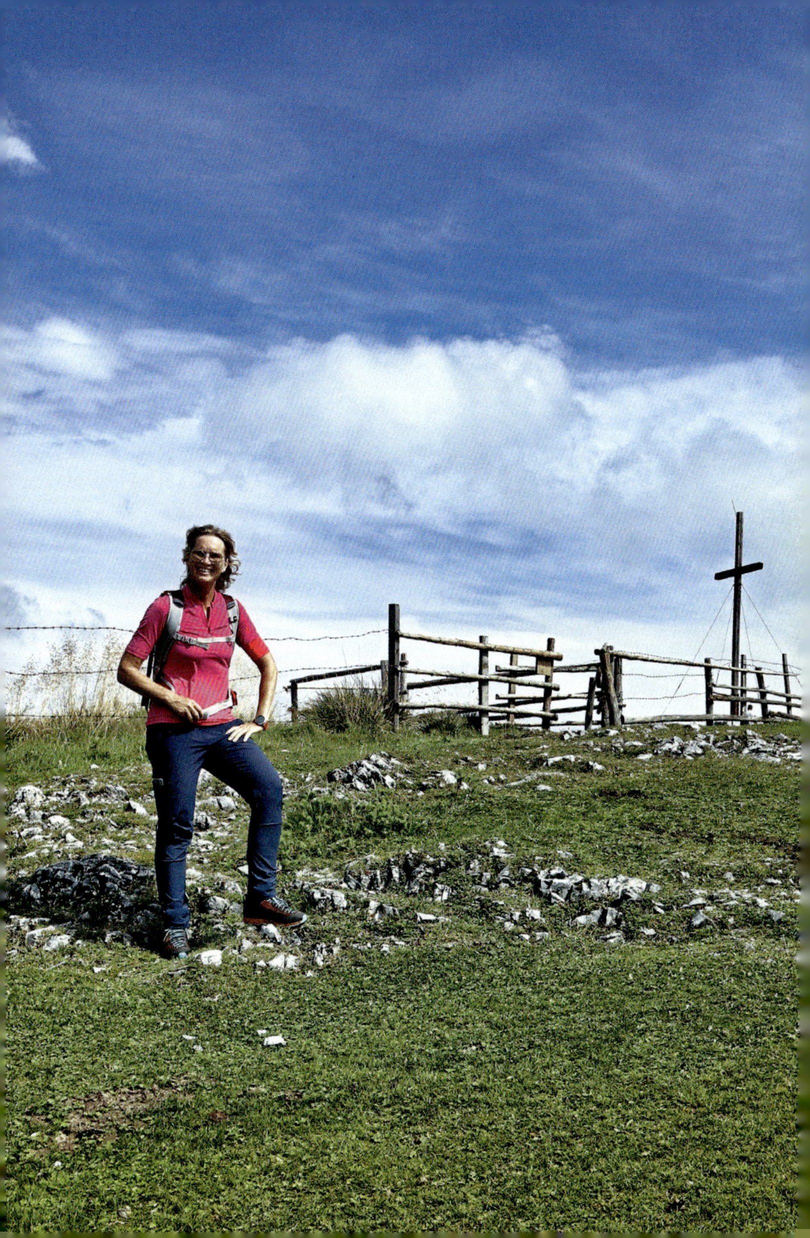

STICHWORTVERZEICHNIS

Umschlagbild: Während des Aufstieges in Richtung Geierwand hat man einen schönen Blick auf den Stubenbergsee (Tour 38).

Bild im Innentitel: Charakteristisch für viele Wanderungen in der Oststeiermark – die schönen Wegkreuze (Tour 29).

Bild unter dem Inhaltsverzeichnis: Blumenwiese beim Teufelstein (Tour 9).

Bild auf den Seiten 28/29: Entlang schöner Kulturflächen rund um Gasen auf dem Stoakogler Heimatwanderweg (Tour 7).

Alle 189 Fotos stammen von den Autorinnen, ausgenommen das Foto auf Seite 31 (Christa Pollhammer – Naturpark Almenland).

Kartografie:
50 Wanderkärtchen im Maßstab 1:50.000 und 1:75.000 (Tour 48)
sowie zwei Übersichtskarten im Maßstab 1:400.000 und 1:750.000

3., aktualisierte Auflage 2023

ISBN 978-3-7633-4577-9

FSC
www.fsc.org
MIX
Papier aus verantwortungsvollen Quellen
FSC® C021956

Wir freuen uns über jeden Korrekturhinweis zu diesem Wanderführer!
Bitte per E-Mail an: leserzuschrift@rother.de

ROTHER BERGVERLAG · Keltenring 17 · D-82041 Oberhaching
Tel. +49 89 608669-0 · rother.de